警官高等职业教育"十三五"规划教材

编审委员会

主　　任：胡来龙　尹树东

副主任：周善来　彭　晔

委　　员：刘传兰　印　荣　阚明旗　姚亚辉

警官高等职业教育"十三五"规划教材

劳动与社会保障法教程

LAODONG YU SHEHUI BAOZHANG FA JIAOCHENG

主　编◎陆岳松

副主编◎胡艳梅

撰稿人◎（以撰写章节先后为序）

　　陆岳松　郭　昕　杨璐娜
　　胡艳梅

中国政法大学出版社

2020·北京

图书在版编目（ＣＩＰ）数据

劳动与社会保障法教程/陆岳松主编. —北京：中国政法大学出版社，2020.2
（2023.10重印）
ISBN 978-7-5620-9447-0

Ⅰ.①劳…　Ⅱ.①陆…　Ⅲ.①劳动法－中国－教材②社会保障法－中国－教材
Ⅳ.①D922.5

中国版本图书馆CIP数据核字(2020)第017283号

- -

出　版　者　　中国政法大学出版社
地　　　址　　北京市海淀区西土城路 25 号
邮寄地址　　北京 100088 信箱 8034 分箱　邮编 100088
网　　　址　　http://www.cuplpress.com (网络实名：中国政法大学出版社)
电　　　话　　010-58908435(第一编辑部) 58908334(邮购部)
承　　　印　　固安华明印业有限公司
开　　　本　　720mm×960mm　1/16
印　　　张　　22.25
字　　　数　　412 千字
版　　　次　　2020 年 2 月第 1 版
印　　　次　　2023 年 10 月第 2 次印刷
印　　　数　　5001～8000 册
定　　　价　　59.00 元

∙∙❖∙ 主编简介

陆岳松　女，1964 年生，安徽枞阳人，安徽警官职业学院法律系副教授，长期从事民商法学教学和研究工作，兼职律师。主持并参加"民事诉讼法课程课堂教学改革研究"、"法学实践教学基地"、"知识产权法精品资源共享课程"、"专业结构优化调整"、"法律文秘教学资源库"、"民事诉讼法精品开放课程"等院、省级教科研课题、项目的建设工作；主编、参编《民事法律原理与实务》、《民事诉讼法原理与实务》、《劳动与社会保障法》等公开出版教材 6 部，在《合肥工业大学学报》、《淮北师范大学学报》、《安徽警官职业学院学报》等期刊公开发表《论法院调解制度的改革》、《对民事法律行为概念的质疑》、《高职民事诉讼法课程教学改革与研究》等多篇学术论文。

⠿ 编写说明

　　作为高等职业教育的重要组成部分，警官高等职业教育正随着经济社会的快速发展和一线政法工作对专门人才的迫切需求而与时俱进。近年来，全国司法类高职院校都积极探索高职教育教学规律、完善专业人才培养模式，以适应经济社会发展对司法类专门人才的客观需求，创新内容涉及各个方面，包括专业建设、课程建设、师资队伍建设等，当然也少不了至关重要的教材建设。编写一套以促进就业为导向、以能力培养为核心、以服务学生职业生涯发展为目标、突出当前警官高等职业教育教学特点的系列规划教材就显得尤为重要。

　　为适应司法类专业人才培养的需要，安徽警官职业学院决定遴选理论功底扎实、教学能力突出、实践经验丰富的优秀教师组成编写组，对警官高等职业教育原有的系列教材进行重新编写。本次编写按照"就业导向、能力本位、任务驱动"等职业教育新理念的要求，紧紧围绕培养高素质技术技能型人才开展工作。基础课程教材体现以应用为目的，以必需、够用为度，以讲清概念、强化应用为教学重点；专业课程教材加强针对性和实用性。同时，遵循高职学生自身的认知规律，紧密联系司法工作实务、相关专业人才培养模式以及课程教学模式改革实践，对教材结构和内容进行了革故鼎新的整合，力求符合教育部提出的"注重基础、突出适用"的要求，在强调基本知识和专业技能的同时，强化社会能力（含职业道德）和应用能力的培养，把基础知识、基本技能和职业素养三者有机融合起来。

　　本系列教材的主要特点是：

　　1. 创新编写思路，培养职业能力。"以促进就业为导向，注重培养学生的职业能力"是高等职业教育课程改革的方向，也是职业教育的本质要求。本系列教材针对司法类高职院校学生的特点，在教材编写过程中突出实用性和职业性，以我国现行的法律、法规和司法解释为依据，使学生既掌握法学原理，又明晓现行法律制度，提高学生运用法律知识解决实际问题的能力。同时，在教材内容编排上，本系列教材遵循由浅入深和工作过程系统化的编写思路，为学生搭建合理的知识结构，以充分体现高职的办学要求。

2. 体例设计新颖，表现形式丰富。为了突出实践技能培养，践行以能力为本位的职业教育理念，本系列教材改变以往教材以理论讲述为主的教学模式，采用新颖的编写体例。除基本理论外，本系列教材在体例上设置了学习目标、工作任务、导入案例、案例评析、实务训练、延伸阅读等相关教学项目，并在每章结束时通过思考题的形式，启发学生巩固本章教学内容。该编写体例为学生课后复习和检验学习效果提供便利，对提高学生的学习兴趣、促进学以致用、丰富教学形式、拓宽学生视野、提升职业素养具有积极的推动作用。

3. 课程针对性强，职业特色明显。高等职业教育教材突出相关职业或岗位群所需实务能力的教育和培养，并针对专业职业能力构成来组织教材内容。法律实务类专业在社会活动中具有与各方面接触频繁、涉及面广的特点，要求学生具有较高的综合素质和良好的应变能力。因此，本系列教材采用案例教学法，通过案例导入，并辅以简洁的案例分析，提供规范的实务操作范例，使学生能够更为直观地体会法律的适用，体验工作的情境和流程，增强学生的综合能力。

4. 文字表述简洁，方便学生使用。本系列教材在概念等内容编写中，尽量采用简洁明了的语言表述，使学生明确概念的要点即可，从而避免教材"一个概念多个观点""理论争论较多"的现象。

本系列教材共16本，在其编写过程中借鉴吸收了相关教材、论著的成果和资料；中国政法大学出版社也给予作者们大力支持和指导，责任编辑在审读校阅过程中更是付出了辛勤的劳动，在此我们深表谢忱。同时，由于时间紧、任务重，教材中难免出现不足和疏漏，恳请广大师生和读者给予批评指教，以便我们再版时进一步改进和提高教材质量，更好地服务于警官高等职业教育事业的发展。

警官高等职业教育"十三五"规划教材编审委员会
2019 年 3 月

❖ 前　言

　　《劳动与社会保障法》是高职高专法律类专业的主干课程之一，是法律实务专业的基础课程。近年来，随着相关劳动法律法规的出台、修订，该课程在法律体系中的地位更加突出和明显。为使学生及时了解和掌握最新的劳动法律法规，并提高学生解决实际问题的能力，我们编写了本书。

　　本教材以培养技能型的法律服务人才为目标，在"工学结合，项目导向"教育模式的指导下，结合劳动法学科的特点和教学实践而编写完成。本书课程体系完整，内容简洁实用，形式多样生动，以现行的劳动、社会保障法律法规为理论依据，力图展现最新的理论成果。

　　《劳动与社会保障法教程》一书共上下两篇六大模块，分别为劳动法基本原理、劳动关系协调制度、劳动标准、劳动保障和救济、社会保险、其他社会保障制度，各模块中再设置各章各节。

　　本书由主编陆岳松负责统稿、定稿，副主编胡艳梅参与整个教材的修订统稿工作，编者们付出了大量的辛勤劳动。具体分工如下（以撰写章节先后为序）：

　　陆岳松：第一、二、十、十一章；

　　郭昕：第三、四、九章；

　　杨璐娜：第五、六、七、八章；

　　胡艳梅：第十二、十三、十四、十五、十六、十七章。

编　者

2019 年 12 月

∴❖目 录

下篇　社会保障法

模块一　劳动法基本原理

第一章

劳动法概述

　　通过本章的学习，了解劳动法的发展情况；系统掌握劳动法学的基本概念、基本知识和基本理论；学会运用所学的劳动法理论和各项劳动法律规定，分析和解决现实生活中的实际问题。

内容结构图

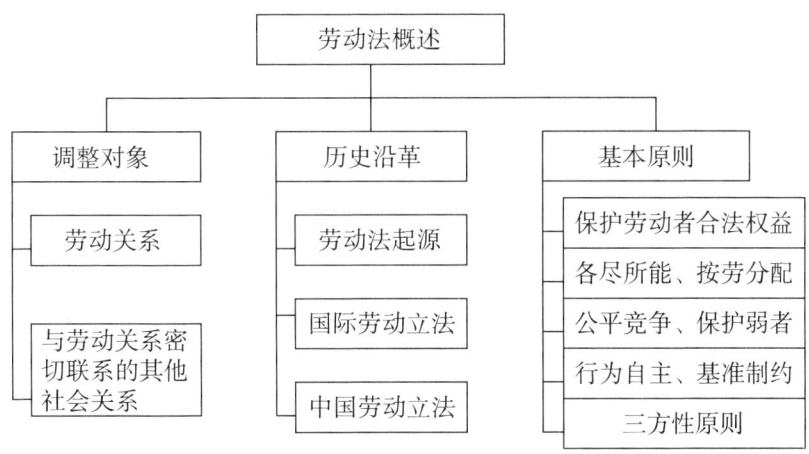

导入案例

　　林某从事家具加工生意。2018年3月，林某招收赵某在自己家中为其制作家具零件。双方达成口头协议：赵某按林某关于零件制作规格、交付时间等要求加工制作家具零件，林某按赵某完成的数量支付报酬。赵某依约如期交付制作的家具零件，但林某未支付报酬。此后，赵某多次向林某索要欠款，林某都以暂时没有现钱为由拒绝支付。于是，赵某将林某诉至法院。

试分析：林某和赵某之间是什么关系？这种关系劳动法是否调整？

第一节　劳动法的调整对象

一、劳动法的概念

在我国，劳动法有广义和狭义之分。狭义上的劳动法一般是指国家最高立法机关制定颁布的全国性、综合性的劳动法，即法典式的劳动法。这样的法律对劳动关系以及与劳动关系有密切联系的社会关系进行统一调整。

中华人民共和国成立以来，在相当长的时期内，全国没有一部统一的、综合性的、法律效力较高的劳动法，主要由大量的单行法规来调整劳动关系。经过多次的起草工作，1994 年 7 月 5 日全国人民代表大会常务委员会第八次会议通过了于 1995 年 1 月 1 日起施行的《中华人民共和国劳动法》。这部法律为以后制定单行劳动法规和地方性劳动立法作出了原则性的规定，它在保护劳动者的合法权益，加快社会保障制度的改革，实现劳动部门的职能转变，促进经济发展和社会进步等方面发挥着非常重要的作用。

广义上的劳动法是指调整劳动关系以及与劳动关系密切联系的其他社会关系的法律规范的总和。首先，调整对象更加宽泛；其次，它是法律规范的总称，不仅包括了劳动法典，还包括其他的法律规范和规章，如宪法中的相关规定、国务院颁布的行政法规、劳动和社会保障部颁布的部门规章、地方性的劳动法规等。

本书中所使用的"劳动法"的概念是从广义上理解的，其具有以下几个特征：

1. 劳动法以维护劳动者的合法权益为基本出发点。现代劳动立法是由资本主义的"职工立法"以及资本主义早期民事立法中的"雇佣契约"演变而来，明确了用人单位的义务和政府在其中的责任，将劳动者的利益视为一种社会利益予以保护。

2. 劳动法调整的对象不仅包括用人单位和劳动者之间的劳动关系，还包括政府与用人单位之间的监察监督关系以及政府和劳动者之间的就业促进、职业保障关系。

3. 劳动法是公法和私法相融合的产物。用人单位与劳动者之间是平等主体之间的关系，主要体现为一种劳动合同关系，它属于私法的范畴；政府与用人单位、劳动者之间属于不平等主体之间的关系，体现了劳动行政管理与法律监督关系，即政府为促进实现社会劳动过程对平等主体之间所采取的调控、管理、服务、监督、立法、制定政策等行为，都属于公法的范畴。

[知识链接]

劳动法上"劳动"的含义

劳动法所涉及的"劳动"一词是指劳动者（职工）为谋生而从事的履行劳动法律法规、集体合同和劳动合同所规定之义务的集体劳动。其特征如下：

1. 它是以职工身份所从事的劳动。劳动法上的劳动要求主体必须是职工，且是以职工的身份从事劳动活动。凡不在职工之列的人所从事的劳动，或者未以职工身份所从事的劳动，如服刑劳教人员的劳役劳动、家庭成员的家务劳动、个体劳动者和合伙人的劳动等，都不属于劳动法上所指的劳动。

2. 它是作为一种谋生手段的职业劳动。劳动法上的劳动是有特定目的的，即劳动者为了获取报酬作为其生活主要来源，而相对固定在一定的劳动岗位上从事的劳动。义务劳动和其他无偿劳动，以及虽有一定物质补偿但目的不在于以此谋生的劳动，都不属于劳动法上所指的劳动。

3. 它是属于履行劳动义务的劳动。不具有此依据的劳动，如履行抚养、赡养义务的劳动，履行出版约稿、技术咨询等义务的劳务活动，都不属于劳动法上所指的劳动。

4. 它是用人单位的集体劳动。即职工由用人单位组织起来并在用人单位指挥或指派下，以用人单位的名义共同从事的劳动。在这里，职工的劳动受用人单位内部规则的约束和用人单位意志的支配。

二、劳动法的调整对象

任何一个独立的法律部门，都必须有自己特定的调整对象。法律的调整对象不仅是一个部门法成立的基本依据，而且也界定了该法所适用的具体范围。我国劳动法作为一门独立的部门法，也有自己特定的调整对象。

（一）劳动关系

作为劳动法调整对象的劳动关系，是指人们在劳动过程中所发生的社会关系。在我国，劳动关系具体表现为在运用劳动能力、实现劳动过程中，劳动者与用人单位之间发生的特定的社会关系。

劳动法调整的劳动关系具有以下特点：

1. 劳动关系当事人双方是固定的。劳动关系的当事人一方固定为劳动力所有者和支出者，被称为劳动者；另一方固定为生产资料占有者和劳动力使用者，被称为用人单位。其中，劳动者在劳动过程中及其前后都是劳动力所有者，并且在劳动过程中还是劳动力支出者；用人单位以占有生产资料作为其成为劳动力使用者的必要条件。劳动关系只能在劳动者和用人单位之间产生。

2. 劳动关系以劳动为内容，产生于劳动过程中。在劳动关系中，双方当事人是围绕着实现劳动来开展活动的。劳动者将其劳动力使用权让渡给用人单位，接受用人单位的分配和安排，和生产资料相结合，从而生产某种劳动产品或产生某种劳动成果，在这一过程中形成劳动关系。凡不属于劳动过程中产生的关系都不是劳动关系。严格意义上说，劳动法所涉及的范围应只限于劳动过程之中。但是，对于我国这样的劳动力资源大国来说，就业问题不仅是重要的社会问题，还和劳动关系有着紧密的联系，因而，我国的劳动法把就业也纳入了调整范围，这与我国实际国情相符合。

3. 劳动关系是人身关系属性和财产关系属性相结合的社会关系。由于劳动力的存在和使用与劳动者的人身不可分离，劳动者向用人单位提供劳动力，实际上就是劳动者将其人身在一定限度内交给用人单位，因而劳动关系就其本来意义说是一种人身关系。同时，在劳动关系中，劳动者以让渡劳动力使用权来换取生活资料，用人单位要向劳动者支付工资等物质待遇。就此意义而言，劳动关系又是一种财产关系。

4. 劳动关系是平等性质与不平等性质兼有的社会关系。劳动关系是双方当事人通过相互选择和协商以合同形式确立起来的，这表明它是一种平等关系，即平等主体间的合同关系。然而，劳动关系当事人双方在劳动力市场上处于实质不平等状态，并且劳动关系一经缔结，劳动者就成为用人单位的职工，用人单位就成为劳动力的支配者和管理者，这使得劳动关系又具有隶属性质，即成为一种隶属主体间的以指挥和服从为特征的管理关系。

[案例]

李某被某装饰有限责任公司招聘为技术人员，负责一酒店大厅的装修项目，双方签订了劳动合同。为了达到装修的要求，经公司授权及酒店同意，李某将大厅的汉白玉雕刻字画部分交给雕刻专家武某。双方书面约定：武某自带刀具、磨具、颜料及其他一切雕刻工具，如完成汉白玉字画雕刻部分达到了公司的要求，公司一次性付款6万元。为及时完成汉白玉字画雕刻，武某又临时聘请程某作为助手，口头约定其每天支付程某150元。那么李某、武某、程某与公司之间会发生什么样的关系？

分析：李某是装饰有限责任公司招聘的技术人员，属于该公司的员工，李某和装饰公司之间形成了劳动关系。但是，武某作为承包人承揽了雕刻工作，并未将自身的劳动力使用权让渡给装饰公司，也不存在和装饰公司的生产资料相结合的问题，因此，武某和公司之间的关系属民法上的承揽关系，而不属于劳动关系。同样，程某是为武某所雇佣，形成的是自然人之间的雇佣关系，也非劳动关系。

每个国家的劳动法在调整劳动关系的范围方面都是有所限定的，我国也不例外。《劳动法》第 2 条规定："在中华人民共和国境内的企业、个体经济组织（以下统称用人单位）和与之形成劳动关系的劳动者，适用本法。国家机关、事业组织、社会团体和与之建立劳动合同关系的劳动者，依照本法执行。"这表明我国劳动法调整的劳动关系范围包括：

1. 企业、个体经济组织（个体工商户）的劳动关系都归劳动法调整。其中的"企业"范围，包括各种法律形态、各种所有制形式、各种行业的企业。

2. 国家机关、事业组织、社会团体的劳动关系中，仅限于劳动合同关系归劳动法调整。就其劳动者范围而言，包括国家机关、事业组织、社会团体的工勤人员，企业化事业组织的非工勤人员，以及其他通过劳动合同（含聘用合同）与国家机关、事业组织、社会团体确立劳动关系的劳动者。可以预见，随着劳动合同（聘用）制度在国家机关、事业组织、社会团体中适用范围的扩大，会有更多的劳动者适用于劳动法。

国家机关、事业组织、社会团体的非合同劳动关系，即公务员和依法参照执行公务员制度的劳动者的劳动关系，以及农村农业劳动者、现役军人等劳动关系，不属于劳动法调整。

（二）与劳动关系密切联系的其他社会关系

劳动法在以劳动关系作为主要调整对象的同时，还调整与劳动关系密切联系的其他社会关系。就其性质而言，包括下述几种主要的类型：

1. 因劳动管理而发生的关系。又称为劳动行政关系，是指行政机关和经授权具有行政职能的有关机构与用人单位、劳动者和劳动服务主体之间，由于执行劳动行政职能而发生的社会关系。

2. 处理劳动争议而发生的关系。发生劳动争议后，劳动争议处理机构会介入到争议的处理过程中去，它与劳动争议当事人（或其他人）之间因调解、仲裁劳动争议而发生的社会关系也属于劳动法的调整对象。

3. 因劳动服务而发生的关系。这是一种劳动服务主体与用人单位和劳动者之间基于为劳动关系运行提供社会服务而发生的社会关系。例如，职业介绍机构为劳动者服务发生的关系，社会保险机构与用人单位、劳动者之间发生的关系等。

4. 劳动团体关系，即工会组织与企事业单位、国家机关之间发生的关系。在劳动关系的运行过程中，由于协调劳动关系和维护劳动关系当事人的利益，工会组织与企事业单位、国家机关之间发生的社会关系亦属于劳动法的调整对象。

5. 监督劳动法律、法规执行方面的关系。它是指有关国家机关（如劳动行政部门、卫生部门等）、工会组织与国家机关、企事业单位和社会团体之间因劳动监督、检查而产生的关系。

三、劳动法的作用

劳动法作为我国法律体系中一个独立的法律部门，对社会主义建设和发展发挥着不可替代的作用。在现阶段，我们可以从以下几个方面来认识劳动法的作用：

（一）维护劳动者的合法权益

劳动法作为以保护劳动者为主的法律，是人权保障立法的重要组成部分。在劳动法中，赋予劳动者在劳动关系上独立的法律地位，规定劳动者在就业、劳动保障、获得劳动报酬、休息、安全健康、享受社会保险、接受职业培训、组织工会、参与企业管理等方面享有诸多权利，从而使人权在劳动领域具有了实在的内容和具体的法律保障。

（二）预防和解决劳动争议的必要手段

只要有劳动关系的地方，就有可能发生劳动争议，而比较完善的劳动立法和执法对于降低劳动争议的发生具有直接、积极的意义。即使是发生了劳动争议，也可以通过劳动程序法使争议及时得到合理解决。此外，劳动法中的集体谈判制度和集体合同制度也是预防集体争议的有效机制。

（三）促进经济发展和社会进步

劳动是经济和社会发展的基础，而经济发展和社会进步又是人们进行生产劳动，不断满足自身物质文化生活需要的重要条件。劳动法规定了劳动者享有的广泛的权利，切实保障劳动者的合法权益，可以更好地发挥劳动者的积极性、创造性和主人翁精神，可以创造出更多的物质财富和精神财富。同时，劳动法也规定了劳动者应尽的义务。劳动者应当完成劳动任务，提高劳动技能，执行劳动安全卫生规程，遵守劳动纪律和职业道德。劳动者只有忠实地履行自己的义务，才能提高劳动生产效率，促进经济发展和社会进步。

四、劳动法的地位

劳动法的地位是指劳动法在法律体系中所处的位置。一国的法律体系由公法、私法和社会法三个法域构成，每个法域又由若干同类性质的法律部门构成。

有人把劳动法喻为"法律奇葩"，因其既不同于公法又不同于私法，它是社会法法域中的一个独立法律部门。

1. 在劳动成为一种社会认可之后，社会历史进程经历了劳动——劳动权——就业权的过程，与此相适应的是劳动法，由附属于司法到从司法中分离出来，再到具有公法的内容而成为一种独立的法律现象。

2. 劳动法具有特定的调整对象。划分法律部门应以调整对象为主要标准，劳动法的调整对象，较之民法、经济法和行政法来说是比较特殊的。它只限于劳动领域的社会关系，且以劳动关系为主。

3. 劳动法以"保护劳动者权益"为本位，调整的是"形式上平等实质上不平等的"劳动关系，权益确定上实行"劳动基准和合同约定相结合"的原则。这些特性有别于公法和私法，使其成为社会法中的部门法。

第二节　劳动法的历史沿革

古代奴隶社会、封建社会中均不存在现代意义上的劳动关系，因此也就没有专门调整劳动关系的法律规范。资本主义社会大量劳动关系的存在，特别是18世纪产业革命以后，劳资关系的日趋紧张、工人运动的不断高涨等促使了调整劳动关系的专门性法律规范的产生，这就是劳动法。

一、劳动法起源

资本主义社会初期，资产阶级国家对于劳动关系采取"自由放任"的不干预政策。这使得资本家们为了攫取最大限度的利润，把工作日延长到每昼夜14小时或者16小时，甚至18小时，而工作环境又极端恶劣，以致工人健康受到严重摧残，死亡率不断上升，平均寿命日趋缩短。为了使劳动力免遭更大的损失，促进资本主义的发展，需要用法律来限制资本家的残酷剥削行为。这是促使劳动法产生的经济原因。

与此同时，工人阶级为了保卫自身的生存权利，对资本家阶级的残酷剥削进行了强烈的反抗和斗争，影响到了资产阶级国家的统治和安全。他们除了采取罢工、破坏机器、损坏产品等方式外，还要求政府颁布法律来改善工作条件和限制工作时间等。这种斗争的结果为资产阶级政府采取法律手段干预劳资关系以缓和当时日趋严重的阶级斗争提供了社会政治前提。

受18世纪启蒙运动和法国革命的影响，资产阶级的某些社会政治思想家对调整劳资关系问题提出了一些进步的学说和主张。这些思想家们主张劳动和职业自由，认为人生而平等自由，工人做工是自愿的，不得加以强迫，工人可以自愿与雇主订立契约；强迫劳动者从事雇佣劳动，过度地延长工作时间和压低工资数额,是不道德的和非正义的;劳动者可以依据契约自由原则,不接受其不愿意接受的雇佣。这些进步的思想主张为劳动法的产生提供了思想基础。

由此可见,正是由于资本主义生产力的发展、工人阶级的不断斗争、资产阶级的某些社会政治力量对工人正义要求的同情和支持,迫使资产阶级国家不得不制定法律来限制资本家对工人的剥削。

1802年英国议会通过了《学徒健康与道德法》,规定了童工的最低年龄以及童工每天工作的时长等。这是资产阶级工厂立法的开端,它是为保护工人的利益而设置的,因此是现代意义的劳动法产生的标志。1833年以后,英国又陆续颁布了几项法规,将禁止雇佣童工的范围逐渐扩大到其他行业,将童工的年龄作了进一步限制,并将限制工作时间的范围扩大到女工。1833年的《工厂法》规定,纤维工业禁止使用9岁以下的儿童,9岁以上13岁以下童工的日工作时间不得超过8小时,13岁以上18岁以下童工的日工作时间不得超过12小时。1847年英国制定的《十时间法》规定,13岁~18岁的童工以及女工的日工作时间不得超过10小时。在这以后,工厂立法逐渐适用于英国的一切大工业。以英国立法为开端,其他资本主义国家也先后出台了"工厂立法"。法国颁布法律,限制童工及女工的工作时间,对女工的工资等问题作了规定。1848年,瑞士颁布了第一个限制成年人工作时间的法律。

各国的工厂立法就是劳动法规范的最初形式。这些最初的劳动法规范虽然多局限于对童工和女工的保护,且欠缺实际操作的规定,但是仍然具有十分重要的历史意义。这主要表现在三个方面:

1. 它昭示了劳动法是以保护劳动者的权利和利益为根本宗旨的法律。劳动法与资本主义原始积累阶段用以加强对劳动者剥削和压迫的法律不同。尽管资产阶级是在不得已的情况下制定劳动法,但这终究有利于改善劳动者恶劣的劳动状况。迄今为止,劳动法的这一宗旨始终没有变。

2. 为劳动者取得生存权的斗争提供了合法的依据。资本主义经济发展的每一步,都渗透了劳动者的全部艰辛。广大劳动者反抗资产阶级压迫的劳工运动对于劳动法的产生与完善,起到了不容忽视的重要作用。劳动立法的每一次进步,都与劳动者的斗争分不开。

3. 促进了资本主义经济的迅速发展。劳动问题是当时所有工业国家面临的重大问题。一个国家经济的稳定增长,在很大程度上取决于劳动关系处理的情况。劳动法的产生,在一定程度上缓和了劳资冲突和阶级斗争的激化,减少了伤亡事故,提高了劳动生产率。

由此可见,现代意义劳动法起源于19世纪初期的"工厂立法",是从以英国为首的西欧一些资本主义国家的,"工厂立法"在一定程度上体现了劳动法对劳动者保护的要旨，它的产生是工人阶级为了维护自身利益而进行长期斗争的结果。

二、国际劳动立法

国际劳动立法的思想起源于19世纪上半叶的欧洲。狭义的国际劳动立法一般主要指国际劳工组织的章程、国际劳工公约、国际劳工建议书。广义上可以包括联合国或区域性的公约和协定，还包括国与国之间的双边协定。这些文件为各国劳动立法提供了立法标准，对各国的劳动立法产生了积极影响。

1890年3月，在柏林召开了有15个国家参加的国际劳动立法会议。1900年国际劳动立法协会在巴黎成立，相继通过了一些公约。1906年国际劳动立法会议讨论通过《关于禁止工厂女工夜间工作的公约》和《关于禁止火柴制造中使用白（黄）磷的公约》，这是世界上最早的国际劳工公约。1919年在巴黎签订的《凡尔赛和平公约》的第十三篇，即"国际劳动宪章"，为国际劳动立法的开展奠定了基础，也促使了国际劳工组织的产生。

1919年6月国际劳工组织正式宣告成立，1946年成为联合国的一个专门机构，主管劳动劳工方面的事务。国际劳工组织主要有三个组成部分：①国际劳工大会。这是国际劳工组织的最高权力机构，由每个成员国委派的代表团组成。每年召开1次会议，其任务之一是进行国际劳动立法，即讨论通过国际劳工公约和建议书。②理事会。这是国际劳工组织的执行机构，在大会闭会期间决定该组织的各项重要问题。每届任期3年，每年开会3次。③国际劳工局。它是国际劳工组织的常设工作机构，也是大会、理事会及其他会议的秘书处。除上述机构外，国际劳工组织还设立一些技术性委员会协助国际劳工局工作。该组织实行"三方代表"的组织原则，即成员国代表团由政府、雇主组织和劳工组织的代表组成，三方代表拥有平等独立的发言权和表决权。

国际劳工组织是联合国的一个专门机构，旨在促进社会公正和国际公认的人权和劳工权益。其主要任务是制定和通过国际劳工公约和国际劳工建议书。国际劳工公约和劳工建议书是国际劳工组织的立法形式，因此，国际上通常将国际劳工组织通过的国际劳工公约和劳工建议书合称为《国际劳工标准》。此外，提供技术援助、提供培训和咨询服务等也是国际劳工组织的职责。

三、中国劳动立法的发展

中华人民共和国成立以后，我国的劳动立法进入了一个崭新的历史时期，劳动法律法规成为维护社会利益和劳动者利益的有力工具。我国劳动立法经历了一个曲折的历史发展过程，大体可以划分为四个时期，即形成时期、低谷时期、发展时期和成熟时期。

1. 形成时期。从1949年中华人民共和国成立至1957年，是我国劳动立法的形成时期。从 1953 年起，劳动立法成为完成国家计划和提高劳动生产率以及改善劳动者物质文化生活的重要手段。1954 年颁布的我国第一部《宪法》中，明确规定了公民有劳动权、劳动报酬权、休息权、物质帮助权、民主管理和结社自由权以及遵守劳动纪律的义务等。在这一阶段，我国通过劳动立法及有关的劳动政策，逐步形成了在劳动、工资、保险、福利等方面相互配套的管理体制。这标志着我国社会主义性质的劳动法已经建立和形成，对于国民经济的恢复和发展起了积极的作用。

2. 低谷时期。从 1957 年至 1976 年是我国劳动立法进入低谷时期。这一阶段由于受"左"倾错误和"文化大革命"的干扰和破坏，我国的劳动立法成效不大，进入低谷时期。

3. 发展时期。在党的十一届三中全会后，社会主义的民主和法制逐渐得到恢复。在这一时期，国家进行了大量劳动立法，劳动立法工作进入了全面发展的时期，取得了显著的成绩。

4. 成熟时期。1994 年 7 月 5 日通过、1995 年 1 月 1 日实施的《中华人民共和国劳动法》（以下简称《劳动法》）是我国第一部全面系统保障劳动者权益、调整劳动关系的法律。这一法律的颁布是中国劳动法制建设的重大进展，为建立公正、平等、符合市场经济要求的劳动力市场提供了法律保障，标志着我国的劳动立法进入成熟时期。在此之后，我国的劳动立法又有了很大发展，尤其是 2007 年 6 月 29 日《中华人民共和国劳动合同法》（以下简称《劳动合同法》）的颁布，将劳动合同制度纳入了依法规范、依法调整的法制轨道，标志着我国劳动立法进入新的阶段。

[背景资料]

我国劳动法的立法过程

我国《劳动法》的起草经历了两个阶段。

1978 年 12 月，邓小平同志在中央工作会议上作的题为《解放思想，实事求是，团结一致向前看》的讲话中指出，应尽快知道"工厂法、人民公社法、森林法、草原法、环境保护法、劳动法、外国人投资法等等"。原国家劳动总局传达了党的十一届三中全会文件后，决定组织力量起草《劳动法》。

1979 年 1 月劳动部成立了起草小组，并组织了全国总工会、中国政法大学、中国社会科学院法学所等多家单位的有关同志和专家参加讨论和起草工作。1979 年 7 月，写出了《劳动法（草案）》初稿。至 1983 年 3 月形成《劳动法（草案）》第 17 稿，并于当年 3 月 29 日经国务院常务会议讨论原则通过。1983

年 7 月，修改后的第 18 稿作为送审稿提交全国人大常委会审议。1984 年 2 月，根据全国人大常委会法制工作委员会有关领导同志的意见作了修改。由于种种原因，《劳动法（草案）》未能审议，起草工作中断。

但是，现实中的各种劳动关系有待法律调整，尽早颁布《劳动法》的呼声越来越大。

1989 年 2 月，劳动部又重新开始起草工作，分别成立了劳动法研究小组和起草小组。1990 年又成立了《劳动法》起草领导小组和起草办公室，重新研究确定了《劳动法》起草的基本原则和主要内容，收集整理了近三十万字的国内外资料，翻译出版了五十多个国家的劳动法及单项劳动法律，并形成了新的《劳动法（草案）》。经反复讨论修改，最终形成了《劳动法（草案）》第 27 稿。1991 年 7 月，经领导小组讨论通过，将《劳动法（草案）》送审稿报送了国务院。

国务院法制局将送审稿发往各省市征求意见。针对一些需要再修改的问题，又在调查的基础上做了进一步修改，形成了提请国务院常务会议审议的《劳动法（草案）》。

1994 年 1 月 7 日，国务院第 14 次常务会议审议通过了《劳动法（草案）》，并提请全国人大常委会审议。全国人大常委会经过认真审议，于 1994 年 7 月 5 日通过了《中华人民共和国劳动法》，并决定于 1995 年 1 月 1 日起实施。

四、我国劳动法律体系

劳动法律体系是社会主义法律体系的重要组成部分，对调整我国劳动关系的法律规范进行科学分类，是完善劳动法律规范的重要步骤之一。根据标准不同我们可以做出不同的分类，本书主要介绍两种常见分类体系：

（一）根据劳动法律规范的表现形式不同来划分

1. 基本法律。1995 年 1 月 1 日施行的《中华人民共和国劳动法》规定了劳动关系双方当事人的基本权利和义务，确立了劳动关系各主要方面应遵循的标准，为后续立法提供了原则性的规定。

2. 单行法律。

（1）规范劳动力市场主体行为的法律。包括《劳动合同法》《集体合同法》《劳动就业法》《职业介绍法》等。

（2）保护劳动者权益的法律，包括《安全生产法》《失业救济法》《社会保险法》等。

（3）规范劳动行政管理行为的法律，主要有《劳动监察法》等。

（4）解决劳动纠纷的法律，主要有《劳动争议调解仲裁法》《民事诉讼法》等。

　　3. 劳动行政法规和规章。这些法律规范在名称上主要用"条例""规定""办法""细则"，以和上一层次"法"的称谓区别。在内容上是对单行法律进一步具体化，并可依据劳动法律制度的具体原则，使各项内容专门化、制度化，如《禁止使用童工条例》《履行和解除劳动合同的经济补偿办法》《集体协商规定》等。

　　（二）根据劳动法律规范的具体内容来划分

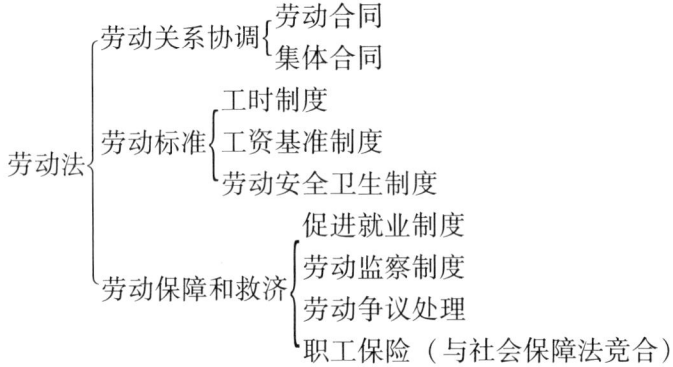

第三节　劳动法的基本原则

　　劳动法的基本原则，是指集中体现劳动法的本质和基本精神，主导整个劳动法体系，为调整劳动领域的社会关系所应遵循的基本准则。它是劳动法的核心和灵魂，具有全面的涵盖性、高度的权威性、特别强的稳定性以及普遍的指导性。

　　我国的劳动法规范中虽没有明文规定劳动法的基本原则有哪些，但是这些原则的确定是有据可循的。首先，要以宪法作为确立劳动制度的最高法律依据；其次，要以我国基本国情对劳动法的要求作为依据；最后，还要以对劳动者倾斜保护理论为依据。基于此，本书将劳动法的基本原则概括如下：

一、保护劳动者合法权益原则

　　我国宪法中，对公民作为劳动者所应享有的基本权利作了许多原则性的规定，内容相当广泛，包括劳动权、劳动报酬权、劳动保护权等。保护劳动者的合法权益是劳动法的立法宗旨。我国《劳动法》第 1 条就明确规定："为了保护劳动者的合法权益，调整劳动关系，建立和维护适应社会主义市场经济的劳动制度，促进经济发展和社会进步，根据宪法，制定本法。"劳动法对劳动者权益的保护体现在以下方面：

（一）全面保护

在我国，劳动者的合法权益具有广泛性，包括了政治、经济和人身方面等权益；既有法定的权益，也有约定的权益。无论是哪种权益，无论其内容涉及政治、经济、文化等哪个方面，也无论它存在于劳动关系缔结前后或终止以后，都应当置于劳动法的保护范围之内。

（二）平等保护

即全体劳动者的合法权益都应平等地受到劳动法的保护。主要包括两个层次的含义：①对劳动者平等保护。对劳动者来说，不因其民族、种族、性别、职业、职务、劳动关系的所有制性质或用工形式等不同，而在劳动法上的地位有所区别。劳动法所直接规定或要求达到的劳动基准对每一位劳动者都一律适用，禁止对劳动者在劳动方面有任何歧视。②对特殊劳动者群体的特殊保护。在劳动中，还存在着某些由于特定原因而具有某种特殊利益的群体，例如，妇女、未成年人、残疾人、少数民族、退役军人等。他们除了受到劳动法给予的一般保护外，其特殊利益还受到劳动法的特殊保护。这种特殊保护是对一般保护的必要补充，旨在使特殊劳动者群体的特殊利益与一般劳动者的共有利益一样受到平等保护，因而并不违背平等保护的精神。应当明确的是，关于特殊劳动者群体及其特殊利益的界定，以及特殊保护的措施和限度的确定，都必须直接以法律为依据。

[案例]

某速递公司在某同城网站上发布招聘信息，标题为"某速递员3千加计件"，任职资格：男。邓某某遂在线投递简历申请该职位，并于2014年9月25日到某速递公司进行了面试，并在该公司酒仙桥营投部试干了两天。双方达成于10月8日签约的意向，某速递公司酒仙桥营投部主任戴某要求其先做入职体检。但是邓某某体检后并未能签约。10月19日邓某某给该公司打电话询问不能签合同的原因，公司答复因为邓某某是女性所以总部不批准签合同。邓某某称其应聘的快递员一职并不属于不适合妇女的工种或岗位，但某速递公司仅因为邓某某是女性就表示不予考虑，这是就业性别歧视，遂向法院提起诉讼，并提交谈话录音、电话录音、体检报告等予以证明。

法院审理后认为，某速递公司的行为侵犯了邓某某平等就业的权利，需对其侵权行为给邓某某造成的合理损失予以赔偿。

（三）基本保护

劳动法在保护劳动者合法权益的时候，注重对劳动者基本利益的保护。人身安全健康、基本生活需要等属于劳动者的基本利益，它是维持劳动力再生产所必需的基本条件。保护劳动者的利益首先就是要保护劳动者的基本利益。在我国的劳动立法中，国家对劳动者基本利益规定了最低保障标准，要求用人单位向劳动者支付的利益不得低于这一标准，从而使劳动者的基本利益获得绝对性保护。

我国的劳动法在突出体现保护劳动者合法权益的同时，也兼顾维护用人单位的利益。"没有无权利的义务，也没有无义务的权利"（马克思语）。劳动者只有在全面履行劳动义务的前提下，才能充分享受法律赋予的权利。同样，用人单位履行义务的同时也应享有基本权利。《劳动法》《劳动合同法》均规定用人单位具有管理劳动者权、用工自主权等。这些都是对用人单位利益的维护，而用人单位的权利得到了保障又会为劳动者权利的实现打下基础。需要强调的是，在特定情形下，当对劳动者利益的保护与对用人单位利益的保护发生冲突时，劳动法应优先保护劳动者利益。例如，在劳动过程中，当安全与生产发生冲突时，应当坚持安全重于生产的原则，即使生产受影响，也必须采取措施以确保安全。

二、贯彻各尽所能、按劳分配的原则

《宪法》第6条第1款规定："……社会主义公有制消灭人剥削人的制度，实行各尽所能、按劳分配的原则。"这一原则是我国经济制度和公民基本权利的重要内容，也是我国劳动法的基本原则。《劳动法》第46条第1款规定："工资分配应当遵循按劳分配原则，实行同工同酬。"每个具有劳动能力的公民，都享有平等的权利和义务，都应当尽自己的能力为社会劳动。同时，要求用人单位应当以劳动为尺度，根据劳动者劳动的数量和质量来支付劳动报酬。

当然，在贯彻各尽所能、按劳分配原则的同时，还要兼顾公平救助的原则，即在劳动者年老、患病或者丧失劳动能力的情况下，国家和社会将给予帮助和补偿。这一点，主要是通过社会保险等制度来实现的。

三、劳动者公平竞争和弱势群体权益保护相结合的原则

这里的"公平"不是指结果的公平，而是强调竞争者应处于平等的法律地位，服从同一法律规则。坚持劳动者公平竞争是法律面前人人平等原则的体现，也是提高劳动生产率的客观要求。我国劳动法明确规定了劳动者有平等就业和选择职业的权利，在劳动保护、劳动争议处理等方面一律公平地受到劳动法律法规的保护。

劳动法在坚持公平竞争原则的同时，注重对弱势群体权益的保护。包括两方面内容：一是就用人单位与劳动者两者对比而言，用人单位拥有强大的经济实力，在市场活动中处于有利地位，而劳动者以分散个体出现，在市场活动中易受到侵害，是弱势群体。劳动法律要担负起保护劳动者的责任，依次弥补弱势群体的不利。二是就劳动者自身而言，其中的妇女、未成年人、残疾人、农民工等在竞争中处于弱势，劳动法律要为其提供特别的保护。这种保护，既要体现在建立劳动关系之中，也要体现在完善的社会保障制度之中。

公平竞争和对弱势群体的保护是相辅相成的，既反映了市场经济本质又体现出劳动法律对社会公平原则的维护。

四、劳动行为自主与劳动基准制约相结合的原则

劳动关系的当事人在法律地位上均是独立、平等的，任何主体均不能把自己的意志强加于对方，法律赋予了他们意思自治、行为自主的权利。一方面，用人单位可以按照自己的需要和意愿去选用劳动者，即享有用人自主权；另一方面，劳动者可以根据自身的具体情况及意愿选择适合自己的工作，即享有自主择业权。双方经过互相选择，在平等自愿的基础上签订劳动合同，从而形成劳动关系。在劳动过程中，用人单位还拥有劳动管理、劳动分配等方面的自主权，劳动者也拥有拒绝权、辞职权等。这些都是劳动行为自主的体现。

当然，一切的"自主"都不能是无限制、无制约的。由于劳动关系当事人之间的从属性以及劳动力自身的特点，国家需要制定一定的劳动基准以制约当事人的行为，特别是用人单位的行为，以保护双方尤其是劳动者的合法权益。最低工资制度、工时制度、劳动安全卫生制度等均属于劳动基准。

[案例]

小陈和小许毕业后，应聘至一家房屋中介公司工作。上班的第一天即被告知：由于公司刚起步，人手较少、资金不足，前 6 个月只能发给员工每人 300 元基本工资；每日工作时间为 14 个小时，其余时间还需保证随叫随到，以便完成工作。小陈和小许不能接受，与公司理论，认为这与劳动法规定不符。公司答复，劳动法只是规定一个统一标准，用人单位在此基础上有权利根据自身情况制定内部规章，员工必须遵守。小陈和小许二人无奈之下将此事举报至当地劳保局。该局在调查后，认为中介公司的做法违背劳动法的基本原则，在行使自主权时，严重违反了劳动基准的规定，责令其立即改正。

五、三方性原则

三方性原则是西方国家用来稳定和协调劳动关系的措施之一，它是指在劳动立法、调整劳动关系和处理劳动争议时，政府、雇主和劳工代表三方共同参与决定，并就有关问题进行协商、取得共识，共同协调劳动关系。国际劳工组织本身就是一个三方协调机构，并于 1976 年通过了《三方协商促进实施国际劳

工标准公约》和《三方协商促进实施国际劳工标准公约建议书》，即第144号公约和第152号建议书。1990年9月7日，我国全国人大常委会批准了这一公约，相关法律法规也明文规定了在有条件的情况下，各级人民政府劳动行政部门应会同同级工会和企业方面代表建立劳动关系三方协商机制，共同解决劳动关系方面的重大问题。这使得劳动者、用人单位、政府三方代表协商对话机制成为我国劳动法的一个重要原则。

三方性原则应体现和应用于调整劳动关系的各个方面，其中包括：①在劳动立法过程中，政府是立法的主体。但其也应该会同同级工会和企业方面的代表共同参与，将草案和建议交其讨论，听取二者的意见和建议，并在法律法规中予以合理的反映。工会和企业代表也应该联系实际情况，结合自身经验，积极参加立法活动。②在劳资双方签订劳资合同时，政府通过劳动基准法对合同的条款内容进行一定的限制，如限制最低劳动报酬、限制劳动强度等，合同条款不得违反此类强制性规定。③进行集体谈判签订集体合同时同样要体现三方性原则。集体合同的签订必须在政府的指导下进行，主要表现在两方面：一是集体合同的内容要符合劳动基准法关于工资、工时、劳动安全卫生保障等方面的规定；二是集体合同由劳资双方协议确定后还必须交由劳动行政部门审核，行政部门无异议后方能生效。④劳动过程中出现重大突发性事件和较大劳动争议时也要通过三方协商或谈判，协调劳动纠纷，避免矛盾激化，使争议得到合理的解决。⑤劳动执法过程中，三方应互相监督。劳动行政部门通过执法监督、劳动监察和仲裁等方式监督劳动法的执行。工会和企业代表也可以监督行政部门的执法行为。

引例解析

劳动关系是在运用劳动能力、实现劳动过程中，劳动者与用人单位之间发生的特定的社会关系。本案中，林某和赵某是两个个体，他们之间不会形成劳动关系，只是一般的雇佣关系，不属于劳动法调整的范围。

本章内容小结

本章主要是劳动法的基本理论，主要包括劳动法的概念及调整对象，劳动法的地位、体系及作用，劳动立法概况以及立法的基本原则等知识点。劳动法作为独立的部门法，其调整用人单位与劳动者之间的劳动关系以及与劳动关系密切联系的其他社会关系。劳动法调整劳动领域的社会关系必须遵循独特的基本原则，诸如保护劳动者合法权益的原则；各尽所能、按劳分配的原则；三方性原则；等等。

思考题

1. 简述劳动关系的特征。
2. 如何理解我国劳动法的基本原则？
3. 案例分析：

某工厂为改善厂区环境而规划设计厂内花园，并将此工程以全包方式包给赵某，赵某临时找来部分民工做活。在此期间，民工王某挖土时不慎被铁锹弄伤了脚，要求该厂支付看病的费用。

问：工厂和王某之间有劳动关系吗？工厂是否需要为劳动者支付医疗费？

延伸阅读

中国与国际劳工组织的关系

中国是国际劳工组织的原始会员国之一，也是该组织的常任理事国。1971年，中国恢复了在该组织的合法席位。1983年6月，我国派出由劳动人事部部长率领的代表团出席了第69届国际劳工大会，正式恢复了在国际劳工组织的活动。自1983年至今，中国每年均派代表团出席各种会议，并积极参与该组织在国际劳工立法和技术合作方面的活动。1985年1月，国际劳工组织在中国设立派出机构——国际劳工组织北京局，负责与我国有关政府机关、工会组织、企业团体、学术单位等的联系，以及执行对我国的技术援助和合作项目。

20年来，中国与国际劳工组织的关系得到较大发展，开展了人员互访、考察、劳工组织派专家来华举办研讨会和讲习班、制定实施技术合作计划以及援助我国建立职业技术培训中心等各类活动。

截至2010年9月，中国共批准了25项国际劳工公约，涉及最低就业年龄、最低工资、工时与休息时间、海员劳动条件、男女同工同酬和残疾人就业等内容。

第二章

劳动法律关系

　　通过本章的学习，掌握劳动法律关系的相关概念；了解劳动者的基本权利和义务，用人单位的基本权利和义务等；学会运用本章的基本原理分析具体的劳动法案例。

内容结构图

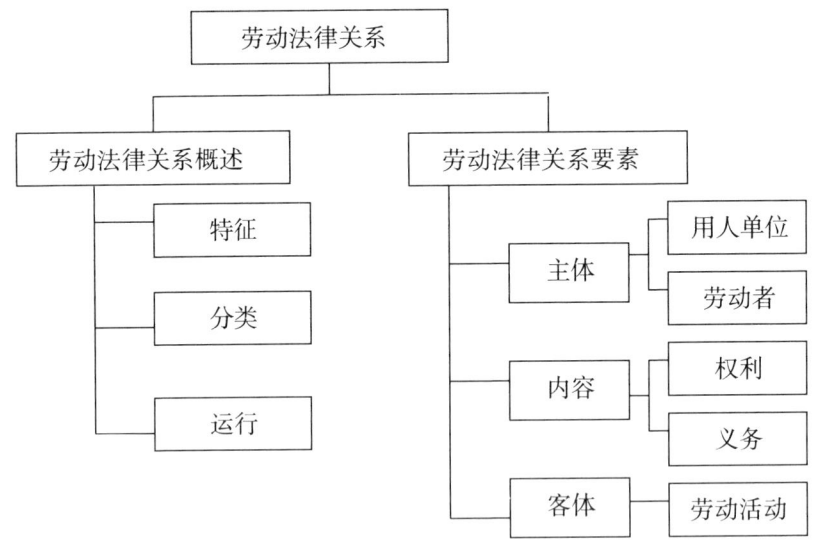

导入案例

　　武汉市某娱乐城和一个名为"潮人"的乐队签订了两年的合同，邀请乐队在娱乐城演奏。但是 6 个月后，娱乐城单方解除了合同。"潮人"乐队不服，向当地的劳动争议仲裁机构提交了仲裁申请，却因为其不具备劳动法主体资格，仲裁机构不予受理。

问：本案处理的法律依据是什么？

第一节 劳动法律关系概述

一、劳动法律关系的概念和特点

劳动法律关系是指劳动法律规范在调整劳动关系的过程中形成的，用人单位与劳动者之间的权利义务关系。简单地说，就是当事人之间发生的符合劳动法律规范、具有权利义务内容的关系。其特点是：

（一）劳动法律关系的特定主体双方具有平等性和隶属性

劳动法律关系的主体一方是劳动者，另一方是用人单位。在劳动法律关系建立之前，劳动者和用人单位彼此间处于平等的法律地位。双方是否建立劳动法律关系以及建立劳动法律关系的条件均由双方按照平等自愿、协商一致的原则依法确定。在双方订立劳动合同，确定劳动法律关系之后，劳动者就成了用人单位的职工，处于提供劳动力的被管理者的地位；而用人单位则成为劳动力的使用者，处于管理劳动者的地位，双方就由平等型主体转化为隶属型主体。

（二）劳动法律关系以国家意志为主导、当事人意志为主体

劳动法律关系是按照劳动法律规范规定和劳动合同的约定形成的，既体现了国家意志，又体现了当事人的共同意志。劳动法律关系体现的国家意志和当事人意志并不是平等的，当事人的共同意志必须符合国家意志并以其为指导，国家意志居于主导地位。

（三）劳动法律关系在社会劳动中得以形成和实现，围绕着劳动者的保护而展开

劳动法律关系形成的现实基础是劳动关系。只有劳动者与用人单位提供的生产资料相结合，实现社会劳动过程，才能依据法律在劳动者与用人单位之间形成劳动法律关系。实现社会劳动的过程是劳动者与用人单位各自依法行使权利和履行义务的过程，也是劳动法律关系得以实现的过程。在这一过程中，劳动者的生命安全和身体健康是重要的前提，因而对劳动者的保护处于核心和基础地位。

［知识链接］

"劳动法律关系"与"劳动关系"

劳动法律关系与劳动关系不是同一概念。它们之间既有联系又有区别。

两者之间的联系主要表现在：①劳动关系是劳动法律关系产生的基础，劳动法律关系是劳动关系在法律上的表现形式。②劳动法律关系形成后，会对劳动关系产生"反作用"，即给具体的劳动关系以积极的影响（如引导、协调现实的劳动关系），使劳动关系在法律的框架下运行和完善。

两者之间的区别主要表现在：①范畴不同。劳动关系是一种社会物质关系，是生产关系的组成部分，属于经济基础的范畴；而劳动法律关系是一种意志关系，体现国家意志，属于上层建筑的范畴。②形成条件不同。劳动关系是在劳动过程中发生的，以劳动为前提；而劳动法律关系以劳动法律规范的存在为前提。每一种具体的劳动关系之所以成为劳动法律关系，就是因为有规定和调整这种劳动关系的劳动法律规范的存在，如果没有相应的劳动法律规范，就不可能形成劳动法律关系。③内容不同。劳动关系的内容是劳动，当事人双方形成劳动力的支配与被支配关系；而劳动法律关系的内容则是法定的权利和义务，当事人双方必须依法享有权利和承担义务。④范围不同。劳动关系的范围广于劳动法律关系的范围。并非所有现实的劳动关系都表现为劳动法律关系，只有那些经过劳动法律规范调整的劳动关系才可能成为劳动法律关系。⑤法律效果不同。劳动关系的成立是以当事人的合意及实际劳动为要件的，不具有法律效果；劳动法律关系的成立则是以法定的条件和形式（如劳动者适格、合法签订劳动合同）为要件的，具有法律效果。

二、劳动法律关系的分类

根据不同的划分标准，劳动法律关系可以分为不同的类型。本书主要介绍以用人单位的性质为标准所做的分类。

在我国，不同的用人单位性质不同，分为国家机关和事业单位、企业单位、民办非企业单位、个体经济组织等。与此相对应，可将劳动法律关系划分为国家和事业单位、企业、个体经济组织、民办非企业单位等组织的劳动法律关系。其中，最重要、最基本的是企业劳动法律关系，占有较大的比重。这样一种划分方式有利于职能部门分类别地对不同用人单位贯彻、执行劳动法的情况进行监督检查，查处和纠正违法行为，保护劳动者的合法利益。

此外，近些年随着对非全日用工形式、劳务派遣形式的规范，典型劳动法律关系和非典型劳动法律关系这样一种分类方式越来越具有理论和实践意义。除传统情况下的典型劳动关系外，又出现了一些非典型的劳动法律关系，并且不断发展完善。这也是时代发展的必然要求。

三、劳动法律关系的运行

劳动法律关系和其他的法律关系一样会处于一个运行的状态中，涉及劳动关系的产生、变更和消灭。

劳动法律关系的产生，指劳动者同用人单位依据劳动法律规范和劳动合同的约定，明确相互间的权利义务，形成劳动法律关系。它是劳动法律关系主体双方意思表示一致的合法行为。违法行为不能产生劳动法律关系。

劳动法律关系的变更，指劳动者同用人单位依据劳动法律规范，变更其原来确定的权利义务内容。一般情况下是主体双方意思表示一致的合法行为，也可以是主体一方的违法行为，还可以是事件。但是，值得注意的是，由于劳动权利能力和行为能力只能由劳动者本人亲自行使，因此，劳动法律关系主体一方的变更不是劳动法律关系的变更，而是原劳动法律关系的消灭和新劳动法律关系的产生。

劳动法律关系的消灭，指劳动者同用人单位依据劳动法律规范，终止其相互间的劳动权利义务关系。消灭劳动法律关系的劳动法律事实，包括行为人的合法行为和违法行为及事件。

[案例]

2017 年 7 月，大学毕业的王某与某羊毛衫厂签订劳动合同，担任业务员，工资为每月 2000 元。工作半年后，因其工作表现出色，被提拔为销售部副经理，月工资 3500 元。2019 年 1 月王某辞去羊毛衫厂的工作，与日用品经销公司签订了劳动合同。同年 5 月份，因家人多次催促，王某与日用品经销公司解除了劳动合同回家发展。

问：本案中，涉及了哪些劳动法律关系的运行？

分析：2017 年 7 月王某与羊毛衫厂签订劳动合同，双方形成劳动法律关系；半年后，王某职位和工资变化，双方劳动法律关系发生变更；2019 年 1 月，王某辞职，其与羊毛衫厂的劳动法律关系消灭；同时，与日用品经销公司签订合同，两者之间形成新的劳动法律关系；2019 年 5 月，王某再次辞职，他与日用品公司的劳动法律关系消灭。

引起劳动法律关系运行的客观情况就是劳动法律事实。劳动法律规范所确认的劳动法律关系主体双方的权利义务，只是表明劳动法律关系主体依法享受权利和承担义务的资格和可能性，并不是现实存在的实际权利义务关系。要使这种可能性变为现实，必须通过一定的劳动法律事实，如劳动者和用人单位依法通过协商，确立劳动关系，明确双方的权利义务，才能分别实现劳动法律赋予的就业权和用人权。劳动者和用人单位之间这种协商确立劳动关系的客观情况，就是劳动法律事实。

　　根据是否包含当事人的意志，可以把劳动法律事实作以下划分：

　　1. 行为。即劳动法规定的，能够引起劳动法律关系产生、变更、消灭的与人的意志有关的有意识的活动，包括作为和不作为。根据行为是否符合法律规定的不同，可分为合法行为和违法行为。根据行为人所处的地位和实施的目的、性质和职责的不同，可将行为分为劳动法律行为、劳动行政管理行为、劳动争议仲裁行为和劳动司法行为。

　　2. 事件。即不以人的意志为转移的客观现象。具体包括外界自然现象（如泥石流、龙卷风等）、人身自然现象（如劳动者的疾病、死亡等）和社会事件（如动乱、战争等）。这些事件虽然不以人的意志为转移，但是也能引起劳动法律关系的产生、变更和消灭。

第二节　劳动法律关系的要素

　　劳动法律关系的要素是指构成各种劳动法律关系不可缺少的组成部分。任何一种劳动法律关系都是由主体、内容和客体三个基本要素构成，如果缺少其中任何一个要素，就不能形成劳动法律关系。

一、劳动法律关系的主体

　　劳动法律关系的主体，就是依劳动法参与劳动法律关系，享有权利与承担义务的当事人。在我国，劳动法律关系的主体一方是劳动者，包括本国公民、外国人、无国籍人；另一方是用人单位，包括企业、事业单位、国家机关、社会团体、个体经济组织等。

　　（一）劳动者

　　劳动者是按照法律和合同的规定，在用人单位管理下从事劳动并获取相应报酬的自然人，既包括体力劳动者，也包括脑力劳动者。

　　自然人要想成为合法的劳动法主体，必须具备一定的条件，也就是说需要具备劳动者主体资格，即劳动者参与劳动法律关系应当具有劳动权利能力与劳动行为能力。

　　1. 劳动权利能力和劳动行为能力。劳动权利能力是指劳动者依法享有劳动权利、承担劳动义务的资格。劳动行为能力是指劳动者以自己的行为实际去行使劳动权利和承担劳动义务，从而使法律关系产生、变更或消灭的能力。

　　（1）劳动者的劳动权利能力和劳动行为能力是统一的。它们同时产生，同时消灭。我国劳动法明确规定，禁止用人单位招用未满16周岁的未成年人。只有年满16周岁的公民才有劳动权利能力和劳动行为能力，才能行使自己的劳动权利并承担劳动义务。当劳动者丧失了劳动行为能力时，劳动者的劳动权利能力就同时丧失，从而也就失去了成为劳动法律关系主体的资格。劳动权利能力和劳动行为能力统一且不可分割。

（2）劳动权利能力和劳动行为能力必须由劳动者本人实现。法律不允许劳动者以外的其他人代理劳动者行使劳动权利能力和劳动行为能力。如果劳动者委托他人代为行使劳动权利能力和劳动行为能力，这种行为不仅无效而且违法。

（3）劳动者的劳动权利能力和劳动行为能力受到一定的限制。根据劳动法的规定，有些职业或工种对劳动者行使劳动权利能力和劳动行为能力有一定的限制。比如，出于对妇女和未成年人的保护，规定其不得从事矿山、井下及其他禁忌从事的劳动等。

2. 具有劳动者主体资格的条件。

（1）达到法定年龄。只有年满16周岁的公民才有劳动权利能力和劳动行为能力，才能行使自己的劳动权利并承担劳动义务（文艺、体育和特种工艺单位经县级以上劳动行政部门批准招收的特殊人才除外）。

［热点探析］

退休人员重新就业后的法律地位

我国的劳动法规定了劳动者的退休年龄，即离开工作岗位的年龄。从理论上说，这些劳动者一旦达到退休年龄即不再工作。但在现实生活中，不少退休人员为了"发挥余热"被"返聘"，或选择其他职业后再次走上工作岗位。诚然，这些人在社会生活中确实发挥了一定的积极作用，但也带来了一系列的复杂问题。其中核心的问题就是如何界定他们的法律地位，是否还具有劳动法上劳动者的资格。

我国的《劳动法》对劳动者的年龄下限作了明确规定。劳动年龄的法定化不仅限于此，还应有年龄上限的规定，退休年龄应当看作是对劳动年龄上限的规定。作为劳动者，既要符合年龄下限的要求，也要符合上限的规定。一个超过法定劳动年龄的人，不应当再从事劳动法意义上的劳动。因其不符合劳动者主体资格中的年龄条件，从而不具有完全的劳动者资格，不能如同一个正常的劳动者那样享受全部劳动权利，他们与用人单位之间也不会形成劳动法律关系。鉴于此，退休人员在重新就业时应慎重，维护好自身权益。

（2）具有劳动能力。劳动能力是指人类进行劳动工作的能力，属于人的生存能力的一部分，是和劳动权利能力、劳动行为能力不同的概念。劳动能力的有无和大小，是直接以人体生理和心理因素为依据的，不具有法律属性；而劳动权利能力、劳动行为能力的有无和内容是以有关劳动法规为依据，是作为劳动者法律资格的一个方面，具有明显的法律属性。

劳动者的劳动能力一般表现为三种情形，即完全劳动能力、部分劳动能力和无劳动能力。具有何种劳动能力是受到一定因素制约的。如一个人的健康状况，包括身体和精神方面；一个人的智力因素，诸如文化水平、技术水平；是否受过制裁等因素，都会极大地影响劳动者劳动能力的具备程度。

总之，只有达到法定年龄，具有完全劳动能力或部分劳动能力的劳动者，才能具备劳动法主体资格。反之，则不能参与劳动法律关系而成为劳动法主体。

需要注意的是，劳动者的劳动权利能力和劳动行为能力与公民的民事权利能力和民事行为能力存在较大的区别，不能混淆。我国民法规定，公民的民事权利能力始于出生，终于死亡；公民的民事行为能力则分三种情况：年满18周岁的公民享有完全民事行为能力；8周岁以上的未成年人具有部分行为能力；不满8周岁的未成年人或精神病人则无行为能力。公民的民事权利能力依法可以由其代理人代为行使。公民的民事权利能力和民事行为能力在法律规定范围内不受限制。

（二）用人单位

用人单位是与劳动者相对应的劳动法律关系的另一方主体，是指依法招用和管理劳动者、形成劳动关系并支付劳动报酬的劳动组织。劳动法对劳动关系进行调整时，赋予用人单位在取得支配一定财产的基础上，取得支配劳动力的资格，从而成为劳动法律关系的主体。在我国，用人单位有以下不同的类型：

1. 在中国境内的依法核准登记的企业，包括各种所有制性质、各种组织形式的企业。如国有企业、集体所有企业、私营企业、外商投资企业、乡镇企业等。

2. 依法核准登记的个体经济组织，即依法取得营业执照的个体工商户。

3. 依法成立的国家机关。

4. 依法成立的事业单位，包括文化、教育、卫生、科研等各种单位，如医院、出版社、学校等。

5. 依法成立的社会团体。

用人单位作为劳动法律关系的一方主体，自然也应当具备一定的条件，即必须具有用人权利能力和用人行为能力。用人权利能力是指用人单位依法享有用人权利和承担用人义务的法律资格。用人行为能力是指用人单位依法能够以自己的行为实际地行使用人权（招收、录用劳动者，变更、解除和终止劳动合同关系等）和履行用人义务（支付工资、缴纳保险费、提供劳动保护条件等）的法律资格。现阶段，我国用人单位的这种用人能力也受到一定因素的制约，主要有：职工编制定员因素、职工录用基本条件因素、劳动安全卫生标准因素以及社会责任因素等。

与用人单位的民事权利能力和民事行为能力相比较，用人单位的用人权利能力和用人行为能力有其自身的特点。用人单位的用人权利能力和用人行为能力的产生时间通常迟于其民事权利能力和民事行为能力的产生时间。就权利能力和行为能力的取得时间上看，民法中法人的权利能力和行为能力是从其依法成立开始；而劳动法中用人单位的用人权利能力和用人行为能力则是在其依法成立后（即符合劳动法规定，如能够支付工资、缴纳社会保险费、提供劳动保护条件等），确定招工的范围与规模时才具有。

另外，用人单位的用人权利能力和用人行为能力的形式受国家的限制较多。在行使劳动用工权上，就某些人群，若法律、法规等规范性文件另有规定，则从其规定。

[案例]

2018 年 4 月，某厅属单位经上级主管部门批准，面向社会公开招聘合同制文员两名。经过层层选拔、考核后，甲、乙、丙、丁 4 名报考人员脱颖而出。该单位因难舍人才，未向上级申请，内部决定将 4 人全部留用，并且签订了劳动合同。由于不符合招聘计划，该单位的做法显然超越了其用人行为能力的范围，属不合法行为，也将导致所签合同无效。

二、劳动法律关系的内容

劳动法律关系的内容，就是依据劳动法的规定，劳动法律关系主体双方享有的权利和承担的义务。劳动权利是劳动法主体依法为一定行为和不为一定行为或要求他人为一定行为和不为一定行为，以实现其意志或利益的可能性。劳动义务是劳动法主体根据法律的规定，为满足权利主体的要求，在劳动过程中履行某种行为的必要性。

劳动权利和劳动义务相辅相成、互相联系，共同存在于劳动法律关系之中，是统一的不可分割的整体。权利义务相对等是社会主义民主与法制观念的核心。不存在只享有权利不承担义务的主体，劳动者享有的权利就是用人单位须承担的义务，相对应的，劳动者所承担的义务也就是用人单位享有的权利。

（一）劳动者基本权利和义务

《劳动法》第 3 条规定："劳动者享有平等就业和选择职业的权利、取得劳动报酬的权利、休息休假的权利、获得劳动安全卫生保护的权利、接受职业技能培训的权利、享受社会保险和福利的权利、提请劳动争议处理的权利以及法律规定的其他劳动权利。劳动者应当完成劳动任务，提高职业技能，执行劳动安全卫生规程，遵守劳动纪律和职业道德。"根据上述规定和其他法律规定，劳动者的基本权利和义务可以概括如下：

1. 劳动者的基本权利。

（1）平等就业和选择职业的权利。劳动就业权是具有劳动权利能力和劳动行为能力的劳动者从事有劳动报酬或经营收入的劳动的权利。如何解决就业问题、降低失业率已成为全球共同关注的课题。《劳动法》明确规定，国家通过促进经济和社会发展，创造就业条件，扩大就业机会。国家鼓励企业、事业组织、社会团体在法律、行政法规规定的范围内兴办产业或者拓展经营，增加就业。国家支持劳动者自愿组织起来就业和从事个体经营实现就业。

平等就业就是要求劳动者在就业方面一律平等，不因民族、种族、性别、宗教信仰不同而受到歧视。选择职业就是劳动者在就业时，有权根据自己的意愿、兴趣选择用人单位，不受外在力量的强迫，并且在工作中也可以根据自己的喜好转岗等，选择适合自己的就业岗位。

（2）取得劳动报酬的权利。劳动者有权按自己提供劳动的数量和质量取得劳动报酬，有权获得最低工资保障、工资支付保障和实际工资保障。我国法律明确规定保护劳动者享有劳动报酬的权利，并且要逐步提高劳动报酬和福利待遇。

（3）享有休息休假的权利。这是劳动者依法享有的在法定工作时间之余进行充分休息的一项基本劳动权利。赋予劳动者休息休假权，能使劳动者解除身体和精神上的疲劳，恢复体力和精力，从而更加充沛地投入劳动；能使他们在业余参加学习、文娱活动、社会交往，并不断提高自身素质，有利于身心健康。

（4）获得劳动安全卫生保护的权利。获得劳动安全卫生保护的权利是保护劳动者生命安全和身体健康的一项基本劳动权利。劳动者在劳动过程中有权依法要求用人单位提供安全卫生的劳动条件，保护其生命安全和身体健康。《劳动法》第54条规定，用人单位必须为劳动者提供符合国家规定的劳动安全卫生条件和必要的劳动防护用品，对从事有职业危害作业的劳动者应当定期进行健康检查。

（5）接受职业技能培训的权利。劳动者有权利用用人单位提供的职业培训条件和参加用人单位组织的职业培训，经职业培训而提高劳动能力的，有权请求用人单位按照其劳动能力进行使用和给予待遇。《劳动法》第66~68条规定了国家和用人单位在职业培训方面的职责和义务。

（6）享受社会保险的权利。该项权利又被称为生活保障权，即劳动者在丧失劳动能力或劳动机会时有权获得物质帮助，以保障本人及其近亲属的基本生活需要。劳动者享有社会保险的权利体现在我国的五险制度中，即养老保险、医疗保险、工伤保险、失业保险和生育保险。随着社会的不断发展，劳动者此项权利的范围会更加扩大，待遇标准也会逐步提高。

（7）结社权。结社权是我国宪法赋予公民的基本权利之一。劳动者的结社权，是指劳动者组织和参加工会的权利，包括组建工会和参加工会的权利。我国《工会法》规定，在中国境内的企业、事业单位、机关中以工资收入为主要生活来源的体力劳动者和脑力劳动者，不分民族、种族、性别、职业、宗教信仰、教育程度，都有依法参加和组织工会的权利。任何组织和个人不得阻挠和限制。这也是劳动者充分行使其劳动权利的重要保障。

（8）享有提请劳动争议处理的权利。劳动者和用人单位发生劳动争议时可以申请调解、仲裁和提起诉讼，有权在合法权益受到侵害时请求有关国家机关、工会组织依法给予保护。

此外，法律还规定了劳动者可以享有其他劳动权利，包括民主管理企业的权利、与用人单位进行平等协商的权利、与企业签订集体合同的权利等。

2. 劳动者的基本义务。

（1）积极完成劳动任务。劳动者只有完成劳动任务，才能使得整个劳动过程得以延续，生产得到发展。完成劳动任务又是劳动者获得劳动报酬的基本前提。

（2）提高劳动技能。劳动者一方面享有接受职业技能培训的权利，另一方面又要承担提高职业技能的义务。劳动者必须自觉地接受职业培训，自觉学习技术，加快知识更新，提高职业技能，才能适应现代化生产的需要。

（3）认真执行劳动安全卫生规程。劳动者必须学习和掌握与本岗位相关的劳动安全卫生规程，熟练掌握操作规程，熟练机器设备的性能，严格照章操作，不得违章作业。

（4）严格遵守劳动纪律和职业道德。劳动纪律是人们在共同劳动过程中必须遵守的一定规则和秩序，是组织社会劳动的基础。劳动者必须遵守厂规、厂纪，比如，严守上下班时间等。职业道德，是某一职业对从事该职业劳动者的特有的道德要求。比如，医生的职业道德是救死扶伤；教师的职业道德是传道授业等。

（二）用人单位在劳动关系中的职责

1. 为劳动者劳动权利的实现提供条件保障。劳动者各项具体权利的实现，通常依赖于用人单位提供条件保障或者给予必要的配合。因此，用人单位应当根据劳动法律法规，积极提供条件保障，如提供安全的生产设备、发放安全卫生防护用品等以保障劳动者安全卫生权利的实现；按时支付工资及其他待遇以保障劳动者劳动报酬权利的实现。

2. 建立职业培训制度。用人单位应当根据法律规定，提取和使用职业培训基金，制订职业培训计划，保证劳动者能够得到定期的职业技能培训，提高劳动者的职业技能素养，有计划地对劳动者进行职业培训。

3. 建立、健全各项规章制度。用人单位的规章制度和劳动纪律，要严格执行国家的有关标准和规定，不得违反法律、法规，不能与社会公德相违背。建立、健全规章制度是加强劳动纪律的要求，单位的内部规章制度只能由单位制定，其内容必须体现权利与义务一致、奖励和惩罚结合、人人平等等精神。在制定内部规章制度的过程中，凡法律有明确要求的，其制定程序必须严格遵守法律的规定。

[案例]

2016年1月初，青海省黄南州同仁县祥云饭店出台了《员工管理五条高压线》，规定了在工作区域内公然顶撞上级或伤害他人身体的，罚款500元；故意损害他人家庭关系或伤害他人身体的，罚款1000元以上，情节严重的予以开除；故意损害公司物品或实施盗窃的，一经发现罚款2000元以上并且开除等内容。当地网络、微信纷纷传播这一制度，引起一片哗然。同仁县政府以"员工管理制度中相关条款不符合国家有关民族政策的规定"为由对祥云饭店进行了处理。

分析：我国法律没有授予用人单位对劳动者进行经济处罚的权利。公民合法的私有财产不受侵犯，这是我国宪法赋予公民的基本权利。经济体制改革之后，我国的用人单位早已没有了"行政"权力，此前颁发的《职工奖惩条例》业已废止。用人单位没有权利针对劳动者违反劳动纪律或者其他社会规则的行为处以罚款，只可能是以劳动者的行为造成用人单位经济损失为前提，要求劳动者给予一定的经济赔偿。

三、劳动法律关系的客体

劳动法律关系的客体，是指劳动法律关系主体双方的权利和义务共同指向的对象，即是双方共同指向的劳动活动。具体来说，就是劳动者和用人单位在实际的劳动过程中所实施的行为，包括劳动者完成工作任务的行为和用人单位实施劳动管理的行为。

对劳动者来说，劳动法律关系的客体即劳动者通过参加用人单位组织的各种各样的劳动活动，实现劳动权利与履行劳动义务，从而为本人及其家庭成员获得基本生活保障，为国家和社会创造物质财富和精神财富。

对企业、事业单位、国家机关、社会团体、个体经济组织等用人单位来说，劳动法律关系的客体即通过组织劳动活动，合理配置劳动力资源，提高劳动生产率；同时，不断地完善劳动管理制度，改善劳动条件，提高劳动者的生活水平。

引例解析

该案例中，乐队不具备形成劳动关系的主体资格。根据《劳动法》的规定，劳动关系只能在适格的用人单位与劳动者之间形成。劳动者是指具有劳动权利能力和劳动行为能力的自然人，显然，"潮人"乐队作为一个由多个独立成员构成的组织，是不具备成为劳动者的主体资格的。娱乐城和乐队之间是普通的民事合同关系，他们之间发生争议，应该依照合同纠纷来解决，而劳动争议仲裁只是对劳动法律关系争议进行的仲裁。

本章内容小结

劳动法律关系是劳动法律规范调整的用人单位和劳动者之间的权利义务关系，具有自己的特征。根据不同的划分标准，劳动法律关系可以有不同的分类。实践中，劳动法律关系存在运行的过程，即依据不同的劳动法律事实产生、变更、消灭。任何一种劳动法律关系都是由主体、内容、客体三个基本要素构成的。劳动法律关系的主体特指用人单位和劳动者，其必须具备相应的劳动能力；他们的劳动权利和义务就是劳动法律关系的内容；劳动活动是劳动法律关系的客体。

思考题

1. 劳动法律关系是物质利益关系还是思想意志关系？
2. 如何理解我国劳动者的基本权利？
3. 试总结用人单位在劳动法律关系中的基本职责有哪些？

延伸阅读

非法用工单位的法律地位

非法用工单位是指不具有合法用人主体资格而仍然雇佣劳动者，以及虽有合法用人主体资格但雇佣不适格劳动者的用人单位。根据有关规定，我国的非法用工单位包括两类：①使用童工的用人单位。这类用人单位本身具备用工主体资格，但是雇佣的劳动者不符合劳动法的要求。②无营业执照或者未经依法登记、备案的单位以及被依法吊销营业执照或者撤销登记、备案的单位。这类单位本身因行政行为丧失了用人权利能力，却仍然雇佣劳动者进行劳动。

第一类用人单位，因其未丧失用人主体资格，当然是劳动法的调整对象，适用劳动法的规定。

对于第二类用人单位，我国《劳动合同法》第 93 条作出如下规定："对不具备合法经营资格的用人单位的违法犯罪行为，依法追究法律责任；劳动者已经付出劳动的，该单位或者其出资人应当依照本法有关规定向劳动者支付劳动报酬、经济补偿、赔偿金；给劳动者造成损害的，应当承担赔偿责任。"可见，此类用人单位依然是劳动法规范的调整对象，适用合法用人单位里劳动者受到侵害时的一切救济方式。

模块二　劳动关系协调制度

第三章

劳动合同

　　劳动合同是劳动者与用人单位双方确立劳动关系的基本法律形式，对维护双方合法权益、稳定劳动关系有着重要意义。通过本章学习，了解劳动合同概念、分类；掌握劳动合同在签订、履行、解除和终止过程中的法律规定，进而学会运用这些基本知识妥善进行企业的劳动合同管理，解决现实中存在的各种劳动合同问题。

内容结构图

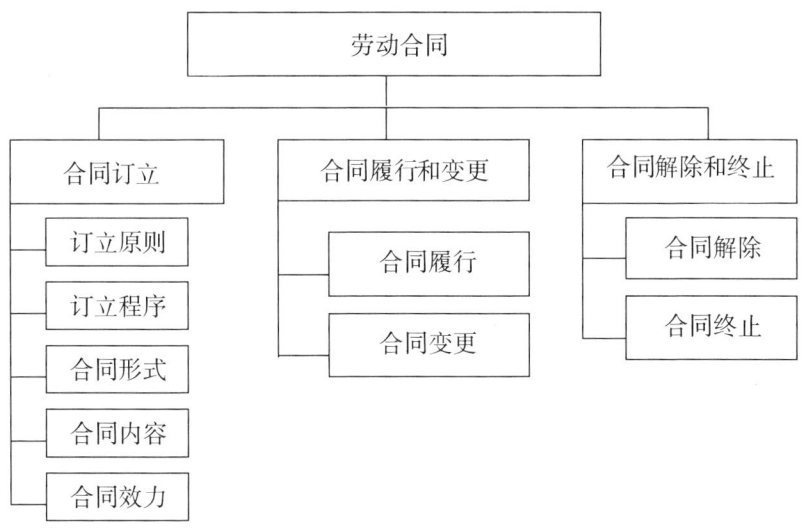

导入案例

2016 年 8 月，刚毕业的赵某进入一家贸易公司上班，当时没有签合同，进去后干的活很杂，工作岗位不固定，每个月领的工资也不一样。一年后，他多次与公司协商签订劳动合同，想把工作岗位、内容、工资等各方面固定下来，可公司总是以"我们需要的就是一个能干杂活的人""公司效益不固定工资也不能固定""如果不想干就另谋高就"等各种理由予以推托。所以合同一直没有签成。后来公司换了个老板，一上任就把他辞退了。

问：公司不签合同的行为是否合法？

第一节　劳动合同概述

《中华人民共和国劳动合同法》于 2007 年 6 月 29 日第十届全国人大常务委员会第二十八次会议通过，于 2008 年 1 月 1 日起施行，并于 2012 年 12 月 28 日进行了修正。《劳动合同法》第 1 条明确了该法的立法目的："为了完善劳动合同制度，明确劳动合同双方当事人的权利和义务，保护劳动者的合法权益，构建和发展和谐稳定的劳动关系，制定本法。"

劳动合同制度是劳动法律制度的一项重要内容，是社会保障法律制度建立的基础。签订一份完整、公平、合理的劳动合同，对建立和维持和谐稳定的劳动关系，保证双方当事人的合法权益具有十分重要的意义。

一、劳动合同概念及特征

劳动合同，又被称为劳动契约或劳动协议，是劳动者和用人单位之间关于确立劳动关系、明确双方权利和义务的协议，是劳动关系建立、变更和终止的一种法律形式。

劳动合同除了具有一般合同如平等、自愿等特征外，还具有以下主要特征：

1. 劳动合同的主体具有特定性。劳动合同的主体由特定的用人单位和劳动者双方构成，一方是劳动者，另一方是用人单位。其中，用人单位的范围在《劳动合同法》中有明确规定。《劳动合同法》第 2 条规定："中华人民共和国境内的企业、个体经济组织、民办非企业单位等组织（以下称用人单位）与劳动者建立劳动关系，订立、履行、变更、解除或者终止劳动合同，适用本法。国家机关、事业单位、社会团体和与其建立劳动关系的劳动者，订立、履行、变更、解除或者终止劳动合同，依照本法执行。"

2. 劳动合同双方主体地位上的从属性。在劳动合同的履行中，劳动者一方必须加入用人单位，成为该单位的一员，对内享受权利、承担义务，对外以单位的名义从事生产经营和管理活动。用人单位有权利也有义务组织和管理本单位的职工，把他们的个人劳动组织到集体劳动中去。劳动者必须遵守用人单位的规章制度，服从管理。但须明确的是，禁止以任何形式违法地对劳动者进行管理支配。

3. 劳动权利义务条款具有较强的法定性。劳动合同中确定了双方当事人的权利和义务，包括必备条款、协商约定条款。劳动合同的性质决定了劳动合同的内容以法定为多、为主，以商定为少、为辅，即劳动合同的许多内容必须遵守国家的法律规定，如工资、保险、保护、安全生产等，而当事人之间对合同内容的协商余地较小。

4. 劳动合同往往能对合同主体之外的第三人产生物质帮助权。在特定条件下，劳动合同往往涉及第三人的物质利益，即劳动合同内容往往不仅限于当事人的权利和义务，有时还需涉及劳动者的直系亲属在一定条件下享受的物质帮助权。劳动者的配偶、父母及子女均不是合同当事人，但劳动合同的某些条款或履行结果都与他们有着密切联系。例如，劳动者死亡后的遗属待遇等。

5. 劳动合同的目的在于劳动过程的实现，而不是单纯的劳动成果的给付。劳动合同的目的主要是使劳动者与用人单位构成具体的劳动关系，实现用人单位的生产经营需要。这个过程是一个连续的劳动过程，而不仅仅是劳动成果的给付行为。比如，对劳动者的职业培训也是劳动过程的重要组成部分，在此期间，劳动者没有为用人单位创造经济价值，而用人单位甚至还需要为他们支付学费，但只要劳动者完成了学习任务就实现了该阶段的劳动过程。

二、劳动合同的种类

（一）按劳动合同期限不同分类

劳动合同期限是指合同的有效时间，它一般始于合同的生效之日，终于合同的终止之时。它是劳动关系当事人双方享有权利和履行义务的时间。劳动合同期限由用人单位和劳动者协商确定。按劳动合同期限不同，可以分为固定期限、无固定期限和以完成一定工作任务为期限的劳动合同。

1. 固定期限的劳动合同。固定期限的劳动合同，又称定期劳动合同，是指用人单位与劳动者约定合同终止时间的劳动合同。即当事人可以根据生产、经营、工作的需要确定劳动合同的期限，明确规定合同的有效期限，约定合同生效和终止时间，固定期限未满不能解除劳动合同。

2. 无固定期限的劳动合同。无固定期限的劳动合同，又称不定期劳动合同，是指用人单位与劳动者约定不确定终止时间的劳动合同。对于无固定期限劳动合同，用人单位不准在不经劳动者同意的情况下，将其转为定期劳动合同。

用人单位与劳动者可以在协商一致的前提下订立无固定期限劳动合同。但根据《劳动合同法》第14条的规定，有下列情形之一的，应当订立无固定期限劳动合同，劳动者提出订立固定期限劳动合同的除外：①劳动者在该用人单位连续工作满10年的；②用人单位初次实行劳动合同制度或者国有企业改制重新订立劳动合同时，劳动者在该用人单位连续工作满10年且距法定退休年龄不足10年的；③连续订立2次固定期限劳动合同，且劳动者没有《劳动合同法》第39条和第40条第1项、第2项规定的情形，续订劳动合同的；④用人单位自用工之日起满1年不与劳动者订立书面劳动合同的，视为用人单位与劳动者已订立无固定期限劳动合同。

[案例]

2007年9月，华为公司内部通过了鼓励员工"先辞职再竞岗"的改革方案，并与老员工私下沟通，取得共识。共计有超过7000名在华为公司工作年限超过8年的老员工，逐步完成了"先辞职后竞岗"工作。按照华为公司的改革要求，工作满8年和8年以上的员工，由个人向公司提交一份辞职申请，在达成自愿辞职的共识之后，再竞争上岗，与公司签订新的劳动合同。工作岗位基本不变，薪酬有所上升。包括华为总裁任正非、副总裁孙亚芳在内的一批华为创业元老，也进行了"先辞职再竞岗"。所有自愿离职的员工都获得了华为的相应补偿。据推测，华为公司为职工辞职支付的赔偿费用总计超过10亿元。这起引发7000余名员工集体辞职的所谓"华为辞职门"事件，成为2007年最受媒体关注的事件之一。

分析：《劳动合同法实施条例》第9条规定，连续工作满10年的起始时间应当自用人单位用工之日起计算，包括劳动合同法实施前的工作年限。华为公司这种将工龄归零的做法属于违法行为，工龄的起始时间包括2008年以前的。与华为重签合同员工的工龄不能"归零"。

3. 以完成一定工作为期限的劳动合同。即用人单位与劳动者约定以某项工作的完成为合同期限的劳动合同。工作或工程一经完成，合同即可解除。一般适用于铁路、公路、桥梁、水利、建筑等工程项目。

（二）按劳动合同用工形式不同分类

1. 全日制用工劳动合同，又称全职劳动合同，是指劳动者按照国家法定工作时间，从事全职工作的劳动合同。

2. 非全日制用工劳动合同，又称部分时间劳动合同，是指劳动者按照国家法律规定，从事部分时间工作的劳动合同。从事非全日制用工的劳动者，可以与一个或一个以上用人单位建立劳动关系。近年来，我国以小时工为主要形式的非全日制用工发展较快。这一用工形式突破了传统的全日制用工模式，适应了用人单位灵活用工和劳动者自主择业的需要，已成为促进就业的重要途径。

三、劳动合同与劳务合同的区别

劳动合同作为用人单位和劳动者之间关于劳动关系的协议，在实践中往往与劳务合同相混淆。区别两者的不同，对适用不同法律，解决各类合同争议具有十分重要的意义。

所谓劳务合同，是指两个或两个以上的平等主体之间，依据民事法律规范所达成的一方提供劳务，另一方支付报酬的协议。它包括承揽、承包、运输、委托、居间合同等形式。劳动合同与劳务合同的区别主要表现在下列几个方面：

1. 主体不同。劳动合同的主体是确定的，只能是接受劳动的一方为单位，提供劳动的一方是自然人；劳务合同的主体可以双方都是单位，也可以双方都是自然人，还可以一方是单位，另一方是自然人。

2. 双方当事人关系不同。劳动合同的劳动者在劳动关系确立后成为用人单位的成员，须遵守用人单位的规章制度，双方之间具有领导与被领导、支配与被支配的隶属关系；劳务合同的一方无须成为另一方成员即可为需方提供劳动，双方之间的地位自始至终都是平等的。

3. 承担劳动风险责任的主体不同。劳动合同的双方当事人由于在劳动关系确立后具有隶属关系；劳动者必须服从用人单位的组织和支配，因此在提供劳动过程中的风险责任须由用人单位承担；劳务合同中提供劳动的一方有权自行支配劳动，因此劳动风险责任自行承担。

4. 法律干预程度不同。因劳动合同支付的劳动报酬称为工资，具有按劳分配的性质，工资除当事人自行约定数额外，其他如最低工资、工资支付方式等都要遵守法律、法规的规定；劳务合同支付的劳动报酬称为劳务费，主要由双方当事人自行协商价格及支付方式等，国家法律不过分干涉。

5. 适用法律和争议解决方式不同。劳动合同纠纷属于劳动法调整，通常要求采用仲裁前置程序；劳务合同属于民事合同的一种，受民法及合同法调整，故因劳务合同发生的争议可由人民法院直接审理。

[知识链接]

我国劳动合同的立法概况

我国的劳动合同立法经历了较长的发展过程，早在土地革命时期，中央苏区的《中华苏维埃共和国劳动法》中就有关于劳动合同方面的法律规范。中华人民共和国成立以来，劳动合同立法一直是劳动立法的一个重要组成部分。原劳动部相继制定一系列有关劳动法方面的重要法规，这些劳动法规都要求通过订立劳动合同来确定劳动关系。但随着我国社会主义改造的完成，固定工制度的普遍实行，在正式工中签订劳动合同的办法消失，仅要求临时工与用人单位订立劳动合同，具有特别意义的就是 1994 年 7 月通过的《中华人民共和国劳动法》。在这部法中，对劳动合同的定义、适用范围、订立、变更和无效，内容、形式、终止和解除作出了具体规定。此后原劳动部又制定了若干与劳动法相配套的有关劳动合同规章。

目前，随着我国市场经济的发展，城镇新增人口就业、农村富余劳动力转移就业等因素并存，劳动关系发生了新变化，表现为劳动用工情况多样化，出现了一些新型的劳动关系，如灵活用工、劳务派遣工、家庭用工、个人用工等，而且劳动力市场长期供大于求的基本格局很难短期改变。在这一大背景下，劳动合同制度在实施过程中出现了亟待解决的问题，如用人单位不签订劳动合同、劳动合同短期化、滥用试用期、用人单位随意解除劳动合同、将正常的劳动用工变为劳务派遣等。这些问题侵犯了劳动者的合法权益，破坏了劳动关系的和谐稳定，也给整个社会的稳定带来隐患。鉴于此，有必要制定一部专门规范市场经济条件下的劳动合同制度的法律，对劳动合同制度做进一步完善。2005 年 10 月 28 日，国务院常务会议讨论并原则通过了《中华人民共和国劳动合同法（草案）》。为使制定的劳动合同法符合实际，更好地维护广大劳动者的合法权益，全国人大常委会于 2006 年 3 月 20 日向社会全文公布劳动合同法草案，广泛征求各方面的意见。前后经 4 次审议，2007 年 6 月 29 日，第十届人大常委会第二十八次会议审议通过了《中华人民共和国劳动合同法》，并于 2008 年 1 月 1 日正式实施。

这部《劳动合同法》是继《劳动法》实施以来，我国劳动和社会保障法制建设中的又一个里程碑。2008 年 9 月 3 日国务院第 25 次常务会议又通过了《中华人民共和国劳动合同法实施条例》，自 2008 年 9 月 18 日起施行，对劳动合同法的具体实施作出指导；2012 年 12 月 28 日第十一届全国人民代表大会常务委员会第三十次会议决定对《中华人民共和国劳动合同法》进行进一步修改，该修正案于 2013 年 7 月 1 日起施行。可以说，《中华人民共和国劳动合同法》在许多方面完善了我国现行劳动合同制度。

此外，最高人民法院 2001 年 4 月发布了《关于审理劳动争议案件适用法律若干问题的解释》，2006 年 8 月发布了《关于审理劳动争议案件适用法律若干问题的解释（二）》，2010 年 9 月发布了《关于审理劳动争议案件适用法律若干问题的解释（三）》，2013 年 1 月发布了《关于审理劳动争议案件适用法律若干问题的解释（四）》，就劳动合同适用法律的有关问题作了规定。

第二节　劳动合同的订立

《劳动法》规定，建立劳动关系，应当订立劳动合同。根据这一规定，建立劳动关系的所有劳动者都应当与其用人单位签订劳动合同。劳动合同的订立是指作为应聘者的劳动者和作为招聘者的用人单位之间依法就劳动合同条款进行协商，达成协议，从而确立劳动关系和明确相互间权利义务的法律行为。在市场经济条件下，订立劳动合同是建立劳动关系的有效途径。劳动合同的正确订立有利于提高劳动者素质和劳动生产率，有利于构建和发展和谐稳定的劳动关系。

一、劳动合同订立的原则

劳动者与用人单位在订立劳动合同的过程中，双方都应当依法遵循一定的法律准则。《劳动合同法》第 3 条第 1 款规定："订立劳动合同，应当遵循合法、公平、平等自愿、协商一致、诚实信用的原则。"

1. 合法原则。即劳动合同的形式和内容必须符合法律、法规的规定，否则劳动合同可能被认定为无效或者部分无效。首先，劳动合同的形式要合法。如《劳动合同法》规定，除非全日制用工外，劳动合同需要以书面形式订立；其次，劳动合同的内容要合法。有些内容，相关的法律、法规都有规定，用人单位和劳动者必须在法律规定的限度内作出具体规定。如果劳动合同的内容违法，劳动合同不仅不受法律保护，当事人还要承担相应的法律责任。

2. 公平原则。公平原则要求在劳动合同内容的确定上应体现公平、合理，防止用人单位利用自己的强势地位压制劳动者而订立显失公平的合同条款。如用人单位免除自己的法定责任，排除劳动者权利的内容都是不允许的。

3. 平等自愿原则。平等，是指订立劳动合同的双方当事人具有相同的法律地位。这一原则赋予了双方当事人公平地表达各自意愿的机会，用人单位不得滥用其职权上的优势，附加不平等的条件。自愿，是指劳动合同的订立完全是出自于双方当事人自己的真实意愿，是在充分表达各自意见的基础上，经过平等协商达成的协议。劳动合同双方当事人有权依照自己的意志，自主地决定是否签订劳动合同。

4. 协商一致原则。协商一致是指劳动合同的内容，必须由双方当事人在法律、法规允许的范围内共同协商探讨，取得完全一致后确定。合同本质就是一种协议，这就要求劳动合同双方当事人对合同条款进行充分的沟通和协商，达成合意，一方不能凌驾于另一方之上，不得把自己的意志强加给对方，也不能强迫、命令、胁迫对方订立劳动合同。协商一致原则是维护双方当事人合法权益的基础。

5. 诚实信用原则。当事人订立劳动合同必须讲诚信，双方为订立劳动合同提供的信息必须真实。双方当事人在订立、履行劳动合同时，必须以自己的实际行动体现诚实信用，互相如实陈述有关情况，并忠实履行签订的协议，双方都不得有欺诈行为。

[案例]

宋某在简历中虚构本人信息，借此通过某信息技术公司考核，于2016年11月入职该公司，试用期为6个月。后经公司查证，宋某本人签署的录用条件确认书中的内容包括学历学位证书、工作经历、教育经历、体检证明材料等均为伪造。2017年3月，某信息技术公司以宋某不符合试用期录用情形为由，与宋某解除劳动合同。宋某认为，其工作状态良好符合录用条件，某信息技术公司解除劳动合同的行为属于违法解除，遂申请劳动仲裁。由于宋某对求职过程中简历造假行为不能作出合理解释，经劳动争议仲裁委员会查明，宋某在入职时存在学历造假、编造工作经历的事实，因此认定某信息技术公司与宋某解除劳动合同合法。

劳动者凭借假学历、假工作经历与用人单位订立劳动合同，属于欺诈行为。用人单位与劳动者在建立劳动关系以及履行劳动合同期间均应遵守诚实信用原则。

诚实守信作为劳动合同的基本原则，贯穿于劳动合同的建立时、履行中，甚至终止后。招聘和求职应聘是建立劳动关系的前提，不能以"骗"的方式蒙混过关，否则必将适得其反。对于劳动者而言，求职应聘过程中，应当保证简历信息真实，就学历和工作经历等招聘要求中着重强调的信息尤其值得注意，要纠正先夸大其词或者虚构事实入职，事后再弥补的侥幸心理。对于用人单位而言，在招聘过程中应当明确录用条件，就待遇、岗位要求要具体、明确，具有可操作性，当劳动者确实不符合录用条件时，才能够依法解除劳动合同。

二、劳动合同订立的程序

订立劳动合同的程序是指订立劳动合同，建立劳动法律关系的过程，包括签订合同的步骤和方式。它既能保障合同签订的正常进行，也是合同内容合法化、完备化的重要措施。根据合同订立的一般原理，订立劳动合同需经过要约与承诺两个基本阶段。

1. 要约。要约是指劳动合同的一方当事人向另一方当事人提出订立劳动合同的建议。要约人可以是用人单位，也可以是劳动者。要约内容应当包括：订立劳动合同的愿望、订立劳动合同的条件、要求对方考虑答复的期限。其中订立劳动合同的条件必须明确具体，以便对方当事人进行考虑、衡量和选择，然后决定是否订立合同。

2. 承诺。承诺是指要约人对劳动合同的要约内容表示完全同意和接受，即受约人对要约人提出劳动合同的全部内容表示赞同，不能有条件地接受。

若受约人对劳动合同内容提出变更或修改，可视为一种新要约。订立合同的过程是"要约—新要约—再要约—承诺"反复协商并最终取得一致意见的过程。

在实践中，订立劳动合同一般包括以下几个步骤：①用人单位向社会公开发布招聘广告或招工简章，在简章中应载明职工录用条件、录用后职工的权利和义务、应招人员报名办法、录用考试方式等事项。②劳动者报名应聘。符合基本要求的劳动者自愿应招，提交表明本人身份、职业技术、非在职等基本情况的证明文件。③用人单位对前来应聘者进行全面考核，在择优录用的基础上确定应招人员，并向其发出录用通知书。④被录用人员及时办理用工手续，与用人单位签订劳动合同，在协商一致的基础上签字盖章。

[案例]

李某在招聘会上看到南京宏瑞企业需要招聘计算机专业毕业生的信息，经过用人单位面试，双方顺利签下就业协议。一个月后，李某报到上班时被单位通知进行统一职业培训。在培训会上，李某知道了这是一个传销机构，趁他人不备，脱身获救。

分析：近几年由于就业形势严峻，就业市场上一些人借招聘之名为求职者布下一个个陷阱，如以高薪为诱饵引诱应聘者上当等。李某被骗，主要是轻信招聘信息，没有经过认真核实轻率判断所致。针对如何谨防落入求职陷阱，求职者要通过参加正规招聘会的形式来应聘工作，并且多渠道、多方面核实招聘信息的真实性和实效性，做到有的放矢，避免上当受骗。

三、劳动合同的形式和内容

（一）劳动合同的形式

劳动合同的形式是指劳动合同内容赖以确定和存在的方式。《劳动法》和《劳动合同法》均明确规定，劳动合同应当以书面形式订立。即劳动者在与用人单位建立劳动关系时，直接用书面文字形式表达和记载当事人达成的协议。用书面形式订立劳动合同严肃慎重、准确可靠、有据可查，一旦发生争议时，便于查清事实、分清是非，也有利于主管部门和劳动行政部门进行监督检查。

现实中，大量存在着不签订书面劳动合同的情况。一些用人单位与劳动者法律意识薄弱，还有一些用人单位利用其优势地位，违反法律规定，故意拖延或者拒绝与劳动者签订书面劳动合同，以逃避应当履行的劳动合同义务，任意解除劳动关系，极大地损害了劳动者的合法权益。为此，《劳动合同法》明确规定，发生实际用工关系但未订立书面劳动合同的，一般视为事实劳动合同。对于事实劳动合同的处理是：

1. 用人单位自用工之日起即与劳动者建立劳动关系。用人单位应当建立职工名册备查。用人单位与劳动者在用工前订立劳动合同的，劳动关系自用工之日起建立。

2. 建立劳动关系，应当订立书面劳动合同。已建立劳动关系，未同时订立书面劳动合同的，应当自用工之日起一个月内订立书面劳动合同。

3. 用人单位未在用工的同时订立书面劳动合同，与劳动者约定的劳动报酬不明确的，新招用的劳动者的劳动报酬应当按照企业或者行业集体合同规定的标准执行；没有集体合同或者集体合同未作规定的，用人单位应当对劳动者实行同工同酬。

4. 用人单位自用工之日起超过一个月不满一年未与劳动者订立书面劳动合同的，用人单位应当向劳动者每月支付两倍的工资，并与劳动者补订书面劳动合同。用人单位向劳动者每月支付两倍工资的起算时间为用工之日起满一个月的次日，截止时间为补订书面劳动合同的前一日。

5. 用人单位自用工之日起满一年未与劳动者订立书面劳动合同的，视为自用工之日起满一年的当日已经与劳动者订立无固定期限劳动合同，应当立即与劳动者补订书面劳动合同。

（二）劳动合同的内容

劳动合同的内容是指劳动者与用人单位双方通过平等协商达成的关于劳动权利和义务的具体条款。它是劳动合同的核心部分。合同条款固定了当事人各方的权利义务，因此成为法律关系意义上的合同内容。

由于劳动过程本身的复杂性和多变性，劳动合同的内容不可能一成不变，其是由用人单位根据劳动过程的特点和单位的实际情况与劳动者协商确定的。

实践中，有些劳动者与用人单位对合同应具备的条款不清楚，导致所签订的合同不规范、不完善，极易产生劳动纠纷。因此，为了规范较完备的合同条款，《劳动合同法》第17条对劳动合同的必备条款和约定条款作了提示性规定。

1. 劳动合同的必备条款。法律规定劳动合同必须具备下列内容：

（1）用人单位的名称、住所和法定代表人或者主要负责人。该条款明确劳动合同中用人单位一方的主体资格。

（2）劳动者的姓名、住址和居民身份证或者其他有效证件号码。该条款明确劳动合同中劳动者一方的主体资格。

（3）劳动合同期限。劳动合同期限是双方当事人相互享有权利、履行义务的有效期限。它与劳动者的工作岗位、内容、劳动报酬等紧密相关，更关乎着劳动关系的稳定。合同期限不明确则无法确定合同何时终止，易引发劳动争议。因此一定要在劳动合同中加以明确。

（4）工作内容和工作地点。工作内容是劳动者具体从事的工作岗位和工作任务或职责。这是建立劳动关系极为重要的因素。工作地点是劳动合同的履行地，即劳动者从事劳动合同中所规定的工作内容的地点。劳动者有权在与用人单位建立劳动关系时知悉自己的工作地点。

（5）工作时间和休息休假。工作时间是劳动者在企业、事业、机关、团体等单位中，必须用来完成其所担负的工作任务的时间。该条款包括工作时间的长短、工作时间方式的确定。工作时间上的不同，对劳动者的就业选择、劳动报酬等均有较大的影响。休息休假是企业、事业、机关、团体等单位的劳动者按规定不必进行工作，而自行支配的时间。休息休假的权利是每个国家的公民都应享受的权利。

（6）劳动报酬。即劳动者与用人单位确定劳动关系后，因提供了劳动而取得的报酬。获取劳动报酬是劳动法意义上的"劳动"的重要特征之一，因此，劳动报酬是劳动合同中必不可少的内容。该条款主要包括以下几个方面：①用人单位的工资水平、工资分配制度、工资标准和工资分配形式；②工资支付办法；③加班、加点工资及津贴、补贴标准和奖金分配办法；④工资调整办法；⑤试用期及病、事假等期间的工资待遇；⑥特殊情况下职工工资支付办法；⑦其他劳动报酬分配办法。劳动合同中有关劳动报酬条款的约定，要符合我国有关最低工资标准的规定。

（7）社会保险。社会保险是由国家成立的专门性机构进行资金的筹集、管理及发放，不以营利为目的、以保障劳动者基本生活需求的社会保障制度。社会保险一般包括医疗保险、养老保险、失业保险、工伤保险和生育保险。社会保险由国家强制实施，是劳动合同不可缺少的内容。

（8）劳动保护、劳动条件和职业危害防护。劳动保护是指用人单位为了防止劳动过程中的安全事故，采取各种措施来保障劳动者的生命安全和健康；劳动条件，主要是指用人单位为使劳动者顺利完成劳动合同约定的工作任务，为劳动者提供必要的物质和技术条件；职业危害，是指用人单位的劳动者在职业活动中，因接触职业性有害因素如粉尘、放射性物质和其他有毒、有害物质等而对生命健康所引起的危害。这些都需在合同条款中加以明确。

2. 劳动合同的约定条款。对于劳动合同中的某些事项，法律不作强制性规定，由当事人根据意愿选择在合同约定，这种条款被称为约定条款，又被称为可备条款。《劳动合同法》第 17 条第 2 款规定："劳动合同除前款规定的必备条款外，用人单位与劳动者可以约定试用期、培训、保守秘密、补充保险和福利待遇等其他事项。"约定条款弥补了必备条款的不足。

（1）试用期。试用期是用人单位和劳动者在建立劳动关系后，为了相互了解，选择而约定的考察期。对用人单位而言，通过约定试用期可以全面考察劳动者的劳动技能和业务水平，避免聘用失误，减少经济损失；对于劳动者而言，通过约定试用期可以考察用人单位的实际情况是否和招聘时介绍的一致，工作内容、工作待遇、工作条件是否符合法律的规定。

根据劳动合同的长短、劳动合同的类型不同，试用期的长短也有所不同。《劳动合同法》第 19 条对试用期作出明确规定，劳动合同期限 3 个月以上不满 1 年的，试用期不得超过 1 个月；劳动合同期限 1 年以上不满 3 年的，试用期不得超过 2 个月；3 年以上固定期限和无固定期限的劳动合同，试用期不得超过 6 个月。以完成一定工作任务为期限的劳动合同或者劳动合同期限不满 3 个月的，不得约定试用期。用人单位与劳动者只能约定一次试用期，试用期包含在劳动合同期限内。劳动合同仅约定试用期的，试用期不成立，该期限为劳动合同期限。

由于试用期中双方处于相互考察阶段，工资待遇可以与转正后有所不同，《劳动合同法》第 20 条对试用期的工资作出了如下规定："劳动者在试用期的工资不得低于本单位相同岗位最低档工资或者劳动合同约定工资的 80%，并不得低于用人单位所在地的最低工资标准。"该规定旨在解决试用期间劳动者待遇过低或得不到保障等突出问题。

（2）服务期。用人单位为劳动者提供专项培训，对其进行专业技术培训，可以与该劳动者订立协议，约定服务期。用人单位使劳动者接受培训的目的在于劳动者回来后可以为单位提供约定服务期间的劳动，劳动者服务期未满离职，将导致用人单位的期待落空。因此，通过约定服务期，可以大体平衡双方利益。劳动者违反服务期约定的，应当按照约定向用人单位支付违约金。违约金的数额不得超过用人单位提供的培训费用。培训费用，包括用人单位为了对劳动者进行专业技术培训而支付的有凭证的培训费用、培训期间的差旅费用以及因培训产生的用于该劳动者的其他直接费用。用人单位要求劳动者支付的违约金不得超过服务期尚未履行部分所应分摊的培训费用。用人单位与劳动者约定服务期的，不影响按照正常的工资调整机制提高劳动者在服务期间的劳动报酬。劳动合同期满，但是用人单位与劳动者依照《劳动合同法》第 22 条的规定约定的服务期尚未到期的，劳动合同应当续延至服务期满；双方另有约定的，从其约定。

在认定是否违反服务期条款时必须同时满足以下三个条件，劳动者才需赔偿用人单位为其支付的培训费：①用人单位给员工提供了除安全卫生教育、岗前或转岗等义务性培训以外的培训；②用人单位必须有其为劳动者参加培训出资的货币支付凭证，一般来说，这个凭证应当是具有培训资格的培训单位（或学校）出具的，而不是该单位自己开具的；③劳动者在服务期内有违约解除劳动合同的事实。

[案例]

2013 年 6 月 9 日，深圳曼迪勋健身康体有限公司与李某签订了《劳动者入职前培训协议书》，主要内容为：①双方确认原告向被告提供内部专业培训；②被告的服务期为 3 年，劳动合同期限自试用期后顺延 3 年；③在服务期内，因被告个人原因解除或被原告解除劳动合同的，则被告必须承担违约金；违约金的标准以 36 000 元为基数，并按服务期年限的比例逐年递减计算；④本协议作为劳动合同的有效组成部分。2014 年 3 月 29 日，李某离职。曼迪勋公司主张李某违反服务期约定，李某应支付违约金及返还交通费、伙食费、住宿费、水电费、培训日用品费、培训人工资等费用。李某主张培训属于内部培训，并非专业技术培训。

法院认为：曼迪勋公司与李某签订了《劳动者入职前培训协议书》，约定曼迪勋公司为李某提供相关专业内部培训和服务期限。法院认定入职前内部培训符合专业培训的性质，认可了服务期。但在认定培训费用时，法院认为曼迪勋公司提供的火车票报销单显示的出发日期为 2013 年 6 月 29 日，并不在《培训学员个人信息表》显示的培训时段内，故无法认定是否为培训而支出的交通费，不予采信。曼迪勋公司提供的由浪琴半岛花园物业服务中心出具的 4~6 月份房租费、伙食费、水电费以及培训日用品费用等单据均未能显示是用于该项培训，李某对此亦不予认可，法院不予采信。曼迪勋公司提供的培训人员费用单均显示为工资发放，体现不出是为该项培训所支出的培训人员费用，李某对此不予认可，法院亦不予采信。本案曼迪勋公司提供的证据不能充分有效地证明其为该项培训支出的具体费用，故无法核定李某所应承担的违约金以及所应分摊的培训费用，故曼迪勋公司主张李某返还培训和支付违约金缺乏事实依据，法院对曼迪勋公司的该项主张不予支持。

（3）保密条款。保密条款是指用人单位与劳动者在劳动合同中约定的劳动者对用人单位的商业秘密和与知识产权相关的保密事项负有保密义务的条款。《劳动合同法》第23条第1款规定："用人单位与劳动者可以在劳动合同中约定保守用人单位的商业秘密和与知识产权相关的保密事项。"用人单位可以在合同中就保守商业秘密和知识产权的具体内容、方式、时间等，与劳动者进行约定，防止此类信息被侵占或泄露。劳动者因违反约定保密事项给用人单位造成损失的，应当承担赔偿责任。

（4）竞业限制。竞业限制是指为防止商业秘密泄露，用人单位与掌握其商业秘密的劳动者约定，在劳动者离职后的一定期限和一定地域范围内，不得从事与原用人单位有竞争关系的业务，用人单位给予劳动者一定的经济补偿的制度。劳动者违反竞业限制约定的，应当按照约定向用人单位支付违约金；给用人单位造成损失的，应当承担赔偿责任。竞业限制的人员限于用人单位的高级管理人员、高级技术人员和其他负有保密义务的人员。竞业限制条款旨在维护经营者之间的公平竞争。竞业限制具体的期限、地域、范围由用人单位和劳动者约定，约定不得违反法律、法规的规定。如《劳动合同法》第24条规定，在劳动者离职后，到与原单位生产或者经营同类产品、从事同类业务的有竞争关系的其他用人单位，或者自己开业生产或者经营同类产品、从事同类业务的竞业限制期限，不得超过2年。

另外，有关司法解释规定，当事人在劳动合同或者保密协议中约定了竞业限制，但未约定解除或者终止劳动合同后给予劳动者经济补偿，劳动者履行了竞业限制义务，要求用人单位按照劳动者在劳动合同解除或者终止前12个月平均工资的30%按月支付经济补偿的，人民法院应予支持。月平均工资的30%低于劳动合同履行地最低工资标准的，按照劳动合同履行地最低工资标准支付。

当事人在劳动合同或者保密协议中约定了竞业限制和经济补偿，当事人解除劳动合同时，除另有约定外，用人单位要求劳动者履行竞业限制义务，或者劳动者履行了竞业限制义务后要求用人单位支付经济补偿的，人民法院应予支持。

当事人在劳动合同或者保密协议中约定了竞业限制和经济补偿，劳动合同解除或者终止后，因用人单位的原因导致3个月未支付经济补偿，劳动者请求解除竞业限制约定的，人民法院应予支持。

在竞业限制期限内，用人单位请求解除竞业限制协议时，人民法院应予支持。在解除竞业限制协议时，劳动者请求用人单位额外支付劳动者3个月的竞业限制经济补偿的，人民法院应予支持。

劳动者违反竞业限制约定，向用人单位支付违约金后，用人单位要求劳动者按照约定继续履行竞业限制义务的，人民法院应予支持。

[实例观察]

微软前副总裁李开复跳槽到 Google 公司事件

毕业于卡内基梅隆大学，并获计算机学博士学位的李开复，曾开发出了世界上第一个"非特定人连续语音识别系统"，并分别拥有在微软、SGI 以及苹果等全球知名 IT 企业的工作经历和背景。他 1998 年 7 月加盟微软公司，在创建微软中国研究院之后，于 2000 年被提升为微软公司全球副总裁。在加盟 Google 之前，李开复任微软公司自然交互式软件及服务部门副总裁。

7 月 19 日，李开复"闪电"加盟 Google。著名的搜索引擎开发者 Google 在当天发表的声明中宣布，该公司已正式聘请李开复担任 Google 全球副总裁及中国区总裁，负责公司在中国的发展。

同一天，李开复的前"东家"微软几乎在同一时间发表声明称，已经向法院提出请求，要求李开复博士和 Google 公司尊重并恪守他加入微软时与微软签订的保密和非竞争协议。随后，双方就李开复的跳槽是否违反同业禁止协议展开法庭内外的激烈辩论。7 月 29 日，美国法院在接受微软的有关申请后发布了一项临时禁令，禁止前微软全球副总裁李开复在 Google 从事同他以前在微软所从事工作相竞争的领域（包括网络和桌面搜索技术在内）。

9 月 13 日，美国金县高等法院就李开复案作出裁决，允许李开复参与在中国的招聘活动，并与政府官员沟通以获得开展业务所需要的执照，但禁止李开复从事搜索或语音等方面的技术性工作。李开复不能参与制订 Google 在中国的预算、员工工资，以及有关 Google 在中国的研究方向的决策。后来 Google 与微软先后发表声明表示，就李开复跳槽事件的诉讼各方已经达成非公开协议来解决各项问题，但协议的具体条款保密。

（5）补充保险。补充保险是指除了国家基本保险以外，用人单位根据自己的实际情况为劳动者建立的一种保险，它用来满足劳动者高于基本保险需求的愿望，包括补充医疗保险、补充养老保险等。补充保险的建立依用人单位的经济承受能力而定，由用人单位自愿执行，国家不作强制性规定，只要求用人单位内部统一。用人单位必须在参加基本保险并按时足额交纳基本保险费的前提下，才能实行补充保险。

（6）福利待遇。随着市场经济的发展，用人单位给予劳动者的福利待遇也成为劳动者择业的重要指标之一。福利待遇包括住房补贴、通信补贴、交通补贴、子女教育补贴等。不同的用人单位福利待遇也有所不同,只要其内容不违反国家法律、法规的有关规定,就是合法有效的条款。

(7)违约金和赔偿金条款。劳动者同用人单位相比处于比较弱势的一方,用人单位利用自己的优势地位,规定高额的违约金限制人才流动,同时由于劳动者的经济能力无法与用人单位抗衡,将导致违约金条款对劳动者不利的情况。

《劳动合同法》第25条规定:"除本法第22条和第23条规定的情形外,用人单位不得与劳动者约定由劳动者承担违约金。"可见,劳动合同法对劳动者承担违约金的适用范围作了非常严格的限制,只有当劳动者违反了服务期条款、竞业限制条款和保密条款的情形下才使用违约金条款。同时,在约定用人单位承担违约金的条款方面,劳动合同法并没有作出禁止性规定。

关于赔偿金,《劳动合同法》在第七章"法律责任"中,作了具体规定。如《劳动合同法》第86条规定,劳动合同依照本法第26条规定被确认无效,给对方造成损害的,有过错的一方应当承担赔偿责任。《劳动合同法》第90条规定,劳动者违反本法规定解除劳动合同,或者违反劳动合同中约定的保密义务或者竞业限制,给用人单位造成损失的,应当承担赔偿责任。

[案例]

2013年2月,蔡某与某科技公司签订劳动合同,约定蔡某从事开发工作,在双方解除或终止合同1年内,蔡某不能以任何方式向有竞争关系的组织或者公司提供服务。双方签署《保密协议》,约定了竞业限制业务范围及情形,某科技公司在竞业限制期内支付竞业限制经济补偿,如果蔡某违反约定,须向某科技公司支付违约金20万元,该违约金不足以弥补某公司损失的,不足部分仍应赔偿。2013年5月,蔡某离职,某科技公司发出《关于要求履行竞业限制以及严格遵守保密义务的通知》,通知蔡某自劳动关系解除之日起1年内,不得进入与某科技公司从事任何同类业务的公司,同时对限制的工作内容进行了进一步明确,并告知构成竞争关系的公司包括A及其下属公司;B及其下属公司;C及其下属公司……蔡某在该通知上签字,表示收到通知并阅读知晓上述内容。同月,蔡某入职C集团的某下属公司。

2013年12月,某科技公司以蔡某入职C集团的某下属公司,违反双方的竞业限制协议为由,提出劳动仲裁申请,仲裁委员会裁决蔡某继续履行与某科技公司约定的竞业限制义务,返还某科技公司竞业限制经济补偿金12万余元,支付违约金20万元。蔡某不服仲裁结果,向法院提起诉讼。

法院审理认为,针对蔡某是否违反竞业限制义务,从C集团的某下属公司股东和股权质押等情况来看，蔡某和 C 集团存在实质关联关系；从某科技公司和 C 集团及其下属公司之间的业务范围来看，二者属于竞争关系。因此，蔡某违反了竞业限制义务。最终，法院驳回了蔡某的诉讼请求。

诚实信用原则作为维系劳动关系的基石，不仅体现在劳动合同的存续期间，在特定情况下还会延伸到劳动合同解除或终止之后，典型的表现形式就是竞业限制义务。劳动者在享受劳动权益的同时，应当基于诚信原则履行劳动合同义务，如果与用人单位约定了竞业限制，在用人单位按期支付竞业限制补偿时，应当遵守相关约定，在入职其他用人单位时，及时向原用人单位反映就业情况，避免不必要的纠纷。如果劳动者违反了竞业限制的约定，就必须要支付违约金。

3. 劳动合同的禁止性条款。对实践中存在的某些约定性条款，劳动合同法作出了明确的禁止性规定。如，《劳动合同法》第 9 条规定，用人单位招用劳动者，不得扣押劳动者的居民身份证和其他证件，不得要求劳动者提供担保或者以其他名义向劳动者收取财物。用人单位违反上述规定，应当承担相应的法律责任。

社会生活千变万化，劳动合同种类和当事人的情况也非常复杂，法律只能对劳动合同的条款进行概括，无法穷尽劳动合同的所有内容。当事人也可以根据需要在法律规定的约定条款之外对有关条款作新的补充性约定。

四、劳动合同的效力

劳动合同的效力，是指具备有效要件的劳动合同按其意思表示的内容产生了法律效力，它不同于劳动合同的成立。后者是指用人单位与劳动者达成协议而建立劳动合同关系。双方在劳动合同上签字或者盖章即代表劳动合同成立。

（一）劳动合同的生效

劳动合同签订后并不意味着劳动合同就此生效。劳动合同签订是一种客观行为，劳动合同是否生效则是一种价值判断，而判断的依据就是是否违背了国家意志，是否违背了劳动者的意愿，是否侵害了一方当事人的权益。

我国劳动合同法没有具体规定劳动合同生效的条件，但根据现行的劳动法规的有关规定，以及参考民事合同的生效要件，一般劳动合同的生效条件有以下几个方面：

1. 劳动合同的双方当事人必须具备相应的劳动行为能力。即劳动合同的主体必须合法。

2. 劳动合同的内容和形式必须合法，不得违反法律的强制性规定或者社会公共利益。

3. 当事人的意思表示真实。订立劳动合同的双方必须有真实的意思表示，任何一方采用欺诈、胁迫等手段与另一方签订的劳动合同都是无效合同。

劳动合同生效后，对当事人产生约束力，双方当事人必须按合同约定和法律规定履行合同，任何人不得擅自变更和解除合同，当事人不履行合同应承担相应的法律责任。

（二）劳动合同的无效

无效劳动合同，是指劳动合同由于违反法律法规的规定，或者采取不正当手段订立，因而不具备法律效力的合同。它包括全部无效的劳动合同和部分无效的劳动合同。劳动合同部分无效，不影响其他部分效力的，其他部分继续有效。根据《劳动合同法》第 26 条的规定，以下劳动合同无效：

1. 以欺诈、胁迫的手段或者乘人之危，使对方在违背真实意思的情况下订立或者变更的劳动合同。欺诈是用人单位或劳动者故意制造虚假情况或隐瞒事实真相，欺骗对方，致使对方形成错误认识，从而订立劳动合同。如某些岗位需要职业资格，而劳动者提供了虚假的资格证书，或者用人单位是非法成立的，伪造了用人单位注册文件等。胁迫是劳动者或用人单位以暴力或其他手段相威胁，迫使对方同自己签订劳动合同。例如，以给对方造成生命、身体、财产、名誉、自由、健康等方面的损害为要挟，强迫对方与之签订劳动合同。乘人之危是一方利用自己的优势地位或他人的危难处境，强迫对方与之签订劳动合同以达到损人利己的目的。采取上述手段签订的劳动合同，违背了平等自愿、协商一致的订立原则，此类劳动合同是无效的。

2. 用人单位免除自己的法律责任、排除劳动者权利的劳动合同。根据法律规定，用人单位自身的法定责任是不能随意免除的，同时，任何组织和个人都不能妨碍劳动者行使自己的合法权利。因此，用人单位通过劳动合同的约定，免除自己的法定责任、排除劳动者法定权利的行为是不合法的，据此签订的劳动合同当属无效。如，劳动合同中"工伤概不负责""伤残医疗费用自理"等霸王条款无效；再如，用人单位在合同中限制合同期间妇女的结婚、生育权，擅自延长劳动时间等条款也都属无效条款。

3. 违反法律、行政法规强制性规定的劳动合同。法律和行政法规是国家意志的体现，是为保护广大人民和全社会的公共利益而规定的。当事人在订立劳动合同时必须遵循合法性原则。违反法律、行政法规强制性规定导致合同无效的具体情况包括：

（1）主体不合法。用人单位和劳动者中的一方或者双方不具备订立劳动合同的法定资格。如签订劳动合同的劳动者一方必须是具有劳动权利能力和劳动行为能力的公民，企业与未满 16 周岁的未成年人订立的劳动合同是无效的（法律另有规定的除外）。

（2）劳动合同的内容不合法。如工作内容是从事违法行为、法定节假日加班、工资低于国家规定标准等。

[案例]

吴某在某鞋业公司担任店长职务，双方于 2007 年 11 月至 2016 年 3 月期间存在劳动关系。因吴某与某鞋业公司解除劳动关系产生纠纷，双方诉至法院。吴某为农村户口，吴某主张因工作期间某鞋业公司未为其缴纳社会保险而被迫解除劳动合同，公司应依法支付经济补偿。某鞋业公司认为未缴纳社会保险是由于吴某签署承诺书，放弃缴纳社会保险，承诺书内容为："因自身原因拒绝提供缴纳社会保险所需要的一切材料，且自愿放弃办理社会保险，若日后出现医疗报销等社保纠纷时，自愿承担其后果，如有任何事情与公司无关。"

法院认为，虽然吴某本人签署承诺书放弃办理社会保险，但该约定违反国家关于社会保险的法律规定，应属无效。吴某主张因某鞋业公司未缴纳社会保险而要求公司支付解除劳动合同经济补偿的诉讼请求，法院予以支持。

根据《劳动法》第 72 条规定，"……用人单位和劳动者必须依法参加社会保险，缴纳社会保险费"。社会保险具有强制性，不可通过约定排除适用，用人单位和劳动者必须依法参加社会保险。为职工办理社会保险是用人单位法定义务，无论用人单位还是劳动者都不能随意处分这项权利义务。

现实生活中，劳动者本人书写的关于放弃缴纳社会保险的承诺虽属真实意思表示，但因违反法律法规的强制性规定而无效。劳动者以此为由解除劳动合同的，有权主张用人单位支付经济补偿金。

（三）劳动合同无效的确认及后果

对劳动合同的无效或部分无效存在争议的，由劳动争议仲裁委员会或人民法院依法确认。根据我国现行的劳动争议处理机制，劳动合同的无效由仲裁委员会先行确定，不服仲裁委裁定的才能向人民法院请求确认。

劳动合同无效意味着不能产生当事人所预期的效果，但是，仍能产生其他的法律后果：

1. 劳动合同自始没有法律约束力。依劳动合同法规定，无效合同从订立时起，就没有约束力。

2. 因劳动合同被确认无效而给对方造成损害的，有过错方应当赔偿无过错方的损失。

3. 劳动合同被确认无效后，劳动者在劳动关系存续期间提供劳动力的，用人单位应当支付相应的劳动报酬，并应按照国家的有关规定为劳动者缴纳社会保险等费用。

第三节 劳动合同的履行、变更和终止

一、劳动合同的履行

劳动合同的履行指劳动合同的双方当事人按照合同约定完成各自的行为。合同履行既是劳动合同效力的表现，也是实现双方当事人订立合同的最终目的。《劳动合同法》第 29~32 条规定了劳动合同履行的规则。

（一）劳动合同的履行原则

1. 亲自履行原则。劳动合同除具有财产因素以外，还具有一定的人身属性。劳动者选择用人单位，是基于自身经济、个人发展等各方面利益关系的需要，而用人单位选择该劳动者也是由于该劳动者具备用人单位所需要的基本素质和要求。劳动合同亲自履行原则就是要求双方必须严格恪守合同规定，亲自完成各项合同义务，不得将义务交由第三人代为履行。即劳动者不能将应由自己完成的工作交由第三方代办，用人单位也不能将应由自己对劳动者承担的义务转嫁给其他第三方承担。

2. 全面履行原则。劳动合同的全面履行原则要求劳动合同的当事人双方必须按照合同约定完整、正确、全面地履行劳动合同的义务。既不能只履行部分义务而将其他义务置之不顾，也不得擅自变更合同，更不得任意不履行合同或者解除合同。按照全面履行的要求，劳动者和用人单位不履行或不适当履行都属违约，在没有免责事由的情形下，都要承担相应的法律责任。

3. 协作履行原则。劳动关系是一种需要双方合作才能实现目的的特殊社会关系，所以，劳动合同实际上就是一种持续性很强的合作关系。协作履行原则要求在合同履行过程中，双方要始终配合和支持，共同完成合同确立的义务。具体表现在：①当事人双方履行自己应尽义务的同时，为对方履行义务创造条件；②当事人双方应互相关心、互相督促，发现问题及时协商解决；③在履行过程中发生了劳动争议，当事人双方都应从大局出发，结合实际情况及时解决，并设法防止和减少损失的发生。

（二）特殊情形下劳动合同的履行规则

1. 用人单位变更名称、法定代表人、主要负责人或者投资人等事项，不影响劳动合同的履行。

2. 用人单位发生合并或者分立等情况，原劳动合同继续有效，劳动合同由承继其权利义务的用人单位继续履行。

3. 用人单位管理人员违章指挥，强令冒险作业，劳动者拒绝履行不视为违

反劳动合同。

需说明的是，在用人单位变更名称、法定代表人、主要负责人，或者用人单位发生合并、分立等情况时，由于劳动合同必备条款中的用人单位名称、法定代表人、主要负责人等内容发生了变更，用人单位与劳动者应当从形式上及时予以变更。

二、劳动合同的变更

（一）劳动合同变更的概念和条件

劳动合同的变更，是指劳动关系双方当事人就已订立的劳动合同的部分条款进行修改、补充或删减的法律行为。劳动合同的变更是在原合同的基础上对原劳动合同内容所作的变化，不是签订新的劳动合同。因此，原劳动合同未变更的部分仍然有效，变更后的内容就取代了原合同的相关内容，新达成的变更协议条款与原合同中其他条款具有同等的法律效力，对双方当事人都有约束力。

劳动合同的变更须具备下列条件：

1. 须在劳动合同生效之后，在合同没有履行或者尚未履行完毕之前的有效时间内进行。

2. 须坚持平等自愿、协商一致的原则，即劳动合同的变更必须经用人单位和劳动者双方当事人的同意。

[案例]

职工王某与某公司签订了为期 5 年的劳动合同，合同自 2016 年 8 月起至 2021 年 7 月止。合同双方约定王某负责仓库保管工作，月工资 2000 元，经 6 个月试用期，公司满意，合同正式履行。2018 年 1 月，公司以食堂缺少管理人员为由，在未与王某协商的情况下，调王某到食堂工作。王某不同意，认为签订合同时双方约定是担任仓库保管员，1 年多来工作一贯认真负责，多次受到奖励，要求公司履行合同双方的约定，拒绝前往食堂上班。而公司则认为，变动职工工作岗位是企业行使用人自主权的正当行为，并作出相应决定：以王某不服从分配为由，停发工资，并限期 1 个月调离公司。

分析：《劳动法》第 17 条规定，企业因生产工作需要，的确需变动职工工作岗位时，要先同职工协商，取得一致意见后再变动。不能以行使企业自主权为由，强行在合同履行期间变动职工的工作岗位，甚至在职工一方不同意的情况下，作出停发工资、限期调离等决定，这样做显然是侵犯职工合法权益的行为，也是一种违约行为。

3. 变更合同不得违反法律、法规的强制性规定。

4. 变更劳动合同必须采用书面形式。劳动合同双方当事人经协商后对劳动合同中的约定内容的变更达成一致意见时，必须达成变更劳动合同的书面协议。书面协议经用人单位和劳动者双方当事人签字盖章后生效。

5. 劳动合同的变更要及时进行。任何一方主体都有权要求变更劳动合同，但应当及时向对方提出变更要求。当事人一方得知对方变更劳动合同的要求后，应在对方规定的合理期限内及时作出答复。

(二) 劳动合同变更的情形

1. 当事人双方协商一致，同意对劳动合同的某些条款进行变更，但不得损害国家利益。

2. 企业经上级主管部门批准转产，原来的组织依然存在，原签订的劳动合同也依然有效，只是由于生产方向的变化，原来订立的劳动合同中的某些条款与发展变化的情况不相适应，需要作出相应的修改。

3. 上级主管机关决定改变企业的生产任务，致使原来订立的劳动合同中的有关产量、质量、生产条件等都发生了一定的变化，需要作出相应的修改，否则原劳动合同无法履行。

4. 企业严重亏损或发生不可抗力的情况，确实无法履行劳动合同的规定。

5. 订立劳动合同时所依据的法律、法规已经修改，致使原来订立的劳动合同无法全面履行，需要作出修改。

实务中，关于调岗调薪是劳动合同变更最常见的现象，也极易产生纠纷。一方面涉及用人单位的用工自主权，另一方面又涉及劳动者的就业权。如何平衡两者的关系是摆在执法者面前的一道难题。但是，用人单位认为可以随时对职工调岗调薪的观点是错误的，是对法律的曲解。

三、劳动合同的终止

劳动合同终止是指劳动合同的法律效力依法被消灭，即劳动关系由于一定法律事实的出现而终结，劳动者与用人单位之间原有的权利义务不再存在。

实践中，劳动合同终止的情形比较多，《劳动合同法》借鉴各地有关劳动合同终止情形的具体规定，对劳动合同终止的情形作了具体规定：

1. 劳动合同期满。劳动合同期满是劳动合同终止的最主要形式，适用于固定期限劳动合同和以完成一定工作任务为期限的劳动合同两种情形。劳动合同期满，除依法续订劳动合同的和依法应延期的以外，劳动合同自然终止，双方权利义务结束。劳动合同的终止时间，应当以劳动合同期限最后一日的 24 时为准。

实践中，对于劳动合同期满后，劳动者仍在原用人单位工作，原用人单位未表示异议，但也未办理终止或者续订劳动合同的，视为双方同意以原条件继续履行劳动合同。

2. 劳动者已开始依法享受基本养老保险待遇。由于退出劳动力市场的劳动者的基本生活已经通过养老保险制度得到保障，劳动者不再具备劳动合同意义上的主体资格，因此，劳动合同自然终止。只要劳动者依法享受了基本养老保险待遇，劳动合同即行终止。

3. 劳动者死亡或者被人民法院宣告死亡或者宣告失踪。公民死亡、被人民法院宣告失踪或者宣告死亡的，劳动合同签订一方主体资格消灭，客观上丧失劳动能力，之前签订的劳动合同因为缺乏一方主体而归于消灭，属于劳动合同终止的情形之一。

4. 用人单位被依法宣告破产。根据《企业破产法》的规定，用人单位一旦被依法宣告破产，就进入破产清算程序，用人单位的主体资格即将归于消灭。因此用人单位进入被依法宣告破产的阶段，意味着劳动合同一方主体资格消灭，劳动合同归于终止。

5. 用人单位被吊销营业执照、责令关闭、撤销，或者用人单位决定提前解散。根据《公司法》的规定，公司解散是指已经成立的公司，因公司章程或者法定事由出现而停止公司的经营活动，并开始公司的清算，使公司法人资格消灭的法律行为。由于公司解散将会导致公司法人归于消灭，因此在公司解散的情况下，劳动合同由于缺乏一方主体，而归于终止。

6. 法律、行政法规规定的其他情形。法律规定不可能包含现实生活中出现的所有现象，因此，《劳动合同法》将这一规定作为兜底条款。

第四节 劳动合同的解除

一、劳动合同的解除概述

劳动合同的解除，是指劳动合同签订以后，尚未履行完毕之前，由于一定事由的出现，导致双方当事人提前终止劳动合同的法律行为。

劳动合同解除具有以下特征：

1. 被解除的劳动合同是依法成立的有效的劳动合同。

2. 解除劳动合同的行为必须是在被解除的劳动合同依法订立生效之后、尚未全部履行之前进行。

3. 用人单位与劳动者均有权依法提出解除劳动合同的请求。

4. 用人单位与劳动者双方协商解除劳动合同，可以不受劳动合同中约定的终止条件的限制。

二、劳动合同的协议解除

劳动合同依法订立后，双方当事人必须履行合同义务，遵守合同的法律效力，任何一方不得因后悔或者难以履行而擅自解除劳动合同。但是，为了保障用人单位的用人自主权和劳动者劳动权的实现，劳动合同法规定在特定条件和程序下，在用人单位与劳动者协商一致且不违背国家利益和社会公共利益的情况下，可以解除劳动合同。《劳动合同法》第36条规定："用人单位与劳动者协商一致，可以解除劳动合同。"由于协议解除是建立在平等自愿的基础之上的，因此法律对其解除的程序和条件，没有非常严格的规定，只要求双方协商一致。

三、劳动合同的法定解除

在实践中，很多情况下，用人单位和劳动者就劳动合同解除达不成一致意见。为此，劳动法、劳动合同法都规定了在特殊情况下，单方面可以解除合同，即法定解除。法定解除是指出现国家法律、法规或者合同规定的可以解除劳动合同的情况时，不需要劳动者和用人单位双方一致同意，合同效力可以单方提前终止。根据行使单方解除权的主体不同，劳动合同的法定解除可以分为劳动者单方解除劳动合同和用人单位单方解除劳动合同。

（一）劳动者单方解除劳动合同

在劳动关系中，劳动者相对于用人单位而言始终处于弱势地位。劳动合同法明确规定了劳动者享有单方解除劳动合同的权利。这对保护劳动者权益，促进用人单位改善劳动条件，提高劳动待遇，充分发挥市场在劳动力资源配置上的调节作用具有重大的现实意义。

1. 预告解除。劳动者预告解除合同是指劳动者提前一段时间通知用人单位，在经过这段时间以后，劳动合同解除。根据《劳动合同法》的规定，劳动者解除劳动合同，应当提前30日以书面形式通知用人单位，如果劳动者是在试用期内的，应当提前3日通知用人单位。法律赋予劳动者自愿解除的权利，有利于劳动者根据自身的能力、特长、志趣爱好来选择最适合自己的职业，充分发挥劳动者自身的潜能，从而有利于实现劳动力资源的合理配置。

2. 即时解除。即时解除合同是指由于发生法定事由，劳动者可以不经过预告期，也无须经过用人单位的许可，可以即时与用人单位解除劳动合同。

目前社会上一些用人单位，任意克扣职工工资，停发、少发甚至完全不发工资，不为职工缴纳社会保险费，或要求职工在恶劣的生产环境下劳动，导致职工中毒生病、死亡或残废。针对这种情况，为保护劳动者的合法权益，劳动合同法明确规定劳动者享有即时解除权，可无条件与用人单位解除劳动合同。

根据《劳动合同法》及《劳动合同法实施条例》的规定，即时解除有以下几种情形：

（1）未按照劳动合同约定提供劳动保护或者劳动条件的。如果用人单位未按照国家规定的标准或劳动合同的规定提供劳动条件，致使劳动安全、劳动卫生条件恶劣，严重危害职工的身体健康，并得到国家劳动部门、卫生部门的确认，劳动者可以与用人单位解除劳动合同。

（2）未及时足额支付劳动报酬的。支付劳动报酬是劳动合同所规定的必备条款，用人单位未按照劳动合同约定及时足额支付劳动报酬，就是对劳动者合法权益的侵犯，劳动者有权随时告知用人单位解除劳动合同。

（3）未依法为劳动者缴纳社会保险费的。用人单位应当依照有关法律、法规的规定，负责缴纳各项社会保险费用，并负有代扣代缴本单位劳动者社会保险费的义务。因此如果用人单位未依法为劳动者缴纳上述社会保险费，是对劳动者基本权利的侵害，劳动者可以与用人单位解除劳动合同。

（4）用人单位的规章制度违反法律、法规的规定，损害劳动者权益的。

（5）符合劳动合同法规定的合同无效或者部分无效的几种情况。如用人单位单方面免除自己的法律责任、排除劳动者权利的劳动合同无效。无效的劳动合同从订立的时候起就没有法律约束力，劳动者可以不予履行，对已经履行并给劳动者造成损害的，用人单位还应承担赔偿责任。

（6）法律、行政法规规定的劳动者可以解除劳动合同的其他情形。这是一条兜底条款，以避免遗漏现行法律、法规规定的其他情况，并采用此种方法使该法和其他法律以及以后颁行的新法相衔接。

此外，《劳动合同法》第38条第2款规定，出现下列情形，劳动者可立即解除劳动合同而无需事先告知用人单位：①用人单位以暴力、威胁或者非法限制人身自由的手段强迫劳动者劳动的；②用人单位违章指挥、强令冒险作业危及劳动者人身安全的。

劳动者提出即时解除后，用人单位须为它的违约行为承担向劳动者支付劳动报酬、经济补偿和赔偿金等法律责任。

（二）用人单位单方解除劳动合同

用人单位对劳动合同的单方解除权，又称为辞退或解雇。为了防止用人单位滥用解除权，随意解除与劳动者的劳动合同，立法上严格限定企业与劳动者解除劳动合同的条件和程序。禁止用人单位随意或武断地与劳动者解除劳动合同。

用人单位的解除行为可以分为即时辞退、预告辞退和经济裁员三类。

1. 即时辞退。即时辞退，是指用人单位可以不必依法提前预告而立即解除劳动合同的行为。这主要针对劳动者在工作中存在重大过错而予以解除的一种法定情形。

适用即时辞退的情况有：①在试用期间被证明不符合录用条件的；②严重违反用人单位的规章制度的；③严重失职，营私舞弊，给用人单位的利益造成重大损害的；④劳动者同时与其他用人单位建立劳动关系，对完成本单位的工作任务造成严重影响，或者经用人单位提出，拒不改正的；⑤以欺诈、胁迫的手段或者乘人之危，使对方在违背其真实意思的情况下订立或者变更劳动合同致使劳动合同无效的；⑥被依法追究刑事责任的。

用人单位在劳动者出现上述情况之一时，有权解除合同，而无须征得他人的意见，也不必履行特别的程序，更不存在经济补偿问题。劳动者因过错致使用人单位受到损失的，还须承担赔偿责任。

[新闻链接]

随着网络的发展，现在越来越多的人都开始玩起了抖音，也迅速地产生了一大批网红。近日，抖音上又产生了一名最美护士。虽然说护士的工作非常之忙，但是该护士在空闲的时候总会抓住时间来拍摄一些短视频，告诉大家关于医院的注意事项以及简单的医护知识等。因为穿着工作服和独特的工作环境，让人们觉得这个小护士心地善良而又热爱工作，再加上该护士长相清纯可爱，所以迅速蹿红，短时间之内就积累了大量的宅男粉丝，有些宅男粉丝还不远千里跑到医院来看她，给她送鲜花。医院毕竟是一个严肃而又专业的地方，医院领导认为该护士在上班时间玩抖音，不安心本职工作，对其他的同事也造成不良影响，因此医院领导以该护士严重违反规章制度为由，把她开除了。

我国《劳动合同法》明确规定，劳动者严重违反单位规章制度的，可以解除劳动合同。但前提是用人单位必须要有相应的规章制度，对违规的行为、情节的轻重加以明确说明。同时，单位的规章制度还必须经过民主程序，如经过工会或者职工代表大会的认可，才能生效。另外，劳动者须是严重违反了规章制度，情节严重才行。如果没有上述前提，用人单位不能随意辞人。

2. 预告辞退。预告辞退，是指因客观情况的变化，依法可以行使单方解除权而解除劳动合同的行为。这主要适用于用人单位无过错，但客观上造成了劳动合同无法继续履行的情形。

《劳动合同法》第40条对用人单位预告解除的原因作了具体规定：

（1）劳动者患病或者非因工负伤，在规定的医疗期满后不能从事原工作，也不能从事由用人单位另行安排的工作的。劳动者患病或者非因工负伤，有权在医疗期内进行治疗和休息，不从事劳动。但在医疗期满后，如果劳动者由于身体健康原因不能胜任工作，用人单位有义务为其调动岗位，选择他力所能及的岗位工作。如果劳动者对用人单位重新安排的工作也无法完成，说明劳动者不能履行合同，用人单位需提前30日以书面形式通知其本人或额外支付劳动者

1 个月工资后，解除劳动合同。

（2）劳动者不能胜任工作，经过培训或者调整工作岗位，仍不能胜任工作的。所谓"不能胜任工作"，是指不能按要求完成劳动合同中约定的任务或者同工种、同岗位人员的工作量。但用人单位不得故意提高定额标准，使劳动者无法完成。劳动者没有具备从事某项工作的能力，用人单位在对其进行职业培训后，劳动者仍然不能胜任工作的，说明劳动者不具备在该单位的任职能力，单位可以在提前 30 日书面通知的前提下，解除与该劳动者的劳动合同。

（3）劳动合同订立时所依据的客观情况发生重大变化，致使劳动合同无法履行，经用人单位与劳动者协商，未能就变更劳动合同内容达成协议的。这是情势变更原则在劳动合同中的体现。这里的"客观情况"是指履行原劳动合同所必要的客观条件，因不可抗力或出现致使劳动合同全部或部分条款无法履行的其他情况，如自然条件、企业被兼并、企业资产转移等，使原劳动合同不能履行或不必要履行的情况。发生上述情况时，为了使劳动合同能够得到继续履行，必须根据变化后的客观情况，由双方当事人对合同进行变更协商，达不成统一意见的，用人单位可以解除劳动合同。

符合上述所列的三种原因时，用人单位须提前 30 日以书面的形式通知劳动者本人或者额外支付劳动者 1 个月的工资，才可解除劳动合同。

[案例]

周某于 2007 年 12 月 4 日进入某配件公司工作，2013 年 1 月 1 日起签订无固定期劳动合同，公司安排其在雪龙生产区上班。2017 年 7 月，公司为响应市政府"退二进三"号召开始陆续整体搬迁至常昆生产区，员工亦将全部被安置到新厂区上班。公司就搬迁事宜征求员工意见后，周某等员工表示"孩子上学、路太远、晕车"，不同意至新厂址上班。2017 年 7 月 26 日，公司向周某等员工发出《报到上班通知》，通知 8 月 3 日前至公司报到，否则按旷工处理。周某等员工回函表示公司迁厂属于劳动合同法规定的客观情况发生重大变化，公司可以解除劳动合同，但应支付经济补偿金，故其于 8 月 3 日不到公司上班是有原因的，不属于无故旷工，公司无权按员工手册处理。8 月 15 日，公司对周某等员工作出了按旷工处理的决定，该决定张贴于常昆工业园内。8 月 18 日，公司报工会同意后又作出解除劳动关系决定。8 月 21 日，公司将两份决定向周某等员工邮寄送达。周某诉至法院，请求判令公司撤销辞退决定，并支付违法解除劳动合同赔偿金等。法院经审理后认为某配件公司整体搬迁，客观上造成了周某等员工在途时间延长、上班不方便等影响，劳动合同订立时所依据的客观情况发生了重大变化，周某等员工亦书面明确表示不愿意至新厂区工作并要求公司支付经济补偿金，此后，双方未能就变更劳动合同内容达成协议，在此种情况下，公司可以通知劳动者解除劳动关系，但应依法按周某的工作年限支付经济补偿金。

分析：我国经济正处于转型和产业结构调整阶段，政府为实现优化工业布局、加快城市建设的总体规划往往会要求企业整体从城区搬迁至郊区。对于企业响应政府号召实施搬迁我们应当给予支持，对因此带来的劳动者上班路途远和照顾家庭不方便等难处我们也应当给予理解。劳资双方如果因为企业搬迁而造成劳动合同无法履行，企业可以按照《劳动合同法》第40条第3项的规定解除劳动合同并支付经济补偿金，但不能被认定为违法解除。同时，我们也建议政府相关部门，在规划重大项目、扶持新兴产业、淘汰落后产能的过程中，须高度关注对职工合法权益的保护，积极搭建理性对话的平台，督促企业加强与劳动者的沟通，从而实现劳动关系和谐稳定发展。

3. 经济性裁员。经济性裁员是指企业一次性辞退部分劳动者以改善生产经营状况的一种手段。《劳动合同法》规定，一次性裁减人员20人或者裁减不足20人但占企业职工总数10%以上的为经济裁员。经济裁员的目的是保护自己在市场经济中的竞争和生存能力，主要适用于用人单位经营状况恶化或者发生重大变化需要裁员的情形。

（1）经济性裁员的条件。用人单位裁员往往涉及许多劳动者，所以，法律规定了比较严格的条件和程序。《劳动合同法》第41条第1款规定，有下列情形之一的，可以裁减人员：①依照企业破产法规定进行重整的；②生产经营发生严重困难的；③企业转产、重大技术革新或者经营方式调整，经变更劳动合同后，仍需裁减人员的；④其他因劳动合同订立时所依据的客观经济情况发生重大变化，致使劳动合同无法履行的。

（2）经济性裁员的程序。为了尽量缓减经济性裁员对劳动者和整个社会的安定团结造成的冲击，劳动合同法要求用人单位进行经济性裁员必须经过下列程序：①须提前30日向工会或者全体职工说明情况，提供有关生产经营状况的资料，并听取工会或者职工的意见；②制定裁减人员方案，征求工会或者全体职工的意见，对方案进行修改和完善，并向劳动行政部门报告；③用人单位正式公布裁减人员方案，与被裁减人员办理解除劳动合同的手续，按有关规定支付经济补偿金。

裁减人员时，应当优先留用下列人员：①与本单位订立较长期限的固定期限劳动合同的；②与本单位订立无固定期限劳动合同的；③家庭无其他就业人员，有需要扶养的老人或者未成年人的。用人单位裁减人员，在6个月内重新招用人员的，应当通知被裁减的人员，并在同等条件下优先招用被裁减的人员。

4. 禁止解除的情形。为了保护一些特定群体劳动者的合法权益，《劳动合同法》第 42 条规定，在以下情形下，禁止用人单位采用预告辞退或者经济性裁员的方法单方解除劳动合同：

（1）从事接触职业病危害作业的劳动者未进行离岗前职业病健康检查，或者疑似职业病病人在诊断或者医学观察期间的。

（2）在本单位患职业病或者因工负伤并被确认丧失或者部分丧失劳动能力的。

（3）患病或者非因工负伤，在规定的医疗期内的。

（4）女职工在孕期、产期、哺乳期的。

（5）在本单位连续工作满 15 年，且距法定退休年龄不足 5 年的。

（6）法律、行政法规规定的其他情形。

四、解除劳动合同的经济补偿和违法解除劳动合同的经济赔偿

（一）经济补偿

经济补偿是指用人单位在协议解除劳动合同或者非过错性辞退、经济性裁员解除劳动合同的情况下，依法向劳动者支付一定数额的经济补偿金。经济补偿是对劳动者以往为用人单位作出贡献的补偿，是对劳动者过去劳动内容和成果的肯定。经济补偿可以有效缓减失业者的焦虑情绪和生活实际困难，维护社会稳定，形成社会互助的良好社会氛围。

根据《劳动合同法》的规定，在下列情形下，用人单位应当支付经济补偿：

1. 协商解约。由用人单位主动提出解除合同的，经与劳动者协商一致后解约，用人单位支付经济补偿。

2. 用人单位有过错解约。用人单位出现违法、违约行为的，劳动者可以随时或者立即解除劳动合同，并有权取得经济补偿。

3. 预告辞退。

4. 经济性裁员。用人单位因其生产经营中发生严重困难、破产重组等经济原因而需要裁员的，劳动者没有任何过错，用人单位应当支付经济补偿。

5. 劳动合同期满，用人单位不续签劳动合同或者降低条件续签劳动合同，劳动者不同意的，用人单位应当支付经济补偿金。

6. 用人单位被依法宣告破产的或因用人单位有违法行为而被吊销营业执照、责令关闭、撤销，劳动合同终止的，用人单位应该支付经济补偿金。

7. 法律、行政法规规定的其他情形。即有些法律、行政法规中有关于用人单位支付经济补偿的规定遵其规定。

根据《劳动合同法》及其实施条例的规定，经济补偿按劳动者在本单位工作的年限，每满 1 年支付 1 个月工资的标准向劳动者支付。6 个月以上不满 1 年的，按 1 年计算；不满 6 个月的，向劳动者支付半个月工资的经济补偿。经济补偿的月工资按照劳动者应得工资计算，包括计时工资或者计件工资以及奖金、津贴和补贴等货币性收入。

劳动者月工资高于用人单位所在直辖市、设区的市级人民政府公布的本地区上年度职工月平均工资 3 倍的，向其支付经济补偿的标准按职工月平均工资 3 倍的数额支付，向其支付经济补偿的年限最高不超过 12 年。

劳动者在劳动合同解除或者终止前 12 个月的平均工资低于当地最低工资标准的，按照当地最低工资标准计算。劳动者工作不满 12 个月的，按照实际工作的月数计算平均工资。

[案例]

张某和李某同为深圳某大型国有企业员工，二人工作年限均有 20 年，张某月工资为 8000 元，李某由于担任公司核心技术部门的经理职务，月工资为 20 000 元。因客观情况发生重大变化，公司决定解除劳动合同。二人同一天被解除劳动合同，假设解除劳动合同时深圳上年度职工平均工资为 3000 元，请分别计算两人的经济补偿金。

分析：因张某月工资为 8000 元，尚未达到深圳上年度职工平均工资的 3 倍 9000 元，因此其解除劳动合同的经济补偿为 8000 元×20 个月＝16 万。李某月工资为 20 000 元，超过深圳上年度职工平均工资的 3 倍 9000 元，因此其解除劳动合同的经济补偿为 9000 元×12 个月＝108 000 元。

(二) 经济赔偿

解除劳动合同的经济赔偿，是指劳动合同的当事人违反了劳动法有关合同解除的规定，而向受损害方支付的赔偿金。经济补偿与经济赔偿的区别在于，经济补偿是解除劳动合同时，用人单位支付给劳动者的人道性帮助；经济赔偿的意义在于对违法者责任的确认和受损者的救济，赔偿主体既可能是用人单位，也可能是劳动者。

经济赔偿金支付的情形为：《劳动合同法》第 48 条规定，用人单位违反本法规定解除或者终止劳动合同，劳动者要求继续履行劳动合同的，用人单位应当继续履行；劳动者不要求继续履行劳动合同或者劳动合同已经不能继续履行的，用人单位应当依照本法第 87 条规定支付赔偿金。《劳动合同法》第 87 条规定，用人单位违反本法规定解除或者终止劳动合同的，应当依照本法第 47 条规定的经济补偿标准的 2 倍向劳动者支付赔偿金。《劳动合同法实施条例》第 25 条规定，用人单位违反劳动合同法的规定解除或者终止劳动合同，依照《劳动合同法》第 87 条的规定支付了赔偿金的，不再支付经济补偿。赔偿金的计算年限自用工之日起计算。另外，《劳动合同法》第 85 条还规定，解除或者终止劳动合同，用人单位未依照本法规定向劳动者支付经济补偿的，由劳动行政部门责令限期支付；逾期不支付的，责令用人单位按应付金额 50% 以上 100% 以下的标准向劳动者加付赔偿金。

五、劳动关系结束的后合同义务

用人单位应当在解除或者终止劳动合同时出具解除或者终止劳动合同的证明，并在 15 日内为劳动者办理档案和社会保险关系转移手续；用人单位对已经解除或者终止的劳动合同的文本，至少保存 2 年备查。

劳动者应当按照双方约定，办理工作交接。用人单位依照劳动法有关规定应当向劳动者支付经济补偿的，在办结工作交接时支付。

［案例］

邹某 2015 年进入某外贸公司，签订了期限为 5 年的劳动合同，2018 年 3 月公司以邹某严重违反公司规章制度，给公司造成重大损失为由，以黑板报形式解除与邹某的劳动关系，要求邹某赔偿 3 万元，并随即停发工资。邹某要求公司办理个人档案转移手续，公司以邹某未赔偿损失为由拒绝办理。2018 年 10 月，邹某向劳动争议仲裁委员会申请仲裁，要求公司办理档案转移手续并且赔偿损失。仲裁委员会支持邹某的请求，公司向法院起诉。

一审法院要求外贸公司在判决书生效后 15 天内办理档案转移，赔偿损失，二审维持原判。

分析：不论劳动者存在何种错误而解除合同，用人单位都无权以任何理由扣留离职的劳动者的档案。为离职的劳动者办理档案转移是用人单位法定的后合同义务，用人单位应当按照《劳动合同法》的规定为劳动者办理档案转移手续，而不应扣留劳动者个人档案。

引例解析：《劳动法》规定，建立劳动关系应当订立劳动合同，但未规定法律责任方面的保障条款。为此，《劳动合同法》在第 82 条规定：用人单位自用工之日起超过 1 个月不满 1 年未与劳动者订立书面劳动合同的，应当向劳动者每月支付 2 倍的工资。用人单位自用工之日起满 1 年不与劳动者订立书面劳动合同的，视为用人单位与劳动者已订立无固定期限的劳动合同。因此，依据《劳动合同法》的规定，贸易公司不签合同的行为是违法的，贸易公司应当向赵某支付 2 倍工资，并视为双方已经订立了无固定期限的劳动合同。

本章内容小结

劳动合同制度是劳动法的核心内容之一。劳动合同是劳动者与用人单位双方确立劳动关系的基本法律形式，对维护双方合法权益、稳定劳动关系有着重要意义。本章主要阐述了劳动合同的概念、特征、种类和内容，以及劳动合同在订立、履行、变更、终止和解除等方面的基本内容。

思考题

1. 简述订立劳动合同的原则和程序。

2. 劳动合同无效的原因有哪些？

3. 什么是劳动合同解除？在哪些情况下用人单位可以单方解除劳动合同？

4. 实务训练：利用课余时间，选择对2~3位在职人员访问下列问题，开展一次课堂交流与讨论。

（1）该在职人员目前签订的是何种劳动合同？

（2）其签订的劳动合同包括哪些具体内容？

（3）用人单位是否出现针对他或其他员工的违法用工行为，如何解决？

（4）是否有换工作的经历？如果有，那么辞职的过程中履行了怎样的程序？

延伸阅读

劳动合同范本

甲方：_____

法定代表人（主要负责人）或委托代理人：_____

住所地：_____

乙方：_____性别：_____

身份证号：_____

住址：_____邮政编码：_____

户籍所在地：_____

鉴于甲乙双方即将建立劳动关系，为维护双方的合法权益，甲乙双方郑重声明如下：

甲方声明如下：

1. 甲方为依法登记的、具备合法用工主体资格的用人单位，拥有独立的财产，能独立承担相应的民事责任。

2. 甲方已将乙方的工作内容、工作条件、工作地点、职业危害、安全生产状况、劳动报酬等，以及乙方要求了解的其他情况向乙方作了告知，乙方确认已经被明确告知以上内容，并且已经详细知道被告知内容的明确含义。

3. 甲方已将现行的规章制度、劳动纪律以及岗位职责、工作流程等管理文件向乙方作了告知，乙方确认已经被明确告知以上内容，并且已经详细知道被告知内容的明确含义。

乙方声明如下：

1. 乙方在年龄、性别、身体状况、身份等方面均符合国家规定的劳动者必须具备的条件以及本岗位劳动者必须具备的条件。

2. 乙方确保其向甲方提供的与建立劳动关系有关的材料（包括但不限于身份证、学历证、简历）、信息的真实性、合法性。

3. 乙方保证其签订本合同时无不适合本工作岗位的疾病，并且也没有传染病病原携带者未治愈或者存在传染可能性的情况。

4. 乙方保证在签订本合同时与其他任何用人单位不存在劳动关系，也不存在竞业限制等其他影响乙方履行本合同义务的关系。

5. 乙方保证严格遵守国家法律、法规和甲方的劳动纪律及规章制度。

6. 乙方有违反声明1~4条之一的视为乙方以欺诈手段订立本合同，一经发现，甲方有权随时解除本合同。由此产生的责任由乙方自行承担；给甲方造成损失的（包括但不限于甲方为此支付的招聘费、培训费、仲裁诉讼费、律师费），乙方依法承担赔偿责任。

甲乙双方根据《中华人民共和国劳动法》《中华人民共和国劳动合同法》及相关法律、法规、规章的规定，在平等自愿、协商一致的基础上，订立本劳动合同，以期共同遵守。

一、当事人基本情况

第一条 甲方情况

甲方名称：＿＿＿＿＿＿＿＿＿＿＿＿＿＿＿＿

法定代表人：＿＿＿＿＿＿＿＿＿＿＿＿＿＿

住所地：＿＿＿＿＿＿＿＿＿＿＿＿＿＿＿＿

第二条 乙方情况

乙方姓名：＿＿＿＿＿＿＿＿＿＿＿＿＿ 性别：＿＿＿＿

出生年月：＿＿＿＿＿＿＿＿＿最高学历：＿＿＿＿＿＿＿＿＿＿＿

最高学历毕业院校：＿＿＿＿＿＿＿＿＿＿＿＿＿＿

居民身份证号（或者其他有效证件）：＿＿＿＿＿＿＿＿＿＿＿＿＿

现住址：＿＿＿＿＿＿＿＿＿＿＿＿ 邮政编码：＿＿＿＿＿＿

户籍所在地：＿＿＿＿＿＿＿＿＿＿＿＿＿

联系电话：_____

二、劳动合同期限

第三条 本合同为以完成一定工作任务为期限的劳动合同。

本合同于_____年_____月_____日生效，至合同约定的工作任务完成时失效。

双方确定本合同生效日为甲方依据本合同用工起始日，乙方应于合同生效当日到甲方上岗，否则甲方有权按照相关劳动纪律和规章制度予以处理。

三、工作任务

第四条 本合同约定的工作任务为：_____。

第五条 确定工作任务完成的标准：

1. _____。

2. _____。

3. _____。

以上标准全部达到时/其中一项达到时（选择适用）视为工作任务完成。

四、工作内容和工作地点

第六条 乙方同意根据甲方安排，从事_____岗位工作。工作内容详见合同附件1《岗位说明书》，乙方应根据岗位职责和工作要求等内容开展工作，如不能达到相应的岗位工作要求，视为乙方不能胜任该工作岗位，甲方有权要求乙方接受培训或调整乙方工作岗位并相应变更本劳动合同。

第七条 甲方根据工作需要，有权临时安排乙方从事其他岗位工作（不超过3个月或双方商定的期限），但甲方需在期限届满后或临时工作结束后及时将乙方调整回原来岗位工作。乙方承诺同意并服从甲方的临时工作安排。乙方从事甲方临时安排的工作期间的报酬按原岗位/临时岗位（选择适用）标准执行。

第八条 根据岗位工作特点，乙方的工作地点为：基本工作地点和其他完成工作必须的地点。

五、工作时间和休息休假

第九条 甲方安排乙方执行以下第_____种工时制。

1. 执行标准工时制度。

2. 执行综合计算工时工作制。

3. 执行不定时工作制。

第十条 乙方应遵守甲方制定的与各工时制相关的规章制度。

第十一条 甲方因工作需要安排乙方延长工作时间或节假日加班的，乙方应服从甲方统一安排，甲方按规定安排补休或支付加班加点的报酬。乙方主动加班须按照规章制度规定的程序报批，否则不视为加班。

第十二条 甲方在下列节假日安排职工休假：元旦、春节、国际劳动节、国庆节，法律法规规定的其他节假日及婚假、丧假、产假等。

六、劳动报酬

第十三条 乙方在履行本合同约定义务后，有权获得相应的劳动报酬。甲方以货币形式支付不低于当地最低工资标准的工资，但乙方因私请假期间，甲方不支付工资。

第十四条 乙方适用以下第_____种工资计发方式：

1. 基本工资制：乙方的月基本工资为：_____元。

2. 岗位工资制：乙方的月岗位工资为：_____元。

3. 计件工资制：乙方的劳动定额为_____，计件单价为_____。

4. 基本工资加绩效工资制：乙方的月基本工资为：_____元，甲方依据绩效工资考核结果确定乙方每月的绩效工资。

5. 其他工资形式：_____。

第十五条 甲方每月_____日左右以货币形式支付乙方上月工资，最晚不超过当月月底。

第十六条 本合同履行期间，乙方的工资可根据生产经营状况、出勤情况、工作岗位的变更以及其他甲方薪酬管理制度中规定的情形作相应变动。

七、社会保险和福利待遇

第十七条 甲方按规定为乙方办理社会保险事宜。/因乙方不愿甲方为其办理社会保险，甲方将应缴社会保险费加入乙方工资由其自行缴纳。（选择适用）

第十八条 乙方应将办理社会保险必需的资料及时交付甲方，因乙方原因致使社会保险不能及时缴纳的，由乙方承担相应后果。

第十九条 乙方按甲方规章制度中确定的标准享受福利待遇。

八、劳动保护、劳动条件和职业危害防护

第二十条 甲方建立健全工作制度，制定操作规程、工作流程、工作规范和劳动安全卫生制度及其标准，乙方应严格遵守。甲方对岗位可能产生的职业病危害，向乙方履行告知义务，并做好劳动过程中职业危害的预防工作。

第二十一条 甲方为乙方提供必要的劳动条件以及安全卫生的工作环境，并根据岗位实际情况及有关规定，向乙方提供必要的劳动防护用品。乙方应严格按要求使用劳动防护用品。

第二十二条 甲方根据自身特点有计划地对乙方进行职业道德、业务技术、劳动安全卫生及有关规章制度的教育和培训，提高乙方职业道德水准和职业技能。乙方应认真参加甲方组织的各项必要的教育培训。

九、保密协议

第二十三条 乙方应当保守甲方的商业秘密。商业秘密系指不为公众所知悉，能为甲方带来经济利益，具有实用性的技术信息和经营信息。因乙方泄密给甲方造成损失的，乙方愿承担一切赔偿责任（包括但不限于律师费、差旅费以及因商业秘密泄漏造成业务量减少，经营困难等状况形成的其他损失）。

第二十四条 本合同履行期内，乙方不得利用职务便利为自己或者他人谋取属于公司的商业机会，自营或者为他人经营与所任职公司同类的业务，否则甲方有权按照《劳动合同法》第39条第2、3款的规定解除本合同并要求乙方赔偿损失。损失赔偿额相当于乙方因上述行为取得的收入或者甲方因上述行为造成的损失（包括预期利润损失）。

（选择适用）乙方不论何种原因离职，离职后两年内不得到与甲方同行业企业就职或自办与甲方同行业企业，在竞业限制期间甲方每月支付乙方补偿金_____元。乙方违反此条约定应退还甲方支付的补偿金并向甲方支付违约金_____元。

第二十五条 甲乙双方就保密和竞业限制有其他协议的，应同时遵守该协议。

十、劳动合同的变更、解除和终止

第二十六条 甲、乙双方经协商一致，可以变更或解除劳动合同，并以书面形式确定。

第二十七条 甲、乙双方解除或终止本劳动合同，均应遵守《劳动法》《劳动合同法》等相关法律法规的规定。

第二十八条 本合同一式两份，双方各执一份，于甲方盖章、乙方签字后成立。

甲方（盖章）：   乙方（签字）：

本合同签订日期：   年   月   日

第四章

劳动合同法的特别规定

学习目标

　　劳动合同法的特别规定涉及集体合同、劳务派遣、非全日制用工三方面内容。通过本章学习，掌握集体合同的签订、解除和终止的过程；理解劳务派遣的特征及非全日制用工形式、劳动报酬等规定。

内容结构图

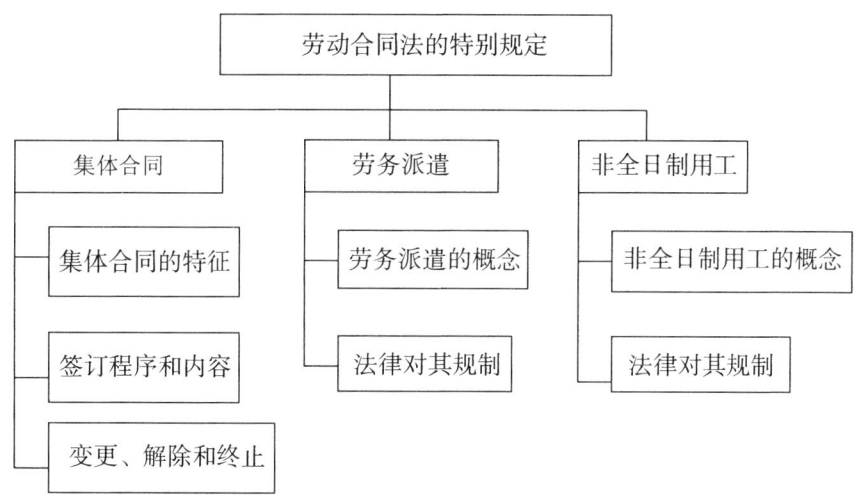

导入案例

　　2018 年 2 月 1 日，甲公司与工会经过协商签订了集体合同，规定职工的月工资不低于 2000 元。2018 年 2 月 8 日，甲公司将集体合同文本送劳动行政部门审查，但劳动行政部门一直未予答复。2019 年 1 月，甲公司招聘李某为销售经理，双方签订了为期 2 年的合同，月工资 5000 元。几个月过去了，李某业绩不佳，公司渐渐地对他失去信心。2019 年 6 月，公司降低了李某的工资，只发给李某 1000 元工资。李某就此事与公司协商未果，2010 年 7 月，李某解除了与公司的合同。

问：本案集体合同是否生效？为什么？李某业绩不佳，公司可否只发其1000 元的工资，为什么？

第一节　集体合同

一、集体合同的法律特征

集体合同，亦称团体协议、集体协议，是指工会或劳动者与用人单位或其组织之间就劳动者的劳动报酬、工作时间、休息休假、劳动安全卫生、职业培训、保险福利等事项在平等协商的基础上达成的书面协议。包括企业集体合同、专项集体合同、行业集体合同和区域性集体合同。集体合同作为劳动合同的特别规定，一方面具有一般劳动合同的特征，如平等、自愿等；同时又有其自身特殊的法律特征，主要体现在以下几个方面：

（一）集体合同是特定的当事人之间订立的协议

集体合同的主体一方是用人单位，另一方是工会或劳动者代表。工会作为集体合同的一方当事人，必须代表劳动者群体的意志和利益。没有建立工会的企业，由劳动者推荐代表与单位签订集体合同，劳动者推荐的代表作为集体合同的一方当事人，其职责与工会等同。

（二）集体合同的内容侧重于维护劳动者权益

集体合同是以劳动者劳动条件、生活条件为主要内容的协议。集体合同以集体关系中全体劳动者的共同权利和义务为内容，可能涉及劳动关系的各个方面，也可能只涉及劳动关系的某个方面，如工资集体合同等。

（三）集体合同采取要式合同的形式

按照我国现行有关法律、法规的规定，签订集体合同或专项集体合同以及相关事宜，应以书面形式进行集体协商。同时，集体合同订立后，需要报送劳动行政部门登记、审查、备案方才有效。

（四）集体合同的争议类型具有特殊性

集体合同争议通常采用协商手段解决。当事人不能协商解决的，当事人一方或双方可以书面向劳动保障行政部门提出协调处理申请；未提出申请的，劳动行政部门认为必要时可以进行协调处理。因履行集体合同而发生的争议可依照劳动争议处理程序处理。

（五）集体合同具有劳动基准法的效能

根据我国劳动法律、法规的规定，依法订立的集体合同对企业或企业全体劳动者具有法律效力，用人单位与职工个人签订的劳动合同中劳动条件和劳动报酬等标准不得低于集体合同的规定。《劳动合同法》第 55 条规定："集体合同中劳动报酬和劳动条件等标准不得低于当地人民政府规定的最低标准；用人单位与劳动者订立的劳动合同中劳动报酬和劳动条件等标准不得低于集体合同规定的标准。"

[知识链接]

工　会

工会是职工自愿结合的工人阶级的群众组织。组织工会是一种结社行为，是劳动者行使结社权的表现。在我国，工会的类型分为全国总工会、地方总工会、产业工会和基层工会。

自愿性、阶级性、广泛性是我国工会的性质。只要是在中国境内的企业、事业单位、机关中以工资收入为主要生活来源的体力劳动者和脑力劳动者，不分民族、种族、性别、职业、宗教信仰、教育程度，都有权参加和组织工会。职工参加工会和退出工会都是自愿的。

我国工会的地位主要体现在三个方面：①工会在我国是唯一合法的、联合广大职工并代表国家利益的群众组织。②工会大都具有法人资格。作为法人的工会，能够独立地享有民事权利资格并依法对外开展活动。③中国工会不是暂设性组织，而是永久性、连续性的组织。

《中华人民共和国工会法》赋予工会四项社会职能：维权职能、参与职能、组织职能和教育职能。

工会是党联系职工群众的桥梁和纽带，工会在协调劳动关系，调解社会矛盾，构建和谐社会中发挥协调作用。根据我国《工会法》和《劳动法》等相关法律、法规的规定，工会在代表职工利益和维护职工合法权益方面具有如下权利和义务：①参与立法和政策制定；②参与劳动关系的协调；③监督劳动法律、法规的执行；④提供法律帮助；⑤建设"四有"职工队伍；⑥协助企业促进经济发展。

二、集体合同与劳动合同的关系

集体合同是在劳动合同的基础上产生和发展起来的，它们都是劳动法中用来调整劳动关系的合同形式，都有保障劳动者权益的功能。两者之间也存在着明显的区别：

1. 主体不同。集体合同的主体是雇主或雇主团体与由工会代表的全体职工，在我国是企业与由企业工会（没有建立工会的企业，由职工推举的代表）代表的全体职工；劳动合同的主体是雇主与单个雇员，在我国是用人单位与劳动者个人。

2. 内容不同。集体合同的内容涉及劳动关系的各个方面，具有广泛性、整体性的特点；劳动合同规定劳动者个人和用人单位的权利和义务，内容多是关于劳动条件的规定。

3. 目的不同。签订集体合同的直接目的在于平衡劳动者与用人单位的力量，保护劳动者的合法权益；而劳动合同签订的直接目的在于确立劳动关系，明确用人单位与劳动者的权利、义务。

4. 形式不同。在我国，要求劳动合同采用书面形式，但非全日制劳动合同可以例外；而集体合同必须采用书面形式。

5. 适用范围不同。集体合同对本用人单位和全体职工具有约束力，行业性、区域性集体合同对当地本行业、本区域的参加集体协商的企业和全体职工具有约束力；劳动合同仅对签订劳动合同的用人单位和劳动者个人有约束力。

6. 效力层次不同。集体合同的效力高于劳动合同。劳动合同规定的各项劳动标准不得低于集体合同的规定，否则无效；无效部分以集体合同规定的标准代替。

7. 争议类型及处理方式不同。集体合同争议包括因签订而发生的争议和因履行而发生的争议两种。对因签订集体合同发生的争议，只能采用协商或协调的方式处理；因履行集体合同发生争议，经协商解决不成的，可以依法申请仲裁、提起诉讼；而劳动合同争议，其处理方式包括协商、调解、仲裁和诉讼。

三、集体合同签订程序

在我国，集体合同必须以书面形式订立，属于要式合同，其订立程序非常严格。依照《劳动法》第 33 条、第 34 条和《集体合同规定》的规定，集体合同的订立必须经过以下几个法定程序：

（一）确定协商代表

参加集体协商的双方代表人数应当相等，每方至少 3 人，并各自确定一名首席代表。用人单位工会主席和用人单位法定代表人分别担任职工方与企业方的首席代表；因故不能担任的，应当书面委托一名代表担任。职工一方的代表应当由职工代表大会或者职工大会选举产生。尚未建立工会组织的用人单位，其职工一方的代表，由所在地的地方工会或行业工会指导企业职工，民主推举，并获全体职工半数以上同意后产生；首席代表由全体代表推举。用人单位一方的代表由用人单位确定。集体协商双方首席代表可以书面委托本单位以外的专业人员作为本方协商代表。委托人数不得超过本方代表的1/3。此外，首席代表不得由非本单位人员代理。如果代表因故不能履行职责半年以上，应当视为自动放弃代表资格，有关一方应当推举新的代表，并通知另一方。

（二）提出要约并作出回应

一方提出签订集体合同要求，另一方应在20日内以书面形式予以回应，进而商定协商的时间、地点、内容及有关事宜，无正当理由不得拒绝进行集体协商。

（三）集体协商

双方协商代表有义务就集体合同的内容，向对方提供有关情况和资料，并组织召开集体协商会议。集体协商会议由双方首席代表轮流主持，一方首席代表提出协商的具体内容和要求，另一方首席代表就对方的要求作出回应。协商双方就商谈事项发表各自意见，开展充分讨论，双方意见达成一致的，应当形成集体合同草案或专项集体合同草案。协商期限最长不得超过60日。集体协商未达成一致或者出现事先未预料的情况时，经双方协商代表同意，可以中止协商。中止期限及下次协商会议的时间、地点、内容由双方商定。

（四）通过草案

由于集体合同最终要对用人单位和全体职工发生效力，所以经双方协商一致的集体合同草案或专项集体合同草案应当提交职工代表大会或者全体职工讨论；职工代表大会或全体职工讨论集体合同草案或专项集体合同草案，应当由2/3以上职工代表或职工出席，且须经全体职工代表半数以上或者全体职工半数以上同意，集体合同草案或专项集体合同草案方获通过，大会通过后，集体合同草案由集体协商双方出席代表正式签字。

（五）上报劳动行政部门审查

用人单位应当在集体合同签订后的10日内，将合同正式文本一式三份及说明材料报送有管辖权的劳动和社会保障行政主管部门进行审查，用人单位及工会应当同时将合同正式文本报送上一级地方工会。

劳动和社会保障行政主管部门应当对报送的集体合同或专项合同签约双方的主体资格、协商程序、合同内容进行合法性审查。

（六）正式生效、公布履行

劳动和社会保障行政主管部门应当自收到集体合同文本之日起15日内，将集体合同审核意见书书面通知签约双方；15日内未提出书面异议的，集体合同即行生效；提出书面异议的，签约双方应当进行协商、修改或者作出说明，经职工代表大会或者职工大会讨论通过后重新报送。地方工会或行业工会对集体合同有异议的，应当通过同级劳动和社会保障行政主管部门向企业提出书面意见。自集体合同生效之日起 10 日内用人单位应当向全体职工公布集体合同文本。

合法有效的集体合同对双方当事人具有法律约束力，双方当事人应当全面按照合同约定履行合同的义务。

[案例]

某商场经过民主程序，与工会签订了集体合同，集体合同中约定了劳动报酬、劳动纪律等内容，其中有这样一项规定：在商场举办重大庆典活动时，需要员工延迟 1 小时工作时间，除商场向员工支付加班费之外，再向员工发放 150 元补贴。该集体合同报劳动保障部门审核后生效。2013 年 6 月 10 日，适逢该商场五周年庆典，全体员工均加班 1 小时。事后，商场以员工程某等 5 人在协商时投了反对票为由，拒绝依据集体合同向其支付补贴。

问：商场的做法是否正确？

分析：集体合同是以集体关系中全体劳动者的共同权利和义务为内容的，具有劳动基准的效能。合法有效的集体合同对当事人双方具有法律约束力，双方当事人应当全面按照合同约定履行合同的义务。本案中，集体合同已经劳动保障部门审核生效，应对商场所有员工适用，包括不赞成集体合同的员工。因此，商场的做法是错误的。

四、集体合同的内容

集体合同的内容同劳动合同相比，具有更大的不确定性。它既可以规定劳动关系的方方面面，也可以只就劳动关系中的某一方面的问题进行约定。集体协商双方可以就下列多项或某项内容进行集体协商，签订集体合同或专项集体合同：

1. 劳动报酬。包括用人单位工资水平、工作分配制度、工资标准和工资分配形式；工资支付办法；加班、加点工资及津贴、补贴标准和奖金分配办法；工资调整办法；试用期及病、事假等期间的工资待遇；特殊情况下职工工资（生活费）支付办法；其他劳动报酬分配办法。

2. 工作时间。主要包括工时制度；加班、加点办法；特殊工种的工作时间；劳动定额等。

3. 休息休假。包括日休息时间、周休息日安排、年休假办法；不能实行标准工时职工的休息休假；其他假期等。

4. 劳动安全卫生。包括劳动安全卫生责任制；劳动条件和安全技术措施；安全操作章程；劳保用品发放的标准；定期健康检查和职业健康体检。

5. 补充保险和福利。包括补充保险的种类和范围；医疗期延长及其待遇；职工亲属福利制度等。

6. 女职工和未成年工的特殊保护。包括女职工和未成年工禁忌从事的劳动；女职工的经期、孕期、产期和哺乳期的劳动保护；女职工、未成年工定期健康检查；未成年工的使用和登记制度。

7. 职业技能培训。包括职业技能培训项目规划及年度计划；职业技能培训费用的提取和使用；保障和改善职业技能培训的措施。

8. 劳动合同管理。包括劳动合同签订时间；确定劳动合同期限的条件；劳动合同变更、解除、续订的一般原则及无固定期限劳动合同的终止条件；试用期的条件和期限。

9. 奖惩。包括劳动纪律；考核奖惩制度；奖惩程序。

10. 裁员。包括裁员的方案、裁员的程序、裁员的实施办法和补偿标准。

11. 集体合同期限。

12. 变更、解除集体合同的程序。

13. 履行集体合同发生争议时的协商处理办法。

14. 违反集体合同的责任。

15. 双方认为应当协商的其他内容。

五、集体合同的变更、解除和终止

集体合同的变更，是指双方当事人在集体合同没有履行或虽已开始履行但尚未完全履行之前，因订立集体合同的主客观条件发生了变化，依照法律规定的条件与程序，对原合同中的部分条款进行修改、补充的法律行为。

集体合同的解除，是指集体合同依法签订后，未履行完毕前，由于某种原因导致当事人一方或双方提前终止集体合同的法律效力，停止履行双方劳动权利义务关系的法律行为。

一般而言，集体合同的变更或者解除可以分为法定和约定的变更和解除：

1. 就约定变更和解除而言，根据《集体合同规定》第 39 条的规定，只需要双方意思表示一致即可变更或者解除集体合同。

2. 就法定变更和解除而言，《集体合同规定》第 40 条规定，有下列情形之一的，可以变更或解除集体合同或专项集体合同：①用人单位因被兼并、解散、破产等原因，致使集体合同或专项集体合同无法履行的；②因不可抗力等原因致使集体合同或专项集体合同无法履行或部分无法履行的；③集体合同或专项集体合同约定的变更或解除条件出现的；④法律、法规、规章规定的其他情形。

集体合同的终止是指当事人约定的集体合同期满或者集体合同终止条件出现，以及集体合同一方当事人不存在，无法继续履行劳动合同时，立即终止劳动合同的法律效力。《集体合同规定》第 38 条规定，集体合同或专项集体合同期限一般为 1~3 年，期满或双方约定的终止条件出现，即行终止。集体合同或专项集体合同期满前 3 个月内，任何一方均可向对方提出重新签订或续订的要求。

第二节　劳务派遣

一、劳务派遣的概念

劳务派遣又称人才派遣、人才租赁，是指由劳务派遣单位与被派遣劳动者订立劳动合同后，再与接受以劳务派遣形式用工的单位（实际用工单位）订立劳务派遣协议，将被派遣劳动者派遣至用工单位，从而形成的一种用工形式。劳务派遣的法律关系涉及被派遣劳动者、用人单位、用工单位三方。

在劳务派遣中，用工单位（接受单位）使用劳动力，向派遣单位支付劳务费，派遣单位负责按照用工单位的要求招录劳动者，向劳动者支付劳动报酬，解除劳动合同、支付经济补偿金并办理社会保险。劳动者在提供劳务的过程中应服从用工单位管理，遵守用工单位的劳动纪律。劳动派遣的最显著特征就是劳动力的雇用和使用分离。

劳务派遣是一种新型的、非典型的用工方式，与传统用工方式相比，其具有较大的灵活性，在经济全球化的背景下被作为用工的补充形式在许多国家获得迅速发展。我国 20 世纪 90 年代末，劳务派遣开始被大量使用，尤其是《劳动合同法》实施以来，其发展速度及适用人数更是超出了人们的预期，在相当一些企业，劳务派遣成了主要的用工方式。

［案例］

被辞员工状告肯德基遭"碰壁"

徐某 1994 年到北京肯德基公司从事仓储搬运工作。2004 年 4 月，徐某与北京时代桥劳动事务咨询服务有限公司签订劳动合同，成为该公司的派遣工。2005 年 10 月，徐某因工作失误被肯德基公司辞退，他提出肯德基公司应支付其 11 个月工资的经济补偿金，被肯德基公司拒绝。肯德基公司认为徐某不是肯德基公司的员工，而是被劳务派遣公司派遣到肯德基公司的派遣劳工，双方不存在劳动关系，发生劳动争议应当找劳务派遣公司。徐某遂向北京市东城区劳动仲裁委员会申请仲裁，仲裁委员会因徐某与时代桥公司签订的劳动合同合法有效，遂以"徐某与肯德基公司之间的劳动关系无法认定"为由，裁决驳回徐某的仲裁请求。徐某不服，起诉到北京市东城区人民法院，该法院认为，本案原告与时代桥公司签订了劳动合同，而被告与时代桥公司签订了劳动服务合同，约定由时代桥公司招聘员工，与员工签订劳动合同，负责管理员工，并定期向被告输出劳务人员，被告定期统计原告的工资及保险金后支付给时代桥公司。因此，三方构成了劳务派遣关系。据此，北京市东城区人民法院于2006年6月12日作出一审宣判，认定徐某是派遣工人，与肯德基公司不构成事实劳动关系，遂驳回了徐某对肯德基公司的索赔要求。徐某不服，向北京市第二中级人民法院提起上诉。2006年8月8日，北京肯德基公司宣布与徐某达成和解，徐某撤销上诉。同时，北京肯德基公司表示，从即日起，除特殊情况外，停止使用劳动派遣录用新员工，原配销中心的派遣员工将转为肯德基公司直接聘用员工。

二、法律对劳务派遣的规制

劳务派遣"繁荣"发展的背后，是企业为了降低用人成本，追求用工的灵活性。由于劳务派遣本身存在着复杂的法律关系，使得在实际的劳务派遣中，劳动者作为劳务提供者并不能与劳务的接受者议价，派遣单位就可能利用其掌握的就业信息，垄断就业机会，欺骗或者从中榨取劳动者。由于被派遣劳动者的劳动保护水平、责任主体等，基本上都由派遣单位与用工单位自由协商，这很可能会导致派遣单位和用工单位合谋向劳动者转嫁用工成本，侵害劳动者合法权益，致使被派遣的劳动者受到不公平对待。

劳务派遣当前存在的突出问题包括：劳动者职业稳定性差，被派遣劳动者受歧视问题突出，被派遣劳动者参加工会难，容易引发劳动者阶层的分化等，这使得被派遣劳动者成为新的弱势群体。特别是，一些企业将劳动者整体打包给劳务派遣公司，将正式用工变为劳务派遣，或者以外包承揽等方式伪装派遣，规避建立劳动关系。被派遣劳动者权益得不到应有保障，导致劳动争议频发，严重影响到职工队伍和社会稳定。

为了使劳务派遣能够得到健康发展，同时防止用工单位规避劳动法律法规，我国《劳动合同法》及相关法规对劳务派遣作了进一步的规制。

（一）劳务派遣单位的设立

根据《劳动合同法》的规定，经营劳务派遣业务应当具备下列条件：

1. 注册资本不得少于人民币200万元。

2. 有与开展业务相适应的固定的经营场所和设施。

3. 有符合法律、行政法规规定的劳务派遣管理制度。

4. 法律、行政法规规定的其他条件。

经营劳务派遣业务，应当向劳动行政部门依法申请行政许可；经许可的，依法办理相应的公司登记。未经许可，任何单位和个人不得经营劳务派遣业务。

劳动合同法提高了派遣单位的成立门槛，有利于淘汰一批财务欠佳的派遣单位。此外，增加了对单位经营场所和设施的要求，明确了预先行政审批制度，使得从事劳务派遣业务的单位资质大为提升，防止皮包公司的出现，为行政监管的强化创造了条件。

（二）劳务派遣岗位的适用范围

劳动合同用工是我国的企业基本用工形式。劳务派遣用工是补充形式，只能在临时性、辅助性或者替代性的工作岗位上实施。临时性工作岗位是指存续时间不超过 6 个月的岗位；辅助性工作岗位是指为主营业务岗位提供服务的非主营业务岗位；替代性工作岗位是指用工单位的劳动者因脱产学习、休假等原因无法工作的一定期间内，可以由其他劳动者替代工作的岗位。用工单位决定使用被派遣劳动者的辅助性岗位，应当经职工代表大会或者全体职工讨论，提出方案和意见，与工会或者职工代表平等协商确定，并在用工单位内公示。

用工单位应当严格控制劳务派遣用工数量，使用的被派遣劳动者数量不得超过其用工总量的 10%。用工总量是指用工单位订立劳动合同人数与使用的被派遣劳动者人数之和。

（三）劳务派遣单位的义务

1. 依法订立劳动合同。劳务派遣单位应当履行用人单位对劳动者的义务。劳务派遣单位与被派遣劳动者订立的劳动合同，除应当载明合同的必备条款外，还应当载明被派遣劳动者的用工单位以及派遣期限、工作岗位等情况。

劳务派遣单位应当与被派遣劳动者订立 2 年以上的固定期限书面劳动合同，按月支付劳动报酬；被派遣劳动者在无工作期间，劳务派遣单位应当按照所在地人民政府规定的最低工资标准，向其按月支付报酬。

劳务派遣单位跨地区派遣劳动者的，被派遣劳动者享有的劳动报酬和劳动条件，按照用工单位所在地的标准执行。

劳务派遣单位可以依法与被派遣劳动者约定试用期。劳务派遣单位与同一被派遣劳动者只能约定一次试用期。

［案例］

2017 年 9 月 16 日，河池市逢兴劳务派遣公司招聘覃某梅等 40 余人为自己的员工，并与覃某梅等签订了一份为期 5 年的劳动合同，约定：覃某梅等人受派遣时的工资为月薪 900 元，没有派遣任务时的基本工资为月薪 600 元。签订合同后不久，逢兴公司接到劳务派遣业务，将覃某梅等 8 人派往东莞市某玩具厂务工，由逢兴公司与玩具厂直接签订劳动合同，玩具厂也直接将覃某梅等 8 人的工资月薪 2300 元汇入逢兴公司账户由逢兴公司发放，覃某梅的食宿费用则由玩具厂全包。得到覃某梅的工资后，逢兴公司根据合同约定每月按时发放 900 元给覃某梅。做了一年多后，看到别的与自己一起劳动的劳动者都得到月工资 2300 元左右，唯独自己和被逢兴公司派遣的其他 7 位员工只得到区区的 900 元，覃某梅就要求逢兴公司支付最少 1800 元的月薪，但被拒绝。

分析：作为劳务派遣公司，它对劳动者的义务是帮助联系工作，监管劳动者遵守劳动纪律和完成劳动任务，代发用工单位给付劳动者的工资，没有派遣任务时支付基本工资给劳动者。它的权利是收取中介费和管理费。按照河池市的劳务市场行情，如果覃某梅等人在河池市务工，逢兴公司给予覃某梅等月薪 900 元属于不高不低的系列，能保证逢兴公司收取足够的中介费和管理费，在没有派遣任务时能发给覃某梅等月薪 600 元，也能促使逢兴公司积极为覃某梅等找工作，可以说双方签订的劳动合同对彼此的权利义务都约定得很具体可行。但是，覃某梅受聘后，不是在河池市工作，而是被派往东莞市务工，属于跨地区劳务派遣。《劳动合同法》第 61 条规定："劳务派遣单位跨地区派遣劳动者的，被派遣劳动者享有的劳动报酬和劳动条件，按照用工单位所在地的标准执行。"根据该条规定的精神，覃某梅等在东莞务工，其同工种劳动者的报酬在 2300 元上下，那么扣除 20% 的中介费和管理费后，覃某梅等要求逢兴公司支付给他们不低于 1800 元月薪的请求应当是可以得到满足的。

2. 依法订立派遣协议。劳务派遣单位派遣劳动者应当与接受以劳务派遣形式用工的单位订立劳务派遣协议。劳务派遣协议应当载明下列内容：
（1）派遣的工作岗位名称和岗位性质；
（2）工作地点；
（3）派遣人员数量和派遣期限；
（4）按照同工同酬原则确定的劳动报酬数额和支付方式；
（5）社会保险费的数额和支付方式；
（6）工作时间和休息休假事项；
（7）被派遣劳动者工伤、生育或者患病期间的相关待遇；
（8）劳动安全卫生以及培训事项；
（9）经济补偿等费用；
（10）劳务派遣协议期限；
（11）劳务派遣服务费的支付方式和标准；

（12）违反劳务派遣协议的责任；

（13）法律、法规、规章规定应当纳入劳务派遣协议的其他事项。

用工单位应当根据工作岗位的实际需要与劳务派遣单位确定派遣期限，不得将连续用工期限分割订立数个短期劳务派遣协议。

劳务派遣单位应当将劳务派遣协议的内容告知被派遣劳动者。劳务派遣单位不得克扣用工单位按照劳务派遣协议支付给被派遣劳动者的劳动报酬。劳务派遣单位和用工单位不得向被派遣劳动者收取费用。

（四）实际用工单位的义务

根据《劳动合同法》第 62 条的规定，用工单位有如下义务：

1. 执行国家劳动标准，提供相应的劳动条件和劳动保护。

2. 告知被派遣劳动者的工作要求和劳动报酬。

3. 支付加班费、绩效奖金，提供与工作岗位相关的福利待遇。

4. 对在岗被派遣劳动者进行工作岗位所必需的培训。

5. 连续用工的，实行正常的工资调整机制。

用工单位不得将被派遣劳动者再派遣到其他用人单位。

用工单位应当按照《劳动合同法》第 62 条的规定，向被派遣劳动者提供与工作岗位相关的福利待遇，不得歧视被派遣劳动者。

（五）被派遣劳动者的权利

1. 被派遣劳动者享有与用工单位的劳动者同工同酬的权利。用工单位应当按照同工同酬原则，对被派遣劳动者与本单位同类岗位的劳动者实行相同的劳动报酬分配办法。用工单位无同类岗位劳动者的，参照用工单位所在地相同或者相近岗位劳动者的劳动报酬确定。

2. 被派遣劳动者有权在劳务派遣单位或者用工单位依法参加或者组织工会，维护自身的合法权益。

3. 被派遣劳动者可以与劳务派遣单位协商一致解除劳动合同，也可以在劳务派遣单位存在《劳动合同法》第 38 条规定的违法情形时，与其解除劳动合同。

（六）劳务派遣单位违法的法律后果

未经许可，擅自经营劳务派遣业务的，由劳动行政部门责令停止违法行为，没收违法所得，并处违法所得 1 倍以上 5 倍以下的罚款；没有违法所得的，可以处 5 万元以下的罚款。

劳务派遣单位、用工单位违反《劳动合同法》有关劳务派遣规定的，由劳动行政部门责令限期改正；逾期不改正的，以每人 5 千元以上 1 万元以下的标准处以罚款，对劳务派遣单位，吊销其劳务派遣业务经营许可证。用工单位给被派遣劳动者造成损害的，劳务派遣单位与用工单位承担连带赔偿责任。

[案例]

2014 年 6 月，戴某从农村到城市打工，通过劳务派遣公司，被派遣到一家民营钢铁企业当机械操作工，但是劳务派遣公司与该企业都未按照《劳动法》《劳动合同法》《工伤保险条例》的规定为王某缴纳工伤保险。2017 年 3 月，戴某在操作卷扬机时，右手的拇指和食指被卷扬机的齿轮轧为两截。出院后，戴某找该企业要求赔偿，可是该企业推脱责任，要求戴某找劳务派遣公司要赔偿。劳务派遣公司与企业相互推脱责任，致使戴某陷入两难境地。戴某只得申请仲裁。仲裁庭审理过程中，二单位虽然相互推脱责任，并称受害人工作有粗心大意的过错，但法律规定工伤赔偿应当是无过错赔偿原则。最终市仲裁委根据《劳动法》《劳动合同法》《工伤保险条例》的有关规定，裁定二单位连带赔偿王某工伤赔偿金 12 万元。

我国《劳动合同法实施条例》也对劳务派遣作了相关规定，用人单位或者其所属单位出资或者合伙设立的劳务派遣单位，向本单位或者所属单位派遣劳动者的，属于《劳动合同法》第 67 条规定的不得设立的劳务派遣单位。劳务派遣单位不得以非全日制用工形式招用被派遣劳动者。另外，我国《劳务派遣暂行规定》设专章对"法律责任"作了更为细致的规定。

第三节 非全日制用工

一、非全日制用工的概念

非全日制用工，是指以小时计酬为主，劳动者在同一用人单位一般平均每日工作时间不超过 4 小时，每周工作时间累计不超过 24 小时的用工形式。非全日制用工是非典型用工的一种形式，也是灵活就业的一种重要形式。近年来，我国非全日制劳动用工形式呈现迅速发展的趋势，特别是在餐饮、超市、社区服务等领域，用人单位使用的非全日制用工形式越来越多。

二、法律对非全日制用工的规制

（一）合同的订立形式

非全日制用工具有就业灵活、工作时间较短等特点，实践中存在大量非书面合同的劳动关系，为了更好地保持非全日制用工形式的灵活性以促进就业，劳动合同法对非全日制用工的劳动合同形式采用了更为宽松的模式。双方可以通过口头约定的方式明确各自的权利义务。以诚实信用为准则，严格遵守双方的约定，同时也可以采取书面形式。

此外，劳动合同法还允许从事非全日制用工的劳动者可以与一个或者一个以上用人单位订立劳动合同。但是，后订立的劳动合同不得影响先订立的劳动合同的履行。

[案例]

某超市因业务需要，聘请了魏某、余某、李某三人，每天上午7~8点、下午2~3点期间从事货物整理工作。两个多月后，三人提出，因超市未与其签订书面劳动合同明确双方的权利义务，根据我国《劳动合同法》的规定，未签订书面劳动合同超过1个月，超市就应当支付每月双倍工资。

问：三人的主张能得到支持吗？

分析：本案中，魏某等三人每日只在上午7~8点、下午2~3点期间工作，从性质上来说，属于非全日制用工。根据《劳动合同法》的规定，非全日制用工当事人双方可以通过口头约定的方式明确各自的权利义务，不签订书面劳动合同并不违法。因此，魏某等三人并不适用劳动合同法有关向劳动者每月支付双倍工资的规定，他们的主张得不到支持。

（二）试用期

非全日制用工劳动合同中，试用期条款属于禁止性条款。《劳动合同法》规定，用人单位违反法律规定与非全日制用工劳动者约定了试用期的，由劳动行政部门责令改正；违法约定的试用期已经履行的，由用人单位以劳动者试用期满月工资为标准，按已经履行的超过法定试用期的期间向劳动者支付赔偿金。

（三）劳动合同的解除

非全日制用工劳动合同的解除具有无因性、随时性和对等性。双方当事人任何一方都可以随时通知对方终止用工。终止用工不需要任何理由，用人单位和劳动者享有同等的权利。通知可以采取书面形式，也可以采取口头形式，提出终止用工的，用人单位不向劳动者支付经济补偿。

（四）劳动报酬的支付

劳动者提供劳动成果具有即时性，工资结算周期也不应太长，因此，非全日制用工工资是以小时计酬，可以按小时、日、周来支付。小时计酬标准不得低于用人单位所在地人民政府规定的最低小时工资标准，劳动报酬结算支付周期最长不得超过15日。

引例解析

《劳动合同法》第54条规定，集体合同签订后应当报送劳动行政部门；劳动行政部门自收到集体合同文本之日起 15 日内未提出异议的，集体合同即行生效。依法订立的集体合同对用人单位和劳动者具有约束力。因此，可以认定为甲公司与工会签订的集体合同有效。《劳动合同法》第 55 条规定，用人单位与劳动者订立的劳动合同中劳动报酬和劳动条件等标准不得低于集体合同规定的标准。在案例中，公司因李某的业绩不佳，而把工资降低，并低于集体合同的最低工资约定是不符合法律规定的。

本章内容小结

　　本章主要阐述了劳动合同法的特别规定，涉及三个方面的内容：集体合同、劳务派遣、非全日制用工。通过本章学习，应掌握集体合同在签订、解除和终止过程中应该注意的问题，劳务派遣和非全日制用工在合同形式及劳动报酬等方面的法律特别规制，进而解决现实中的问题。

思考题

　　1. 什么是集体合同？它和劳动合同有什么区别？

　　2. 我国法律对劳务派遣制度的规制有哪些？

　　3. 我国法律对非全日制用工制度的规制有哪些？

　　4. 案例分析：

　　单某于 2012 年 7 月到某学校从事校车驾驶工作，双方订立非全日制用工劳动合同。合同约定，单某每天的工作任务是接送教职员工从学校本部前往新校区，一天一趟，一周 6 天。单某每天早上 8 点出车，11 点 30 分左右完成接送任务。2012 年 8 月，单某向学校提出辞职，并要求学校支付工作期间双休日加班工资。纠纷发生后，单某向当地劳动人事争议仲裁委员会申请仲裁，能否得到支持？

　　5. 实训演练：

　　利用课余时间从实际生活、网络、办刊中搜集一个相关案例，组织一次课堂角色扮演，分别扮演律师和当事人，当事人一方就自己搜集的案例向律师一方咨询，并注意倾听对方的解答。

延伸阅读

<h2 style="text-align:center">我国劳务派遣的现状</h2>

　　自从改革开放以来，我国劳务派遣已走过了萌芽过程，正在发展壮大，并日趋成熟。据《2013-2017 年中国劳务派遣行业市场前瞻与投资战略规划分析

报告》统计，全国有劳务派遣公司近 3 万家，派遣员工大约 2700 万人，占全国职工人数的比例不到 5%。而据统计，上海市 2003 年劳务派遣工占企业全部用工人数的 28.3%，2006 年上升至 33.8%，2007 年达 38.3%，2008 年初达 39.7%，近两三年仍呈上升趋势。2010 年底上海市使用劳务派遣工的单位有 4.29 万家，劳务派遣用工 132.9 万人，比 2008 年初分别增加 67% 和 95.7%。随着我国城市化进程的加快，我国劳务派遣行业的增长速度将不断加快，成长空间巨大。

从调查的情况看，我国劳务派遣的现状如下：

1. 地区情况。东部地区劳务派遣发展较快、规模较大。已经开展劳务派遣的地区主要包括北京、天津、上海、广东、江苏、浙江、福建、广西、黑龙江、辽宁、吉林、江西、湖南、山东等地，并且劳务派遣也在其他地区陆续不断地开展起来。据报道，广州从事人才租赁的公司达到 120 多家，北京仅劳动局颁发了资质证书的劳务派遣企业就在 300 家以上。据调查，北京的团兴劳动与社会保险服务有限公司已经派遣劳务 8000 多人，深圳的鹏劳职业介绍服务中心已面向社会租赁员工 4500 多人，浙江锦程人才服务公司的劳务派遣人员已经超过万人。

2. 行业情况。采用劳务派遣型工作安排的行业主要是服务业、制造业和建筑业，如电信、银行、饭店、医院、邮政、家政、电力、铁路运输等服务性行业，以及建筑业和制造业的一些部门。

3. 企业情况。劳务派遣特别受到外资企业、优势企业和国有大企业的欢迎。深圳对劳务派遣需求大的主要是外向型企业、股份制企业以及竞争激烈的电信、银行等行业。一些著名的企业如深圳华为、赛格三星、赛格日立、希捷等，都使用过派遣员工。

4. 从业人员情况。劳务派遣的从业人员以城市外来劳动力、大中专毕业生、企业下岗分流人员以及专门人才为主。

5. 职业情况。劳务派遣的职业、岗位估计有 40 多种，主要有钟点工、秘书、话务员、柜台小姐、销售人员、客户经理、司机、保安、广告创意、股票运作、高级管理、市场分析、企业认证、商务谈判、外文翻译、装饰设计、课程讲学、电视拍摄、报刊写作、名人传记、时装模特、法律顾问、制造业企业辅助工种等。

6. 经营单位情况。经营劳务派遣的主要是劳动部门下属的职业介绍中心、企业再就业服务中心转制而成的劳务派遣公司等。

模块三　劳动标准

第五章

工时制度

学习目标

　　通过本章的学习，了解工作时间与休息休假的主要内容，包括标准工作时间、非标准工作时间、休息、休假、延长工作时间等；能够分析和计算延长工作时间的劳动报酬，运用各类工作时间制度分析具体案例。

内容结构图

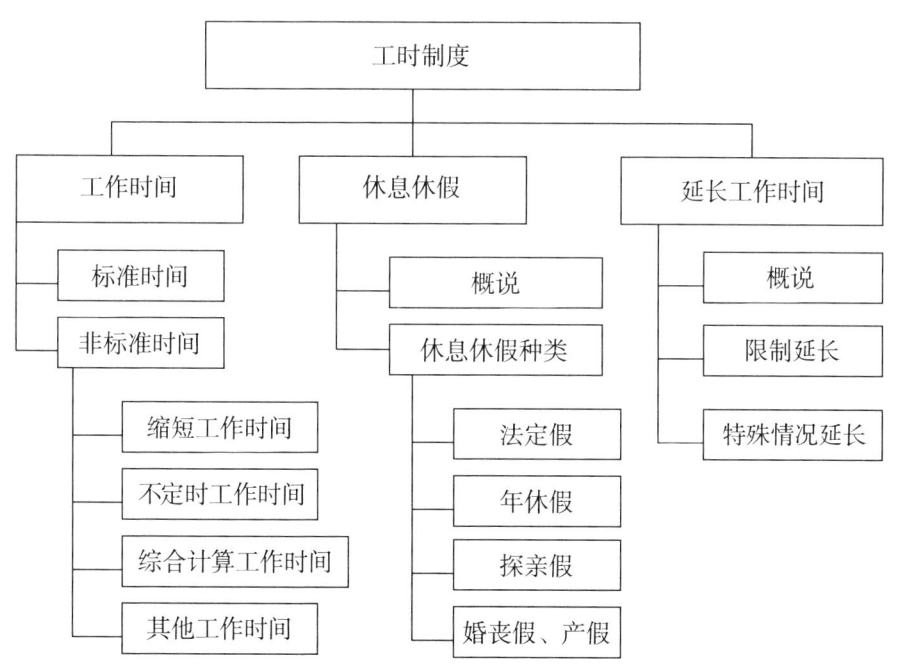

导入案例

王某为某集装箱公司的汽车驾驶员，与某公司签订了 2 年期的劳动合同。合同履行期间，王某从事的工作是长途运输，公司以出具"行车单"方式安排王某的工作，并根据其运输量及运输里程计发其工资待遇。合同期满后，公司因王某在工作中曾有交通事故而不愿与其续订合同，双方遂办理终止合同的相关手续。办理过程中，王某出示了自己保存的 2 年来的行车时间记录，上面有每天工作时间的记载，并有超过 8 小时后的超时工作的时间记录，要求公司按劳动法的规定支付其 2 年工作期间超过规定时间的加班工资。公司认为王某的工作时间不能以每天 8 小时计算，而且其工资也已按运输量及运输里程计发，不存在加班的情况，对王某的要求不予同意。双方于是发生争议。

问：如何看待双方的争议？

第一节　工作时间

我国《宪法》第 43 条规定："中华人民共和国劳动者有休息的权利。国家发展劳动者休息和休养的设施，规定职工的工作时间和休假制度。"根据宪法这一规定，《劳动法》规定了工作时间和休息休假制度，并严格限制任意延长工作时间。工作时间和休息休假制度与劳动者的工作和生活密不可分，是一种此长彼短的关系，工作时间的缩短就意味着休息休假的延长，反之亦然。

一、工作时间的概念与特征

工作时间又称劳动时间，是指国家法律规定的劳动者在一个昼夜和一周内为用人单位从事生产或工作的时间。工作时间的形式通常有三种，即工作小时、工作日和工作周。工作日是指劳动者在一个昼夜内依法工作的小时数总和，它是工作时间的基本形式；工作周是指劳动者在一周内依法工作的天数和小时数。

工作时间是劳动者运用自己的体力和脑力进行生产和劳动的时间，是评定每一个劳动者创造社会财富的多少和取得劳动报酬的重要依据。所以，世界上绝大多数国家都通过工时立法规定劳动者通常状态下工作时间的标准，并根据此项标准，进一步规定劳动者的劳动权利和劳动义务。

工作时间具有以下一些特征：

1. 工作时间具有法定性。工作时间的长度由法律法规直接予以规定，或者由用人单位和劳动者在集体合同或劳动合同中依据法律法规的规定来具体约定。用人单位需要延长工作时间的，必须严格按照法律规定的条件和办法执行，否则要承担法律责任。

2. 工作时间是衡量劳动成果的重要依据。劳动者依据工作时间在用人单位进行生产、工作，用人单位依据劳动者在工作时间内完成任务的数量和质量支付劳动报酬。

3. 工作时间不等同于实际工作时间。工作时间除了劳动者实际工作的时间外，还包括工作开始前的准备时间（例如更换工作服的时间）、工作结束前的整理交接时间、工作中间的休息时间、劳动者自然需要的中断时间和工艺中断时间，以及出差、履行社会职责、女职工哺乳等法律法规规定的其他活动的时间。

二、工时立法

（一）工时立法的意义

我国宪法中明确规定了劳动者的基本权利，包括劳动权、休息权等。劳动法颁布后，将新中国成立以来长期实行的每日工作 8 小时、每周工作 48 小时的工时制度缩短为每天工作 8 小时、每周工作 40 小时。工时立法具有非常积极的现实意义，主要体现在以下几个方面：

1. 有利于保障劳动者的身心健康和实现劳动者的休息权。现代各国的工时立法都以限制劳动时间及保护劳动者身心健康为目的，规定标准工作时间和最高工时，禁止任意延长工作时间等。合理的工作时间的安排，使劳动者获得了更多的可以自由支配的时间，以便劳逸结合，避免由于长时间劳动和工作而导致疲劳、职业病、慢性疾病等。

2. 有利于提高劳动者的素质和劳动生产率。现代社会的快速发展，要求劳动者必须通过职业培训和再教育，更新知识和提高技能。只有这样，才能不断增强自身素质，适应社会的需求。科学合理的工作时间能够保证劳动者在劳动之余有充足的休息时间，使劳动者有更多的业余时间进行学习和交流，钻研业务，更新知识以提高个人素质和工作能力，从而提高劳动生产率。

3. 有利于协调劳动报酬分配和促进就业。用人单位按照国家法律规定，根据劳动者在工作时间内完成的工作量支付劳动报酬，所以工作时间和劳动报酬之间存在着必然联系和互助性，因而可以通过调整工作时间，间接协调劳动报酬的分配。

减少失业的对策之一就是缩短劳动时间。适当缩短工作时间，在一定的工作或劳动效率下，用人单位要完成既定的工作任务，必然要增加工作人员数量或工作岗位，这样就会增加就业机会，缓解就业压力。

4. 有利于促进企业的现代化管理和整体社会经济的发展。科学合理的工作时间，要求企业也要建立科学合理的运转机制，有利于促进企业的现代化管理。同时，工作时间的合理缩短使得在岗人员非生产劳动时间增加，会促使人们的生活方式发生一定的变化。劳动者有条件充分地从事体育、旅游等娱乐生活，更好地安排家庭生活和对子女的教育。在这个过程中必然会增加劳动者的各种消费需求，带动相关产业，尤其是第三产业的发展。近年来出现的假日经济快速增长的现象就是一个很好的例证。

（二）工时立法的原则

工时立法的原则是指国家在制定和实施工作时间和休息时间制度时应当遵守的准则。我国工时立法的主要原则可具体概括为以下三个方面：

1. 保护劳动者身体健康的原则。保护劳动者的身体健康是我国工时立法的首要原则。社会主义国家的生产活动不以追求高利润为唯一的目标，发展生产的目的是为了满足人们不断增长的物质和文化生活的需求，这就决定了我国不会以牺牲劳动者的健康为代价来发展经济、积聚财富。从长远来看，适当缩短工作时间有利于避免劳动者身体的疲劳，减少疾病和事故的发生，节约社会财富。

2. 与生产力发展水平相适应的原则。工作时间的规定与国家经济发展水平相关。我国目前尚处于社会主义初级阶段，在经济发展水平、科学技术水平和劳动生产率等方面与发达国家之间还存在差距，如果工作时间规定得过短，将难以保证在有限的劳动或工作时间内完成劳动或工作任务。为了顺利实现国家的经济发展战略目标，目前工作时间立法还不可能像发达国家那样实行每周30小时工作制。工作立法必须从我国国情出发，遵从与我国现实的生产力发展水平相适应的原则。

3. 标准工作时间与其他工作时间相结合的原则。不同性质的工作对劳动力的使用量、劳动强度、劳动者体能消耗的要求不同，这就决定了工时立法既要确定标准工作时间，以保障一般劳动者平等地享有劳动和休息的权利，又要根据某些特殊性质工作的要求规定灵活变通的非标准工作时间。例如，对不宜实行定时工作制的实行不定时工作制，对从事繁重体力劳动、矿山井下作业以及对身体有害的工作的，实行缩短工时制。这样才能更好地体现工时立法实质上的公平。

[**知识链接**]

我国工时立法

我国自1949年新中国成立以后，就有了关于工时的立法。当时法律规定，国家实行每天工作8小时、每周工作48小时的工作制度。1994年2月3日，国务院公布了《关于职工工作时间的规定》，将工作时间调整为每日工作8小时、平均每周工作44小时。1995年3月25日，国务院再次对工时制度作了修改，规定从 1995 年 5 月 1 日起，国家实行每日工作 8 小时、每周工作 40 小时的工作制度。

三、工作时间制度的种类

我国劳动法规定的工时制度有两种，即标准工时制度和非标准工时制度。

（一）标准工时制度

标准工时制度是指根据国家法律的规定，劳动者适用统一的工作时间工作的一种工时制度。所谓的统一工作时间就是标准工作时间。我国现行的标准工时长度是每日 8 小时、每周 40 小时。标准工时制度是实际生活中存在最广泛的工时制度，是实行其他特殊工时制度的计算依据和参照标准。

（二）非标准工时制度

非标准工作时间是在特殊情况下适用的不同于标准工作时间的，经劳动行政部门批准可以实行的其他工作时间。非标准工作时间的确定以标准工作时间为依据。适用非标准工作时间的工时制度称为非标准工时制度，主要包括以下几类：

1. 缩短工时制度。缩短工时制度是在法定的特殊情况下，劳动者每日工作时间少于 8 小时、平均每周工作时间少于 40 小时的工时制度。

根据相关法律法规的规定，在特殊条件下需要缩短工作时间的，主要有以下几种情况：

（1）特定的行业。从事矿山井下作业、高山作业、高空、高温、低温、严重有毒有害、特别繁重和过度紧张的体力劳动等的职工，每日工作少于 8 小时。另外，纺织、化工、建筑、冶炼、地质、勘探、森林采伐、装卸搬运等行业和部门均为从事繁重体力劳动，劳动强度高，应依本行业或部门的特点，实行各种形式的缩短工时制。

（2）夜班。夜班工作时间一般指劳动者在当晚 10 时至次日早晨 6 时从事劳动或工作的时间。实行三班倒的企业，夜班工作时间缩短 1 小时。夜班工作改变了正常的生活规律，增加了神经系统的紧张状态，因而夜班工作时间比标准工时减少 1 小时，并且用人单位应当按照规定发给夜班津贴。

（3）哺乳期女工。有不满 1 周岁婴儿的女职工，其所在单位应当在每班劳动时间内给予其哺乳（含人工喂养）时间，在每日工作时间内，可以给婴儿哺乳两次，每次 30 分钟。多胞生育的每多哺乳一名婴儿，每次哺乳时间增加 30 分钟。一班内两次哺乳可以合并使用。哺乳时间和哺乳往返途中的时间，算作劳动时间。

（4）未成年劳动者和怀孕女工。其工作实行低于 8 小时工作日。我国《未成年人保护法》规定，未成年工（指年满 16 周岁未满 18 周岁的劳动者）实行低于 8 小时工作日。怀孕 7 个月以上的女职工，在正常工作时间内应安排一定的休息时间。

2. 不定时工时制度。不定时工时制度是指企业因生产特点、工作特殊需要或职责范围的关系，不能实行标准工时制，根据法律特殊规定，对某些劳动者实行的每日无固定工作时间的一种工时制度。

实行不定时工时制的人员有：①企业中的高级管理人员、外勤人员、推销人员、部分值班人员和其他因工作无法按标准工作时间衡量的职工；②企业中的长途运输人员、出租汽车司机和铁路、港口、仓库的部分装卸人员以及因工作性质特殊，需机动作业的职工；③其他因生产特点、工作特殊需要或职责范围的关系，适合实行不定时工时制的职工，如企业的消防值班人员等。

对实行不定时工时制的职工，用人单位应根据劳动法及相关法规的规定，参照标准工作时间核定工作量，并采取集中工作、集中休息、轮休调休、弹性工作时间等适当方式，确保职工的休息休假权利和生产、工作任务的完成。

须强调的是，实行不定时工时制，除法定节假日工作外，其他时间工作不算加班。但是，实行不定时工时制的人员，其工作时间仍应按照相关法规文件的规定，平均每天原则上工作 8 小时，每周至少休息 1 天。

3. 综合计算工时制度。综合计算工时制度，是针对因工作性质特殊，需连续作业或受季节及自然条件限制的企业的部分职工，采用的以周、月、季、年等为周期综合计算工作时间的一种工时制度。其平均日工作时间和平均周工作时间应与法定标准工作时间基本相同。

综合计算工时制度适用劳动法关于延长工作时间的规定。即是说，在综合计算周期内，某一具体日（或周）的实际工作时间可以超过 8 小时（或 40 小时），但综合计算周期内的总实际工作时间不应超过总法定标准工作时间；超过部分应视为延长工作时间，并按《劳动法》规定，对劳动者支付额外的工资报酬。同时，延长工作时间的小时数平均每月不得超过 36 小时。如果在综合计算周期内的实际工作时间总数不超过该周期的法定标准工作时间总数，只是周期内的某一具体日（或周、或月、或季）超过法定标准工作时间，其超过部分不应视为延长工作时间。工资应根据劳动者实际工作时间和完成劳动定额的情况核发。

实行综合计算工时工作制的职工包括：①交通、铁路、邮电、水运、航空、渔业等行业中因工作性质特殊，需连续作业的职工；②地质及资源勘探、建筑、制盐、制糖、旅游等受季节和自然条件限制的行业的部分职工；③其他适合实行综合计算工时工作制的职工，如亦工亦农或由于受能源、原材料供应等条件限制难以均衡生产的乡镇企业的职工等。

另外，对于那些在市场竞争中，由于外界因素影响，生产任务不均衡的企业的部分职工，经劳动行政部门审批后，也可参照综合计算工时工作制的办法实施。

与实行不定时工时制一样，对于实行综合计算工时制的职工，企业应根据劳动法及有关法规，在保障职工身体健康并充分听取职工意见的基础上，采取弹性工作时间等适当方式，确保职工的休息休假权利和生产、工作任务的完成。

[案例]

A企业经劳动行政部门批准以季度作为周期综合计算工时（总工时应为510小时/季）。该企业因生产任务需要，经过工会和劳动者李某同意，安排李某在该季的第一、二月份完成510小时的工作，第三个月整月休息。

分析：该企业的做法合法且没有延长工作时间。对于这种打破常规的工作时间安排，一定要取得工会和劳动者的同意，并且注意劳逸结合，切实保障劳动者身体健康。

4. 计件工时制度。计件工时制度是以工人完成一定数量的合格产品或一定的作业量来衡量工作时间以便确定劳动报酬的一种工时制度。对实行计件工时制度的劳动者，用人单位应当根据标准工时的规定，合理确定劳动定额和计件报酬标准。劳动定额指为完成一定的工作任务而预先规定的劳动消耗标准，或是在预先规定的单位时间内完成合格产品的数量。

劳动定额和计件报酬标准要合理制定。所谓合理，就是指对劳动者确定的劳动定额应当是在每日8小时或平均每周40小时之内能够完成的工作定额，不能把劳动定额确定过高，超过劳动者每日8小时的劳动能力或平均每周40小时的劳动能力。此外，如果企业规定的计件标准，使职工必须超时加班加点才能完成而且工资达不到最低标准的话，则构成对劳动者休息权的侵犯，劳动者可以向劳动监察部门举报投诉，以此来维护自身的休息权益和报酬权益。

5. 延长工时制度。延长工作时间，也称加班加点，是指用人单位经过一定程序，要求劳动者超过法律、法规规定的标准日工作时数和周工作天数的工作时间。延长工时制是特殊情形下所采用的特殊用工方式，国家对此有严格的规定，具体内容将在第三节详细阐述。

第二节　休息休假

一、休息休假的概念

休息时间是与工作时间相对而言的，它是指劳动者在国家规定的法定工作时间以外，不从事生产或者工作而自行支配的时间，是劳动者在工作时间之外的所有休息时间的总和。休息有广义和狭义之分。狭义的休息时间仅指劳动者依法获得的一个工作日或工作周循环周期以后的不计算工资报酬的自由支配时间。广义的休息除狭义的休息时间外，还包括休假。休假是指劳动者依法获得的具有某种特定意义的计付工资的自由支配时间。

作为严格的法律概念，休息时间与休假虽都是劳动者不需要工作、可以自行支配的时间，但两者还是存在一定的区别，各有其自身的特点：①休息时间的总量大于休假时间；②休息时间固定且普遍存在，而休假时间除了法定节假日外，都不具有固定性，享有的程度也不一样；③休息是不带薪的，休假是带薪的；④休息时间是从维护劳动者健康的角度来考虑，而休假除考虑劳动者的健康权外，还具有一些特殊的目的和价值，它往往含有一种褒奖成分，如年休假。

以法律形式规范劳动者的休息休假时间具有十分重要的意义：①保护劳动者的身心健康和保障劳动者的休息权；②促进现代科技发展，提高工作效率；③促进社会进步和文明程度的提高。

[知识链接]

我国目前关于休息休假的立法主要有：1981 年 3 月 14 日国务院公布施行的《关于职工探亲待遇的规定》；1981 年 3 月 26 日原国家劳动总局发布的《关于制定〈国务院关于职工探亲待遇的规定〉实施细则的若干问题的意见》；1994 年通过的《劳动法》；1949 年 12 月 23 日政务院发布、1999 年 9 月 18 日国务院第一次修订发布、2007 年 12 月 14 日第二次修订发布的《全国年节及纪念日放假办法》；2007 年 12 月 14 日国务院发布的《职工带薪年休假条例》；2008 年 2 月 15 日原人事部发布的《机关事业单位工作人员带薪年休假实施办法》；2008 年 9 月 18 日人力资源和社会保障部发布的《企业职工带薪年休假实施办法》。

二、休息休假时间的种类

休息休假时间的种类是随着社会经济的发展而变化的，根据产业、行业的不同而有所不同。

（一）一个工作日内的间歇休息时间

工作日内的间歇时间是指职工在上班过程中应有的休息和用餐时间，间歇时间不算作工作时间。间歇时间根据不同情况规定：①实行一班制或两班制的单位，其间歇时间在工作开始 4 小时后，一般为 1~2 小时，其中用餐的休息时间一般不得少于 30 分钟；②实行三班制的单位，每班的间歇时间为 20 分钟。

（二）连续两个工作日之间的休息时间

连续两个工作日之间的休息时间指劳动者在前一个工作日结束之后至后一个工作日开始之间的休息时间。就是说，除了最多 8 小时工作时间以外，其余时间均为劳动者日休息时间。两个工作日之间的休息时间以保证劳动者的体力和工作能力能够得到恢复为标准，一般不得少于 16 小时。

（三）公休假日

公休假日又称周休息日，是指劳动者在 1 个工作周后享有的连续休息时间。《劳动法》第 38 条明确规定："用人单位应当保证劳动者每周至少休息 1 日。"另外，《国务院关于职工工作时间的规定》第 7 条规定，国家机关、事业单位实行统一的工作时间，星期六和星期日为周休息日。企业和不能实行统一的工作时间的事业单位，可以根据实际情况灵活安排周休息日。

（四）法定节假日

法定节假日是指在革命斗争纪念日和民族风俗习惯或传统的庆祝日子里，劳动者全部或部分不从事生产或工作而用以开展纪念、庆祝活动的休息时间。《劳动法》的第 40 条和《全国年节及纪念日放假办法》（2013 年 12 月 11 日国务院第三次修订）中对此作了具体规定。

1. 全体公民放假的节日：①元旦，放假 1 天（1 月 1 日）；②春节，放假 3 天（农历正月初一、初二、初三）；③清明节，放假 1 天（农历清明当日）；④劳动节，放假 1 天（5 月 1 日）；⑤端午节，放假 1 天（农历端午当日）；⑥中秋节，放假 1 天（农历中秋当日）；⑦国庆节，放假 3 天（10 月 1 日、2 日、3 日）。

2. 部分公民放假的节日及纪念日：①妇女节（3 月 8 日），妇女放假半天；②青年节（5 月 4 日），14 周岁以上的青年放假半天；③儿童节（6 月 1 日），不满 14 周岁的少年儿童放假 1 天；④中国人民解放军建军纪念日（8 月 1 日），现役军人放假半天。

少数民族习惯的节日，由各少数民族聚居地区的地方人民政府，按照各该民族习惯规定放假日期。教师节、护士节等其他节日、纪念日，均不放假。全体公民放假的假日，如果适逢星期六、星期日，应当在工作日补假。部分公民放假的假日，如果适逢星期六、星期日，则不补假。

（五）探亲假

探亲假，是指职工享有保留工作岗位和工资而同分居两地，又不能在公休假日团聚的配偶或父母团聚的假期。它是职工依法享有的带薪假期。国务院1981年3月发布的《关于职工探亲待遇的规定》明确了职工探亲的条件和期限。

凡在国家机关、人民团体和全民所有制企业、事业单位工作满1年的固定职工，与配偶不住在一起，或者与父亲、母亲都不住在一起，又不能利用公休假日在家居住一夜和休息半个白天的，可以享受探望配偶或父母的待遇。需要指出的是，上述所称的父母，包括自幼抚养职工长大的养父母，不包括探望岳父母、公婆。学徒、见习生、实习生在学习、见习、实习期间不享受探亲假。

职工探亲假期具体时间：①职工探望配偶的，每年给予一方探亲假1次，假期为30天；②未婚职工探望父母，原则上每年给假1次，假期为20天，或两年探亲1次，假期为45天；③已婚职工探望父母的，每4年给假1次，假期为20天。上述假期均包括公休假日和法定节日。

职工在规定的探亲假期和路程假期内，按照本人的标准工资发给工资。职工探望配偶和未婚职工探望父母的往返路费，由所在单位负担；已婚职工探望父母的往返路费，在本人月标准工资30%以内的，由本人自理，超过部分由所在单位负担。

（六）年休假

年休假，又称带薪年休假，是指劳动者每年享受的在一定时间内保留工资的带薪休假。《劳动法》规定，国家实行带薪年休假制度。劳动者连续工作1年以上的，享受带薪年休假。国务院在2007年12月14日发布了《职工带薪年休假条例》，详细规定了职工带薪年休假的具体制度。

我国《职工带薪年休假条例》明确规定，职工累计工作已满1年不满10年的，年休假5天；已满10年不满20年的，年休假10天；已满20年的，年休假15天。职工有下列情形之一的，不享受当年的年休假：①职工依法享受寒暑假，其休假天数多于年休假天数的；②职工请事假累计20天以上且单位按照规定不扣工资的；③累计工作满1年不满10年的职工，请病假累计2个月以上的；④累计工作满10年不满20年的职工，请病假累计3个月以上的；⑤累计工作满20年以上的职工，请病假累计4个月以上的。

单位根据生产、工作的具体情况，并考虑职工本人意愿，统筹安排职工年休假。年休假在1个年度内可以集中安排，也可以分段安排，一般不跨年度安排。

职工在年休假期间享受与正常工作期间相同的工资收入。单位确因工作需要不能安排职工休年休假的，对职工应休未休的年休假天数，单位应当按照该职工日工资收入的 300% 支付年休假工资报酬。

对于在同一用人单位工作不满 1 年，而累计连续工作时间满 1 年的劳动者，应当享受年休假。职工新进用人单位且连续工作已满 12 个月以上的，当年度年休假天数按照在本单位剩余日历天数折算确定，折算后不足 1 整天的部分不享受年休假。

[案例]

2011 年，小杨毕业后即参加了工作。2018 年 5 月，小杨通过朋友介绍，来到某汽车配件公司工作，并签订了两年期限的劳动合同。2018 年 11 月 3 日，小杨向汽配公司人力资源部提交了 5 天年休假的申请，但未获批准。小杨认为公司应该按年假天数支付其未休的工资报酬。人力资源部解释说，公司内部规定只有在本单位工作满 1 年的员工才享有年休假，小杨进入公司工作未满 1 年，所以没有年休假，而且单位也不支付未休年假天数的 3 倍工资。

分析：本案中，小杨在进汽配公司工作之前，已经累计连续工作超过 7 年，应当享受年休假。小杨 2018 年 5 月进入汽配公司工作，其在汽配公司剩余的"日历天数"为 245 天。按照规定，小杨全年应当享受的年休假天数应为 5 天，那么当年小杨在汽配公司的年休假天数应为（245/365）×5 天 ≈ 3.35 天。由于 0.35 天不足 1 整天，因此小杨的年休假天数是 3 天。

（七）婚丧假

婚丧假，是指劳动者本人结婚以及劳动者的直系亲属死亡时依法享受的假期。婚丧是每个劳动者都可能会遇到的情况，劳动者婚丧期间，给予一定的假期，并由用人单位如数支付工资，使劳动者有闲暇处理相关事务，这是对劳动者的精神抚慰，体现了政府对劳动者的福利政策，也是对其权益的保护，对于调动劳动者的积极性具有重要意义。

我国目前婚丧假执行的依据是 1980 年原劳动总局和财政部颁布的《关于国营企业职工请婚丧假和路程假问题的通知》，该规定授权单位批准决定 1~3 天的假期，结婚双方不在一地工作的和外地直系亲属死亡需前往外地的，可根据路程另外给予路程假。为了鼓励计划生育，目前各地对大龄晚婚青年的婚假均有奖励性的假期，即在国家法定 3 天婚假之外，增加一般不少于 7 天晚婚的带薪假期。

（八）女职工的产假

《劳动法》第 62 条规定："女职工生育享受不少于 90 天的产假。"有关女职工产假待遇的规定在女职工特殊保护和生育保险等章节中加以详细论述。

［新闻链接］

人大代表建议 2.5 天小长假推向全国

2019 年全国两会期间，全国人大代表熊思东向十三届全国人大二次会议提交了《关于实施 2.5 天小长假的建议》，呼吁加快推进"2.5 天小长假"由"全国性试点"转变为"全国性政策"。熊思东提出，全球范围来看，经济发达国家的公民休假时间都比较长，比如荷兰 36 天、丹麦 36 天、瑞典 34 天、法国 37 天、英国 33 天、美国 25 天。目前，从法定节假日、法定带薪年假数量看，我国公民每年的法定休假天数为 16 天（不含双休日）（实际应为 11 天），远远低于发达国家水平。

第三节　延长工作时间

一、延长工作时间的概念

延长工作时间是指根据法律的规定，劳动者超过标准工作时间以外继续进行工作的时间，分为加班和加点两种。加班通常是指劳动者在公休假日、法定节假日进行工作；加点通常是指劳动者超过标准工作日以外延长时间进行工作。

1994 年 2 月国务院颁布的《国务院关于职工工作时间的规定》第 6 条规定："任何单位和个人不得擅自延长职工工作时间。因特殊情况和紧急任务确需延长工作时间的，按照国家有关规定执行。"我国相关法律对此作了较为严格的规定，可以分为限制延长工作时间和特殊情况延长工作时间两种。

二、延长工作时间的法律规定

（一）限制延长工作时间的规定

延长劳动时间直接涉及劳动者的诸多权利，违法随意延长工作时间加班加点，严重影响劳动者身心健康，且易造成滥发加班加点工资，减少国家财政收入，降低企业经济效益。所以，我国法律对在一般条件下延长劳动时间作了一些限制性规定。

1. 劳动者范围的限制。对怀孕 7 个月以上和哺乳未满 1 周岁的婴儿的女职工，不得安排其延长工作时间和夜班劳动。对未成年工实行缩短工作时间，不得安排未成年工从事夜班工作及加班加点工作。

2. 延长工作时间的长度限制。用人单位基于生产经营的需要，经与工会和劳动者协商延长工作时间的，一般每日不得超过 1 小时；因特殊原因需要再延长的，在保障劳动者身体健康的前提下每日延长不得超过 3 小时。但是，每月包括工作日的加点、公休日和法定节假日加班的小时总数不能超过 36 小时。

（二）特殊情况下延长工作时间的规定

根据《劳动法》与《关于职工工作时间的规定》，用人单位有下列情形之一的，可以延长工作时间，不受《劳动法》第 41 条规定的限制：

1. 发生自然灾害、事故或者因其他原因，威胁劳动者生命健康和财产安全，需要紧急处理的。

2. 生产设备、交通运输线路、公众设施发生故障，影响公众利益，必须及时抢修的。

3. 在法定节假日和公休假日内工作不能间断，必须连续生产、运输或者营业的。

4. 必须利用法定节日或公休假日的停工期间进行设备检修、保养的。

5. 为完成国防紧急任务的。

6. 为完成国家安排的其他紧急生产任务，以及商业、供销企业在旺季完成收购、运输、加工农副产品紧急任务的。

7. 法律、行政法规规定的其他情形。

以上属于涉及公众利益的情形，如不及时解决，就会影响生产、生活甚至生命安全。因此，延长工作时间必须且非常重要。只要具备以上情况之一的，就可以延长工作时间而不受限制，即可以不经过协商，由用人单位直接决定。

（三）延长工作时间的特别工资标准

《劳动法》第 44 条规定，有下列情形之一的，用人单位应当按照下列标准支付高于劳动者正常工作时间工资的工资报酬：

1. 安排劳动者延长工作时间的，支付不低于工资的 150% 的工资报酬。

2. 休息日安排劳动者工作又不能安排补休的，支付不低于工资的 200% 的工资报酬。

3. 法定休假日安排劳动者工作的，支付不低于工资的 300% 的工资报酬。

［案例］

劳动者自愿加班可否要求用人单位支付加班工资？

黄某大学毕业后应聘到一家软件公司工作，与公司签订了 1 年期的劳动合同。公司实行每日工作 8 小时、每周工作 40 小时的标准工时制度，并以此为依据确定和支付黄某的工资。黄某工作很认真，但由于刚参加工作，对业务不甚熟悉，其他同事能完成的工作他有时不能在 8 小时内完成，为了不影响工作进度，黄某便主动利用下班时间加班完成。1 年合同期届满时，黄某表示不再续签劳动合同，但要求公司支付其在 1 年内的加班工资，并出示了期间的考勤记录。公司以实行标准工时制度、对加班制度另有规定、黄某自愿主动加班并非公司安排为由，拒绝支付加班工资。双方发生争议。

分析：本案的焦点是劳动者主动延长工作时间能否要求支付加班工资。《劳动法》第 4 条和《工资支付暂行规定》第 13 条规定，用人单位延长劳动者的工作时间应当支付加班工资。在条文表述上都将用人单位"安排"劳动者延长工作时间作为补休和支付加班工资的前提，对此可以解释为延长工作时间是用人单位的原因造成的。具体到本案，公司实行标准工时制并有相应的加班制度，黄某加班是自己不能按时完成工作任务导致的，因此属于自愿加班，并非用人单位的原因造成，因此黄某要求公司支付加班工资缺乏法律依据。

正常工作时间的工资作为计算加班加点工资的基数，一般分为日工资和小时工资两种。用人单位在休息日安排劳动者加班的，应先按同等时间安排劳动者补休，补休的不再支付加班工资报酬；不能安排补休的，应按照法定标准支付劳动者延长工作时间的工资报酬。法定节假日安排劳动者加班的，一般不安排补休，应按规定支付劳动者延长工作时间的报酬。

[知识链接]

一、制度工作时间的计算

年工作日：365 天−104 天（休息日）−11 天（法定节假日）＝250 天

季工作日：250 天÷4 季＝62.5 天/季

月工作日：250 天÷12 月＝20.83 天/月

工作小时数的计算：以月、季、年的工作日乘以每日的 8 小时。

二、日工资、小时工资的折算

按照《劳动法》第 51 条的规定，法定节假日用人单位应当依法支付工资，即折算日工资、小时工资时不剔除国家规定的 11 天法定节假日。据此，日工资、小时工资的折算为：

日工资：月工资收入÷月计薪天数

小时工资：月工资收入÷（月计薪天数×8 小时）

月计薪天数＝（365 天−104 天）÷12 月＝21.75 天

三、实例计算

某年春节农历正月初一是星期三，社会放假为农历三十至正月初六。某厂一套设备须在节日期间检修，工程师何某从正月初二到初五连续加班 4 天。何某日工资为 70 元人民币，他加班 4 天的工资报酬最低应该是多少？

农历正月初二、初三为法定假日，安排职工加班应支付不低于工资 300% 的工资报酬；正月初四、初五属调休日，安排职工加班应支付不低于工资 200% 的工资报酬。据此，何某加班 4 天的工资报酬为：70×3×2+70×2×2＝700 元。

引例解析

企业因工作性质或者生产特点的限制不能实行标准工时制度的，按照《劳动法》的规定，可以实行"不定时工时制"。实行不定时工时制的劳动者，不执行基于标准工作时间的延长工时的加班工资制度。

本案中，如果公司对驾驶员岗位的工作时间确定为"不定时工时制度"并经有关部门审批同意，则即使王某保存的 2 年来超过 8 小时的超时工作时间记录属实，其也不能要求公司支付其 2 年工作期间超过标准工作时间的加班工资。

本章内容小结

工时立法在保障劳动者权益，提高劳动生产率等方面具有非常重要的意义。本章主要介绍了我国现行工时立法中的有关规定。我国实行标准工作时间和非标准工作时间相结合的工时制度；法律保障劳动者的休息时间，规定了包括公休假日、探亲假、年休假、婚丧假等在内的休息休假制度；在延长工作时间方面也有着严格的范围和条件限制。

思考题

1. 简述我国现行的工时制度。
2. 我国对延长工作时间有哪些规定？
3. 案例分析：

小赵所在公司由于生产任务紧，经理要求职工周六一天加班，小赵本计划周末出去玩一天，但考虑到单位统一要求，并且以前单位每次加班都按工资的 200% 发加班费，如果不加班，领导不高兴，加班费也领不到。于是，小赵还是表示同意加班。加班过后，经理通知大家：下周一全公司统一休息，作为对公休日加班的补休。小赵感到非常不满，认为自己牺牲了公休日来加班就是为了能挣点加班费，并且劳动法也规定这种情况下公司应当按工资的 200% 发给加班费。因此，她提出不同意安排补休，而是要求发给其 200% 的加班费。

试分析：公司是否一定要向小赵支付加班费呢？

延伸阅读

弹性工时制度

弹性工时制度是指在完成规定的工作任务或固定的工作时间长度的前提下，劳动者可自由选择工作的具体时间安排，以代替统一固定的上下班时间的制度。

弹性工时制度是在 20 世纪 60 年代由德国的经济学家提出的，当时主要是为了解决职工上下班交通拥挤的问题。如瑞典的 VOLVO 公司为发挥团队合作的效率优势，从 1988 年开始，将装配线改为装配岛，员工从重复枯燥的流水线上解脱出来，8~10 人一组，灵活合作，可以自己决定自己的一切（包括生产时间、休息时间等）。有资料介绍，德国有 25%、瑞典有 20%、美国有 15% 的工作场所实行这种弹性工时制。经实践证明，这种工时制度具有很大的优点，主要体现在两个方面：一是可以减少缺勤率、迟到率和劳动者的流失率；二是尊重了劳动者的个人权益，进而提高了劳动者的工作满意度和士气。

目前，弹性工时制度多采用以下形式：①核心时间与弹性时间结合制。一天的工作时间由核心工作时间（一般为 5~6 个小时）和核心工作时间两头的弹性工作时间所组成。②成果中心制。公司对职工的考核仅仅依其工作成果，不规定具体时间。③紧缩工作时间制。职工可以将一个星期内的工作压缩在两三天内完成，剩余时间由自己处理。④弹性工作地点方案。只要员工能够完成单位指定的工作任务，以电子通信为手段与单位沟通，单位允许员工在家里或在离家很近的其他办公室中完成自己的工作。

第六章

工资基准制度

学习目标

通过本章的学习，掌握工资基准制度的相关概念，包括工资的形式、构成、工资分配原则等；掌握我国的各项工资制度，包括最低工资制度、工资支付保障和工资集体协商制度等；了解劳动者实际工作水平保障，学会运用本章的基本原理分析具体的劳动法案例。

内容结构图

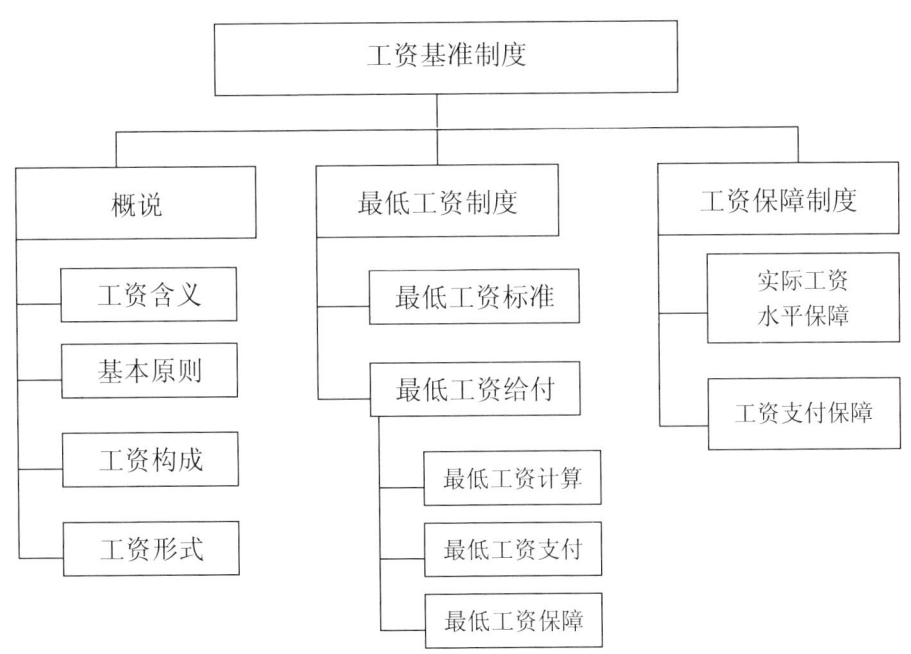

导入案例

　　徐某是一家劳务派遣公司的员工。2012年4月10日，徐某被派遣到某玩具厂工作。徐某与派遣单位没有约定月工资的标准。徐某到玩具厂工作一个月后，得到的工资为1000元。徐某后来得知，厂里与自己同岗位的员工月工资为1800元。徐某感觉工厂对自己很不公平，于是与派遣公司和玩具厂的领导沟通自己的工资问题，希望能与同岗位其他员工的工资一样。玩具厂的领导表示，徐某不是玩具厂的员工，不能与其他同岗位的员工享受同样的工资待遇。徐某无奈提起劳动仲裁，要求享受每月1800元的工资待遇。

　　问：如何理解"同工同酬"？

第一节　工资基准概述

一、工资的含义

　　工资，即薪金，是指劳动者按照法律规定履行劳动合同义务，用人单位以法定或约定的方式支付给劳动者的劳动报酬，是劳动者劳动收入的主要组成部分。它与其他收入相比较，具有以下特点：

　　1. 工资的确定依据是劳动法等其他相关法律法规、集体合同、劳动合同的规定和约定。劳动法中规定了工资基准，用人单位和劳动者可以在工资基准的基础上，在集体合同和劳动合同中约定具体的劳动报酬及计算方法。

　　2. 工资是劳动者在依法与用人单位建立的合法劳动关系中取得的劳动收入。其他基于自主劳动（如农民种地的农业收入）或民事劳务关系（如家庭主妇支付给钟点工的报酬）的劳动收入，则不属于工资。

　　3. 工资的形式和支付方式是法定的。用人单位应当以法定货币形式支付，不得以实物替代货币来支付工资。工资是直接支付给劳动者本人的报酬。

　　4. 工资体现了国家与劳动关系主体之间、劳动关系主体之间的双重属性。国家通过法律法规对劳动关系主体之间的权利义务进行宏观的调整和刚性规定，体现了公法关系。而劳动者基于劳动合同履行劳动义务，用人单位支付劳动报酬，工资又体现了一种债权债务的私法关系。

　　现阶段调整工资的相关法律、法规、规章主要有《劳动法》《劳动合同法》《工资集体协商试行办法》《最低工资规定》《工资支付暂行规定》等。目前，部分内容已被融入收入分配改革总体方案。

二、工资制度的基本原则

　　工资制度是指调整工资内容和工资关系的各种法律规范的总和，是我国劳动法律制度的重要组成部分。主要包括确定工资的基本原则、工资的形式、工资的分配、工资的保障等。

工资制度的基本原则是指调整工资关系的法律规范在制定及实施的过程中应当遵循的基本准则，约束着国家、用人单位和劳动者的行为。《劳动法》明确规定了我国工资制度的基本原则。

（一）按劳分配原则

按劳分配是指按照劳动者提供的劳动数量和劳动质量支付相应的工资。每个劳动者应根据自己提供的劳动量，取得与他所提供的劳动量相当的消费品。实行按劳分配原则，要体现奖勤罚懒、奖优罚劣的原则，既要反对平均主义，也要反对分配不公、收入过分悬殊的做法。

（二）同工同酬原则

同工同酬是指用人单位对所有劳动者提供同等价值的劳动应当付给同等的劳动报酬，不得因其性别、年龄、种族、民族等方面的不同而支付不等量的报酬。这一原则体现了劳动者在法律面前一律平等的宪法原则，也是按劳分配原则的必然要求。当然，坚持同工同酬原则并不排斥用人单位可以对从事同种工作但技能和劳动贡献不同的劳动者支付不等量的报酬。

（三）在经济发展的基础上逐步提高工资水平的原则

工资水平是一定区域和一定时间内劳动者平均收入的高低程度。它是反映经济发展水平和劳动者物质文化水平的一个重要指标。经济发展水平提高了，工资水平则在此基础上逐步提高。其包含两层含义：

1. 必须逐步提高劳动者的实际工资水平。社会主义国家发展生产的目的，就是要满足人们不断增长的物质和文化生活的需要。只有逐步提高劳动者的工资水平，才能让劳动者的各种需要得到应有的满足。

2. 工资水平的提高只能建立在经济增长和劳动生产率提高的基础上。按照生产决定分配的原理，职工的工资水平必须同生产水平相适应。工资水平的提高要坚持"两低于"的原则，即职工实际平均工资增长低于劳动生产率增长，职工工资总额增长低于实现利税增长。唯有如此，才能保障国家获得进一步发展所需的资金，最终保障整个社会经济的健康良性发展。

（四）工资总量宏观调控原则

工资总量是一定时期国民生产总值用于工资分配的总数量。宏观调控是指国家用法律、经济以及必要的行政手段，对工资分配关系进行干预和调整，从而把微观分配活动纳入国民经济宏观发展的轨道，及时纠正工资分配中偏离目标的倾向，以保证工资增长的正常速度和合理比例。

[背景知识]

我国工资制度改革

新中国成立以来，我国机关、事业单位工资制度主要经历了以下几次改革：

1956 年之前，我国机关、事业单位多种工资制度并存，如货币工资制度（薪金制）、实物工资制（供给制）等。1956 年的工资制度改革，建立了职务等级工资制度，奠定了我国工资制度的基础。

1985 年的工资制度改革是我国进行的第二次全国工资制度改革，改革包括国营企业工资制度改革和机关、事业单位工资制度改革两个方面。

1993 年我国进行了第三次全国工资制度改革。国家机关、事业单位分别执行不同的工资制度；引入竞争、激励机制，工资的增长与年度考核挂钩；工作人员的工资随着国民经济的发展有计划地增长，随着生活费用价格指数的变动而调整，并在此基础上制定了正常的增资制度。

2006 年，党中央、国务院决定同年 7 月起改革公务员工资制度，公务员实行国家统一的职务与级别相结合的工资分配制度，以此规范公务员收入分配秩序。同时，改革和完善事业单位工作人员收入分配制度，合理调整机关、事业单位离退休人员待遇。事业单位工作人员收入分配制度的改革，旨在建立符合事业单位特点、体现岗位绩效和分级分类管理的收入分配制度，完善工资正常调整机制，逐步实现事业单位收入分配的科学化和规范化。

新一轮工资制度改革是以"限高、稳中、托低"为原则的，并不是简单地增加工资，而是重在规范，力求进一步健全收入分配制度，有效缓解收入差距扩大的趋势，使工资分配宏观调控体系和手段能够适应形势发展的需要。

三、工资基准与工资集体协商、工资自决的关系

工资基准、工资集体协商、工资自决都是确定劳动者工资的法律途径。三者之间具有紧密的关联性。

工资基准是指国家立法规定的用人单位在签订劳动合同、核算和支付劳动者工资时所应遵守的最低标准。工资基准的内容包括最低工资制度、工资保障制度、工资集体协商制度。工资基准是工资集体协商、工资自决权行使的基础和前提，后两者在行使时不得违反工资基准的具体规定。

工资自决权是用人单位享有的在工资分配上的一定的自决权。《劳动法》第47 条规定："用人单位根据本单位的生产经营特点和经济效益，依法自主确定本单位的工资分配方式和工资水平。"用人单位行使工资自决权，不能违反工资基准和工资集体协商约定的相关内容，且在程序上也有严格的要求，即应当经职

工代表大会或者全体职工讨论，提出方案和意见，与工会或职工代表平等协商确定。

在我国，不同的用人单位所享有的工资自决权在程度上是有差异的。企业和个体经济组织以及实行企业化管理的事业组织享有较完全的工资自决权；实行全额拨款和差额拨款的事业组织只享有部分工资自决权；国家机关工资总额由国家直接管理，不享有工资自决权。

［新闻资料］

史上最牛公务员工资

深圳市租赁管理服务中心是个处级事业单位，按照深圳市人事局核准，自2009 年 10 月 1 日起实施绩效工资制度，月人均收入总额最高不超过 14 608 元，折合年人均最高约为 17.53 万元。但经审计部门核实，该中心 2009 年和 2010 年分别发放税前薪酬总额 1965.57 万元和 1834.33 万元，人均 32.76 万元和 30.57 万元。其中，主任层级（处级）、科级及一般员工年均税前薪酬发放额分别为63.53 万元、35.87 万元和 27.27 万元。其中，最低为 22.93 万元、最高为 74 万元（中心主任），被戏称为"史上最牛公务员工资"。

该单位在行使工资自决权的过程中，严重违反了工资基准规定，依法被收缴了违规发放的工资，并处理了相关人员。

四、工资构成

工资构成是指构成工资的各个组成部分。常见的工资构成有以下几种：

1. 基本工资。基本工资通常也称为标准工资，是指劳动者与用人单位在劳动合同中约定的与工作岗位相适应的相对固定的工资单位。它是用人单位支付给劳动者在法定工作时间内提供正常劳动的报酬，是劳动者工资的基本组成部分。

基本工资的主要特点是：①稳定性。即与辅助工资相对比，较稳定，在一定期限内基本固定不变或者不具有浮动性。②常规性。即基本工资是劳动者在法定工作时间内和通常情况下完成正常劳动或定额劳动所获得的常规报酬。③基准性。即一般在计算其他工资收入（如加班工资）和相关待遇（如养老、医疗等的社会保险费）时，以基本工资作为标准和参照。④主干性。即基本工资是每个劳动者工资总量的主要部分，在全部工资中占大部分。⑤等级性。即基本工资一般可以分解为若干个职能不同的工资单元，每一个工资单元一般都分成不同的等级并规定不同的工资标准。这种等级工资差别通常与劳动质量差别、技能水平差别或者岗位条件差别相对应。一般劳动规则或集体劳动合同中关于工资标准的规定，只限于基本工资。

2. 奖金。奖金是指支付给职工的超额劳动报酬和增收节支的劳动报酬。包括超产奖、安全生产奖、创造发明奖、劳动竞赛奖；单项奖、综合奖、个人奖、集体奖；机关事业单位各类人员的年终一次性奖金，机关工人的奖金；体育运动员的平时训练奖以及其他奖金；等等。

基本工资是定额内劳动的报酬，不能充分反映职工的劳动差别；而多种多样的奖金则是超额劳动的报酬，能较灵活地反映职工的实际劳动差别。奖金作为基本工资的补充，在整个工资结构中应处于次要或从属地位。

3. 津贴。津贴是指为了补偿职工特殊或额外的劳动消耗和因其他特殊原因而支付给职工的一种辅助性工资。

我国现行的津贴名目繁多，主要包括以下几类：①补偿劳动者额外劳动消耗的津贴，如夜班津贴、高空作业津贴等。②补偿劳动者特殊劳动消耗和额外生活支出双重性质的津贴，如林区津贴、驻岛津贴、矿山井下津贴等。③维护劳动者身体健康的津贴，如保健津贴、医疗卫生津贴等。④鼓励职工提高科学技术水平和奖励优秀工作者的津贴，如科研津贴、体育津贴等。⑤为维护社会正常运转的基础性工作而设置的津贴，如环卫工人、物资回收工人所享有的津贴等。⑥补偿劳动者特殊贡献而设置的奖励性津贴，如对作出突出贡献的专家、学者和科技人员的政府特殊津贴等。⑦属于补偿劳动者在本职工作之外承担较多任务所付出的劳动消耗的津贴，如中小学班主任津贴、兼课教师津贴等。

以上津贴尚不能完全概括我国当前实行的各种津贴。对此，需要通过工资立法，按照实际情况，进行整顿、归并、简化，避免互相重复。

4. 补贴。补贴是指为了保证劳动者工资水平不受物价等因素的影响，而支付给劳动者的工资性补贴。补贴是工资构成中较固定和稳定的单元，是劳动者工资的一种辅助形式。它在工资总额中所占的比例较小，比奖金稳定，所以激励作用偏小。一般有生活费补贴、副食品价格补贴、上下班交通费补贴、小单位伙食补贴、企业少数民族职工伙食补助等。我们通常把补偿生产（工作）条件方面的叫做津贴，而把弥补生活开支方面的叫做补贴。

5. 加班加点工资。加班加点工资是指用人单位根据生产、工作需要，安排劳动者在法定节假日和公休假日内，或在法定工作日标准工作时间以外继续生产劳动所支付的工资。

6. 特殊情况下支付的工资。这是指正常情况以外用人单位须向劳动者支付的工资待遇。包括根据国家和用人单位的规定，因病、工伤、产假、计划生育假、婚假、丧假、探亲假、年休假、停工学习、参加社会活动等原因，按计时或计件工资标准，或者按计时或计件工资标准的一定比例支付的工资，以及附加工资、保留工资等。

按照国家规定，劳动者的以下劳动报酬不属于工资范围：①社会保险福利费用；②有关离休、退休、退职人员待遇的各项支出；③劳动保护的各项支出；④根据国务院发布的有关规定颁发的发明创造奖、国家星火奖、自然科学奖、科学技术进步奖和支付的合理化建议、技术改进奖、中华技术大奖的奖金以及支付给运动员、教练员的奖金；⑤稿费、讲课费及其他专门工作报酬；⑥出差伙食补助费、误餐补助、调动工作的旅费和安家费；⑦对自带工具、牲畜来企业工作的职工所支付的工具、牲畜等的补偿费用；⑧实行租赁经营单位的承租人的风险性补偿收入；⑨股息和利息等。

五、工资形式

工资形式是以一定的工资分配制度为基础，按照确定的劳动标准和报酬标准，计量每个劳动者的实际劳动报酬的方式。目前我国的工资形式有以下几种：

（一）计时工资

计时工资是指按照劳动者本人的技术、业务等级水平，或者是劳动者所在工作岗位、职位的劳动等级预先规定的相应工资标准及劳动者实际有效工作时间计付工资的形式。按计算时间的单位不同，一般分为小时工资制、日工资制、月工资制。

由于各种劳动均可以用劳动时间来计量，直接以劳动时间计算报酬，考核和计量都简便易行，所以，计时工资的适应性较强，实行范围广泛，任何部门、任何单位和各类工种、岗位均可采用。但是，它也有一定的局限性，即不能准确地反映劳动强度和职工个人实际提供的劳动成果。所以，用人单位需要把计时工资与其他工资形式有机地结合起来，以利于全面考核职工劳动的数量和质量，把职工的工资与其实际付出的劳动量紧密联系起来，以更好地体现按劳分配原则。

（二）计件工资

计件工资是按照劳动者生产的合格品的数量（或作业量）和预先规定的计件单价来计算报酬的一种工资形式。它不是直接用劳动时间来计量，而是用一定时间内的劳动成果（产品数量或作业量）来计算，是计时工资的转化形式。

计件工资较准确地反映出劳动者实际付出的劳动量，但容易在一定程度上忽视质量。因此，机械化、自动化程度较高，产品品种复杂，数量不易计量的生产单位和工种，一般不宜采用计件工资。

对实行计件工资的劳动者，用人单位应当根据工时制度合理地确定其劳动定额和计件报酬标准。

[案例]

2018 年，于某到乐青县某机械厂工作。双方签订劳动合同时规定：本厂实行计件工资制，每完成 1 个标准件发给 40 元工资，月标准为 60 件。2018 年 6 月，工厂接受大批业务，厂方征得工会同意后要求于某等人加班。于某等人同意了厂方的加班要求，并在 2018 年 6~8 月完成了正常定额 1 倍以上的工作量，但厂方却一直按正常计件标准支付于某等人的工资。于某认为自己在正常工作期间以外加班超额完成定额，厂方应支付加班费。厂方却认为本厂实行计件工资制，多劳多得，加班工资支付规定不适用于计件工资制度，对于某给付加班工资的要求予以拒绝。于某不服，向当地劳动争议仲裁委员会申请仲裁。

仲裁委员会经审理认为：实行计件工资的劳动者，用人单位应当根据工时制度合理地确定其劳动定额和计件报酬标准。劳动者在完成计件定额任务后，由用人单位安排延长工作时间的，应按照法律规定支付其延长工作时间的工资报酬。于某超额完成定额是在法定工时外完成的，就应被认定为加班，加班自然应当支付加班工资。仲裁委遂裁决用人单位补发于某的加班工资。

（三）年薪

年薪是以一个账务年度为核算工资依据，依据企业的生产经营规模和经营业绩，对符合一定条件的劳动者所计发的工资收入。作为一种特殊的工资形式，近几年才在我国出现并运用。目前，年薪在我国适用于企业经营者、高级管理人员，如董事、监事、总经理（厂长）等。我国《劳动法》及相关法律法规对此暂无统一规定，有的地方制定了具体的实施方法。例如，南京市规定，经营者年薪原则上由基础年薪、效益年薪组成。经营者年薪原则上不得超过本企业职工平均工资的 8 倍。其还规定，企业经营者实行年薪制，必须承担经营风险责任，须缴纳风险抵押金、年薪预留金。实行年薪制应先向企业职代会报告，并需报企业主管部门审批。

第二节　最低工资制度

最低工资制度是保障劳动者基本工资收入不低于法定最低标准的法律规范的总和。1993 年 11 月，原劳动部颁发了《企业最低工资规定》，2004 年发布了《最低工资规定》对《企业最低工资规定》作了修改和补充。我国最低工资制度实施以来，受益面不断扩大，全国 31 个省、自治区、直辖市已全部建立起最低工资保障制度。

　　建立最低工资保障制度是适应社会主义市场经济要求，推动劳动力市场建设与工资分配法制化，充分保障劳动者合法权益的一项重要举措。

　　一、最低工资

　　最低工资是指劳动者在法定工作时间内或劳动合同约定的工作时间内提供了正常劳动的前提下，其所在用人单位依法应支付的最低劳动报酬。它是劳动者维持个人及其家庭成员的基本生活需要的工资，是劳动者工资的法定最低限额。具有以下法律特征：

　　1. 保障性。最低工资的目的是保障最低工资制度作为维持劳动力再生产的保障制度。其最低工资的标准应保障劳动者个人及其家庭成员的基本生活需要，维持劳动者最低生活的支出和劳动者平均赡养人口的最低生活费用。

　　2. 强制性。最低工资是国家立法确定的法定标准。作为一种保障劳动者基本权益的措施，最低工资制度和最低工资标准必须具有强制执行效力。

　　3. 基准性。最低工资是劳动者获得劳动收入的最低标准，用人单位与劳动者签订的集体合同和劳动合同在约定劳动者工资时以及在劳动者提供了正常劳动的情况下，用人单位向劳动者支付工资时，均不得低于当地的最低工资标准。否则，约定无效，并按当地最低工资标准执行。

　　二、最低工资标准

　　最低工资标准是指单位劳动时间的最低工资数额，包括月最低工资标准和小时最低工资标准两种形式。月最低工资标准一般适用于全日制就业劳动者，小时最低工资标准一般适用于非全日制就业劳动者。

　　（一）最低工资标准的适用范围

　　《最低工资规定》第2条规定，凡在中华人民共和国境内的企业、民办非企业单位、有雇工的个体工商户和与之形成劳动关系的劳动者，国家机关、事业单位、社会团体和与之建立劳动关系的劳动者，均应适用最低工资标准。

　　但在下列情形下，不适用最低工资标准：①劳动者在工作时间内有迟到、早退、旷工等违纪行为；②企业下岗待工人员；③因患病或非因工负伤处于治疗期间的劳动者；④处于非带薪假期间的人员。

　　（二）确定和调整最低工资标准的参考因素

　　最低工资标准在国务院劳动行政主管部门的指导下，由省、自治区、直辖市人民政府劳动行政主管部门会同同级工会、企业家协会研究确定。确定最低工资标准，应当参考以下因素：①劳动者本人及平均赡养人口的最低生活费用；②最低工资标准应当低于当地劳动者的平均工资；③劳动生产率；④就业状况；⑤地区之间经济发展水平的差异。

　　（三）最低工资标准的确定程序

　　根据我国《劳动法》第48条第1款和《最低工资规定》，确定最低工资标准的具体程序如下：

1. 由省、自治区、直辖市人民政府劳动保障行政部门会同同级工会、企业联合会、企业家协会拟订最低工资标准的确定方案。

2. 省、自治区、直辖市人民政府劳动保障行政部门将确定最低工资标准的方案送劳动和社会保障部（现为人力资源和社会保障部，下同）。

3. 劳动和社会保障部在收到拟订方案后，应征求全国总工会、中国企业联合会、企业家协会的意见。劳动和社会保障部对方案可以提出修订意见，若在方案收到后 14 日内未提出修订意见的，视为同意。

4. 在得到劳动和社会保障部同意后，省、自治区、直辖市劳动保障行政部门应将本地区最低工资标准方案报省、自治区、直辖市人民政府批准。

5. 在批准后 7 日内在当地政府公报上和至少一种全地区性报纸上发布。

6. 省、自治区、直辖市劳动保障行政部门应在发布后 10 日内将最低工资标准报劳动和社会保障部。用人单位应在最低工资发布后 10 日内将该标准向本单位全体劳动者公示。

最低工资标准发布实施后，若确定最低工资标准的诸项因素发生了变化，应当适时调整，每两年至少调整一次，但每年最多调整一次。最低工资标准调整权限、方式、程序、公布办法按照其确定时的规定进行。

[资料链接]

全国各地区月最低工资标准情况（截至 2018 年 12 月）

单位：元

地区	月最低工资标准 （第一档）	小时最低工资标准 （第一档）	实施时间
上海	2420	21	2018 年 4 月 1 日
深圳	2200	20.3	2018 年 7 月 1 日
北京	2120	24	2018 年 9 月 1 日
广东	2100	20.3	2018 年 7 月 1 日
天津	2050	20.8	2017 年 7 月 1 日
江苏	2020	18.5	2018 年 8 月 1 日
浙江	2010	18.4	2017 年 12 月 1 日

地区	月最低工资标准（第一档）	小时最低工资标准（第一档）	实施时间
山东	1910	19.1	2018 年 6 月 1 日
河南	1900	19	2018 年 10 月 1 日
新疆	1820	18.2	2018 年 1 月 1 日
四川	1780	18.7	2018 年 7 月 1 日
吉林	1780	18.6	2017 年 10 月 1 日
内蒙古	1760	12.5	2017 年 8 月 1 日
湖北	1750	18	2017 年 11 月 1 日
福建	1700	18	2017 年 7 月 1 日
黑龙江	1680	16	2017 年 10 月 1 日
山西	1680	18.5	2017 年 10 月 1 日
江西	1680	16.8	2018 年 1 月 1 日
广西	1680	16	2018 年 2 月 1 日
陕西	1680	16.8	2017 年 5 月 1 日
贵州	1680	18	2017 年 7 月 1 日
海南	1670	15.3	2018 年 12 月 1 日
云南	1670	15	2018 年 5 月 1 日
宁夏	1660	15.5	2017 年 10 月 1 日
河北	1650	17	2016 年 7 月 5 日
西藏	1650	16	2018 年 1 月 1 日
甘肃	1620	17	2017 年 6 月 1 日
辽宁	1620	16	2018 年 1 月 1 日
湖南	1580	15	2017 年 7 月 1 日
安徽	1550	18	2018 年 11 月 1 日
青海	1550	15.2	2017 年 5 月 1 日

续表

地区	月最低工资标准 （第一档）	小时最低工资标准 （第一档）	实施时间
重庆	1500	15	2016 年 1 月 1 日

三、其他规定

我国《劳动法》《最低工资规定》对最低工资的计算、支付、检查监督等也作出了具体规定。

1. 明确规定我国的最低工资不包括下列各项：①延长工作时间工资；②中班、夜班、高温、井下、有毒有害等特殊工作环境条件下的津贴；③以货币形式支付的住房和用人单位支付的伙食补贴；④法律、法规和国家规定的劳动者福利待遇等。

2. 在劳动者提供了正常劳动的情况下，用人单位支付给劳动者的工资在剔除上述各项后，不得低于当地最低工资标准。实行计件工资等工资形式的用人单位，在科学合理的劳动定额的基础上，其支付给劳动者的工资不得低于相应的最低工资标准。

3. 各级人民政府的劳动行政主管部门负责对最低工资标准执行情况进行检查监督。工会有权对最低工资标准执行情况进行监督，发现企业支付给劳动者的工资低于最低工资标准的，有权要求有关部门进行查处。

[案例]

2017 年初，小周和单位签订了承包合同。合同规定："超出任务按超额情况多拿奖金，完不成承包任务则视情况扣发工资。上不封顶，下不保底。"一年多来，小周一直超额完成任务，拿了不少奖金。2018 年 4 月份，单位效益不好，小周的车间生产任务完成情况较差，小周工资被扣至低于该市最低工资标准。

分析：根据《最低工资规定》的规定，在劳动者提供了正常劳动的情况下，用人单位支付给劳动者的工资在剔除上述各项后不得低于当地最低工资标准。小周本人并无旷工等违纪或请假等事项，而是客观上单位效益不好，单位不能因此而将工资扣至低于当地最低工资标准。单位的做法是不合法的。

第三节　工资保障制度

工资保障制度是指保障劳动者的工资收入权利和工资收入水平的法律规范

和政策措施的总称。工资保障制度一般分为劳动者实际工资水平保障制度和工资支付保障制度。

一、劳动者实际工资水平保障

保障实际工资水平，主要就是要处理好工资与物价的关系。一方面，尽量避免物价急剧的较大波动的上升，力求把物价上升控制在较为平缓的范围之内；另一方面，尽量使劳动者货币工资的增长率大于物价的上涨率，维持两者间的一种平衡。

处理工资与物价关系的通常方法有两种：

1. 调整工资。在物价上升的同时，国家进行工资普调，以尽可能减少劳动者因物价上升而受到的物质损失。

2. 物价补贴。在劳动法意义上，这是指在大幅度调价的同时，通过财政支出或企业支出方式，以货币形式向劳动者发放补贴。

上述两种方式都取决于国家的宏观调控政策。如何更好地适应市场经济的要求，还需探索更多更科学有效的方式来处理工资与物价的协调关系。

二、工资支付保障

（一）工资支付的一般规则

1. 工资应当以法定货币形式支付给劳动者本人。用人单位不得以实物及有价证券替代货币支付。劳动者本人因故不能领取工资时，可由其亲属或委托他人代领。

[案例]

骨灰盒抵顶工资案

43 岁的任某到盘锦市安顺殡仪福利厂做兼职会计，因多次索要工资未果，向人民法院提起诉讼。法院经审理判决：厂方一次性给付任某工资 2400 元。但是在判决生效后任某并没有拿到一分钱，于是她向法院申请强制执行，结果换来的却是 24 个骨灰盒。

法院的说法是："骨灰盒也是商品，用骨灰盒抵顶工资不违反任何法律规定。"不过，当地人民检察院认为这起案件的执行违背了公序良俗，建议重新执行。

本案例反映出，如果不坚持"工资应当以法定货币形式支付"这一规则，结果会令人啼笑皆非。在劳动合同法实施后，这样"以物抵资"的做法大大减少。同样是执行拖欠工资案，某市某基层人民法院依法查封了被执行人某公司的厂房，然后公开拍卖，以拍卖所得清偿了公司拖欠员工的工资。这样的做法令人拍手称快。

2. 工资支付时间：①工资必须在用人单位与劳动者约定的日期支付。如遇节假日或休息日，则应提前在最近的工作日支付。②工资至少每月支付一次，实行周、日、小时工资制的可按周、日、小时支付工资。③对完成一次性临时劳动或某项具体工作的劳动者，用人单位应按有关协议或合同规定在其完成任务后即支付工资。④劳动关系双方依法解除或终止劳动合同时，用人单位应在解除或终止劳动合同时一次付清劳动者工资。

[案例]

2016年4月谭先生与一家公司签订了劳动合同，约定其年薪为80万元，一年一付。不久，谭先生的母亲被查出患有胃癌，谭先生的所有积蓄均已花光，他只好要求公司按月支付薪水。但是公司表示，必须干够一年才能支付，因为年薪就是一年一付。

问：公司的做法是否正确？

分析：年薪是一个人工作一年的总收入，是以年固定报酬额为基数分月发放的劳动报酬，在表现形式与实质上均等同于月薪。根据《工资支付暂行规定》的规定，工资必须在用人单位与劳动者约定的日期支付，必须"按月支付"或"至少每月支付一次"。本案中，公司称年薪就是每年一次性给付且必须到对应之日才能付清的做法，不仅是对年薪的曲解，也是对法律的违反。因此，公司虽然实行年薪制，但仍必须按月付。

3. 用人单位必须书面记录支付劳动者工资的数额、时间、领取者的姓名以及签字，并保存两年以上备查。用人单位在支付工资时应向劳动者提供一份其个人的工资清单。

4. 用人单位不得无故拖欠劳动者的工资。无故拖欠是指用人单位无正当理由超过法定或约定的支付工资的时间未支付劳动者工资。用人单位未按照劳动合同的约定或者国家规定及时足额支付劳动者劳动报酬的，由劳动行政部门责令限期支付劳动报酬；逾期不支付的，责令用人单位按应付金额50%以上100%以下的标准向劳动者加付赔偿金。

但是，用人单位遇到非人力所能抗拒的自然灾害、战争等原因无法按时支付工资或者确因生产经营困难，资金周转受到影响，在征得本单位工会同意后，可暂时延期支付劳动者工资。延期时间的最长期限可由省、自治区、直辖市劳动行政部门根据当地情况确定。

5. 用人单位不得克扣劳动者的工资。在劳动者依法按照劳动合同约定完成劳动任务的情况下，用人单位应当按照劳动合同约定的标准支付给劳动者全部劳动报酬，不得无正当理由扣减劳动者应得工资。

根据《工资支付暂行规定》第15、16条的规定，有下列情形之一的，用人单位可以代扣劳动者工资：①用人单位代扣代缴的个人所得税；②用人单位代扣代缴的应由劳动者个人负担的各项社会保险费用；③法院判决、裁定中要求代扣的抚养费、赡养费；④因劳动者本人原因给用人单位造成经济损失的，用人单位可按照劳动合同的约定要求其赔偿损失。经济损失的赔偿，可从劳动者本人的工资中扣除。但每月扣除的部分不得超过劳动者当月工资的20%。若扣除后的剩余工资部分低于当地月最低工资标准，则按最低工资标准支付。

根据我国《对〈工资支付暂行规定〉有关问题的补充规定》第3条的规定，有下列情形之一的，允许用人单位减发劳动者工资：①国家法律、法规中有明确规定的；②依法签订的劳动合同中有明确规定的；③用人单位依法制定并经职代会批准的厂规、厂纪中有明确规定的；④企业工资总额与经济效益相联系，经济效益下浮时，工资必须下浮的（但支付给劳动者工资不得低于当地最低工资标准）；⑤因劳动者请事假等相应减发工资。

（二）特殊情况下的工资支付规则

特殊情况下的工资是指依照法律、法规规定或劳动合同约定在特殊时间内或者特殊工作情况下支付给劳动者的工资。目前，我国特殊情况下的工资，主要包括以下几种：

1. 加班加点工资。在正常工作时间之外，安排劳动者延长工作时间的，支付不低于工资的150%的工资报酬；如在休息日或法定节假日安排劳动者工作的，支付不低于工资的200%或300%的工资报酬。

2. 休假期间的工资。年休假、探亲假、婚丧假等属于带薪休假，用人单位应按劳动合同约定的标准支付劳动者工资；劳动者患病或非因工负伤治疗期间，由企业按有关规定支付其病假工资或疾病救济费，病假工资或疾病救济费可以低于当地最低工资标准，但不得低于当地最低工资的80%。

3. 停工、停产期间的工资。非因劳动者原因造成单位停工、停产在一个工资支付周期内的，用人单位应按劳动合同规定的标准支付劳动者工资。超过一个工资支付周期的，若劳动者提供了正常劳动，则支付给劳动者的劳动报酬不得低于当地的最低工资标准；若劳动者没有提供正常劳动，应按国家有关规定办理。

4. 依法参加社会活动期间的工资。劳动者在法定工作时间依法参加社会活动期间，用人单位应视同其提供了正常劳动而支付工资。社会活动包括：①依法行使选举权和被选举权；②当选代表出席乡（镇）、区以上政府、党派、工会、青年团、妇女联合会等组织召开的会议；③出任人民法院证明人；④出席劳动模范、先进工作者大会；⑤《工会法》规定的不脱产工会基层委员会委员因工会活动占用的生产或工作时间；⑥其他依法参加的社会活动。

5. 女职工在孕期内定期检查身体时的工资。孕期检查是生理上的客观需要，依法应当算作劳动时间。用人单位不得将怀孕女职工孕期检查身体按事假扣发工资。用人单位不得在女职工怀孕期、产期、哺乳期降低其基本工资，或者解除劳动合同。

[实务研究]

欠薪支付保障

在我国，用人单位拖欠劳动者工资的现象时有发生，建立统一完善的欠薪支付保障制度意义重大。欠薪支付保障制度可以包含以下内容：

1. 欠薪索赔优先权。即劳动者依法享有的对欠薪单位就其欠薪优先索赔的权利。

2. 欠薪保障基金制度。即建立欠薪保障基金，在用人单位拖欠员工工资时，劳动者可以向区劳动行政部门提出欠薪垫付申请，由基金主管机构向员工垫付一定数额工资的社会共济制度。现行劳动法尚未对建立欠薪保障基金作出规定，但一些地方政府已经做了许多有益的尝试，值得借鉴。

3. 欠薪报告和欠薪预警制度。

4. 工资支付信用制度。各级劳动保障部门结合劳动保障年检，建立企业工资支付信用制度，将企业工资支付情况作为评价企业劳动用工信用状况的重要内容，记入企业劳动用工信用档案。

引例解析

《劳动法》第46条第1款规定，工资分配应当遵循按劳分配原则，实行同工同酬。《劳动合同法》第63条第1款规定，被派遣劳动者享有与用工单位的劳动者同工同酬的权利。用工单位无同类岗位的，参照用工单位所在地相同或者相近岗位劳动者的劳动报酬确定。对于同工同酬需要具备以下几个方面：相同的岗位、工作量相同和业绩相同，在具备上述三个条件的情况下，劳动者有权利享受同工同酬。

本案中，徐某与玩具厂虽然没有形成劳动关系，其工资由派遣公司支付，但徐某被派遣到玩具厂后，享有与玩具厂的劳动者同工同酬的权利。在工作内容、工作量和工作业绩大体相同的情况下，派遣单位不得以徐某不是本用人单位员工为由违反同工同酬的原则，应当向徐某支付与用人单位劳动者大体相同的工资。

本章内容小结

本章主要介绍我国工资基准制度的基本内容。主要涉及工资的概念及基本构成、工资形式及工资的分配原则；建立最低工资制度的意义，最低工资标准的计算、支付以及对劳动者实际工资水平和支付的保障。工资基准制度是我国对劳动关系干预的核心内容之一，工资基准的确定构成了国家干预劳动力价格的常用手段。

思考题

1. 什么是工资？它具有哪些特点？
2. 我国工资制度的基本原则有哪些？
3. 如何理解最低工资保障制度？
4. 案例分析：

2017 年 6 月，张某到某木材加工厂工作，每月工资 1500 元，另外，单位还按月发给张某住房补贴 150 元，双方签订了 2017 年 6 月 8 日至 2018 年 6 月 8 日的为期 1 年的劳动合同。2018 年 3 月 6 日，张某在工作中遭遇事故受伤，被认定为工伤，并被评定为十级伤残。张某找到工厂厂长主张以月工资 1650 元计算自己的工伤保险待遇，而厂长则认为住房补贴不属张某工资，应按每月 1500 元计算张某的工伤保险待遇。

问：该木材加工厂按月发给张某的住房补贴 150 元是否属于工资？

延伸阅读

工资集体协商制度

工资集体协商是集体协商的主要内容，是指职工代表与企业代表依法就企业内部工资分配制度、工资分配形式、工资收入水平等事项进行平等协商，在协商一致的基础上签订工资协议的行为。这是一种通过法定的程序确定劳动者工资水平的方式。工资集体协商的内容，包括工资分配制度、工资标准和工资分配形式等。建立工资集体协商制度是维护劳动者自身利益的一种有效途径。

工资集体协商代表应依照法定程序产生。双方的代表人数应当对等，每方至少 3 人，并各确定 1 名首席代表。职工一方由工会代表，未建立工会的企业由职工民主推举代表，并取得半数以上职工的同意；企业代表由法定代表人或法定代表人指定的其他人员担任。

职工和企业任何一方均可向对方以书面形式提出集体协商的意向书，明确协商的时间、地点、内容等。一方提出集体协商要求的，另一方应当在收到协商要求之日起 20 日内以书面形式予以回应，无正当理由不得拒绝进行集体协商。双方协商一致，应当订立工资集体协议草案，并提交职工代表大会或者全体职工讨论通过。工资集体协议经过劳动行政部门审查后，在用人单位内部具有劳动基准法的效能。

工资集体协商一般情况下一年进行一次。职工和企业双方均可在原工资协议期满前 60 日内，向对方书面提出协商意见书，进行下一轮工资集体协商，做好新旧工资集体协议的相互衔接。

第七章

劳动安全卫生制度

学习目标

通过本章的学习，了解劳动安全卫生制度的基本知识，掌握劳动安全基准、劳动卫生基准和特殊群体的劳动保护制度，并能够在实务中熟练地解决问题。

内容结构图

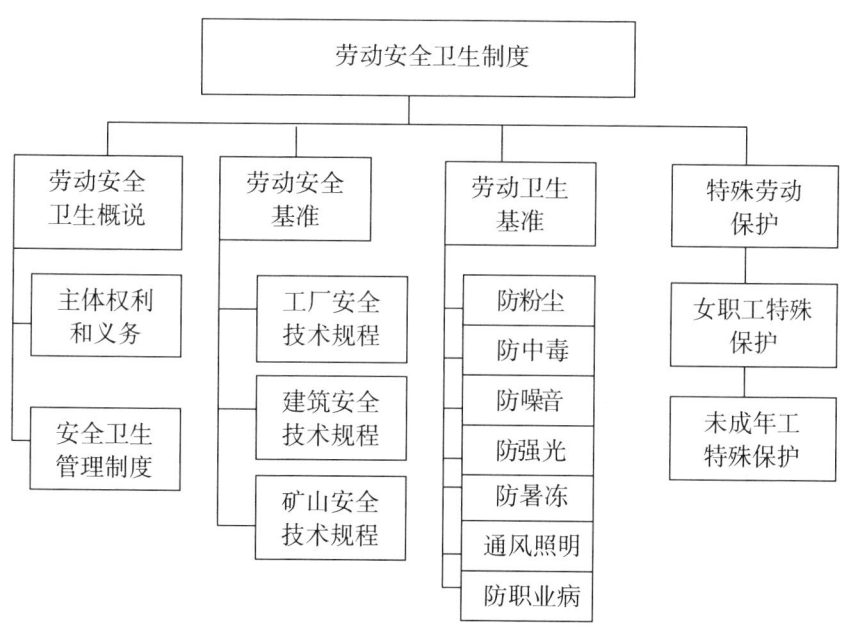

导入案例

雕龙厂与华风公司签订了一份产品购销合同。雕龙厂产品的其中一道工序是表面喷漆，而喷漆工作台只有一个。为了不耽误工期，雕龙厂厂长要求职工在一个废旧仓库中进行喷漆作业。这个仓库只有一扇门，没有窗户，在这种不具备通风条件的环境下劳动会对身体有害。该厂职工最初都拒绝进入这个废旧仓库工作。该厂厂长称如果谁不进去干活，要么就扣工资，要么就开除。职工们被迫进入了该废旧仓库进行工作。为防止职工不好好工作，该厂长还将仓库门锁上。3个小时后，仓库里的职工全部出现了不同程度的头晕、恶心、呕吐等症状。后经医院诊断，这些职工是因为吸入大量的有机溶剂，造成了有机物急性中毒。事后雕龙厂厂长以进入仓库工作是经过职工同意为由，拒绝承担相应的责任。

问：该厂职工是否有拒绝进入仓库的权利？

第一节　劳动安全卫生概述

一、劳动安全卫生的概念和特征

劳动安全卫生，又称职业安全卫生，过去称为"劳动保护"，是指直接保护劳动者在劳动或工作中的生命安全和身体健康的法律制度，包括对所有劳动者都适用的劳动安全卫生基准制度和专门为女职工、未成年工劳动者设立的特殊保护制度两大部分。

劳动安全卫生制度充分保障了劳动者各项合法权利的实现，是每个国家制定劳动法的基本任务和主要立法目的。它具有下列特征：

1. 属于强制性规范。为了确保劳动者的人身安全和健康利益，劳动保护规范多是强制性的，劳动者和用人单位必须严格遵守，不得违反，否则须承担相应的法律责任。这种强制性表现在：它不允许劳动者本人基于任何理由放弃劳动安全卫生保护的权利，也不允许用人单位以任何形式免除劳动安全卫生保护的责任。在用人单位和劳动者双方签订的劳动合同中，任何劳动者放弃保护权利和用人单位不承担保护责任的条款一律无效。

2. 保护范围是劳动过程。用人单位须对劳动过程中劳动者的安全和健康进行保护，劳动者在劳动过程以外的安全健康则不在用人单位的保护范围之内。

3. 劳动安全卫生制度以改善劳动条件和劳动环境为主要途径，通过消除劳动过程中不安全和不卫生的因素，实现对劳动者生命安全和身体健康的保护。所以，劳动安全卫生制度的基本方针是"安全第一，预防为主，综合治理"。

　　劳动安全卫生制度的建立和完善，有利于保障劳动者的生命权和健康权，有利于促进生产力的发展和劳动生产率的不断提高。《劳动法》第 52 条明确规定："用人单位必须建立、健全劳动安全卫生制度，严格执行国家劳动安全卫生规程和标准，对劳动者进行劳动安全卫生教育，防止劳动过程中的事故，减少职业危害。"做好劳动安全卫生工作是我国的一项基本政策和重要政治任务，是发展国民经济的重要保证，是保障劳动者家庭幸福和社会安定的需要，是造福子孙后代的庞大工程。

[知识链接]

我国劳动安全卫生制度的立法概况

　　中华人民共和国成立后，国家非常重视劳动安全卫生立法。《中国人民政治协商会议共同纲领》第 32 条规定："保护青工女工的特殊利益。实行工矿检查制度，以改进工矿的安全和卫生设备。"1954 年《宪法》第 91 条规定："……国家通过国民经济有计划的发展，逐步扩大劳动就业，改善劳动条件和工资待遇，以保证公民享受这种权利。"国家随之还颁布了一系列劳动安全卫生法规。

　　党的十一届三中全会以来，我国的劳动安全卫生立法有了很大的发展。发布了《矿山安全条例》《中华人民共和国尘肺病防治条例》《女职工保护规定》《企业职工伤亡事故报告和处理规定》（已失效）等多部劳动安全卫生法规。

　　1992 年 11 月通过了《中华人民共和国矿山安全法》，这是我国第一部有关劳动安全卫生的法律，该法于 1993 年 5 月 1 日起正式实施；1994 年通过的《中华人民共和国劳动法》第六章专章规定了"劳动安全卫生"；2001 年 10 月颁布了《中华人民共和国职业病防治法》；2002 年 6 月通过了《中华人民共和国安全生产法》；2006 年 10 月，人民代表大会常务委员会批准 1981 年的第 155 号《职业安全与工作环境公约》；2010 年 7 月 22 日，国家安全监管总局、国家煤矿安监局下发了《煤矿作业场所职业危害防治规定（试行）》等。

　　《劳动法》《职业病防治法》《安全生产法》《矿山安全法》及国务院发布的劳动安全卫生法规以及有关部门制定的为数众多、内容详尽、分门别类的劳动安全标准和卫生安全标准，构成了我国的劳动安全卫生法律制度体系。

二、劳动安全卫生工作的方法

　　目前世界各国在劳动安全卫生工作中普遍推行技术对策、教育对策和法制对策。这三个对策被公认为是防止事故的三根支柱。通过这三根支柱的作用，能有效地防止事故发生。我国现在劳动安全卫生工作的主要方法是：

1. 贯彻"安全第一，预防为主"的方针，完善劳动安全卫生工作的体制。①坚决贯彻"管生产必须管安全"的原则，将劳动安全卫生工作的方针、政策和具体任务落实到生产中去；②在劳动行政部门建立健全保护监察制度，加强劳动安全卫生监察机构的力量，充分发挥国家对劳动保护的监察作用；③加强群众监督，对于危害企业安全生产的行为，工会要提出批评和建议，督促有关方面及时改进。

2. 健全劳动安全卫生法制，完善劳动安全卫生法律体系。劳动安全卫生法制，是指国家采用立法形式，将改善劳动条件、保障安全生产和文明生产的各种措施加以规范化、条文化，用法律和法规的形式固定下来，使之成为全社会都必须遵守的行为准则。有了法规，一方面可使企业和经济管理部门的领导明确自己在保护劳动者安全和健康上应负的责任；另一方面可使劳动者在生产中的安全与健康有法律保障，更有利于为实行劳动保护监察提供法律依据。

3. 不断采用新技术，改善劳动条件。随着生产工艺的改进和技术的进步，对原有的落后工艺和设备进行改造，提高劳动安全卫生装置与设施的可靠性，减少以至消除生产中的不安全和不卫生因素。

4. 广泛开展劳动安全卫生宣传教育。宣传教育是提高各级领导和广大群众对劳动安全卫生工作重要性认识的一种行之有效的手段。要宣传好的经验和做法，深刻认识造成事故和职业病所带来的痛苦和损失。宣传教育的形式要多样、生动活泼，以提高实际效果。

5. 积极开展劳动安全卫生科学研究工作。科学技术是第一生产力，劳动安全卫生科学研究工作也必须走在其他各项工作的前头。伴随着经济建设的深入发展，新的科学技术不断涌现，必然会不断产生新的劳动安全卫生科学技术课题。因此，必须把劳动安全卫生科学研究工作作为永恒的任务，不断予以加强。要加强情报信息的收集，为解决劳动安全卫生问题制定劳动安全卫生标准，并为开展技术监察提供科学的数据与手段。

三、劳动安全卫生法律关系主体的权利与义务

劳动安全卫生法律关系主要有三方主体，即劳动安全卫生行政管理部门、用人单位和劳动者。另外，一些服务机构如劳动安全卫生设施的检测、检验机构也是一方当事人，在相应的法律关系中，享有法定的权利，履行法定的义务。

（一）劳动安全卫生行政管理部门的职责

我国现行劳动安全卫生管理体制为：国家安全生产监督管理行政部门（国家煤矿安全监察部门）综合管理全国安全生产工作和监督检查工作；劳动和社会保障行政部门负责对用人单位贯彻执行劳动安全卫生法律制度情况的监督检查和工伤保险监督管理工作；卫生行政部门主要负责职业病防治工作等。

根据我国《劳动法》《安全生产法》《职业病防治法》等有关法律规定，劳动安全卫生行政部门的职责主要包括：①根据管理权限制定统一执行的劳动安全卫生标准，使劳动安全卫生制度管理科学化、规范化，并力争同国际劳动立法标准接轨；②组织和推广劳动安全卫生科学研究工作，为建立科学合理的劳动安全卫生法律制度提供科学依据，开发更多的劳动安全卫生保护产品，并负责组织推广；③建立劳动安全卫生基础制度，如职业病统计报告制度、伤亡事故报告处理制度等；④对用人单位执行劳动安全卫生制度进行监督、检查以及对违反劳动安全卫生法规的单位或个人依法给予处罚。

（二）用人单位的义务与权利

1. 用人单位的义务。用人单位对于保护劳动者的生命安全和身体健康有着法定的、不可推卸的义务，主要有以下几个方面：①建立和健全企业内部的各项劳动安全卫生制度。②广泛开展劳动安全卫生教育。③按规定提供劳动安全卫生设施和条件。④对未成年劳动者和从事有职业危害作业的劳动者进行定期的健康检查。⑤对劳动者进行安全技术培训。特别是针对从事特种作业的劳动者，必须经过专门培训并取得特种作业资格证书，才能从事相应的特种作业劳动。⑥依法参加工伤社会保险，为劳动者缴纳保险费。

［案例］

崔某与一煤矿签订了一份合同，合同规定，在合同期间发生意外事故，不论什么原因，煤矿概不负责。两个月后，矿井大面积倒塌，崔某受重伤。崔某家属要求煤矿支付医疗费，但煤矿以合同约定为由，拒不支付医疗费。崔某及其家属诉诸法院。

法院裁定，用人单位必须为劳动者提供符合国家规定的劳动安全卫生条件和必要的劳动防护用品，对于保护劳动者的生命安全和身体健康有着法定的不可推卸的义务。该合同中有关意外事故造成人员伤亡"概不负责"的约定是违法的，该协议无效，煤矿应当支付马某的全部医疗费并给予适当的生活补助费，建议劳动管理部门对煤矿的安全隐患进行检查、督促整改。

2. 用人单位的权利。用人单位在履行法定的劳动安全卫生义务的同时，也享有下列权利：①有权依法制定单位内部的劳动安全卫生规章制度，并要求劳动者必须遵守这些规章制度和操作规范；②有权对单位内部的劳动安全卫生规章制度的实施进行监督检查，纠正违章操作行为；③有权根据法律法规和本单位的规章制度，对违反劳动安全卫生规章制度并造成事故的劳动者给予相应的处罚。

（三）劳动者的权利与义务

在劳动安全卫生的相关法律法规中，不论是保护目标的落实还是保护措施的实施，最后都是着眼于劳动者。所以，劳动者在劳动安全卫生法律制度中，享有重要权利的同时也履行最主要的义务。

1. 属于劳动者的劳动安全卫生保护权利，主要包括以下几个方面：

（1）取得各项保护条件和保护待遇的权利。如劳动者有获得各项劳动保护措施的权利；有获得劳动安全卫生规程和相关技能培训的权利；有获得劳动保护用品的权利；有获得定期健康检查和相关职业病治疗的权利；有参加工伤保险和获得伤亡赔偿的权利等。

（2）危险因素和应急措施的知情权。用人单位尤其是从事矿山、建筑、危险物品生产经营的企业和公众聚集的场所，一般会存在一些可能对劳动者生命和健康造成危险或者危害的因素。譬如接触粉尘、顶板、瓦斯、有毒有害、易燃易爆等场所、工种、原材料等，都有发生人身伤亡事故的可能。这些危险因素的伴随，往往导致劳动者在工作过程中成为安全事故的直接受害者。让劳动者明确生产中的不安全因素以及相关的应急处理措施，就可以最大限度地消除事故隐患。因此，《安全生产法》第41条规定，生产经营单位应当向从业人员如实告知作业场所和工作岗位存在的危险因素、防范措施以及事故应急措施。

（3）拒绝权。在劳动安全卫生条件较差、隐患明显的情况下，劳动者对用人单位管理人员违章指挥、强令冒险作业的行为，有权拒绝从事该项工作或者撤离现场，保障自身的安全和健康。

（4）监督权。用人单位及其经营管理者如果有不执行劳动安全卫生规定，不提供法律规定的安全卫生条件，以及违章指挥、强令冒险作业等行为的，劳动者有权提出批评、检举和控告。

（5）紧急情况下的停止作业和紧急撤离权。用人单位在生产经营的过程中，可能会存在一些客观上和主观上的危险因素，导致发生意外或者人为的涉及劳动者人身安全的危险情况，可能会对劳动者造成人身伤害。最大限度地保护现场作业人员的生命安全是第一位的，因此，法律赋予劳动者享有停止作业和紧急撤离的权利。《安全生产法》第52条第1款规定："从业人员发现直接危及人身安全的紧急情况时，有权停止作业或者在采取可能的应急措施后撤离作业场所。"

需注意的是，该项权利不适用于某些从事特殊职业的从业人员，比如飞行人员、船舶驾驶人员、车辆驾驶人员等。根据相关法律、国际公约和职业惯例，在发生危及人身安全的紧急情况下，他们不能撤离或者不能先行撤离从业场所或者岗位。

2. 劳动者在享有以上权利的同时，也要履行法定的义务，主要包括以下几项：

（1）遵守国家有关劳动安全卫生的法律、法规和规章。

（2）劳动者在生产作业过程中，必须严格遵守安全操作规程，认真执行本单位的安全生产规章制度和岗位责任制度，服从劳动安全卫生管理。

（3）劳动者在生产作业过程中，应当正确佩戴和使用劳动防护用品，严禁在生产作业过程中放弃使用防护用品或者不正确佩戴、使用劳动防护用品。

（4）劳动者有义务接受用人单位有关安全生产的教育和培训，掌握本职工作所需的安全生产知识和技能。

（5）劳动者应当不断提高安全生产技能和专业技术水平，增强事故的预防和应急处理能力。

（6）劳动者在生产作业过程中发现生产安全事故隐患或者其他不安全因素，应当立即向现场安全生产管理人员或者本单位负责人报告；接到报告的人员应当及时予以处理。

[案例]

2018 年 12 月 2 日，某供电营业所安排高压班兰某、马某、刘某对配电变压器开展加装防盗锁的工作。三人来至 10kv 一营线某号变压器处，看到此变压器台架 B、C 相保险均已断开，在未确认 A 相保险的情况下误以为已全部停电，此时 A 相保险开关在闭合处。马某登上变压器台架，在安装防盗锁时，右手碰到高压桩头设备线夹，由于高压侧带电，马某被电击后从 3 米高处坠落，经抢救无效死亡。这是一起典型的因工作人员违章作业、安全意识薄弱而造成的安全事故，马某为此付出了生命的代价。

四、劳动安全卫生管理制度

劳动安全卫生管理制度是指为了保护劳动者在劳动过程中的安全和健康，由国家和用人单位采取的各项管理措施的统称。目前，我国劳动安全卫生管理实行国家统一管理、分级分部门管理和用人单位管理相结合的管理体制。国务院劳动保障行政部门对全国的劳动安全卫生工作统一管理，县级以上地方人民政府劳动保障行政部门对本行政区域内的劳动安全卫生工作进行管理；国务院各有关部门、县级以上地方人民政府有关主管部门依法在各自职责范围内对本行业的劳动安全卫生工作进行管理；用人单位依法具体管理本单位的劳动安全卫生工作。

（一）安全生产责任制度

安全生产责任制度是指根据我国的安全生产方针和安全生产法律法规建立

的各级领导、职能部门、工程技术人员、岗位操作人员在劳动生产过程中对安全生产层层负责的制度。安全生产责任制是用人单位最基本的一项安全制度，是用人单位岗位责任制的一个重要组成部分，也是用人单位劳动安全卫生管理制度的核心。主要内容包括：

1. 规定各级人民政府及其职能部门以及行业主管部门在安全生产中的责任。这类责任主要是领导、支持、监督、检查、宣传以及事故报告处理方面的责任。

2. 规定用人单位在安全生产方面的责任。用人单位必须遵守有关安全生产的法律、法规，加强安全生产管理，建立、健全安全生产责任制度，完善安全生产条件，确保安全生产。

3. 规定生产经营单位负责人在安全生产中的责任，包括在安全生产责任制的建立方面的责任、违章指挥生产的责任、安全生产管理失误以及失职产生的责任等。

4. 规定在特殊工作岗位工作的劳动者的责任和安全检查人员应负的责任。如特种作业人员操作规程及违章操作的责任、安全检查人员的责任等。

[案例]

2014 年 8 月 2 日 7 时 34 分，位于江苏省苏州市昆山市昆山经济技术开发区的昆山中荣金属制品有限公司抛光二车间发生特别重大铝粉尘爆炸事故，当天造成 75 人死亡，185 人受伤。在《生产安全事故报告和调查处理条例》规定的事故发生后 30 日报告期内，共有 97 人死亡、163 人受伤（事故报告期后，经全力抢救医治无效陆续死亡 49 人，尚有 95 名伤员在医院治疗，病情基本稳定），直接经济损失 3.51 亿元。

2014 年 12 月 30 日国务院对江苏昆山市中荣金属制品有限公司"8·2"特别重大铝粉尘爆炸事故调查报告作出批复，认定这是一起生产安全责任事故，涉嫌犯罪的 18 名责任人已被移送司法机关处理，对其他 35 名责任人给予党纪、政纪处分。其中江苏省副省长史和平被记过处分；昆山市委书记、昆山开发区党工委书记管爱国受党内严重警告、免职处理；昆山市市长、昆山开发区管委会主任路军被撤销党内职务、撤职。

（二）劳动安全卫生教育制度

劳动安全卫生教育制度，是为了规范用人单位的劳动安全卫生教育工作，提高劳动者的安全素质，防止伤亡事故，减少职业危害。

我国劳动安全卫生教育制度在法律层面已经确立。一方面，现行法律法规将劳动安全或卫生教育作为企业的义务之一，如我国《安全生产法》第 25 条明确规定："生产经营单位应当对从业人员进行安全生产教育和培训，保证从业人员具备必要的安全生产知识，熟悉有关的安全生产规章制度和安全操作规程，掌握本岗位的安全操作技能，了解事故应急处理措施，知悉自身在安全生产方面的权利和义务。未经安全生产教育和培训合格的从业人员，不得上岗作业。"另一方面，法律也会要求相关行政部门加强安全卫生宣传，如，《职业病防治法》第 11 条规定："县级以上人民政府职业卫生监督管理部门应当加强对职业病防治的宣传教育，普及职业病防治的知识，增强用人单位的职业病防治观念，提高劳动者的职业健康意识、自我保护意识和行使职业卫生保护权利的能力。"

（三）劳动安全卫生标准制度

劳动安全卫生标准制度，是指国家劳动安全卫生行政部门依照法定程序制定和公布的执行劳动安全卫生法规时参照或依据的各项指标或规定。劳动安全卫生标准制度是劳动安全卫生的一项基础性制度。《劳动法》第 52 条规定："用人单位必须建立、健全劳动安全卫生制度，严格执行国家劳动安全卫生规程和标准，对劳动者进行劳动安全卫生教育，防止劳动过程中的事故，减少职业危害。"

依据 1992 年劳动部《标准化工作管理办法》的规定，我国的劳动安全卫生标准主要包括这几类：①劳动安全及劳动卫生工程技术标准；②工业产品在设计、生产、检验、储运、使用过程中的安全卫生技术标准；③特种设备（锅炉、压力容器、起重机械等）的安全技术标准和使用安全技术标准，安全附件的安全技术标准；④工矿企业工作条件及工作场所的安全卫生标准；⑤劳动安全卫生管理和特种作业人员的安全技能考核标准；⑥气瓶产品标准；⑦劳动防护用品标准。

（四）劳动安全卫生认证制度

劳动安全卫生认证制度，是指在生产经营过程进行之前，依法对参与生产经营活动的主体的能力、资格以及其他安全卫生因素进行审查、评价，并据此确认其资格或条件的制度。目前我国的劳动安全卫生认证，主要包括两个方面：①企业安全生产许可证制度，即国家对矿山企业、建筑施工企业和危险化学品、烟花爆竹、民用爆破器材生产企业实行的安全生产许可制度。企业未取得安全生产许可证的，不得从事生产活动。②特殊岗位或特种作业人员的资格认证制度。根据相关规定，危险物品的生产、经营、储存单位以及矿山、建筑施工单位的主要负责人和安全生产管理人员，必须经过安全生产培训，由安全生产监督管理部门或法律、法规规定的有关主管部门考核合格并取得安全资格证书后，方可任职。特种作业，是指容易发生事故，对操作者本人、他人的安全健康及设备、设施的安全可能造成重大危害的作业。特种作业的范围由特种作业目录规定。特种作业人员，是指直接从事特种作业的从业人员。《劳动法》第 55 条规定："从事特种作业的劳动者必须经过专门培训并取得特种作业资格。"

（五）安全卫生设施"三同时"制度

安全卫生设施"三同时"制度是指通过立法规定的，在我国境内的一切生产性建设项目的安全卫生设施，都必须与主体工程同时设计、同时施工、同时投入生产和使用的制度。

安全卫生设施"三同时"制度的基本内容包括：

1. 建设单位在申报建设项目时，应按规定同时提出安全卫生设施的方案，所需经费应纳入总投资计划，审批部门应一并审批。

2. 设计单位在设计主体工程项目时，应同时编制《职业安全卫生篇》，详细说明可能产生的职业危害和应采取的措施及其预期效果等，并严格规定与主体工程同时设计。

3. 施工单位对安全卫生设施应按设计要求与主体工程同时施工，并保证质量。

4. 工程项目竣工后，当地劳动、卫生等有关部门应对工程的安全卫生设施进行试运行和验收，凡验收不合格的，工程不得投入使用。

（六）劳动安全卫生检查与监察制度

劳动安全卫生检查制度是指国家有关行政部门以及企业本身对企业执行劳动安全卫生法规的情况定期或不定期进行的检查制度，包括用人单位自身对劳动过程中的安全与卫生的经常性检查和劳动行政部门、监察部门对用人单位安全卫生情况的检查。检查的主要内容有：安全卫生措施的计划和完成情况；各种安全技术、工业卫生规程的执行情况；各项安全卫生设施的运行、检修情况；各种机械设备、厂房建筑和安全设备的技术情况；个人防护用品的保管和使用情况等。

劳动安全卫生监察制度是指国家劳动行政部门和其他有关部门对劳动安全卫生进行检查监督，并对违法行为进行制止和处罚的制度。在《劳动法》和其他相关的劳动安全卫生行政法规和规章中，都根据不同的性质和情况，规定了劳动监察制度。另外，国务院在 2004 年 11 月 1 日颁布的《劳动保障监察条例》当中，也有涉及对劳动安全卫生进行监察的内容。

（七）生产安全事故报告和调查处理制度

生产安全事故发生后，应当及时报告，做好调查处理工作。任何单位和个人对事故不得迟报、漏报、谎报或者瞒报。单位负责人在接到生产安全事故报告后，应当于 1 小时内，向事故发生地县级以上人民政府安全生产监督管理部门和负有安全生产监督管理职责的有关部门报告。有关部门接到事故报告后，应当依规定上报事故情况，并通知公安机关、劳动保障行政部门、工会和人民检察院。

生产安全事故的调查处理应当坚持实事求是、尊重科学的原则，及时、准确地查清事故经过、事故原因和事故损失，查明事故性质，认定事故责任，总结事故教训，提出整改措施，并对事故责任者依法追究责任。

[知识链接]

生产安全事故等级

根据造成的人员伤亡或者直接经济损失，生产安全事故一般分为四个等级：

1. 特别重大事故，是指造成 30 人以上死亡，或者 100 人以上重伤（包括急性工业中毒），或者 1 亿元以上直接经济损失的事故；

2. 重大事故，是指造成 10 人以上 30 人以下死亡，或者 50 人以上 100 人以下重伤，或者 5000 万元以上 1 亿元以下直接经济损失的事故；

3. 较大事故，是指造成 3 人以上 10 人以下死亡，或者 10 人以上 50 人以下重伤，或者 1000 万元以上 5000 万元以下直接经济损失的事故；

4. 一般事故，是指造成 3 人以下死亡，或者 10 人以下重伤，或者 1000 万元以下直接经济损失的事故。

第二节　劳动安全基准制度

劳动安全基准制度，是指国家为了防止劳动者在生产和工作过程中的伤亡事故，保障劳动者的生命安全和防止生产设备遭到破坏而建立的基准制度。

我国《宪法》第 42 条第 2 款明确规定："国家通过各种途径，创造劳动就业条件，加强劳动保护，改善劳动条件……"《劳动法》第六章"劳动安全卫生"对劳动安全卫生也作了原则性规定。除此之外，国家针对不同行业的生产特点和不同的劳动条件及劳动设备，制定了一系列配套的劳动安全法规。依据这些规范，我国现行的劳动安全基准主要包括以下几类：

一、工厂安全技术准则

1. 工厂工作场所或环境的安全技术准则。劳动者在工作场所内劳动和生产，必须尽可能地保障其安全和健康。《安全生产法》第 32 条规定："生产经营单位应当在有较大危险因素的生产经营场所和有关设施、设备上，设置明显的安全警示标志。"第 39 条规定："生产、经营、储存、使用危险物品的车间、商店、仓库不得与员工宿舍在同一座建筑物内，并应当与员工宿舍保持安全距离。生产经营场所和员工宿舍应当设有符合紧急疏散要求、标志明显、保持畅通的出口。禁止封闭、堵塞生产经营场所或者员工宿舍的出口。"

2. 机械设备方面的安全技术准则。为了预防工人在生产操作过程中的伤亡事故，安全技术准则要求机械各危险部位有防护装置、压力机械安全装置、信号装置以及危险牌示和识别标志等。机器设备的危险部分，如传动带、砂轮、电锯等危险部分，都要安设防护装置；压延机、碾压机等压力机械的施压部分要有安全装置；起重机应该标明起重吨位，并要有信号装置；轿式起重机应该有卷扬限制器、行程限制器、缓冲器和自动连锁装置等。起重机在使用时，不能超负荷、超速度和斜吊，禁止人站在吊运物品上或者在下面停留和行走。机器设备和工具要定期检修，如有损坏，应及时修理。

3. 电气设备方面的安全技术准则。电气设备在生产过程中被普遍使用，要求用人单位必须安全用电，避免发生触电、火灾等事故。电气设备和线路的绝缘必须良好，裸露的带电导体应该安装于碰不着的处所，否则必须设置安全遮栏和显明的警告标志。电气设备要装有可熔保险器或自动开关。电钻、电镐等手持电动工具，在使用前必须采取保护性接地或接零措施。产生大量蒸汽、气体、粉尘的工作场所，要使用密闭式电气设备。有爆炸危险的气体或者粉尘的工作场所，要使用防爆型电气设备，电气设备的开关要指定专人管理。

4. 锅炉压力容器方面的安全技术准则。锅炉压力容器是锅炉和压力容器的合称，属于特种设备，在生产和生活中占有很重要的位置。我国在 2009 年 5 月 1 日施行的《特种设备安全监察条例》对此作出了具体规定：

（1）压力容器的设计单位应当经国务院特种设备安全监督管理部门许可。

（2）锅炉使用单位应当按照安全技术规范的要求进行锅炉水（介）质处理，并接受水（介）质处理定期检验。从事锅炉清洗的单位，应当按照安全技术规范的要求进行锅炉清洗，并接受对锅炉清洗过程的监督检验。

（3）压力容器使用单位应当对作业人员进行特种设备安全、节能教育和培训，保证作业人员具备必要的特种设备安全、节能知识。

（4）压力容器的监督检验、定期检验、型式试验和无损检测应当由依照本条例经核准的特种设备检验检测机构进行。

[案例]

2013 年 6 月 3 日清晨，吉林宝源丰禽业公司发生火灾，共造成 121 人遇难，70 余人受伤。经调查，事故发生的直接原因是：宝源丰公司主厂房部分电气线路短路，引燃周围可燃物，燃烧产生的高温导致氨设备和氨管道发生物理爆炸。

据现场工人讲述，事故发生时，车间仅有一个侧门打开，而其他出入口均被反锁。据悉，事发工厂平时为方便管理，上班时间会将大部分车间门关闭，以防止随意走动扰乱工作秩序。安全出口被封闭直接导致大量工人未能及时逃生。

二、建筑工程安全技术准则

建筑工程具有露天作业、高空作业、流动性大、劳动条件差、劳动强度大、危险性高等特点。为了保障建筑工人的安全和健康，避免各类伤亡事故的发生，国家颁布了一系列相关的法律法规，主要有《安全生产法》、《建筑法》、《建设工程质量管理条例》和《建设工程安全生产管理条例》等。

其中，《建设工程安全生产管理条例》对工程施工的要求作出了具体规定：

1. 施工单位应当设立安全生产管理机构，配备专职安全生产管理人员。

2. 垂直运输机械作业人员、安装拆卸工、爆破作业人员、起重信号工、登高架设作业人员等特种作业人员，必须按照国家有关规定经过专门的安全作业培训，并取得特种作业操作资格证书后，方可上岗作业。

3. 施工单位应当在施工现场入口处、施工起重机械、临时用电设施、脚手架、出入通道口、楼梯口、电梯井口、孔洞口、桥梁口、隧道口、基坑边沿、爆破物及有害危险气体和液体存放处等危险部位，设置明显的安全警示标志。安全警示标志必须符合国家标准。

4. 施工单位应当将施工现场的办公、生活区与作业区分开设置，并保持安全距离；办公、生活区的选址应当符合安全性要求。职工的膳食、饮水、休息场所等应当符合卫生标准。施工单位不得在尚未竣工的建筑物内设置员工集体宿舍。

5. 施工单位应当在施工现场建立消防安全责任制度，确定消防安全责任人，制定用火、用电、使用易燃易爆材料等各项消防安全管理制度和操作规程，设置消防通道、消防水源，配备消防设施和灭火器材，并在施工现场入口处设置明显的标志。

6. 施工单位应当向作业人员提供安全防护用具和安全防护服装，并书面告知危险岗位的操作规程和违章操作的危害。

三、矿山安全法律规范

矿山是开采矿石或生产矿物原料的场所，一般包括一个或几个露天采场、矿井和坑口，以及保证生产所需要的各种辅助车间。在矿山生产中，因为是在野外露天作业，受到很多自然条件的限制，存在很多不安全和不卫生的因素，极易危害到劳动者的健康和安全。为了保障矿山的生产安全，防止矿山事故，保护矿山职工的人身安全，促进采矿业的发展，我国于 1993 年 5 月 1 日起施行

《矿山安全法》，并于 2009 年予以修订。

根据《矿山安全法》的规定，关于矿山建设的安全保障要求有：

1. 矿山建设工程的安全设施必须和主体工程同时设计、同时施工、同时投入生产和使用。

2. 矿山建设工程的设计文件，必须符合矿山安全规程和行业技术规范，并按照国家规定经管理矿山企业的主管部门批准；不符合矿山安全规程和行业技术规范的，不得批准。

3. 矿山设计下列项目必须符合矿山安全规程和行业技术规范：矿井的通风系统和供风量、风质、风速；露天矿的边坡角和台阶的宽度、高度；供电系统；提升、运输系统；防水、排水系统和防火、灭火系统；防瓦斯系统和防尘系统；有关矿山安全的其他项目。

4. 每个矿井必须有两个以上能行人的安全出口，出口之间的直线水平距离必须符合矿山安全规程和行业技术规范。

5. 矿山必须有与外界相通的、符合安全要求的运输和通讯设施。

根据我国《矿山安全法》的规定，矿山开采的安全保障要求有：

1. 矿山开采必须具备保障安全生产的条件，执行开采不同矿种的矿山安全规程和行业技术规范。

2. 矿山设计规定保留的矿柱、岩柱，在规定的期限内，应当予以保护，不得开采或者毁坏。

3. 矿山使用的有特殊安全要求的设备、器材、防护用品和安全检测仪器，必须符合国家安全标准或者行业安全标准；不符合国家安全标准或者行业安全标准的，不得使用。

4. 矿山企业必须对机电设备及其防护装置、安全检测仪器进行定期检查、维修，保证使用安全。

5. 矿山企业必须对作业场所中的有毒有害物质和井下空气的含氧量进行检测，保证符合安全要求。

6. 矿山企业必须对危害安全的事故隐患采取预防措施。

［**热点探析**］

我国是世界上最主要的采煤国之一，煤矿数量多、分布地域广、涉及面宽、就业人员多，这些都是世界上其他国家无法相比的，同时这在很大程度上也增加了煤矿安全管理的难度。近年来，受经济快速发展的强拉动以及煤炭作为我国基础能源和重要原料的战略地位的影响，煤炭产量激增，未来仍将处在高位增长阶段，而与此同时，煤矿安全事故也频发不断。特别值得关注的是，过去经常见诸中小型乡镇煤矿的矿难，现在却开始向国有大矿蔓延，给人民生命和国家财产造成了巨大损失，在国内外产生了恶劣影响。造成矿难的原因是复杂的和多方面的，有历史的深层次原因，也有当前煤炭供求关系的影响。其他主要还包括超能力生产与设备老化，安全管理与监督不到位，煤炭高素质人才严重缺乏等原因。因此，治理煤矿事故要多管齐下，既要治标，又要治本。只有标本兼治，才能真正从源头上杜绝矿难的发生。

第三节　劳动卫生基准制度

劳动卫生基准制度，又称为劳动卫生规程，是指国家为了改善劳动条件，保护劳动者在劳动过程中的身体健康，防止有毒有害物质的危害和防止职业病的发生所采取的各种防护措施的法律规范的总称。

我国现行的劳动卫生基准主要包括以下几类：

一、防止粉尘危害的法律规定

粉尘是悬浮在空气中的固体微粒。在工作中，生产性粉尘是人类健康的天敌，是诱发多种疾病的主要原因。为此，国家出台了多项有关防止粉尘危害的规定：

1. 劳动场所中的各种生产性粉尘在空气中的含量不得超过规定标准。
2. 粉尘作业或扬尘点，必须采取密闭除尘等措施或实行湿式作业。
3. 严禁在没有防尘措施的情况下进行干式生产或干式凿岩。
4. 对接触矽尘的工人应发给防尘口罩、防尘工作服和保健食品。
5. 应对从事粉尘作业的劳动者进行定期健康状况体检。
6. 对尘肺病患者应按规定给予治疗、疗养或调换工作等。

[案例]

陈某、苏某等22名职工是某建筑公司的职工。建筑公司承揽了本市一家水泥厂的改建工程。陈某、苏某在改建过程中发现厂房和仓库等地水泥粉尘浓度高，导致呼吸不畅，眼睛肿胀不适。于是，陈某、苏某等22人一起要求建筑公司发放口罩、透明眼罩、工作服等劳动保护用品和粉尘作业津贴。建筑公司则称，本公司从来没有这项开支，拒绝发放。双发争执不下，陈某、苏某等22人向当地劳动争议仲裁委员会申请仲裁。仲裁委员会审理后裁定：建筑公司应当立即采取防尘措施，提供防尘物品，并向申请人补发工作以来的防尘作业津贴。

二、防止职业中毒的法律规定

为了避免劳动者因从事有毒有害物质的劳动而发生职业性中毒，我国颁布了有关防止职业中毒的法律规范，如《关于防止酒精中毒的办法》《职业中毒和职业病报告试行办法》等，这些规定的内容主要包括以下几个方面：

1. 规定有毒有害作业的范围为接触铅、汞、锰、铬、砷、氯、氟、氰、硫、磷、有机溶剂等工种。

2. 放置的有毒有害物质不得超过规定的最高容许浓度。

3. 对有毒有害的废气、废渣、废液，应进行综合利用和净化处理。

4. 对从事有毒有害工作的劳动者，应按规定给予防护用品。

5. 有毒有害物质的工作场所，应按规定设有防护救护设施或用具。

6. 对个别有毒有害工作岗位，劳动者应依规定定期轮换。

7. 对遭受职业性毒害或患职业病的劳动者，应及时给予治疗、疗养和调换工作。

8. 对防护用品应定期检修、调换和做好消毒工作。

三、防止噪声和强光刺激的法律规定

劳动过程中的强光和噪声，会对劳动者的视觉和听觉造成危害。为了减少和避免这些危害结果，法律从以下几个方面作了规定：

1. 发生强烈噪音的生产应当尽量在设有消声设备的单独工作房中进行。

2. 对在有噪声、强光、辐射热和溅火花、碎片、刨屑场所操作的劳动者应提供和要求戴护耳器、防护镜、面具和帽盔等。

3. 工作地点的局部照明亮度应符合操作技术规范和劳动卫生规范的要求。

四、防暑降温和防冻取暖的法律规定

劳动场所温度过高或过低，都会对劳动者的健康造成不良的影响。因此，法律对于劳动者在劳动过程中的防暑降温和防冻取暖作出了具体规定，主要包括：

1. 室内工作地点的温度经常高于35℃，低于5℃的时候，应当采取降温取暖措施。

2. 采取技术措施，疏散热源，合理布置热源，使用隔热材料、循环水冷却等方式降低高温。

3. 采取保健措施，实行入职前健康检查，组织巡回医疗和防治观察，供应符合卫生要求的饮料。

4. 按规定要求提供高温、低温津贴以及防暑、防冻的劳动保护用品。

[背景资料]

2012年6月29日，国家安全生产监督管理总局、卫生部、人力资源和社会保障部、中华全国总工会联合印发了《防暑降温措施管理办法》，同时，废止了

1960 年 7 月 1 日颁布的《防暑降温措施暂行办法》。至此，暂行半个世纪的高温保护条例终迎立法。

《防暑降温措施管理办法》较之前的规定有了较大的变化：

1. 将适用人群扩大至存在高温作业及在高温天气期间安排劳动者作业的企业、事业单位和个体经济组织等用人单位。

2. 明确劳动者因高温作业而中暑，经诊断为职业病的，享受工伤待遇。

3. 各项规定更加细化，以防止用人单位钻空子，损害劳动者权益。

4. 首次明确对严重违反规定的用人单位及负责人，可以追究刑事责任。

五、工作场所通风照明的法律规定

按照我国《工厂安全卫生规程》《矿山安全法》等的规定，工厂、矿山在通风照明方面应当达到以下法定的标准：

1. 矿井必须有完整合理的通风系统，在未完成设计规定要求的通风系统前，不准投入生产。

2. 通风设施应当达到规定的标准，如井下必须采取机械通风，风流、风质必须符合规定标准。

3. 通风系统的运转、使用管理必须有专人负责。

4. 工作场所和通道的光线应当充足，局部照明的光度应当符合操作要求，通道应该有足够的照明，窗户要经常擦拭，启闭装置应该灵活，人工照明设施应保持清洁完好等。

六、个人劳动防护用品的法律规定

合理发放职工的个人劳动防护用品是保护劳动者安全健康的一种预防性辅助措施，用人单位应当根据安全生产、防止职业性伤害的需要，按照工种、劳动条件，发给职工个人劳动防护用品。个人防护用品主要有防护服、防护手套、防护鞋、安全帽、面罩和护目镜、安全带、防酸碱用品等。国家对这些用品的发放对象和发放标准均作出了严格的规定，并于 2005 年颁布了《劳动防护用品监督管理规定》，规范劳动防护用品的监督管理，进一步保障从业人员的安全和健康。

七、职业病防治及处理的法律规定

职业病，是指劳动者在职业活动中，因接触粉尘、放射性物质和其他有毒、有害物质等因素而引起的疾病。职业病是由于职业活动而产生的疾病，但并不是所有在工作中得的病都是职业病，必须是列在《职业病目录》中，有明确的职业关系，按照职业病诊断标准，由法定职业病诊断机构明确诊断的疾病。

为了保护劳动者的安全和健康，防止职业危害和预防职业病，我国先后制定了《中华人民共和国尘肺病防治条例》《职业病范围和职业病患者处理办法的规定》《劳动能力鉴定职工工伤与职业病致残等级》《职业病防治法》等，这些规定的内容主要包括以下三个方面：

1. 规定了我国职业病的具体范围。1987 年《职业病范围和职业病患者处理办法的规定》规定我国职业病有 9 类，共 99 种。2002 年 4 月 18 日，卫生部、劳动和社会保障部根据《职业病防治法》第 2 条的规定，颁布了《职业病目录》，将职业病范围确定为 10 大类（尘肺、职业性放射性疾病、职业中毒、物理因素所致职业病、生物因素所致职业病、职业性皮肤病、职业性眼病、职业性耳鼻喉口腔疾病、职业性肿瘤和其他职业病），共 115 种。各地区、部门需要增补的职业病应报经卫生部审批。2013 年 12 月新的《职业病分类和目录》公布，将职业病增加为 132 种。

2. 职业病的确定应按卫生部颁发的《职业病诊断管理办法》及有关规定执行。凡被确定为职业病的，应由诊断机构发给《职业病诊断证明》。

3. 规定了职业病应当享受的待遇。包括医疗待遇、疗养待遇、调整工作、调换工作岗位等。

职业病防治工作应当坚持预防为主、防治结合的方针，实行分类管理、综合治理。用人单位应当建立、健全职业病防治责任制，加强对职业病防治的管理，提高职业病防治水平，对本单位产生的职业病危害承担责任。

[案例]

小宋是飞达公司的工人，他经常在产生大量粉尘的环境下工作。2018 年 3 月，经职业病诊断机构诊断后，小宋被确诊患有尘肺病，住院 4 个月后出院上班。小宋返回飞达公司后，按照医院的要求，向公司提出不能再从事原岗位劳动的请求，要求更换工作岗位。公司领导以各部门满员，不方便安排别的工作为由，让小宋继续从事原岗位工作。

问：飞达公司应否为有职业病的小宋调整工作岗位？

分析：根据法律规定，经职业病诊断鉴定部门认定患有职业病的劳动者，享受调整工作岗位的待遇，用人单位不得以任何理由阻碍此项待遇的享受。本案中，小宋已经被诊断为尘肺病，故飞达公司应依法为其调整工作岗位。

第四节　特殊劳动保护制度

特殊劳动保护制度是指专门为女职工和未成年工这两个特殊劳动者群体而设立的劳动保护法律制度。《劳动法》第 58 条第 1 款明确规定："国家对女职工和未成年工实行特殊劳动保护。"

一、建立特殊劳动保护制度的意义

国家通过对女职工和未成年工的专门规定对其进行特殊保护，归根到底是由这两类劳动者的生理特征所决定的。对于女职工和未成年工实行特殊的劳动保护，具有十分重要的意义：

1. 体现了社会进步和发展。1925 年第二次全国劳动大会通过的经济斗争决议案就对女工的劳动保护作出明确规定，中华人民共和国成立后国家又制定了一系列保护妇女和未成年工的政策和法令，充分体现了国家对女职工和未成年工权益保障工作的高度重视和与时俱进，体现了坚持民生为重、以人为本的服务理念。

2. 有利于提高全体劳动者的整体素质。女职工在肩负着参与国家社会经济建设重任的同时，还承担着人类繁衍下一代的社会责任；未成年工是劳动力的后备力量，加强对女职工和未成年工劳动过程中的特殊保护，保护女职工和未成年工的健康，对于促进劳动者整体素质的提高具有重大的现实意义。

3. 有利于保护和调动女职工和未成年工的积极性。女职工是工人阶级的重要组成部分，是推动我国经济社会发展不可或缺的重要力量。未成年工是未来劳动者的主力，保护女职工和未成年工的职业安全和生命健康，对于进一步激发女职工和未成年工参与经济建设的积极性、主动性和创造性，提高劳动生产率具有积极的作用。

4. 有利于构建和谐的劳动关系。劳动关系的和谐是社会和谐稳定的基础。促使企业改善女职工和未成年工的劳动安全卫生条件，增强了职工对企业的认同感和归属感，有利于促进劳动关系的和谐与稳定。

二、女职工特殊保护制度

女职工特殊保护指在通常的劳动保护之外，根据女职工身体结构、生理机能的特点以及生育子女的特殊需要而实行的，对于女职工特殊的劳动保护法律制度。女职工劳动保护具有两层含义：①保护女职工的劳动权利；②保护女职工在生产劳动中的安全与健康。2012 年 4 月 18 日国务院通过了《女职工劳动保护特别规定》，进一步加强和完善了对女职工的劳动保护。

（一）女职工劳动就业权利的保护

关于妇女的就业保障问题，在随后的第八章就业促进制度中作了详细的介绍。

（二）实行男女同工同酬、同等对待

男女同工同酬是我国宪法规定的工资分配的基本原则。凡男女职工从事同样的工作时，享有领取同等劳动报酬的权利；在工资的定级、升级、工资调整中，在晋级、评定专业技术职务等方面，男女职工应该享受同等对待。对女职工不得以结婚、怀孕、生育、哺乳为理由降低其工资待遇。用人单位不得因女职工怀孕、生育、哺乳而降低其工资、予以辞退、与其解除劳动或者聘用合同。

[案例]

2017年11月，卢女士在与A公司签订的劳动合同中承诺：入职1年内不结婚、怀孕，否则甲公司有权解除合同，一切责任由卢某承担。但是，卢女士2018年9月怀孕。卢女士在生育期间曾以挂号信形式向公司请假，A公司不允许，并以她无故旷工为由要求解除合同。

分析：用人单位不得因女职工怀孕、生育、哺乳而降低其工资、予以辞退、与其解除劳动或者聘用合同。A公司制定不合理的规章制度、解除劳动关系，都是对女职工合法权益的侵犯。

（三）禁止女职工从事的劳动范围

女性的身体结构和生理机能较特殊，有些劳动会危害到女职工的身体健康。因此，法律法规规定了女职工禁止从事的劳动范围，以充分保护女职工的生命安全和身体健康。《劳动法》第59条规定："禁止安排女职工从事矿山井下、国家规定的第四级体力劳动强度的劳动和其他禁忌从事的劳动。"

根据《女职工禁忌劳动范围的规定》规定，女职工禁忌从事的劳动范围包括：矿山井下作业；森林业伐木、归楞及流放作业；《体力劳动强度分级》标准中第Ⅳ级体力劳动强度的作业；建筑业脚手架的组装和拆除作业，以及电力、电信行业的高处架线作业；连续负重（指每小时负重次数在6次以上）每次负重超过20公斤，间断负重每次负重超过25公斤的作业。

（四）女职工特殊生理期间的保护

女职工特殊生理期间的保护是指对女职工"四期"的保护，"四期"是指经期、孕期、产期和哺乳期。

女职工在月经期间，所在单位不得安排其从事高空、低温、冷水和国家规定的第三级体力劳动强度的劳动。女职工在怀孕期间，所在单位不得安排其从事国家规定的第三级体力劳动强度的劳动和孕期禁忌从事的劳动。我国《劳动法》第62条规定，女职工生育享受不少于90天的产假。《女职工劳动保护特别规定》第7条规定，女职工生育享受98天产假，其中产前可以休假15天；难产的，增加产假15天；生育多胞胎的，每多生育1个婴儿，增加产假15天。女职工怀孕未满4个月流产的，享受15天产假；怀孕满4个月流产的，享受42天产假。女职工在哺乳期内，所在单位不得安排其从事国家规定的第三级体力劳动强度的劳动和哺乳期禁忌从事的劳动，不得延长其劳动时间，一般不得安排其从事夜班劳动。不得以结婚、怀孕、产假、哺乳等为由降低其基本工资，辞退或者单方解除劳动合同。

（五）防止女职工被性骚扰的特殊保护

对女职工的保护，不仅应当关注女职工身体和生理的劳动保护，还应当关注女职工精神和心理方面的保护。《女职工劳动保护特别规定》第 11 条规定："在劳动场所，用人单位应当预防和制止对女职工的性骚扰。"这就要求用人单位有防止工作场所性骚扰的义务，对应的则是女职工有不被性骚扰的权利。"应当"一词表明这是一种强制性规范，用人单位只要违反此项义务，就应当承担相应的法律责任。这是女职工期盼已久的一项法律制度，堪称保障女职工人格尊严和工作环境权的一项重大突破，具有深远的意义。

（六）女职工特殊保护设施的规定

女职工比较多的用人单位应当根据女职工的需要，建立女职工卫生室、孕妇休息室、哺乳室等设施，妥善解决女职工在生理卫生、哺乳方面的困难。

（七）女职工特殊保护权益的救济

《女职工劳动保护特别规定》第 14 条规定："用人单位违反本规定，侵害女职工合法权益的，女职工可以依法投诉、举报、申诉，依法向劳动人事争议调解仲裁机构申请调解仲裁，对仲裁裁决不服的，依法向人民法院提起诉讼。"第 15 条规定："用人单位违反本规定，侵害女职工合法权益，造成女职工损害的，依法给予赔偿；用人单位及其直接负责的主管人员和其他直接责任人员构成犯罪的，依法追究刑事责任。"

三、未成年工特殊保护制度

未成年工的特殊保护是在通常的劳动保护之外，针对未成年工处于生长发育期的特点，以及接受义务教育的需要，而在劳动过程中采取的特殊劳动保护措施。

（一）最低就业年龄

未成年工是达到法定最低就业年龄的未成年人。用人单位可以招用符合法律规定的未成年工。对未成年工的特殊保护首先要确定的就是其最低就业年龄限制。《劳动法》第 58 条第 2 款规定："未成年工是指年满 16 周岁未满 18 周岁的劳动者。"全国人民代表大会常务委员会《关于批准〈准予就业最低年龄公约〉的决定》中也指出，在中华人民共和国领土内及中华人民共和国注册的运输工具上就业或者工作的最低年龄为 16 周岁。

（二）禁止使用童工

使用童工是指招用不满 16 周岁的未成年人。《劳动法》第 15 条规定："禁止用人单位招用未满16周岁的未成年人。文艺、体育和特种工艺单位招用未满16周岁的未成年人，必须依照国家有关规定，履行审批手续，并保障其接受义务教育的权利。"

用人单位招用人员时，必须核查被招用人员的身份证；对不满16周岁的未成年人，一律不得录用。用人单位录用人员的录用登记、核查材料应当妥善保管。

（三）禁止未成年工从事有害健康的工作

《劳动法》第64条规定："不得安排未成年工从事矿山井下、有毒有害、国家规定的第四级体力劳动强度的劳动和其他禁忌从事的劳动。"

（四）未成年工定期健康检查

用人单位应当对未成年工进行定期健康检查。在未成年工安排工作岗位之前、工作满1年或年满18周岁、距前一次的体检时间已超过半年时，均要进行健康检查。健康检查的时间算作我国法律规定的工作时间，检查所支出的费用由用人单位承担。未成年工的健康检查，应按《未成年工健康检查表》列出的项目进行。用人单位应根据未成年工的健康检查结果安排其从事适合的劳动，对不能胜任原劳动岗位的，应根据医务部门的证明，予以减轻劳动量或安排其他劳动。

（五）实行未成年工的使用和特殊保护登记制度

用人单位招收使用未成年工，除符合一般用工要求外，还须向所在地的县级以上劳动行政部门办理登记。劳动行政部门根据《未成年工健康检查表》《未成年工登记表》，核发《未成年工登记证》。未成年工须持《未成年工登记证》上岗。《未成年工登记证》由国务院劳动行政部门统一印刷。

（六）其他保护事项

用人单位应在未成年工上岗前对其进行有关的职业安全卫生教育、培训；未成年工的体检和登记，由用人单位统一办理和承担费用。

[案例]

小杜16岁初中毕业后被某工厂录用为车间流水线工人，与厂方签订了为期1年的劳动合同。不到一年，因效益滑坡，厂方的流水线车间暂时停止开工，工厂便将小王调到井下工作，被小王拒绝。之后，厂方又安排小王到锅炉房从事司炉工作，又被小王拒绝。厂方认为小王两次不服从工作安排，决定将其辞退。小王不服，认为工厂安排的工作岗位对自己不适宜，其本人并无过错，厂方解除合同没有道理，要求继续履行原劳动合同，并另行安排适宜的工作。

分析：《劳动法》第64条规定："不得安排未成年工从事矿山井下、有毒有害、国家规定的第四级体力劳动强度的劳动和其他禁忌从事的劳动。"厂方因客观情况发生变化导致小王的工作岗位不复存在而给予其调整工作岗位并无不当。但小王未满18岁，属于未成年工，应受到特殊保护，其工作岗位和场所是受限制的。厂方两次安排小王的工作都属于法律规定限制未成年工从事的工作。小王拒绝是法律赋予小王的合法权利，并不属于不服从厂方调动安排的情形。因此，厂方不能以此为由解除与小王的劳动合同，应依法另行安排适合小王的工作岗位。

引例解析

劳动者有权维护自身生命安全和身体健康。在工作中享有拒绝权，即在劳动安全卫生条件较差、隐患明显的情况下，劳动者有权拒绝从事该项工作或者撤离现场，保障自身的安全和健康。引例中，雕龙厂的工作环境非常恶劣，严重危及职工的身体健康，因此，职工有权拒绝进入仓库。

本章内容小结

劳动安全卫生是保护劳动者安全和健康的制度。"安全第一，预防为主，综合治理"是我国劳动安全卫生制度的基本方针。国家实行一系列的劳动安全卫生管理制度。劳动安全卫生制度包括劳动安全基准制度、劳动卫生基准制度和对女职工、未成年工的特殊劳动保护制度。

思考题

1. 简述劳动安全卫生保护制度的特征及意义。
2. 我国女职工的特殊劳动保护主要包括哪些内容？
3. 案例分析：

2018年6月，已满16周岁的小刘被某市兴隆宾馆录用，双方签订了为期1年的劳动合同，约定小刘的工作岗位是宾馆锅炉房司炉。合同约定试用期3个月，试用期工资为每月1000元，试用期满转正后的工资是每月1200元。小张上班后，发现工作量非常大，每天为烧锅炉需要用推车推运40吨车煤，工作一天下来感到精疲力竭，身体吃不消。小刘就向宾馆有关领导要求增加人手或调换工作岗位。而宾馆的有关负责人却以劳动合同中明确约定了小刘的工作岗位为由拒绝了小刘的请求。为此双方发生了争议，在协商不成的情况下，小刘在法律援助中心的帮助下向当地劳动争议仲裁委员会申请仲裁，请求宾馆为自己调换适当的工作岗位。劳动争议仲裁委员会受理并核查事实后裁决宾馆应当立即为小刘调换适当的工作岗位。

请根据上述材料，思考以下问题：

（1）兴隆宾馆安排未成年工小刘从事锅炉房司炉工作是否违反了法律、法规关于未成年工禁忌劳动范围的规定？

（2）未成年工小刘上岗之前宾馆是否应对其进行健康检查？

（3）兴隆宾馆使用未成年工小刘应否在当地劳动行政部门进行登记？

延伸阅读

我国职业病分类和目录

职业病是指企业、事业单位和个体经济组织等用人单位的劳动者在职业活动中，因接触粉尘、放射性物质和其他有毒、有害物质等因素而引起的疾病。我国法律对于职业病的分类是有相关规定的，一般来说符合法律规定的疾病才能成为职业病，以下为最新职业病分类和目录：

一、职业性尘肺病及其他呼吸系统疾病

（一）尘肺病

①矽肺；②煤工尘肺；③石墨尘肺；④碳黑尘肺；⑤石棉肺；⑥滑石尘肺；⑦水泥尘肺；⑧云母尘肺；⑨陶工尘肺；⑩铝尘肺；⑪电焊工尘肺；⑫铸工尘肺；⑬根据《尘肺病诊断标准》和《尘肺病理诊断标准》可以诊断的其他尘肺病。

（二）其他呼吸系统疾病

①过敏性肺炎②棉尘病；③哮喘；④金属及其化合物粉尘肺沉着病（锡、铁、锑、钡及其化合物等）；⑤刺激性化学物所致慢性阻塞性肺疾病；⑥硬金属肺病。

二、职业性皮肤病

①接触性皮炎；②光接触性皮炎；③电光性皮炎；④黑变病；⑤痤疮；⑥溃疡；⑦化学性皮肤灼伤；⑧白斑；⑨根据《职业性皮肤病的诊断总则》可以诊断的其他职业性皮肤病。

三、职业性眼病

①化学性眼部灼伤；②电光性眼炎；③白内障（含放射性白内障、三硝基甲苯白内障）。

四、职业性耳鼻喉口腔疾病

①噪声聋；②铬鼻病；③牙酸蚀病；④爆震聋。

五、职业性化学中毒

①铅及其化合物中毒（不包括四乙基铅）；②汞及其化合物中毒；③锰及其化合物中毒；④镉及其化合物中毒；⑤铍病；⑥铊及其化合物中毒；⑦钡及其化合物中毒；⑧钒及其化合物中毒；⑨磷及其化合物中毒；⑩砷及其化合物中毒；⑪铀及其化合物中毒；⑫砷化氢中毒；⑬氯气中毒；⑭二氧化硫中毒；⑮光气中毒；⑯氨中毒；⑰偏二甲基肼中毒；⑱氮氧化合物中毒；⑲一氧化碳中毒；⑳二硫化碳中毒；㉑硫化氢中毒；㉒磷化氢、磷化锌、磷化铝中毒；㉓氟及其无机化合物中毒；㉔氰及腈类化合物中毒；㉕四乙基铅中毒；㉖有机锡中毒；㉗羰基镍中毒；㉘苯中毒；㉙甲苯中毒；㉚二甲苯中毒；㉛正己烷中毒；㉜汽油中毒；㉝一甲胺中毒；㉞有机氟聚合物单体及其热裂解物中毒；㉟二氯乙烷中毒；㊱四氯化碳中毒；㊲氯乙烯中毒；㊳三氯乙烯中毒；㊴氯丙烯中毒；㊵氯丁二烯中毒；㊶苯的氨基及硝基化合物（不包括三硝基甲苯）中毒；㊷三硝基甲苯中毒；㊸甲醇中毒；㊹酚中毒；㊺五氯酚（钠）中毒；㊻甲醛中毒；㊼硫酸二甲酯中毒；㊽丙烯酰胺中毒；㊾二甲基甲酰胺中毒；㊿有机磷中毒；51氨基甲酸酯类中毒；52杀虫脒中毒；53溴甲烷中毒；54拟除虫菊酯类中毒；55铟及其化合物中毒；56溴丙烷中毒；57碘甲烷中毒；58氯乙酸中毒；59环氧乙烷中毒；60上述条目未提及的与职业有害因素接触之间存在直接因果联系的其他化学中毒。

六、物理因素所致职业病

①中暑；②减压病；③高原病；④航空病；⑤手臂振动病；⑥激光所致眼（角膜、晶状体、视网膜）损伤；⑦冻伤。

七、职业性放射性疾病

①外照射急性放射病；②外照射亚急性放射病；③外照射慢性放射病；④内照射放射病；⑤放射性皮肤疾病；⑥放射性肿瘤（含矿工高氡暴露所致肺癌）；⑦放射性骨损伤；⑧放射性甲状腺疾病；⑨放射性性腺疾病；⑩放射复合伤；⑪根据《职业性放射性疾病诊断标准（总则）》可以诊断的其他放射性损伤。

八、职业性传染病

①炭疽55分类目录；②森林脑炎；③布鲁氏菌病；④艾滋病（限于医疗卫生人员及人民警察）；⑤莱姆病。

九、职业性肿瘤

①石棉所致肺癌、间皮瘤；②联苯胺所致膀胱癌；③苯所致白血病；④氯甲醚、双氯甲醚所致肺癌；⑤砷及其化合物所致肺癌、皮肤癌；⑥氯乙烯所致肝血管肉瘤；⑦焦炉逸散物所致肺癌；⑧六价铬化合物所致肺癌；⑨毛沸石所致肺癌、胸膜间皮瘤；⑩煤焦油、煤焦油沥青、石油沥青所致皮肤癌；⑪β-萘

胺所致膀胱癌。

十、其他职业病

①金属烟热；②滑囊炎（限于井下工人）；③股静脉血栓综合征、股动脉闭塞症或淋巴管闭塞症（限于刮研作业人员）。

模块四　劳动保障和救济

促进就业制度

学习目标

　　本章主要介绍劳动就业的相关知识，尤其是国家在促进就业方面的规定。通过学习，让学生掌握就业的含义、我国劳动就业的形式、就业促进的主要措施以及对特殊就业群体的就业保障，能够正确地面对就业问题，为将来自身的就业工作提供实质性帮助。

内容结构图

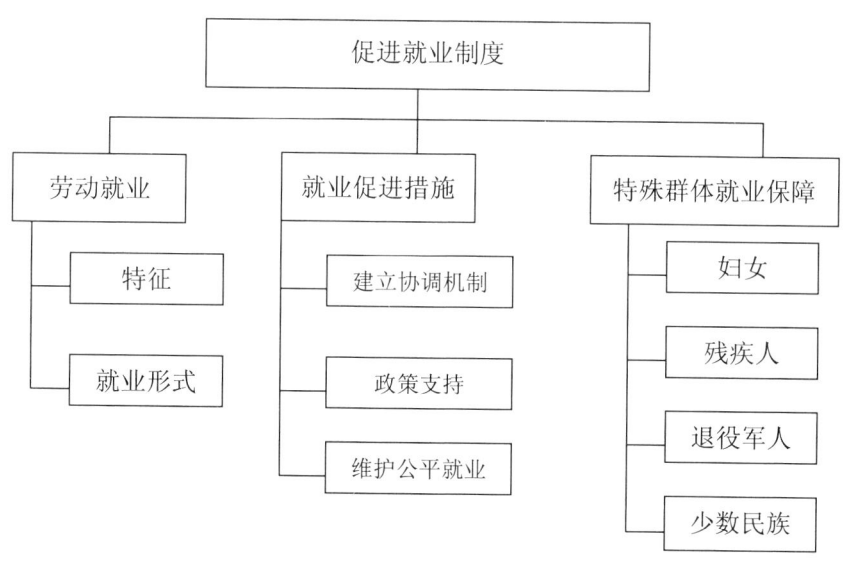

导入案例

老陈一家四口生活举步维艰，老陈夫妻双双下岗，只得在街头给路人擦皮鞋。儿子原本有份好工作，但前不久因工负伤，失去了一条胳膊，离开单位后多次去找工作，但都因残疾而被拒绝。女儿虽然已经大学毕业了，可是由于严峻的就业形势，至今没有找到合适的工作。

问：老陈可以获得何种帮助？

第一节　就业促进概述

我国是一个劳动力资源大国，作为劳动者生存的经济基础和基本保障的就业问题，一直以来是国家关注的重要民生问题。我国的就业形势非常严峻，解决就业问题关乎国家的发展和未来。《中华人民共和国就业促进法》的颁布实施为就业工作的开展提供了法律依据。

一、劳动就业的概念和特征

劳动就业是指具有劳动权利能力和劳动行为能力并有就业愿望的公民，在法定劳动年龄内依法从事某种有劳动报酬或经营收入的社会职业的活动。就业主体不仅指劳动法上的劳动者，还应包括不需要建立劳动关系以获得报酬为目的从事社会职业的非劳动法上的劳动者，如公务员。

劳动就业具有以下特征：

1. 就业主体具有相应的劳动能力。劳动年龄是衡量劳动者劳动能力的标准之一，劳动者必须达到法定的就业年龄，即须年满 16 周岁，文艺、体育和特种工艺单位除外。但是，自然人的劳动能力是不同的，不同种类的劳动对劳动者能力的要求也不相同，劳动就业是实现劳动的过程，因此，主体必须具备满足岗位需求的劳动能力。

2. 必须出自就业主体的自愿，即就业主体要具有求职的主观愿望。就业权是劳动者的基本权利，是否行使取决于劳动者自己的意志，需要其主观上具有作为职业从事的自愿，禁止任何形式的强迫或强制性劳动。

3. 以获得一定劳动报酬和经营收入为目的。就业是劳动者的劳动力与社会生产资料相结合的过程，这一过程是以取得相应报酬为目的的，劳动者参加没有报酬的劳动，就不是实现劳动就业权，不能认为是就业。这一特征，把劳动就业与义务劳动清晰地区别开来。

4. 就业主体从事的是合法劳动。劳动就业要求劳动者从事的必须是法律允许的社会劳动，这些劳动是有益于社会的，能够为社会创造财富。违反法律规定和社会利益的劳动不能作为就业的内容。

[案例]

2009 年 2 月，季小莉获悉江苏省海门市升海空调设备有限公司欲招收一名办公室文员后，持徐州建筑职业技术学院发给她的《2009 届毕业生双向选择就业推荐表》前去报名应聘，双方于 2009 年 2 月 27 日签订了《劳动合同协议书》一份。合同订立后，季小莉即在升海公司上班。此时，季小莉的毕业论文及其答辩尚未完成。2009 年 4 月 21 日，季小莉发生交通事故。季小莉在治疗和休息期间，经学校同意，以邮寄方式完成了论文及答辩，并于 2009 年 7 月 1 日正式毕业。2009 年 5 月，季小莉向劳动部门提出认定劳动工伤申请，同时升海公司也向劳动部门提出仲裁申请，要求确认劳动合同无效。海门市劳动争议仲裁委员会于 2009 年 7 月 20 日作出了仲裁裁决书，认为季小莉在签订劳动合同时仍属在校大学生，不符合就业条件，不具备建立劳动关系的主体资格，其与升海公司订立的劳动合同协议书自始无效。遂裁决：升海公司与季小莉于 2009 年 2 月 27 日签订的《劳动合同协议书》无效。季小莉不服此裁决，诉至法院，要求确认双方签订的《劳动合同协议书》有效。

法院经审理认为：季小莉已达法定的劳动年龄，具有劳动权利能力和劳动行为能力，亦已基本完成学业，不再受限于教育管理，相反其是鼓励就业的对象，具有就业主体资格，其作为劳动合同主体的身份适格。季小莉也已于 2007 年 7 月取得毕业证书。因此，法院判决该案所涉劳动合同有效。

二、劳动就业的形式

劳动就业的形式是指国家在政策和法规中确认的劳动者实现就业的方式（或渠道）。在我国，就业的渠道是多种多样的，主要有以下几类：

1. 劳动者竞争就业。这种方式是我国现阶段的主要就业形式。劳动者为了获得劳动岗位而积极主动地参与社会竞争，通过参加用人单位组织的考试考核等形式，与用人单位直接洽谈就业。双方协商一致后签订劳动合同，形成劳动关系。由于我国劳动力市场中存在着显著的供大于求的矛盾，导致就业竞争越发激烈，对劳动者素质的要求越来越高。面对这样的现状，劳动者只有努力提高自身素质和技能水平，才能在竞争就业中脱颖而出。

2. 职业介绍机构介绍就业。职业介绍是一定的主体为劳动者求职和用人单位招聘用人提供中介服务的活动。国家设立了专门的职介机构从事就业服务工作，为劳动者和用人单位沟通联系，促进劳动者和用人单位相互选择，充分开发和利用劳动力资源。这种就业形式的优点在于，适用的劳动者范围非常广泛，择业方式多样，劳动者还可享受就业指导等多种服务。我国职业介绍机构主要有三种形式：①劳动保障部门开办的职业介绍机构；②非劳动保障部门开办的职业介绍机构，如政府其他部门、社会团体、企事业单位等开办的职业介绍机构；③公民个人开办的职业介绍机构。不同类型的职介机构设立的条件和服务范围、程度均不相同，劳动者应根据自身的具体情况选择相应的有资质的职介机构，以维护好自身权益。

3. 自愿组织就业。即城镇失业人员、企业富余职工和农村剩余劳动力，在国家和社会的扶持下，自愿组织起来通过举办各种集体经济组织实现就业。国家为此规定了很多优惠政策，如减免税、提供贷款帮助等。这种形式在扩大就业门路，缓解就业压力，促进社会稳定等方面起到了很好的作用。

4. 劳动者自谋职业。即劳动者通过从事个体经营、开办私营企业和进行合伙经营的方式来实现就业，这也是现阶段我国劳动者实现就业的重要途径。主要表现为国家大力支持和鼓励失业人员、下岗职工等通过自谋职业实现再就业，并给予政策优惠和资金支持，为他们提供免费就业服务等。随着社会的发展，这种就业形式发挥着越来越大的作用，越来越受到重视。

5. 国家安置就业。又称为国家分配就业，是指根据国家劳动计划，劳动人事行政部门和有关部门将符合政策和法规所规定条件的劳动者分配或安排到一定范围内的用人单位就业。这在以前是主要的就业形式，现在只是针对少数劳动者保证其实现第一次就业。列入国家安置就业的人员主要包括退伍义务兵、军队转业干部、残疾人、国有企业的下岗职工等。之所以保留这样的就业形式，也是出于国家利益和劳动者个人利益的考虑。

三、就业促进

就业促进是国家为帮助公民就业所采取的一系列措施的总称。扩大就业，实现充分就业是我国就业促进的目标。县级以上人民政府要把扩大就业作为经济和社会发展的重要目标，纳入国民经济和社会发展规划；要通过各种措施，创造就业条件，扩大就业规模；采取多种措施，尽可能地消灭非自愿性失业。

"劳动者自主择业、市场调节就业、政府促进就业"是我国就业促进的方针。这一方针包含以下要求：①要充分调动劳动者就业的主动性和能动性，发挥出自身的就业潜能和提高职业技能，自谋职业和自主创业，尽快实现就业；②要充分发挥市场在促进就业中的基础性作用，通过市场的职业供求信息引导劳动者合理流动，通过市场的工资价位信息调节劳动力供求，用市场来调节就业；③要充分发挥政府在就业促进中的积极作用。通过调整产业结构，实施积极的就业政策来扩大就业机会；通过完善就业服务来创造就业条件；通过规范人力资源市场以维护公平就业；等等。

第二节　就业促进的主要措施

政府促进就业是保障劳动者就业权实现的内在要求，同时也是国家保障公民生存权的重要举措。我国的《就业促进法》详细地规定了政府在促进就业方面应当采取的措施。

一、建立就业促进工作协调机制和目标责任制度

就业促进工作涉及社会的多个方面，只有多个部门齐抓共管，才能将这项工作做好。为此，《就业促进法》明确规定：①国务院建立全国促进就业工作协调机制，研究就业工作中的重大问题，协调推动全国的促进就业工作。国务院劳动行政部门具体负责全国的促进就业工作。②省、自治区、直辖市人民政府根据促进就业工作的需要，建立促进就业工作协调机制，协调解决本行政区域内就业工作中的重大问题。③县级以上人民政府有关部门按照各自的职责分工，共同做好促进就业工作。

在明确职责的同时，各级人民政府和有关部门还应当建立促进就业的目标责任制度。县级以上人民政府要把扩大就业作为经济和社会发展的重要目标，将其纳入国民经济和社会发展规划，并制定促进就业的中长期规划和年度工作计划；必须按照促进就业目标责任制的要求，对所属的有关部门和下一级人民政府进行监督和考核。

二、建立促进就业的政策支持体系

促进就业离不开政策的支持。产业政策、投资政策、财政和税收政策、金融政策等政策支持体系的建立，对就业促进工作发挥着十分重要的作用。

《就业促进法》对政策支持体系作了较详尽的规定，主要包括以下几个方面：

（一）实行有利的产业政策

县级以上人民政府应当把扩大就业作为重要因素来考虑，统筹协调产业政策与就业政策。国家鼓励各类企业在法律、法规规定的范围内，通过兴办产业或者拓展经营来增加就业；鼓励发展劳动密集型产业、服务业、非公有制经济、中小企业，多渠道、多方式增加就业岗位。国家发展国内外贸易和国际经济合作，拓宽劳动者的就业渠道。县级以上人民政府在安排政府投资和确定重大建设项目时，应当发挥投资和建设项目带动就业的作用，增加就业岗位。

（二）实行有利的财政政策和税收政策

国家实行有利于促进就业的财政政策，加大资金投入，改善就业环境，扩大就业。县级以上人民政府应当根据就业状况和就业工作目标，在财政预算中安排适当的资金用于就业促进工作。就业专项资金用于职业介绍、职业培训、公益性岗位、职业技能鉴定、特定就业政策和社会保险等补贴；小额贷款担保基金和微利项目的小额担保贷款贴息以及扶持公共就业服务等。就业专项资金的使用管理办法由国务院财政部门和劳动行政部门规定。

国家实行有利于促进就业的税收政策，对符合法定条件的企业和人员依法给予税收优惠。具体包括以下六种情形：吸纳符合国家规定条件的失业人员达到规定要求的企业；失业人员创办的中小企业；安置残疾人员达到规定比例或者集中使用残疾人的企业；从事个体经营的符合国家规定条件的失业人员；从事个体经营的残疾人；国务院规定给予税收优惠的其他企业、人员。同时，对从事个体经营的失业人员和残疾人免除行政事业性收费。

（三）实行有利的金融政策

国家实行有利于促进就业的金融政策，增加中小企业的融资渠道；鼓励金融机构改进金融服务，加大对中小企业的信贷支持，并对自主创业人员在一定期限内给予小额信贷等扶持。

（四）实行统筹就业政策

国家实行城乡统筹的就业政策，逐步建立城乡劳动者平等就业的制度，引导农业富余劳动力有序转移就业。县级以上地方人民政府推进小城镇建设和加快县域经济发展，引导农业富余劳动力就地就近转移就业；在制定小城镇规划时，将本地区农业富余劳动力转移就业作为重要内容。县级以上地方人民政府引导农业富余劳动力有序向城市异地转移就业；劳动力输出地和输入地人民政府应当互相配合，改善农村劳动者进城就业的环境和条件。

国家实行区域统筹的就业政策，支持区域经济发展，鼓励区域协作，统筹协调不同地区就业的均衡增长；支持民族地区发展经济，扩大就业。

各级人民政府统筹做好城镇新增劳动者就业、农村富余劳动者转移就业、失业人员再就业工作；应当根据妇女、残疾人、高等学校和中等职业学校毕业生、退役军人等不同就业群体的特点，鼓励社会各方面开展创业培训、就业服务等活动，提高其就业能力和创业能力。

三、维护公平就业，禁止就业歧视，规范市场秩序

（一）政府担起维护公平就业的责任

县级以上人民政府应当培育和完善统一、开放、竞争、有序的人才和劳动力市场，规范市场秩序，创造公平的就业环境，消除就业歧视，制定政策和采取措施对就业困难人员给予扶持和援助，促进劳动者通过市场实现就业。

（二）规范用人单位和职业中介机构的行为

劳动者就业机会的大小、就业权利的实现与否，在某种程度上说是会受到用人单位和职业中介机构行为的影响的。依法规范这些行为，才能更好地维护劳动者的平等就业权。

[案例]

老张是一位下岗职工，在别人的介绍下，来到了一家职业中介所。工作人员当即给老张联系了一家单位，条件是需交纳100元押金，成功了则再交纳50元算是中介费，失败了则只需交纳5元服务费，100元押金退回。老张去了那家单位进行了面试，结果发现工作环境太差而且待遇很低，就没有签约。等回到职业中介所要押金时，工作人员却说单位已经给你找好了，是你自己不愿意去，就等于介绍成功了，执意不肯退还押金。

问：职介所工作人员的做法是否合法？

分析：我国《就业促进法》明确规定了职业中介机构未经依法许可和登记，不得从事职业中介活动。此外还特意规定了职业中介机构不得扣押劳动者的居民身份证和其他证件，或者向劳动者收取押金。如果扣押劳动者居民身份证等证件的，由劳动行政部门责令限期退还劳动者，并依照有关法律规定给予处罚。如果向劳动者收取押金的，由劳动行政部门责令限期退还劳动者，并以每人500元以上2000元以下的标准处以罚款。因此，职介所工作人员的做法是不合法的。

（三）禁止就业歧视

我国《就业促进法》规定：用人单位招用人员、职业中介机构从事职业中介活动，不得以民族、种族、性别、宗教信仰、年龄、身体残疾等因素歧视劳动者，农村劳动者进城就业享有与城镇劳动者平等的劳动权利；各级人民政府及其有关部门应当加强对职业中介机构的管理，保证他们能够向劳动者提供平等的就业机会和公平的就业条件，不得实施就业歧视。

四、加强职业教育和培训

国家依法发展职业教育，鼓励开展职业培训，促进劳动者提高职业技能，增强就业能力和创业能力。

县级以上人民政府应当根据经济社会发展和市场需求，制定并实施以就业为导向的职业能力开发计划，加强对劳动者的职业技能操作训练。鼓励和支持各类职业院校、职业技能培训机构和用人单位依法开展就业前培训、在职职业技能培训、继续教育培训和再就业培训；鼓励劳动者参加各种形式的培训；鼓励、指导企业加强职业教育和培训。

国家采取措施建立健全劳动预备制度。县级以上地方人民政府对有就业要求的初高中毕业生实行一定期限的职业教育和培训，使其取得相应的职业资格或者掌握一定的职业技能。重视对失业人员、农村劳动者的职业培训，帮助他们提高职业技能，增强其就业能力和创业能力。

国家对从事涉及公共安全、人身健康、生命财产安全等特殊工种的劳动者，实行职业资格证书制度。劳动行政部门依照国家规定的职业技能标准或任职资格条件，对相关劳动者的技能水平或职业资格进行考核鉴定，给予评价和认证，并颁发相应的职业资格证书。

五、建立和完善就业服务体系

（一）建立健全公共就业服务体系

发展公共就业服务是政府的重要职责。县级以上人民政府应当完善公共就业服务制度，建立健全公共就业服务体系，提高公共就业服务的质量和效率。《就业促进法》明确规定了县级以上人民政府应当设立公共就业服务机构，为劳动者免费提供下列服务：就业政策法规咨询；职业供求信息、市场工资指导价位信息和职业培训信息发布；职业指导和职业介绍；对就业困难人员实施就业援助；办理就业登记、失业登记等事务；其他公共就业服务。

（二）建立事业预警制度

失业预警制度是指为了加强失业调控，而由县级以上人民政府建立的失业动态报告制度，其目的是对可能出现的较大规模的失业，实施预防、调节和控制。这是法律赋予政府的一项新的职责，也是实现扩大就业和减少失业目标中的一个重要环节。根据失业预警，用人单位可以通过一定程序适当缩短工时、降低工资、轮流上岗、组织实施待岗转岗培训等多种方式，防范较大规模失业的风险；而政府部门可根据失业预警提示，采取财政、税收、社会保障等综合性政策措施，预防较大规模失业的出现。这项制度的建立和实施，能够有效地应对较大规模失业，充分发挥政府的宏观调控职能。

（三）实施就业援助

就业援助是指国家采取税费减免、贷款贴息、社会保险补贴、岗位补贴等办法，通过公益性岗位安置等途径，对就业困难人员实行优先扶持和重点帮助的制度。就业援助的对象是那些因身体状况、技能水平、家庭因素、失去土地等原因难以实现就业，以及连续失业一定时间仍未能实现就业的人员。地方各级人民政府应当加强基层就业援助服务工作，对就业困难人员实施重点帮助，提供有针对性的就业服务和公益性岗位援助；鼓励和支持社会各方面为就业困难人员提供技能培训、岗位信息等服务。法定劳动年龄内的家庭人员均处于失业状况的城市居民家庭，可以向住所地街道、社区公共就业服务机构申请就业援助。街道、社区公共就业服务机构经确认属实的，应当为该家庭中至少一人提供适当的就业岗位。对因资源枯竭或者经济结构调整等原因造成就业困难人员集中的地区，上级人民政府应当给予必要的扶持和帮助。

第三节　特殊群体的就业保障

特殊就业群体是指因性别、文化、技能条件、就业经历等特殊原因而在就业竞争过程中处于不利地位的人员的总称，主要包括妇女、残疾人、少数民族人员和退役军人。针对这一群体的特殊性，《劳动法》在坚持劳动就业平等的前提下，对他们实行就业政策保障，对少数劳动者实行就业政策性保护。

一、妇女就业保障

根据《劳动法》《妇女权益保障法》《女职工劳动保护规定》等法规的规定，妇女就业保障的内容主要包括：

1. 国家保障妇女享有与男子平等的劳动权利。

2. 各单位在录用职工时，除不适合妇女的工种或者岗位外，不得以性别为由拒绝录用妇女或者提高对妇女的录用标准。禁止招收未满 16 周岁的女工。

3. 实行男女同工同酬。在分配住房和享受福利待遇方面男女平等。

4. 在晋职、晋级、评定专业技术职务等方面，应当坚持男女平等的原则，不得歧视妇女。

5. 任何单位均应根据妇女的特点，依法保护妇女在工作和劳动时的安全和健康，不得安排不适合妇女从事的工作和劳动。禁止安排女职工从事矿山井下、国家规定的第四级体力劳动强度的劳动和其他女职工禁忌从事的劳动。

6. 妇女在经期、孕期、产期、哺乳期享受特殊保护。具体内容参看第七章"女职工特殊保护"一节。

7. 女职工比较多的单位应当按照国家有关规定，以自办或者联办的形式，逐步建立女职工卫生室、孕妇休息室、哺乳室、托儿所、幼儿园等设施，并妥善解决女职工在生理卫生、哺乳、照料婴儿等方面的困难。

8. 国家发展社会保险、社会救济和医疗卫生事业，为年老、疾病或者丧失劳动能力的妇女获得物质帮助创造条件。

9. 女职工劳动保护的权益受到侵害时，有权向所在单位的主管部门或者当地劳动部门提出申诉。受理申诉的部门应当自收到申诉书之日起 30 日内作出处理决定；女职工对处理决定不服的，可以在收到处理决定之日起 15 日内向人民法院起诉。

10. 对侵害女职工劳动保护权益的单位负责人及其直接责任人员，其所在单位的主管部门，应当根据情节轻重，给予行政处分，并责令该单位给予被侵害女职工合理的经济补偿；构成犯罪的，由司法机关依法追究刑事责任。

二、残疾人就业保障

我国法律法规和政策所规定的残疾人就业保障的基本内容有：

1. 国家保障残疾人劳动的权利。各级人民政府应当对残疾人劳动就业统筹规划，为残疾人创造劳动就业条件。

2. 残疾人劳动就业，实行集中与分散相结合的方针，采取优惠政策和扶持保护措施，通过多渠道、多层次、多种形式，使残疾人劳动就业逐步普及、稳定、合理。

3. 国家和社会举办残疾人福利企业、工疗机构、按摩医疗机构和其他福利性企业事业组织，集中安排残疾人就业。

4. 国家推动各单位吸收残疾人就业，各级人民政府和有关部门应当做好组织、指导工作。机关、团体、企业事业组织、城乡集体经济组织，应当按一定比例安排残疾人就业，并为其选择适当的工种和岗位。省、自治区、直辖市人民政府可以根据实际情况规定具体比例。

5. 政府有关部门鼓励、帮助残疾人自愿组织起来从业或者个体开业。

6. 地方各级人民政府和农村基层组织，应当组织和扶持农村残疾人从事种植业、养殖业、手工业和其他形式的生产劳动。

7. 国家对残疾人福利性企业事业组织和城乡残疾人个体劳动者，实行税收减免政策，并在生产、经营、技术、资金、物资、场地等方面给予扶持。地方人民政府和有关部门应当确定适合残疾人生产的产品，优先安排残疾人福利企业生产，并逐步确定某些产品由残疾人福利企业专产。政府有关部门下达职工招用、聘用指标时，应当确定一定数额用于残疾人。对于申请从事个体工商业的残疾人，有关部门应当优先核发营业执照，并在场地、信贷等方面给予照顾。对于从事各类生产劳动的农村残疾人，有关部门应当在生产服务、技术指导、农用物资供应、农副产品收购和信贷等方面给予帮助。

8. 国家保护残疾人福利性企业事业组织的财产所有权和经营自主权，其合法权益不受侵犯。在职工的招用、聘用、转正、晋级、职称评定、劳动报酬、生活福利、劳动保险等方面，不得歧视残疾人。对于国家分配的高等学校、中等专业学校、技工学校的残疾毕业生，有关单位不得因其残疾而拒绝接收；拒绝接收的，当事人可以要求有关部门处理，有关部门应当责令该单位接收。残疾职工所在单位，应当为残疾职工提供适应其特点的劳动条件和劳动保护。

9. 残疾职工所在单位应当对残疾职工进行岗位技术培训，提高其劳动技能和技术水平。

10. 实行残疾人就业保障金制度。该制度是指在实施分散按比例安排残疾人就业的地区，凡安排残疾人达不到省、自治区、直辖市人民政府规定比例的机关、团体、企业事业单位和城乡集体经济组织，根据地方有关法规的规定，按照年度差额人数和上年度本地区职工年平均工资计算交纳用于残疾人就业的专项资金。"保障金"按属地原则交纳，中央部门所属单位按照所在地地方法规的有关规定办理。机关、团体、企业事业单位和城乡集体经济组织，应当按照《中华人民共和国残疾人保障法》的有关规定，积极创造条件，逐步达到规定的安排比例。

[案例]

河南省开封市柳园水暖器材厂是一家福利企业。2000年11月17日，开封市残联对该厂下发行政决定书，限其于7日内缴纳残疾人就业保障金33 070元。器材厂不服，认为厂里亏损严重，且已向市残联再三申明了当前的困难，按有关规定，可缓缴或减免保障金，因而诉至法院，请求判决撤销该行政决定。

法院经审理认为：根据《中华人民共和国残疾人保障法》《河南省〈残疾人保障法〉实施办法》的有关规定，残疾人联合会是法律、法规授权的组织，在残疾人事业领域担负着一定的行政职能，系合法的行政主体，其决定征收该厂残疾人就业保障金33 070元，有法律、法规和规章依据，适用法律正确；被告在作出决定前，向该厂发出了残疾人就业保障金缴纳通知书和告知权利通知书，且在决定中向该厂正确交待了申请复议和提起诉讼的权利，行政执法程序合法。原告所诉称的"经费困难，亏损严重"，"已申请免缴"的申请是在被告作出了行政决定之后才递交的，并且法定的条件为"可缓缴或减免"。原告的申请未经法定程序批准，故原告所诉理由不能成立。遂依法判决维持开封市残联的行政决定书。

三、退役军人就业保障

退役军人又称复员退伍军人，是指不再在中国人民解放军中服役的人员。我国一向重视退役军人的安置工作，制定了一系列法规政策，除《劳动法》外，还有《中华人民共和国兵役法》《退伍义务兵安置条例》《中国人民解放军志愿兵退出现役安置暂行办法》《中国人民解放军士官退出现役安置暂行办法》等法律法规，均对退役军人的安置作出了规定。

退伍军人的安置工作必须贯彻从哪里来、回哪里去的原则和妥善安置、各得其所的方针，并且在地方各级人民政府领导下和有关部门协助下进行。

（一）退役义务兵就业安置

对确无住房或者严重缺房而自建和靠集体帮助又确有困难的农村退役义务

兵，应当按照国家规定安排一定数量的建筑材料和经费帮助其解决困难；在服役期间荣立二等功（含二等功）以上的，应当安排工作；对有一定专长的，应当向有关部门推荐录用；各用人单位向农村招收工人时，在同等条件下应当优先录用退伍义务兵。对在服役期间荣立三等功、超期服役的退伍义务兵和女性退伍义务兵，应当给予适当照顾。

原是城镇户口的退伍义务兵，服役前没有参加工作的，由国家统一分配工作，实行按系统分配任务、包干安置的办法，各接收单位必须妥善安排。每年退伍义务兵回到原征集地前，省、自治区、直辖市应当下达预分劳动指标，退伍义务兵回到原征集地后先安置，待国家计划下达后统一结算；在部队获得大军区（含大军区）以上单位授予的荣誉称号和立二等功以上的，安排工作时，应优先照顾本人志愿；在部队荣立三等功和超期服役的，安排工作时，在条件允许的情况下，应当照顾本人特长和志愿；在部队被培养成为有一定专业和特长的，安排工作时，应当尽量做到专业对口；无正当理由，本人要求中途退伍的、被部队开除军籍或除名的、在部队或者退伍后待安排期间犯有刑事罪（过失罪除外）被判处有期徒刑以上处罚的，退伍军人安置机构不负责安排工作，按社会待业人员对待。

义务兵入伍前原是国家机关、人民团体、企业、事业单位正式职工的，退伍后原则上回原单位复工复职。对于因残、因病不能坚持 8 小时工作的，原工作单位应当按照对具有同样情况的一般工作人员的安排原则予以妥善安置。退伍义务兵原工作单位已撤销或合并的，由上一级机关或合并后的单位负责安置。义务兵入伍前原是学校（含中等专业学校和技术学校）未毕业的学生，退伍后要求继续学习而本人又符合学习条件的，在年龄上可适当放宽，原学校应在他们退伍后的下一学期准予复学。如果原学校已经撤销、合并或者由于其他原因在原学校复学确有困难的，可以由本人或者原学校申请县、市以上教育部门另行安排他们到相应的学校学习。

因战、因公致残的二等、三等革命伤残军人，原是城市户口的，由原征集地的退伍军人安置机构安排力所能及的工作。原是农业户口的，原征集地区有条件的，可以在企业、事业单位安排适当工作；不能安排的，按照规定增发残废抚恤金，保障他们的生活。

（二）退役志愿兵就业安置

志愿兵退役原则上转业回原籍，由县（市）人民政府安置工作，在本县（市）安置有困难的，可报请行政公署或省、市、自治区人民政府统筹安置。在安置时应尽量按专业技术对口分配，并按法定标准评定工资级别。志愿兵退出现役时，本人申请复员回乡参加农业生产的，应予鼓励，除由部队按规定发给生产、生活等项补助费外，生产、生活有困难的，当地人民政府应协助解决。

（三）退役士官就业安置

退役士官就业安置分为复员安置和转业安置。复员安置的条件是：①服现役满第一期或者第二期规定年限的；②符合转业或者退休条件，本人要求复员并经批准的。转业安置的条件是：①服现役满 10 年的；②服现役期间荣获二等功以上奖励的；③服现役期间因战、因公致残被评为二等、三等伤残等级的；④服现役未满 10 年，符合国家建设需要调出军队情况的；⑤符合退休条件，地方需要和本人自愿转业的。

四、少数民族人员就业保障

对少数民族人员就业实行特殊保障，是我国民族政策的主要组成部分，是国家促进少数民族地区经济和社会发展的主要手段。关于少数民族人员就业保障的法律规定，除劳动立法外，主要见诸于民族事务立法中。其主要内容有：

（一）优先招收少数民族人员

民族自治地方的企事业单位在招收人员时，要优先招收少数民族人员；并且可以从农村和牧区少数民族人员中招收。上级国家机关隶属的民族自治地方的企事业单位招收人员时，应当优先招收当地少数民族人员。民族自治地方每年编制内的干部和职工自然减员、缺额及国家当年新增人员指标由民族自治地方通过考核予以补充，对少数民族人员优先录用。上级政府在每年下达的"农业户口转非农业户口"计划中，划出一定指标用于民族自治地方在农牧民中招收少数民族职工。

（二）培养少数民族人才

民族自治地方的自治机关要采取各种措施从当地民族中大量培养各级干部和各种科学技术、经营管理等专业人才和技术工人，并且注意在少数民族妇女中培养各级干部和各种专业技术人才；上级国家机关对此负有帮助职责。国家举办民族学院，在高等学校举办民族班、民族预科，专门招收少数民族学生，并且可以采取定向招生、定向分配的办法。高等学校和中等专业学校招收新生时，对少数民族考生适当放宽录取标准和条件。

此外，国家一直实行帮助各少数民族自治地方加速发展经济文化建设事业的政策，这也是为少数民族人员就业创造条件，从而保障其就业的根本性措施。

引例解析

我国《就业促进法》明确规定，职业中介机构未经依法许可和登记，不得从事职业中介活动。此外还特意规定了职业中介机构不得扣押劳动者的居民身份证和其他证件，或者向劳动者收取押金。如果扣押劳动者居民身份证等证件的，由劳动行政部门责令限期退还劳动者，并依照有关法律规定给予处罚。如果向劳动者收取押金的，由劳动行政部门责令限期退还劳动者，并以每人500元以上2000元以下的标准处以罚款。因此，引例中职介所工作人员的做法是不合法的。

本章内容小结

劳动就业是具有劳动权利能力和劳动行为能力并有就业愿望的公民，在法定劳动年龄内依法从事某种有劳动报酬或经营收入的社会职业活动。我国实行多样的就业形式。劳动者可根据自身特点，选择适合自己的就业方式。国家把促进就业作为经济和社会发展的重要目标，并出台《就业促进法》规范此项工作。政府在金融、税收、社会保险等方面采取多种措施以促进就业。同时，国家注重特殊就业群体的就业保障工作，分类采用不同的方法解决特殊群体就业难的问题。

思考题

1. 什么是劳动就业？有哪些特点？
2. 如何理解对特殊群体实施的就业保障？
3. 案例分析：

2018年6月，某公司招聘大学生。面试中根据应聘大学生的血型分组面试，最后录用的30余名学生基本为B型和A型血，其中20余名是男大学生。该公司与录用大学生签订了为期1年的劳动合同，试用期1个月。试用期满后，该公司觉得部分员工需延长试用期2个月，其全部是女大学生。张某某、赵某某等人十分气愤，认为自己在试用期表现良好，并不比男员工差，公司不能仅因自己是女性便给予不公平对待。

试分析：整个过程中公司的做法是否正确？

延伸阅读

《国家促进普通高校毕业生就业政策公告》（摘选）

一、鼓励高校毕业生到基层、到中西部地区就业

1. 对到农村基层和城市社区公益性岗位就业的，给予社会保险补贴和公益性岗位补贴；对到农村基层和城市社区其他社会管理和公共服务岗位就业的，给予薪酬或生活补贴；

2. 对到中西部地区和艰苦边远地区县以下农村基层单位就业并履行一定服

务期限的，由政府补偿学费，代偿助学贷款；

3. 对有基层工作经历的，在研究生招录和事业单位选聘时优先录取；

4. 对参加"选聘高校毕业生到村任职""三支一扶"（支教、支农、支医和扶贫）"大学生志愿服务西部计划""农村义务教育阶段学校教师特设岗位计划"等项目的，给予生活补贴，按规定参加社会保险；项目服务期满并考核合格的，报考硕士研究生初试总分加 10 分，高职（高专）学生可免试入读成人本科；今后相应的自然减员空岗全部聘用参加项目服务期满的高校毕业生。

二、鼓励高校毕业生应征入伍服义务兵役

5. 由政府补偿学费，代偿助学贷款；

……

三、积极聘用优秀高校毕业生参与国家和地方的重大科研项目

10. 高校毕业生在参与项目研究期间，享受劳务性费用和有关社会保险补助，户口、档案可存放在项目单位所在地或入学前家庭所在地的人才交流中心。聘用期满，根据需要可以续聘或到其他岗位就业，就业后工龄与参与项目研究期间的工作时间合并计算，社会保险缴费年限连续计算。

四、鼓励和支持高校毕业生到中小企业就业和自主创业

11. 对企业招用非本地户籍的普通高校专科以上毕业生，各地城市应取消落户限制（直辖市按有关规定执行）；

……

五、强化对困难家庭高校毕业生的就业援助

17. 就业困难和零就业家庭的高校毕业生，享受公益性岗位安置、社会保险补贴、公益性岗位补贴等就业援助政策；

18. 机关、事业单位免收招聘报名费和体检费；

19. 高校可根据实际情况给予适当的求职补贴；

20. 对离校后未就业回到原籍的高校毕业生，由各地公共就业服务机构免费提供就业服务并组织就业见习和职业技能培训。

第九章

劳动保障监察制度

学习目标

　　本章阐述了劳动保障监察的基本知识，重点从劳动保障监察的范围、原则、程序、机构等方面勾勒出了我国的劳动保障监察制度。通过学习，让学生知晓劳动保障监察的含义及意义，系统了解我国的劳动保障监察制度。

内容结构图

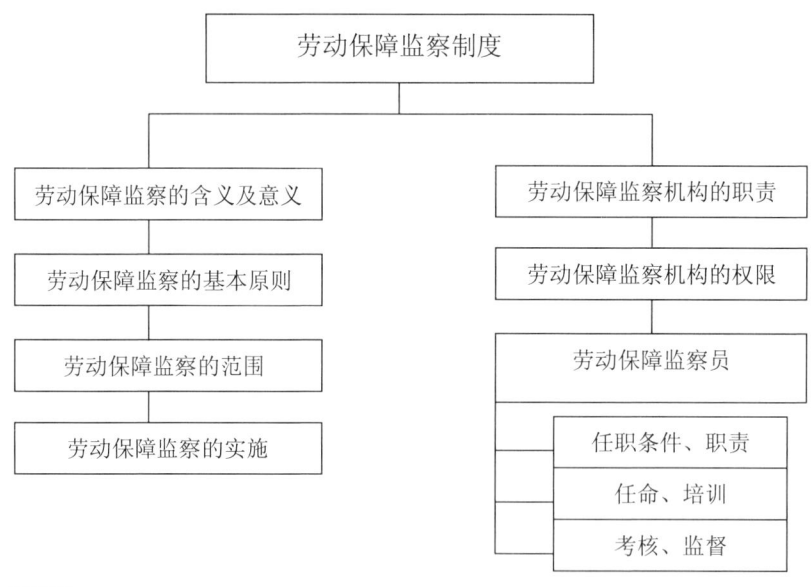

导入案例

　　某市劳动保障监察大队在常规巡视检查中发现某公司存在擅自招用外来劳

动力，不签订劳动合同等劳动违法行为，遂向其下达了限期改正指令书。但该公司以业务太忙为由推托搪塞，在限期内没有采取任何整改措施。为了维护法律的严肃性，该市劳动局对其无理阻挠劳动保障监察行为作出罚款决定。该公司收到处罚决定书后，在规定的期限内既不缴纳罚款，也不申请行政复议或提起行政诉讼。

问：本案中劳动局的做法是否合法？案涉公司的做法是否正确？

第一节　劳动保障监察制度概述

一、劳动保障监察的概念及意义

劳动保障监察，也称为劳动监察，是我国劳动行政管理的一项重要内容，是指县级以上人民政府劳动保障行政部门为保护劳动关系双方，依法对本辖区内的用人单位、职业介绍机构等单位遵守劳动和社会保障法律、法规的情况进行监督检查，对违反劳动法律、法规的行为进行制止和纠正，必要时依法予以处罚的执法活动的总称。劳动监察具有以下基本属性：

1. 法定性。劳动保障监察的规则都是直接由法律规定的。劳动保障监察的主体必须严格依据法律进行监察执法活动。

2. 行政性。劳动保障监察是行使行政权力的具体行政行为，属于行政执法和行政监督的范畴。对于其作出的行政处理决定或行政处罚决定，被监察主体不服的，可以依法提请行政复议或行政诉讼。

3. 专门性。劳动保障监察是由法定的专门机关和人员对劳动保障法律法规的实施情况进行的监督检查。

4. 强制性。劳动保障监察是劳动保障行政部门代表政府实施的，具有国家强制力，劳动监察机构和工作人员有权对违反劳动法律法规的行为依法予以处罚，被监察主体不得拒绝。

2004年11月1日国务院《劳动保障监察条例》的颁布，是劳动保障法制建设迈出的重要一步，标志着劳动保障监察工作进入一个新的发展时期。实施劳动保障监察具有十分重要的意义，主要体现在以下方面：①劳动保障监察制度是维护劳动者合法权益的重要法律保障；②劳动保障监察制度有利于全面推进依法行政，进一步规范劳动就业市场；③劳动保障监察制度推动我国劳动保障事业健康发展，使我国劳动保障法律体系更加完善；④劳动保障监察制度的实施有利于促进劳动关系的和谐和社会经济的发展。

[知识链接]

劳动保障监察与一般劳动监督检查的区别

一般的劳动监督检查，是指劳动行政主管机关、工会等群众团体对用人单位的监督和检查。劳动保障监察与一般劳动监督检查有着密不可分的联系，两者有着共同的监督对象，在实现监督检查的过程中，相互配合，互相补充。两者的区别主要表现在以下几点：

1. 主体不同。劳动保障监察是由依法成立的专门机构组织实施的，而一般劳动监督检查是由工会等非专门机构组织实施的。

2. 监督范围不同。劳动保障监察是全面的劳动监督，它涉及的范围比较广，不论哪一种劳动关系，也不论用人单位的隶属关系等，都可以纳入劳动监察的范围。而一般劳动监督检查，仅限于对本行业、本系统、本单位的监督。

3. 职权范围不同。劳动保障监督是对用人单位进行全面的综合性的监督检查，当发现用人单位有违法现象时，劳动保障监察机构有处分权。而一般劳动监督检查在对用人单位进行监督和检查的过程中，若发现用人单位有违法现象，需要进行处罚时，还必须通过劳动监察机构行使处罚权，工会等群众团体只有监督权，并无处罚权。

4. 监督的法律效力不同。劳动保障监察是具有高度权威性的劳动监督，劳动保障监察机构是代表国家行使权力，其监察决定具有法律效力。而一般劳动监督检查的权限，不是由法律直接规定的，如劳动行政部门中各职能机构的监督权限，是基于内部职权分工形成的，至于工会等群众团体的监督则属于社会监督，它主要是通过检举、控告和建议的方式来实现。

二、劳动保障监察的基本原则

（一）注重保护劳动者合法权益原则

劳动保障监察机构在进行劳动监察的时候，要格外注重对劳动者合法权益的保护。使劳动者的劳动权益得到切实有效的保障是监察部门的重要职责。该原则虽强调了对劳动者的保护，但并不意味着可以不顾用人单位的合法权益。在对用人单位的违法行为进行纠正时，必须以保障其权益为前提。劳动法律关系双方主体的利益都应当得到保护，尤其要重视对处于弱势地位的劳动者权益的保护。

（二）依法行政原则

这一原则要求劳动保障监察机构在工作中要严格遵守法律，依法办事。无论是实体上还是程序上都不能违法，否则都将导致劳动保障监察执法行为无效。

劳动保障监察工作必须纳入法治的轨道，才能确保劳动监察行为的公平公正，才能从根本上保护好劳动者和用人单位的合法权益。

（三）以事实为依据，以法律为准绳原则

违法事实是进行处理或处罚的客观依据。在对检查或举报的案例进行监察和执法时，必须深入调查、收集可靠证据，查清事实。实事求是地查明、核对违法事实，使认定的违法事实有充分的证据，经得起历史的检验。

法律法规的规定是处罚的唯一准绳。劳动保障监察机构在处罚时，必须依据法律法规的具体条款，准确、适当地处罚；在执法过程中，必须尊重客观事实，同时严格依照法律规定进行正确执法。

（四）公开原则

这一原则的本质是对公众知情权、参与权和监督权的保护，也是依法行政的重要保障。公开原则要求劳动保障监察机构的执法活动必须向社会公开，不得有所隐藏，应当接受社会公众的监督，以利于劳动保障监察制度的建设。

（五）高效、便民原则

劳动保障监察机构应当及时处理用人单位的违法行为，不得拖拉延误，尽可能不影响用人单位的正常生产和经营活动。同时，在实施劳动监察执法行为时，还应当积极创造条件，为用人单位和劳动者提供方便快捷的服务，包括相关信息的提供、法律政策的指导等。

（六）教育与惩罚相结合原则

处罚不仅是惩治违法的武器，同时也起着教育作用。它的教育作用主要是，一方面，违法者通过学习，理解和掌握法律；另一方面，通过处罚，达到教育别人不犯同类违法行为及当事人不再犯类似违法行为的目的。劳动监察机构在对用人单位的违法行为予以处罚的时候，除了体现对其的制裁之外，更要注重教育作用的体现。要使用人单位通过处罚，增强法制意识，吸取教训，杜绝违法行为再次发生。

（七）行政相对人权利保障原则

行政相对人是指劳动保障监察执法活动中的另一方当事人。劳动保障监察机构在对违法行为作出行政处罚或者行政处理决定时，应当保障行政相对人充分行使权利；劳动监察机构和工作人员违法行使职权，侵害行政相对人合法权益的，应当依法承担赔偿责任。这一原则也是依法行政的基本要求。

（八）行为监察与技术监察相结合原则

劳动保障监察工作，不仅要实施行为监察，即监督检查用人单位及其领导人员的管理行为，包括各项规章制度和管理活动是否符合劳动保护法规的要求，而且还要实施技术监督，就是凭借技术手段，深入监督检查生产工艺过程、设备、原材料和劳动环境的安全卫生状况及其防护技术条件等。只有把两者相结合，才能有效地发挥劳动监察的作用，实现劳动监察的意义。

［案例］

2017 年 3 月，某市劳动保障监察机构接到群众举报，反映某高校后勤集团食堂使用一名童工。劳动监察机构立即展开调查，发现了一名疑似童工的员工，单位负责人解释说该员工是其在食堂担任厨师的叔叔介绍来打工的，刚来工作 10 余天，录用他时其叔叔保证他已满 16 周岁。但是单位未能提供该员工的身份证以及其他录用登记证明材料。劳动保障监察机构在与该员工户籍所在地的派出所联系后，知晓他出生于 2001 年 5 月 16 日，并未满 16 周岁，确实是童工。根据《禁止使用童工规定》（国务院令第 364 号）第 6 条和第 8 条的规定，该市劳动保障监察机构对该单位开出了处罚决定书，责令单位在 3 日内将该童工遣送回家，并将该案件的处理结果向社会公示。

三、劳动保障监察的范围

劳动保障监察的对象仅限于用人单位，而不包括劳动者。我们需要通过劳动监察监督，来督促用人单位依照法律的规定或约定认真履行义务。我国《劳动保障监察条例》明确规定，劳动保障行政部门对下列事项实施劳动保障监察：

1. 用人单位制定内部劳动保障规章制度的情况。
2. 用人单位与劳动者订立劳动合同的情况。
3. 用人单位遵守禁止使用童工规定的情况。
4. 用人单位遵守女职工和未成年工特殊劳动保护规定的情况。
5. 用人单位遵守工作时间和休息休假规定的情况。
6. 用人单位支付劳动者工资和执行最低工资标准的情况。
7. 用人单位参加各项社会保险和缴纳社会保险费的情况。
8. 职业介绍机构、职业技能培训机构和职业技能考核鉴定机构遵守国家有关职业介绍、职业技能培训和职业技能考核鉴定的规定的情况。
9. 法律、法规规定的其他劳动保障监察事项。

四、劳动保障监察的实施

（一）管辖

国务院劳动保障行政部门主管全国的劳动保障监察工作。县级以上地方各级人民政府劳动保障行政部门主管本行政区域内的劳动保障监察工作。县级以上各级人民政府有关部门应当根据各自职责，支持、协助劳动保障行政部门的劳动保障监察工作。县级、设区的市级人民政府劳动保障行政部门可以委托符合监察执法条件的组织实施劳动保障监察。

上级劳动保障行政部门根据工作需要，可以调查处理下级劳动保障行政部门管辖的案件。劳动保障行政部门对劳动保障监察管辖发生争议的，报请共同的上一级劳动保障行政部门指定管辖。

（二）形式

劳动保障监察以日常巡视检查、审查用人单位按照要求报送的书面材料以及接受举报投诉等形式进行。劳动保障行政部门认为用人单位有违反劳动保障法律、法规或者规章的行为，需要进行调查处理的，应当及时立案。劳动保障行政部门或者受委托实施劳动保障监察的组织应当设立举报、投诉信箱和电话。对因违反劳动保障法律、法规或者规章的行为引起的群体性事件，劳动保障行政部门应当根据应急预案，迅速会同有关部门处理。

（三）程序

1. 劳动保障监察实行回避制度。承办查处违法案件的劳动监察人员，有下列情形之一的，应当自行申请回避：①本人是用人单位法定代表人或主要负责人的近亲属的；②本人或其近亲属与承办查处的案件有利害关系的；③因其他原因可能影响案件公正处理的。当事人认为承办人员应当回避的，有权向承办查处工作的劳动行政部门申请，要求其回避。当事人申请回避，应采用书面形式。承办人员的回避，由劳动保障监察机构负责人决定；劳动保障监察机构负责人的回避，由劳动行政部门负责人决定。回避决定应在收到申请之日起 3 日内作出。作出回避决定前，承办人员不得停止对案件的调查处理。对驳回回避申请的决定，应向申请人说明理由。

2. 劳动监察人员对用人单位遵守劳动法律、法规情况进行监督检查时，应遵循下列规定：①应有两名以上劳动监察员共同进行，并出示劳动监察证件，说明身份；②告知用人单位检查的目的、内容、要求、方法；③了解用人单位遵守劳动法律、法规情况，并巡视劳动场所；④现场检查情况应有笔录，笔录应由劳动监察员和用人单位法定代表人（或法定代表人委托的代理人）签名或盖章，用人单位法定代表人拒不签名或盖章的，应注明拒签情况。

劳动保障监察机构可向用人单位发出《劳动监察询问通知书》，了解用人单位遵守劳动法律、法规的情况。

3. 查处违反劳动法律、法规行为应按下列程序进行：①登记立案；②调查取证；③处理；④制作处罚决定书；⑤送达。

4. 用人单位对处罚决定不服的，可以依照《行政复议法实施条例》和《行政诉讼法》的规定，申请复议或提起诉讼。对处罚决定在法定期限内不申请复议，不起诉又不履行的，劳动行政部门可以申请人民法院强制执行。处罚决定生效后，作出处罚决定的劳动行政部门发现处罚决定不当的，应予以纠正。劳动行政部门及其工作人员因劳动保障监察行为违法，给用人单位造成损害的，依照《国家赔偿法》的有关规定给予赔偿。

第二节　劳动保障监察机构

劳动保障监察机构是经法律授权代表国家对劳动法的遵守情况实行监督检查的专门机构。劳动保障监察机构虽属行政机构，但也有别于其他行政机构，这是由劳动保障监察机构本身的属性决定的。同时，劳动保障监察机构尽管设置在各级劳动部门，但不同于劳动部门其他内设机构。其他机构是劳动部门的一般职能机构，相对说来不具有独立性。而劳动保障监察机构则是行使国家劳动保障监察职能的专门机构，它依法独立行使监察权而不受劳动部门其他内设机构以及劳动部门以外任何部门和个人的干预，其职权由法律规定，而不是由劳动部门通过内部分工来确定。

在我国，县级以上劳动部门都设置有劳动保障监察机构，全面行使劳动保障监察权。同时，在一些行（专）业还设置有专业性劳动保障监察部门，如锅炉压力容器安全监察、矿山安全监察等监察部门。

一、劳动保障监察机构的职责和权限

（一）宣传劳动保障法律、法规和规章，督促用人单位贯彻执行

这是劳动保障行政部门实施劳动保障监察的一项重要职责，也是劳动保障监察坚持教育与处罚相结合原则的具体体现。做好劳动保障法律、法规和规章的宣传工作，使劳动保障法律、法规和规章家喻户晓，使用人单位和劳动者树立自觉守法的观念，对保证劳动保障法律、法规和规章的贯彻实施至关重要。

（二）检查用人单位遵守劳动保障法律、法规和规章的情况

劳动保障监察作为劳动保障行政执法行为，其基本职责之一就是通过各种检查方式，了解用人单位遵守劳动保障法律、法规和规章的情况，及时发现违反劳动保障法律、法规或者规章的行为。检查用人单位遵守劳动保障法律、法规和规章的情况作为劳动保障行政部门实施劳动保障监察的一项基本职责，要求劳动保障行政部门积极主动地进行检查。其直接影响用人单位和有关人员的权利和利益，属于具体行政行为，应当依法进行。对用人单位遵守劳动保障法律、法规和规章情况的检查，应当努力提高效率，在人员、装备有限的情况下，科学规划，周密安排，合理运用各种劳动保障监察方式，扩大检查的覆盖面、提高检查的准确性。

（三）受理对违反劳动保障法律、法规或者规章行为的举报、投诉

举报违反劳动保障法律、法规或者规章的行为，是任何组织和个人的法定

权利，是促进劳动保障法律、法规和规章贯彻实施的一种主要的群众监督方式。举报能有效地扩大劳动保障监察的视野，是劳动保障行政部门掌握违法案件线索，监控劳动关系动态的重要渠道。

劳动者对用人单位违反劳动保障法律、法规或者规章的行为侵害其自身合法权益的投诉有着与举报相类似的作用，但是，投诉属于公民申请行政部门依法履行保护其合法权益的法定职责的行为。对于符合法定条件的投诉，应当严格依照法律、法规和规章规定的方式和时限受理、查处。

（四）依法纠正和查处违反劳动保障法律、法规或者规章的行为

依法纠正和查处违反劳动保障法律、法规或者规章行为是指，劳动保障行政部门实施劳动保障监察，对在检查中发现的违反劳动保障法律、法规或者规章的行为依法责令改正、作出行政处理或者行政处罚，是劳动保障监察维护劳动保障法律、法规和规章的尊严，切实维护劳动者合法权益的重要职能。

[案例]

某市一外资企业有职工200余人。因外籍老板常年不在企业中，该企业生产管理较为混乱，2018年年中，受外部环境的影响，生意不景气，资金较紧张，该企业连续4个月未发放职工工资。职工在多次索要工资未果的情况下，情绪十分激动，个别人员甚至准备到附近高速公路静坐。当地劳动保障行政部门了解此情况后，迅速组织人员积极进驻该企业进行调查核实，并及时向政府作了汇报。政府对此高度重视，一边派人认真做好职工的思想工作，一边紧急筹措150万元资金，先行垫付了职工工资；同时，由劳动部门联系当地法院对该企业实施财产保全。随后，结合调查结果，对该企业进行了行政处罚。

该案中，当地劳动保障行政部门，积极履行自身职责，处理及时，措施得当，有效地维护了劳动者的合法权益，同时也避免了劳资矛盾的进一步激化。

根据《劳动法》《劳动保障监察条例》的规定，我国劳动保障监察机构在劳动监察活动中享有检查权、调查权、建议权和处分权。检查权是指劳动保障监察机构依法对用人单位执行劳动法的情况进行检查的权力。调查权是指劳动保障监察机构在处理案件时有权依法进行调查，具体表现为：进入现场，查阅、复制与监察事项有关的文件、资料，询问当事人及证人等。建议权是指劳动保障监察机构在对被监察对象的行为进行监督检查之后，就所涉及的有关问题，向其或相关部门提出建议的权力。处分权是指劳动保障监察机构对用人单位违反劳动法的行为给予行政处罚的权力，它是劳动监察强制性的体现。

二、劳动保障监察员

劳动监察员是县级以上各级人民政府劳动行政部门执行劳动监督检查公务

的人员。

根据我国现行的法律规定，县级以上各级人民政府劳动行政部门根据工作需要配备专职劳动监察员和兼职劳动监察员。专职劳动监察员是劳动行政部门专门从事劳动监察工作的人员，兼职劳动监察员是劳动行政部门非专门从事劳动监察工作的人员。兼职监察员，主要负责与其业务有关的单项监察，须对用人单位处罚时，应会同专职监察员进行。

1. 劳动监察员的任职条件。①认真贯彻执行国家法律、法规和政策；②熟悉劳动业务，熟练掌握和运用劳动法律、法规知识；③坚持原则，作风正派，勤政廉洁；④在劳动行政部门从事劳动行政业务工作 3 年以上，并经国务院劳动行政部门或省级劳动行政部门劳动监察专业培训合格。

2. 劳动监察员的任命程序。①专职劳动监察员由劳动监察机构负责提出任命建议并填写中华人民共和国劳动监察员审批表，经同级人事管理机构审核，报劳动行政部门领导批准；②兼职劳动监察员的任命，由有关业务工作机构按规定推荐人选，并填写中华人民共和国劳动监察员审批表，经同级劳动监察机构和人事管理机构进行审核，报劳动行政部门领导批准；③经批准任命的劳动监察员由劳动监察机构办理颁发中华人民共和国劳动监察证件手续；④劳动监察员任命后，地方各级劳动行政部门按照规定填写《中华人民共和国劳动监察证件统计表》，逐级上报省级劳动行政部门，由省级劳动行政部门汇总并报国务院劳动行政部门备案。

3. 劳动监察员的职责。劳动监察人员执行公务，有权进入用人单位了解遵守劳动法律、法规的情况，查阅必要的资料，并对劳动场所进行检查。执行公务时，必须出示中华人民共和国劳动监察证件，秉公执法，并遵守有关规定。

4. 劳动监察员的培训制度。各级劳动行政部门应建立劳动监察员培训制度，制定培训计划，按岗位技能要求，组织劳动监察员进行职业技能、专业理论知识等方面的培训，提高监察人员的政治、业务素质。

5. 劳动监察员的考核制度。劳动监察员实行每 3 年进行一次考核验证制度，对经考核合格的换发新证，并填写《中华人民共和国劳动监察证件统计表》，逐级上报备案。持证人未按规定考核验证或经考核不能胜任劳动监察工作的，注销其中华人民共和国劳动监察证件。

6. 对劳动监察员的监督。对越权或非公务场合使用劳动监察证件，或利用职权谋取私利、违法乱纪的劳动监察人员，应给予批评教育；情节严重的，由任命机关撤销任命、收缴其劳动监察证件，并给予行政处分；触犯刑法的，由司法机关依法追究刑事责任。

引例解析

劳动保障行政部门向存在劳动保障违法行为的用人单位下达限期改正指令书，是其行使法律赋予的劳动保障监察权的一种基本方式，用人单位必须严格按照限期改正指令书的期限和内容进行整改，无正当理由逾期不进行整改就是无理阻挠劳动保障行政部门行使劳动保障监察权。《劳动法》第 101 条规定："用人单位无理阻挠劳动行政部门、有关部门及其工作人员行使监督检查权，打击报复举报人员的，由劳动行政部门或者有关部门处以罚款；构成犯罪的，对责任人员依法追究刑事责任。"因此，本案中劳动局对某公司的行政处罚是完全合法的；所涉公司拒不缴纳罚款的行为违反了《行政处罚法》的规定。

本章内容小结

劳动保障监察，是劳动保障行政部门依法对用人单位遵守劳动和社会保障法律法规的情况进行监督检查，对违法行为进行制止并给予处罚的一种行政执法行为。各级劳动保障行政部门是我国劳动保障监察机构，配备专兼职劳动监察员。劳动监察机构行使监察权的活动需要遵循依法行政、公开、公正、高效、便民等原则。2004 年 11 月出台的《劳动保障监察条例》对劳动保障监察的范围、方式、职责、实施等均作出了明确的规定。

1. 劳动保障监察机构的职责和权限分别有哪些?

2. 案例分析：

某县劳动保障监察大队的监察员，为了掌握某酒店执行劳动法的真实情况，决定采取暗访的方式进行监察。一天，两位劳动保障监察员以顾客的身份来到某酒店，利用服务员为他们服务的机会，了解该酒店与员工签订劳动合同、工资支付、加班加点、缴纳社会保险等情况，服务员将自己知道的情况告诉了他们。两位监察员用完餐后，来到酒店前台，出示了劳动保障监察证，向酒店负责人指出酒店存在违反劳动法的行为，该负责人怕把事态闹大，就承认了监察员的指控。两位监察员回到局里，向领导作了汇报。不久，某酒店就接到了行政处罚通知书，随后又在当地报纸上看到酒店被列入不诚信守法的单位名单中，受到了通报批评。该酒店不服，诉至法院。

试分析：劳动保障监察能否以"暗访"的方式进行?

延伸阅读

劳动监察过程中的"举报"和"投诉"

劳动监察过程中的"举报"和"投诉"是劳动者维权的主要方式，也是最简捷的方式。劳动者在维权的过程中，需要注意区分两者之间的差别：

1. 主体不同。举报人所举报的事由与本人的利益没有利害关系或者直接的联系。投诉人所投诉的事项必须涉及自己的利益，即投诉人本人就是权益被侵害人，否则，就应当按举报处理。

2. 适用原则不同。对于举报的内容，办案人员往往需要严加保密；对于投诉的内容，由于涉及投诉人本人，则无法保密。

3. 处理方式不同。对于举报事由，除举报人要求外，调查结果一般不告知举报人。对于投诉内容，则必须将调查结果告知投诉人。

《劳动保障监察条例》规定，违反劳动保障法律、法规或规章的行为在2年内未被有关部门发现也未被举报、投诉的，将不再查处。因此，劳动者在运用这两种方式维权时必须要及时。此外，举报、投诉时应当提供详实的信息，主要包括所涉及用人单位的名称、地址及具体违法行为。劳动者在投诉时还必须提供本人的身份证明材料。举报、投诉时还应当注意收集证据材料，例如，招工招聘记录、考勤记录、工资支付凭证、缴纳各项社会保险费记录、工作证、服务证等相关凭证。

受理举报投诉案件登记表

（　　）劳社监举受［　　］　　号

举报（投诉）人	姓名		性别		工作单位	
	联系电话		身份证号码			
	住　址			举报（投诉）时间和方式		
被举报（投诉）单位	用人单位名称				单位性质	
	登记机关		法定代表人姓名			
	单位地址		联系电话			
内容摘要						

续表

主办监察员 意见	经办人：＿＿＿＿＿　年　月　日
监察机构 领导意见	机构负责人：＿＿＿＿＿　年　月　日

第十章

劳动争议处理机制

学习目标

通过本章的学习，理解劳动争议的概念、受理范围及劳动争议处理的途径；掌握劳动争议的调解、仲裁、诉讼的程序；学会分析劳动争议仲裁相关案例并能分析现实中劳动争议的处理程序。

内容结构图

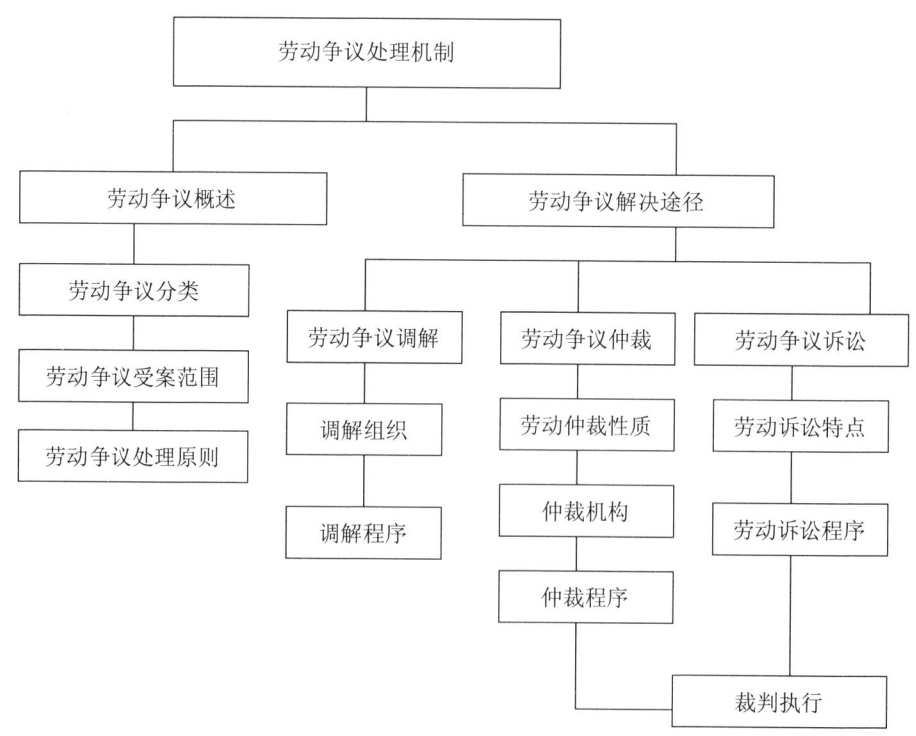

导入案例

彭先生从 2001 年起便在康泰公司工作。2016 年发现自己已患病（非工伤或职业病）。经 2 年时间的治疗，仍未见好转。2018 年治疗期满，彭先生已无法从事原工作。该公司为其调换两次工作岗位，彭先生仍不能胜任。康泰公司遂解除与彭先生的劳动合同，且拒绝支付任何经济补偿。彭先生认为公司解除合同不当，且应给予之前相应的待遇。由此，双方发生争议。

问：双方之间的纠纷如何解决？彭先生该如何维护自己的合法利益？

第一节　劳动争议处理概述

一、劳动争议的含义

劳动争议，也称"劳动纠纷""劳资争议"，是指用人单位和劳动者在执行劳动方面的法律、法规和劳动合同、集体合同的过程中，就劳动的权利义务发生分歧而引起的争议。劳动争议的发生，说明劳动关系在运行过程中遇到了障碍，是劳动关系中存在的不稳定因素外向化、复杂化的表现，同时也是一种不可避免的社会现象。

把握劳动争议的含义，须注意两点：

1. 劳动争议基于劳动关系而存在，主体是特定的，即一方是用人单位，另一方必然是与之有劳动关系的职工（劳动者）。如果争议不是发生在劳动关系双方当事人之间，即使争议内容涉及劳动问题，也不构成劳动争议。例如，劳动者之间在劳动过程中发生的争议；劳动者或用人单位与劳动行政管理机构发生的争议等都不属劳动纠纷。不过，在涉及劳动者患病、伤残或死亡等利益时，劳动者的近亲属和相关人员可以成为劳动争议的一方当事人。

2. 劳动争议必须是因为执行劳动法律法规或者订立、履行、变更、解除和终止劳动合同而引起的劳动权利义务方面的争议，主要表现为一方违反法定或约定的义务而侵犯了另一方的权利。如果劳动者与用人单位之间发生争议的内容不涉及劳动合同和其他执行劳动方面的法律、法规问题，就不属于劳动争议范畴。如劳动者一方与用人单位因买卖合同而发生的纠纷就属于民事争议。劳动权利和劳动义务的内容非常广泛，包括就业、工资、工时、劳动保护、劳动保险、劳动福利、职业培训等。

[案例]

张某是某厂的一名职工，家住厂区内。为了居住安全，他自行建起一堵围墙。厂方认为私建围墙不符合城建规定，多次做张某的工作，要求其拆除围墙，张某置之不理。厂方为促使张某拆除围墙，采取停发工资的措施，并言明只要张某自行拆除围墙，就将补发其全部被停发的工资。张某认为自己的劳动报酬权受到侵害，便向当地劳动争议仲裁委员会申诉，要求厂方发还已被停发的工资。仲裁委员会认为，此案系自建住宅围墙而引起的纷争，不属于劳动争议仲裁的受案范围，建议当事人直接向法院起诉。那么，张某与单位之间的争议是否属劳动争议？

分析：本案争议的主体是企业和企业职工，双方存在劳动关系，争议标的是劳动者被扣的工资，虽然被扣工资是由于劳动者私建围墙导致的，但劳动者申诉的内容是要求返还工资，工资属于劳动合同的内容。所以，本案应属于劳动争议，而非民事案件。

二、劳动争议的分类

劳动争议按照不同的标准有着不同的分类。常见的劳动争议分类方式主要有以下几种：

1. 按照争议标的性质的不同，劳动争议可以分为权利争议和利益争议。

（1）权利争议，又称既定权利的争议，是指因实现劳动法规、集体合同和劳动合同所规定的权利和义务所发生的争议。争议产生的原因是劳动关系一方当事人不依法行使权利或履行义务，侵害了另一方的合法权益，或者双方对如何行使权利和履行义务的理解产生了分歧，如有关劳动者平等就业、支付劳动报酬、休息休假、技能培训等方面所发生的争议。

（2）利益争议，又称确定权利的争议，是指因主张有待确定的权利和义务所发生的争议。这类争议中，双方所主张的权利义务事先并没有确定，争议之所以发生是因为双方当事人对这些有待确定的权利义务有不同的要求，争议的目的在于使一方或双方的某种利益得到合同或法律的确认，从而上升为权利。它往往直接与当事人一方享有的劳动福利有关，如增加工资、缩短工时、劳动保护等。

2. 根据劳动争议一方劳动者人数的多少，可分为个人争议和集体争议。

（1）个人争议，是指劳动者一方的人数为3人以下的与用人单位之间发生的劳动争议。它是关于单个劳动关系的争议，劳动者仅限于1人或2人，争议的解决须由其本人参加。目前，我国劳动争议中多数为个别劳动争议，该争议内容仅限于单个劳动者的权利和义务，在处理程序上相对简单。

（2）集体争议，又称多个争议，是指劳动者一方的人数达到法定人数以上并且是基于共同理由与用人单位发生的劳动争议。如因多名员工加班工资或养老保险费支付引起的争议。依据现行法律规定，发生劳动争议的劳动者一方，人数在 10 人以上，并且具有共同理由，他们对权利义务有共同请求权，当事人应当推荐代表参加调解、仲裁或诉讼活动，职工代表在争议处理过程中的行为只代表涉及争议的部分职工的意志，对未涉及争议的职工则不具有法律意义。

3. 根据劳动争议当事人的不同，可分为个别争议和团体争议。

（1）个别争议是发生在单个劳动者与用人单位之间的劳动争议。团体争议，亦称集体合同争议，是工会与用人单位或其团体之间因集体合同而发生的争议。如果用人单位单方面侵害多数职工利益或本单位全部职工的利益，工会有权代表全体职工的利益，其行为对全体职工具有法律效力。

（2）团体争议与集体争议是性质不同的两种争议。集体争议是关于同一类劳动关系的争议，而团体争议是关于集体合同的争议；集体争议的当事人，一方为达到法定数额以上的特定部分职工（我国法定为 10 人以上），另一方为用人单位；团体争议的当事人，一方为工会，另一方为用人单位或其团体；集体争议的特定职工当事人与用人单位发生劳动争议只限于这部分职工的各自具体利益，团体争议则涉及全体职工的整体利益。

4. 根据劳动争议是否含有涉外因素，可分为国内劳动争议和涉外劳动争议。

（1）国内劳动争议，是指具有中国国籍的劳动者与用人单位之间的劳动争议，应明确的是，外商投资企业是中国企业，它与中国职工之间的劳动争议属于国内劳动争议。

（2）涉外劳动争议，是指当事人一方或双方具有外国国籍或无国籍的劳动争议，它包括中国用人单位与外籍职工之间，外籍雇主与中国职工之间的劳动争议。涉外劳动争议的处理，应当按照雇主所在地法的国际惯例，确定其准据法。凡用人单位（雇主）所在地在我国境内的，涉外劳动争议的处理，就应当适用我国法律。

三、劳动争议的受案范围

劳动关系内容的广泛性决定着劳动争议范围的广泛性。凡是有劳动关系存在的地方，都有争议存在的可能。根据《劳动争议调解仲裁法》第 2 条，我国劳动争议的范围包括：

（一）因确认劳动关系发生的争议

劳动关系是因用人单位录用劳动者而与之发生的劳动权利义务关系。实践中，一些用人单位不与劳动者签订劳动合同，一旦发生纠纷，劳动者常因拿不出劳动合同这一确定劳动关系存在的凭证而难以维权。为了更好地维护劳动者的合法权益，将确认劳动关系发生的争议纳入劳动争议处理范围。

（二）因订立、履行、变更、解除和终止劳动合同发生的争议

用人单位与劳动者的劳动关系，涉及订立、履行、变更、解除和终止劳动合同的全过程。这一过程中任何一个环节发生的争议，都可以适用劳动争议调解仲裁法来解决。

（三）因除名、辞退和辞职、离职发生的争议

这一类劳动争议是由于解除和终止劳动关系而引发的争议。因企业根据职工违纪的情况以及企业生产经营的现状对职工实施除名、辞退和职工根据企业和个人的具体情况作出的辞职、离职的行为而引发的劳动争议，劳动争议处理机构均予受理。

（四）因工作时间、休息休假、社会保险、福利、培训以及劳动保护发生的争议

因工作时间、休息休假发生的争议，主要涉及用人单位规定的工作时间是否符合有关法律的规定，劳动者是否能够享受到国家的法定节假日和带薪休假的权利等而引起的争议；因社会保险发生的劳动争议，主要涉及用人单位是否依照有关法律、法规的规定为劳动者缴纳养老、工伤、医疗、失业、生育等社会保险费用而引起的争议；因福利、培训发生的劳动争议，主要涉及用人单位与劳动者在订立的劳动合同中规定的有关福利待遇、培训等约定事项的履行而产生的争议；因劳动保护发生的劳动争议，主要涉及用人单位是否为劳动者提供符合法律规定的劳动安全卫生条件等标准而产生的争议。这一类争议关系到劳动者的切身利益，体现国家对社会劳动者的关心和爱护。劳动者与用人单位之间一旦发生这样的争议，应当及时予以解决，切实保护广大劳动者的合法利益。

[案例]

某外商投资企业与员工李某在签订劳动合同的同时，签订了一份《有关购买社会保险意向书》，约定李某同意企业不为其办理养老、医疗等社会保险。李某工作多年后因被企业无故辞退而引发劳动争议。李某向当地劳动争议仲裁委员会申请仲裁，要求该企业支付解除劳动合同的经济补偿金和补交养老、医疗等社会保险费。劳动仲裁委员会裁决支持李某关于解除劳动合同经济补偿金的请求，却驳回了关于补交社会保险费的请求。李某不服，向仲裁委员会所在地的人民法院起诉。法院会支持李某的请求吗？

分析：《劳动法》第72条明确规定，用人单位和劳动者必须依法参加社会保险，缴纳社会保险费。社会保险是属于法定强制保险，企业和员工都必须依法缴纳社会保险费，任何关于放弃缴纳社会保险费的协议都无效。因此，法院会

依法支持李某关于补交社会保险费的请求。

（五）因劳动报酬、工伤医疗费、经济补偿或者赔偿金等发生的争议

这一类争议涉及劳动者与用人单位因金钱给付问题而发生的劳动争议。经济补偿是根据劳动合同法的规定，用人单位解除和终止劳动合同时，应给予劳动者的补偿。赔偿金是根据劳动合同法的规定，用人单位应当向劳动者支付的赔偿金和劳动者应当向用人单位支付的赔偿金等。

（六）法律、法规规定的其他劳动争议

这是一项兜底的规定。除了上述劳动争议事项外，法律、行政法规或者地方性法规规定的其他劳动争议，也要纳入劳动争议调解仲裁法的调整范围。随着我国劳动立法的逐渐完善，会有许多新型的劳动纠纷纳入劳动争议处理机构受理的范围。

四、劳动争议的处理制度

劳动争议处理制度是通过劳动立法的形式将劳动争议处理的机构、原则、程序、受理范围等确定下来，用以处理劳动争议的一项法律制度。

对劳动争议的处理，原劳动部曾于1950年制定了《劳动部关于劳动争议解决程序的规定》（现已失效）等，初步建立了一套包括协商、调解、仲裁和审判的劳动争议处理制度。1993年7月，国务院发布了《中华人民共和国企业劳动争议处理条例》（现已失效），建立和完善了我国劳动争议处理的基本程序。近年来，随着我国劳动用工制度发生深刻变革，企业形式和劳动关系日趋多样化，劳动争议案件数量大幅度上升，2007年，全国人大常委会制定并通过《中华人民共和国劳动争议调解仲裁法》，它成为目前解决我国劳动争议的主要法律依据。

（一）劳动争议处理机构和方式

1. 劳动争议处理机构。劳动争议处理机构指受理劳动争议案件的组织机构。根据《劳动争议调解仲裁法》的规定，劳动争议的处理机构有劳动争议基层调解组织、劳动争议仲裁委员会、人民法院三类机构。

劳动争议基层调解组织是负责调解劳动争议的群众性组织。具体包括企业劳动争议调解委员会（由职工代表和企业代表组成），基层人民调解组织及在乡镇、街道设立的具有劳动争议调解职能的组织。

劳动争议仲裁委员会是处理劳动争议的专门机构，由劳动行政部门代表、工会代表和企业方面代表组成。劳动争议仲裁委员会组成人员应当是单数。劳动争议仲裁委员会依法履行下列职责：聘任、解聘专职或者兼职仲裁员；受理劳动争议案件；讨论重大或者疑难的劳动争议案件；对仲裁活动进行监督。

人民法院是国家的审判机关，也承担着处理劳动争议的任务。当劳动争议当事人对劳动争议仲裁委员会的裁决不服提起诉讼时，人民法院应当予以受理并作出裁判。

2. 劳动争议的处理方式。《劳动法》第 77 条明确规定："用人单位与劳动者发生争议，当事人可以依法申请调解、仲裁、提起诉讼，也可以协商解决。调解原则适用于仲裁和诉讼程序。"可见，处理劳动争议适用协商（和解）、调解、仲裁、诉讼四种方式。

协商（和解）是当事人双方自行商量，达成解决劳动争议的协议。主要特点是无第三人参与，不受程序约束，协议的达成和遵守完全由双方自愿。

调解是在第三人主持下，通过说服、劝导，使劳动争议在当事人双方互谅互让的基础上得到解决。劳动争议调解包括用人单位调解机构调解、仲裁程序中的调解和诉讼程序中的调解。

仲裁是仲裁机构应当事人申请对劳动争议依法进行审理并作出具有法律效力的处理决定，使争议得以解决的方式。仲裁是进入诉讼的必经程序。

诉讼是人民法院应不服劳动争议仲裁当事人的起诉，对争议依法进行审理并作出裁判的方式，是一种最有效、最彻底的解决劳动争议的方式。

（二）劳动争议的处理原则

劳动争议处理原则是劳动争议处理机构在处理劳动争议案件时必须遵循的基本准则。它贯彻于劳动争议处理全过程，体现国家劳动立法关于劳动争议处理的指导思想。

1. 查清事实原则。"以事实为依据，以法律为准绳"是我国法制的基本原则，在处理劳动争议时，要求调解委员会、仲裁委员会及人民法院都必须对争议的事实进行深入、细致、客观的调查、分析，查明事实真相，在查清事实的基础上，依法进行调解、仲裁和审判。查清事实原则是准确适用法律、公正处理争议的基础。

2. 合法、公正、及时处理原则。合法是指处理劳动争议时，应当以法律为准绳，并遵循法定程序，确保程序与实体的合法性。公正是指在处理劳动争议过程中，应当公平对待双方当事人，在程序和结果上都不得偏袒其中任何一方；及时是指受理劳动争议案件后，应当在规定时间内尽快处理，唯如此，方能更好地保障双方当事人的利益，尤其是受害方的合法权益。

3. 着重调解原则。在处理劳动争议过程中，应当注重用调解方式解决劳动争议，不仅基层调解机构应当促使当事人双方达成调解协议，而且仲裁机构在裁决前，对适于调解的劳动争议案件也应当先行调解，调解不成才进入下一道程序。调解是促进劳动关系和谐的有效途径。

须强调的是，调解应当遵循当事人自愿原则，在查明事实、分清是非的基础上达成调解协议，不得强迫当事人调解，更不能"和稀泥"。

第二节　劳动争议基层调解

一、劳动争议基层调解的含义和特点

劳动争议的基层调解，是指用人单位内部依法设立的劳动争议调解委员会或当地基层调解组织，对劳动者和用人单位之间发生的劳动争议进行调解，在查清事实、分清是非的基础上，促使当事人在互让互谅基础上达成协议，从而化解争议的一种方式。

调解是世界各国最为常用的一种化解劳动关系冲突的基本途径。以调解方式解决劳动争议，具有程序简易、费用低廉、快速有效的优点，有利于促进当事人之间的团结和维护正常的生产秩序。同时，由于调解协议完全出自双方自愿，多数情况下能够得到当事人的自觉履行。因此，调解构成我国劳动争议处理制度的重要组成部分。

劳动争议基层调解的特点：

1. 调解机构是用人单位内部设立的劳动争议调解委员会或当地基层人民调解委员会。其性质是社会组织，而不是国家机关。

2. 调解活动具有任意性，几乎不受固定程序和形式的约束，也可将道德规范、社会习惯作为调解的依据。

3. 经过劳动争议基层调解的劳动争议，达成的调解协议，依赖于争议双方当事人的自觉履行，不具有强制执行的法律效力。

4. 劳动争议调解不是劳动仲裁和诉讼的必经程序。发生劳动争议后，当事人不愿意接受调解的，可以直接向当地的劳动仲裁机构申请仲裁。

二、劳动争议基层调解机构

（一）企业劳动争议调解委员会

企业劳动争议调解委员即企业内部设立的劳动争议调解委员会。它由职工代表和企业代表组成。职工代表由工会成员担任或者由全体职工推举产生，企业代表由企业负责人指定。企业劳动争议调解委员会主任由工会成员或者双方推举的人员担任。

（二）依法设立的基层人民调解组织

依法设立的基层人民调解组织主要是依据《人民调解法》设立的人民调解委员会，包括村民委员会和居民委员会下设的调解纠纷的群众性组织以及基层司法组织。人民调解委员会的主要任务有：①调解民间纠纷，防止纠纷激化；

②通过调解工作宣传法律、法规、规章和政策，教育公民遵纪守法，尊重社会公德，预防纠纷发生；③向村民委员会、居民委员会、当事人所在单位和人民政府反映民间纠纷和调解工作的情况。其中，解决纠纷是核心职能。

基层调解组织在基层人民政府和基层人民法院指导下进行工作。在我国，相当部分的中小企业，尤其是非公有制企业及新建企业，没有设立劳动争议调解组织或因人员编制等情况没有发挥调解组织功能。因此，这些企业中的劳动者与用人单位发生劳动争议时可以到依法设立的基层调解组织申请调解。

（三）在乡镇、街道设立的具有劳动争议调解职能的组织

目前，我国正处于社会转型时期，劳动争议案件大量涌现。除依法设立的基层人民调解组织以外，劳动行政部门根据实际需要，还在乡镇、街道设立具有劳动争议调解职能的组织，以缓解各类劳动争议不断增加的压力。这类的调解组织主要有两种模式：①依托于乡镇劳动服务站的调解组织；②依托于地方工会的调解组织。

劳动争议调解组织的调解员应当由公道正派、联系群众、热心调解工作，并具有一定法律知识、政策水平和文化水平的成年公民担任。

三、劳动争议基层调解的程序

（一）申请与受理

劳动争议发生后，当事人协商不成，或双方不愿意协商解决的，可以向调解委员会申请调解。当事人申请劳动争议调解可以书面申请，也可以口头申请。口头申请的，调解组织应当当场记录申请人基本情况、申请调解的争议事项、理由和时间。

调解委员会在受理审查中，要审查申请事由是否属于劳动争议、申请人是否合格、申请的对方当事人是否确定、调解请求和事实根据是否明确等。经审查认为符合受理条件的，予以受理，并通知双方当事人；如果不受理，应向申请人说明理由，并告知应向何处申诉。

（二）调解前准备

受理劳动争议后，为保证顺利和及时调解，应事先进行必要的准备工作：①进一步审查申请书内容，如发现内容欠缺，应及时通知申请人补充；②要求对方当事人就申请中表明的请求、事实、理由提出意见及事实证据；③指派调解委员对争议事项进行全面调查核实，收集有关证据；④告知双方当事人调解的时间和地点。

调解委员会成员中，有与争议当事人或其近亲属存在利害关系的，或有其他关系而可能影响公正调解的，当事人有权口头或书面申请回避。调解委员会对回避申请应及时作出决定。调解委员的回避由调解委员会主任决定，调解委

员会主任的回避由调解委员会集体研究决定。

（三）调解过程

1. 会议主持人宣布会议开始，书记员向主持人报告到会人员情况。

2. 主持人宣布调解目的和调解纪律，告知当事人权利义务并宣布申请人请求解决的争议事项。

3. 申请人宣读申请书或口头陈述申请事实和理由，随后由对方当事人宣读答辩书或口头陈述。

4. 主持人宣讲与争议有关的法规政策，然后出示有关证据。

5. 当事人双方对宣布的事实、证据发表意见。

6. 调解委员会调解应当充分听取双方当事人对事实和理由的陈述，耐心疏导，帮助其达成协议。

（四）调解结束

经调解达成协议的，应当制作调解协议书。调解协议书由双方当事人签名或者盖章，经调解员签名并加盖调解组织印章后生效，对双方当事人具有约束力，当事人应当自觉履行调解协议。

调解达不成协议或当事人对调解协议事后反悔，拒不履行调解协议的，视为调解不成。争议双方当事人可以依照有关法规的规定，向劳动仲裁委员会提出仲裁申请。但是，因支付拖欠劳动报酬、工伤医疗费、经济补偿或者赔偿金事项达成调解协议，用人单位在协议约定期限内不履行的，劳动者可以持调解协议书依法向人民法院申请支付令。

劳动争议调解委员会处理劳动争议，应当自当事人提出申诉之日起 15 日内结案，到期未结案视为调解不成。

第三节　劳动争议仲裁

一、劳动争议仲裁的概念

劳动争议仲裁是指劳动争议仲裁机构对当事人请求解决的劳动争议，依法居中公断的行为。其特点是：①仲裁机构是一种依法组成的官方机构，是行政机关；②仲裁申请可以由任何一方当事人提起，无需双方当事人合意；③仲裁机构作出的裁决书具有强制执行的效力，但不能由其执行。

劳动仲裁是世界各国解决劳动争议较为普遍的方法，其基本精神是由一个中立的第三者对当事人之间的争议作出居中裁决。现今，劳动争议仲裁是我国整个劳动争议处理制度链条中的一项重要环节，对缓解和化解日趋增多的劳动争议发挥着举足轻重的作用。

仲裁与调解相比，最大的不同是仲裁更具有权威性和法律强制效力。从我国劳动争议仲裁性质上看，仲裁活动具有一定的行政性质，不是纯粹的司法活动，可以说，它是一种兼有行政性和准司法性的执法行为。

二、劳动争议仲裁机构

劳动争议仲裁机构是劳动争议仲裁委员会。劳动争议仲裁委员会是经国家授权，依法独立进行劳动争议案件仲裁的专门机构。地方各级劳动行政主管部门的劳动争议处理机构为仲裁委员会的办事机构。

（一）劳动争议仲裁委员会

按照统筹规划、合理布局和适应实际需要的原则设立。省、自治区人民政府可以决定在市、县设立；直辖市人民政府可以决定在区、县设立。直辖市、设区的市也可以设立一个或者若干个劳动争议仲裁委员会。劳动争议仲裁委员会不按行政区划层层设立。

劳动争议仲裁委员会由劳动行政部门代表、工会代表和企业方面代表组成。主任由劳动行政部门负责人担任；三方代表人数总和必须是单数，至于每方代表的具体人数，则由三方协商确定。仲裁委员会实行集体领导，按照少数服从多数的原则作出决定。劳动争议仲裁委员会的职责是：①聘任、解聘专职或者兼职仲裁员；②受理劳动争议案件；③讨论重大或者疑难的劳动争议案件；④对仲裁活动进行监督。

（二）劳动争议仲裁庭

仲裁委员会处理劳动争议案件，实行仲裁庭制度，即按照"一案一庭"的原则组成仲裁庭，审理劳动争议案件。仲裁庭的组织形式可分为独任制和合议制两种。仲裁庭由仲裁员组成。

仲裁员应当公道正派并符合下列条件之一：①曾任审判员的；②从事法律研究、教学工作并具有中级以上职称的；③具有法律知识、从事人力资源管理或者工会等专业工作满 5 年的；④律师执业满 3 年的。

三、仲裁时效

劳动争议申请仲裁的时效期间为 1 年。仲裁时效期间从当事人知道或者应当知道其权利被侵害之日起计算。

因当事人一方向对方当事人主张权利，或者向有关部门请求权利救济，或者对方当事人同意履行义务而中断。从中断时起，仲裁时效期间重新计算。

因不可抗力或者有其他正当理由，当事人不能在规定的仲裁时效期间申请仲裁的，仲裁时效中止。从中止时效的原因消除之日起，仲裁时效期间继续计算。

劳动关系存续期间因拖欠劳动报酬发生争议的，劳动者申请仲裁不受"1

年"的限制；但是，劳动关系终止的，应当自劳动关系终止之日起 1 年内提出。

[案例]

2017 年 4 月 1 日，李某到某制衣厂从事仓库保管工作。2018 年 9 月 1 日，李某向某制衣厂口头提出辞职请求。2010 年 9 月 30 日，李某离职。期间双方未签订劳动合同。为此，李某于 2010 年 12 月 10 日向劳动争议仲裁委员会提起仲裁，要求单位支付工作期间的二倍工资。

分析：根据《劳动合同法》的规定，李某要求单位支付 2 倍工资的工作期间是 2009 年 5 月 1 日~2010 年 3 月 31 日，诉讼时效应当自 2010 年 4 月 1 日起算，截止于 2011 年 4 月 1 日前。因此，李某于 2010 年 12 月 10 日向劳动争议仲裁委员会提起仲裁没有超过诉讼时效。

四、劳动争议仲裁程序

（一）当事人申请

根据调解仲裁法的相关规定，当事人向劳动争议仲裁委员会提出仲裁申请应当具备以下条件：①申请仲裁的劳动争议属于劳动争议仲裁委员会受理案件范围和管辖范围；②仲裁申请必须在规定的仲裁时效期间提出；③仲裁申请必须有明确的被申请人、具体的仲裁请求、具体的事实根据、理由和必要的证据；④申请人应当提交书面仲裁申请，并按照被申请人人数提交副本。书写仲裁申请确有困难的，可以口头申请，由劳动争议仲裁委员会的工作人员记入笔录并告知对方当事人。

仲裁申请书应当载明下列事项：

1. 劳动者的姓名、性别、年龄、职业、工作单位和住所，用人单位的名称、住所和法定代表人或者主要负责人的姓名、职务。

2. 仲裁请求和所根据的事实、理由。

3. 证据和证据来源、证人姓名和住所。

劳动争议仲裁申请书

申诉人：

姓　名：

性　别：

年　龄：

被诉人：

法定代表人：

地址：
请求事项：

_____

_____

_____

事实和理由（包括证据和证据来源，证人姓名和住址等情况）：

_____

_____

_____

此致
劳动争议仲裁委员会

申诉人（签名或盖章）：
年 月 日

附：
1. 副本　　份
2. 物证　　份
3. 书证　　份

（二）受理及管辖

1. 受理。劳动争议仲裁委员会收到仲裁申请之日起 5 日内，认为符合受理条件的，应当受理，并通知申请人；认为不符合受理条件的，应当书面通知申请人不予受理，并说明理由。对劳动争议仲裁委员会不予受理或者逾期未作出决定的，申请人可以就该劳动争议事项向人民法院提起诉讼。

劳动争议仲裁委员会受理仲裁申请后，应当在 5 日内将仲裁申请书副本送达被申请人。被申请人收到仲裁申请书副本后，应当在 10 日内向劳动争议仲裁委员会提交答辩书。劳动争议仲裁委员会收到答辩书后，应当在 5 日内将答辩书副本送达申请人。被申请人未提交答辩书的，不影响仲裁程序的进行。

2. 管辖。劳动争议仲裁实行地域管辖原则，主要是方便当事人参加仲裁和方便仲裁员会审，体现仲裁的合理分工和灵活性。

劳动争议仲裁委员会负责管辖本区域内发生的劳动争议。劳动争议由劳动合同履行地或者用人单位所在地的劳动争议仲裁委员会管辖。双方当事人分别向劳动合同履行地和用人单位所在地的劳动争议仲裁委员会申请仲裁的，由劳动合同履行地的劳动争议仲裁委员会管辖。

[案例]

李某于 2017 年 6 月 1 日入职武汉市江汉区 A 公司工作，岗位为司机，工作地点位于北京市朝阳区酒仙桥。李某与公司签订了三年的劳动合同，期限为 2017 年 6 月 1 日至 2020 年 5 月 31 日。同时在劳动合同中中约定："本合同履行过程中发生劳动争议，甲乙双方应当协商解决。协商不成的，可以向武汉市江汉区劳动争议仲裁委员会申请仲裁。对裁决不服的，可以向总公司所在地武汉市江汉区人民法院提起诉讼。"

2018 年 5 月 10 日，公司以李某违反规章制度为由解除了双方的劳动合同。2018 年 9 月 20 日，李某向北京市朝阳区劳动人事争议仲裁委员会申请仲裁，要求 A 公司支付赔偿金。朝阳区仲裁委作出裁决，裁决公司支付李某违法解除劳动合同的赔偿金 7000 元。李某不服，向北京市朝阳区人民法院提起诉讼。开庭前 A 公司提出管辖异议，主张依据双方签订的劳动合同，该争议应由武汉市江汉区法院管辖。

北京市朝阳区人民法院经过审理认为：按照民事诉讼法的规定，约定管辖仅限于合同或其他财产权益纠纷，而劳动争议是基于劳动关系而存在的，不是单纯财产权益纠纷，不属于上述适用范围。用人单位无权利用其强势地位剥夺劳动者的诉讼权利，劳动合同中约定管辖条款是无效的。而北京市朝阳区为李某的劳动合同履行地。据此，驳回 A 公司的管辖权异议。

（三）开庭和裁决

1. 组成仲裁庭。劳动争议仲裁委员会裁决劳动争议案件实行仲裁庭制。仲裁庭由 3 名仲裁员组成，设首席仲裁员。简单劳动争议案件可以由 1 名仲裁员独任仲裁。

劳动争议仲裁委员会应当在受理仲裁申请之日起 5 日内将仲裁庭的组成情况书面通知当事人。

2. 开庭审理。劳动争议仲裁应当公开进行，但当事人申请不公开或者涉及国家秘密、商业秘密和个人隐私的不公开审理。仲裁庭应当在开庭 5 日前，将开庭日期、地点书面通知双方当事人。当事人有正当理由的，可以在开庭 3 日前请求延期开庭。是否延期，由劳动争议仲裁委员会决定。

申请人收到书面通知，无正当理由拒不到庭或者未经仲裁庭同意中途退庭的，可以视为撤回仲裁申请。被申请人收到书面通知，无正当理由拒不到庭或者未经仲裁庭同意中途退庭的，可以缺席裁决。

仲裁庭对专门性问题认为需要鉴定的，可以交由当事人约定的鉴定机构鉴定；当事人没有约定或者无法达成约定的，由仲裁庭指定的鉴定机构鉴定。根据当事人的请求或者仲裁庭的要求，鉴定机构应当派鉴定人参加开庭。当事人经仲裁庭许可，可以向鉴定人提问。

当事人在仲裁过程中有权进行质证和辩论。质证和辩论终结时，首席仲裁员或者独任仲裁员应当征询当事人的最后意见。

仲裁庭应当将开庭情况记入笔录。当事人和其他仲裁参加人认为对自己陈述的记录有遗漏或者差错的，有权申请补正。如果不予补正，应当记录该申请。笔录由仲裁员、记录人员、当事人和其他仲裁参加人签名或者盖章。

（四）仲裁裁决

仲裁庭裁决劳动争议案件，应当自劳动争议仲裁委员会受理仲裁申请之日起 45 日内结束。案情复杂需要延期的，经劳动争议仲裁委员会主任批准，可以延期并书面通知当事人，但是延长期限不得超过 15 日。逾期未作出仲裁裁决的，当事人可以就该劳动争议事项向人民法院提起诉讼。

1. 仲裁调解。仲裁庭在作出裁决前，应当先行调解。仲裁调解是必经程序。调解达成协议的，仲裁庭应当制作调解书。调解书应当写明仲裁请求和当事人协议的结果。调解书由仲裁员签名，加盖劳动争议仲裁委员会印章，送达双方当事人。调解书经双方当事人签收后，发生法律效力。劳动争议双方当事人一经达成调解协议并收到调解书，争议的处理程序即告终止，当事人不能再向人民法院起诉。

2. 仲裁裁决。调解不成或者调解书送达前，一方当事人反悔的，仲裁庭应当及时作出裁决。仲裁书应当载明仲裁请求、争议事实、裁决理由、裁决结果和裁决日期。裁决书由仲裁员签名，加盖劳动争议仲裁委员会印章。对裁决持不同意见的仲裁员，可以签名，也可以不签名。

对仲裁委员会作出的裁决书不服的，当事人可以自收到仲裁裁决书之日起 15 日内向人民法院提起诉讼。

3. 终局裁决。为了提高劳动争议案件的解决效率，降低劳动争议当事人的维权成本，立法对不同情况下的劳动争议仲裁裁决的效力作了规定。依据《劳动争议调解仲裁法》的规定，下列劳动争议仲裁裁决为终局裁决，裁决书自作出之日起发生法律效力：①追索劳动报酬、工伤医疗费、经济补偿或者赔偿金，不超过当地月最低工资标准 12 个月金额的争议；②因执行国家的劳动标准在工作时间、休息休假、社会保险等方面发生的争议。

需要强调的是，劳动者对终局仲裁裁决不服的，仍然可以自收到仲裁裁决书之日起 15 日内向人民法院提起诉讼。

对于具有终局效力的仲裁裁决，法律赋予了用人单位申请撤销的权利，可以自收到仲裁裁决书之日起 30 日内向劳动争议仲裁委员会所在地的中级人民法院申请撤销裁决。用人单位必须有证据证明仲裁裁决有下列情形之一：①适用法律、法规确有错误的；②劳动争议仲裁委员会无管辖权的；③违反法定程序的；④裁决所根据的证据是伪造的；⑤对方当事人隐瞒了足以影响公正裁决的证据的；⑥仲裁员在仲裁该案时有索贿受贿、徇私舞弊、枉法裁决行为的。仲裁裁决被人民法院裁定撤销的，当事人可以自收到裁定书之日起 15 日内就该劳动争议事项向人民法院提起诉讼。

[案例]

周某受聘于某销售公司。2018 年 4 月怀孕，11 月以身体不适为由，周某向公司要求提前休产假并享受产假期间的工资待遇，公司认为应当定为病假，并支付病假工资。周某于是向当地劳动争议仲裁委员会申请仲裁。仲裁委裁决支持了周某的请求。公司不服，向当地基层人民法院起诉。法院会受理吗？

分析：依据仲裁调解法的规定，因执行国家劳动标准在工作时间、休息休假、社会保险等方面发生的争议所作的仲裁裁决为终局裁决，从作出之日起发生法律效力。用人单位不服的，只能向劳动争议仲裁委员会所在地的中级人民法院申请撤销，直接向当地基层人民法院起诉，法院是不予受理的。

4. 先予执行。先予执行是指在终局执行以前，由于权利人生活或者生产经营的急需，法院裁定义务人预先给付权利人一定数额的金钱或者财物的措施。

在劳动争议案件中，有些情况下劳动者存在着迫切的生活需要，如得不到保障则会使劳动者的生活无着或者失去治疗良机。因此，劳动争议仲裁规定了先予执行，其范围限于追索劳动报酬、工伤医疗费、经济补偿或者赔偿金的案件。劳动者申请先予执行的，可以不提供担保。

第四节 劳动争议诉讼

一、劳动争议诉讼概述

《劳动法》第 83 条规定："劳动争议当事人对仲裁裁决不服的，可以自收到仲裁裁决书之日起 15 日内向人民法院提起诉讼。一方当事人在法定期限内不起诉又不履行仲裁裁决的，另一方当事人可以申请人民法院强制执行。"

劳动争议诉讼是指人民法院对当事人不服劳动争议仲裁机构的裁决或决定而起诉的劳动争议案件，依照法定程序进行审理和判决的一种劳动争议处理方式。当事人一方不履行仲裁委员会已发生法律效力的仲裁书或调解书，另一方当事人申请人民法院强制执行的活动也纳入诉讼范围。

根据劳动法的规定，劳动争议诉讼与仲裁的关系一般可概括为：仲裁是诉讼前的必经处理方式，诉讼是仲裁后的重新处理方式。二者既相互联系又彼此独立。我国劳动法规将诉讼置于调解和仲裁之后作为劳动争议最终处理方式，目的是尽量通过调解和仲裁方式及时妥善解决企业内部矛盾，缓和双方当事人的关系，加强团结，当调解和仲裁方式解决不了时，可通过诉讼途径最后做出明确、公正的判决并由国家强制力保证实施，切实维护当事人的合法利益。

目前，我国没有专门的劳动诉讼法和专门的劳动法庭，解决劳动争议适用民事诉讼法。然而，劳动争议诉讼当事人的特定性、诉讼标的的特殊性、仲裁前置的限制性决定了它在诉讼程序上有别于一般民事诉讼的特点。因此，在《劳动法》《民事诉讼法》规定一般劳动争议诉讼程序的基础上，最高人民法院前后颁布了《最高人民法院关于审理劳动争议案件适用法律若干问题的解释》《最高人民法院关于审理劳动争议案件适用法律若干问题的解释（二）》《最高人民法院关于审理劳动争议案件适用法律若干问题的解释（三）》《最高人民法院关于审理劳动争议案件适用法律若干问题的解释（四）》，对审理劳动争议案件作了一系列的规定。

二、劳动争议诉讼程序

（一）起诉与受理

起诉是指争议当事人向法院提出诉讼请求，要求法院行使审判权，依法保护自己的合法权益。根据《劳动法》及《民事诉讼法》的规定，起诉必须具备以下几个条件：

1. 起诉人必须是劳动争议案件的当事人。

2. 必须是因不服仲裁委员会的仲裁向人民法院起诉。

3. 必须有明确的被告、具体的诉讼请求和事实根据，不得将仲裁委员会作为被告向人民法院起诉。

4. 起诉不得超过法定的时效期限。即当事人必须在收到仲裁决定书之日起15日内向人民法院起诉。调解协议达成以后，自送达当事人之日起产生法律效力，当事人无权再行起诉。

5. 起诉必须向有管辖权的人民法院提出。人民法院的劳动争议案件管辖一般由劳动争议仲裁委员会所在地的人民法院受理。

人民法院收到当事人的起诉后，应当在7日内立案，并通知当事人。对于当事人起诉不符合法定条件的，应当裁定不予受理。当然，对法院不予受理的裁定不服的，当事人可以上诉。诉讼请求要尽可能详细，要明确被告，要说明要求被告承担何种义务等；在诉讼请求明确的同时，还要尽可能多地提供争议发生的时间、地点、争议经过和有关事实根据以及相应的法律文书等。

（二）开庭审理

人民法院审理劳动争议案件和审理一般民事纠纷一样，依照民事诉讼法的规定进行审理。

人民法院受理劳动争议案件之后，向被告送达起诉状副本、组成合议庭、开展调查、通知当事人参加诉讼等事宜。法庭调查中，按当事人陈述，证人出庭作证，出示书证、物证、视听资料，宣读鉴定意见和勘验笔录的顺序进行。进入法庭辩论后，先由原告及其诉讼代理人发言，后由被告及其诉讼代理人答辩，再由双方互相辩论。辩论结束后，审判长征询双方当事人最后意见。

针对劳动争议诉讼的特点，在审理劳动争议案件过程中需要特别注意以下几个方面的问题：

1. 审理范围。人民法院审理范围只限于仲裁当事人请求的属于劳动权利义务的事项。当事人的诉讼请求中如果包括有与劳动权利义务事项相联系的民事权利义务事项，人民法院则应当将其与劳动权利义务事项一并审理。

2. 举证责任。即诉讼当事人所承担的提供证明自己权利主张成立的法定义务。劳动争议案件除实行"谁主张谁举证"的一般原则之外，在一定情况下采取"举证倒置"的特殊原则。因为在劳动争议处理过程中，无论从经济实力还是从对资料、信息的占有来看，劳动者相对于用人单位而言都处于弱势地位，完全采用一般原则对劳动者显然不公平，为了纠正这种可能产生的不公正的现象，保护劳动者合法权益，《劳动争议调解仲裁法》第 6 条规定："发生劳动争议，当事人对自己提出的主张，有责任提供证据。与争议事项有关的证据属于用人单位掌握管理的，用人单位应当提供；用人单位不提供的，应当承担不利后果。"《最高人民法院关于审理劳动争议案件适用法律若干问题的解释》第 13 条进一步明确规定："因用人单位作出的开除、除名、辞退、解除劳动合同、减少劳动报酬、计算劳动者工作年限等决定而发生的劳动争议，用人单位负举证责任。"

[案例]

2017 年 6 月，丁某到某物业公司担任保安，双方签订劳动合同，约定合同期限自 2017 年 6 月 1 日起至 2018 年 5 月 31 日止。2018 年 5 月 8 日，该公司向丁某发出合同期满且终止劳动合同通知书，要求丁某于 2018 年 5 月 31 日前办理终止劳动合同手续，结算工资、经济补偿金等。丁某要求该公司支付加班费，并举证了值班记录、班次表等复印件。公司对上述证据予以否认，但没有提供相关证据。法院判决该公司支付丁某加班费 3531.03 元。

分析：根据《最高人民法院关于审理劳动争议案件适用法律若干问题的解释（三）》第 9 条的规定，劳动者主张加班费的，应当就加班事实的存在承担举证责任。但劳动者有证据证明用人单位掌握加班事实存在的证据，用人单位不提供的，由用人单位承担不利后果。本案丁某为证明加班事实举证了值班记录、班次表等复印件，证明公司应当掌握加班事实存在的证据，对此该公司不能证明原告不存在加班或已支付加班费的事实。故法院确认丁某在被告单位工作期间存在加班的事实，判决公司支付加班费。

3. 应当先行调解。针对劳动争议案件，法院要先行调解。调解在双方当事人自愿的基础上进行，调解达成协议的，制作法院调解书，交由双方当事人签收，即具备了法律效力，当事人必须执行。法院调解不成或法院调解书送达前当事人反悔的，法院应当进行及时判决。

（三）裁判及执行

通过审理，人民法院应当分别根据不同的诉讼请求作出判决。对于用人单位对劳动者作出的开除、除名、辞退、解除劳动合同、减少劳动报酬等处理或者因其他原因解除劳动合同确有错误的，人民法院可以依法判决予以撤销；对于追索劳动报酬、养老金、医疗费以及工伤保险待遇、经济补偿金、培训费及其他相关费用等案件，给付数额不当的，人民法院可以予以变更。

对人民法院作出的一审判决书不服的，当事人可以在法律规定的时间内向上一级人民法院提起上诉。逾期不上诉的，判决书即行生效。双方当事人应当自觉履行。当事人逾期不履行的，另一方当事人可申请人民法院强制执行。

引例解析

彭先生与康泰公司之间建立了明确的劳动关系。彭先生因病无法胜任工作。根据《劳动法》第 26、29 条，公司解除与彭先生的劳动合同，符合法律规定。但是，该公司拒绝支付任何经济补偿，违反了《劳动法》第 28 条的规定，即应当依照国家有关规定给予彭先生一定的经济补偿。双方可以就争议进行协商。协商不成，彭先生可以向公司所在地的劳动仲裁委员会申请仲裁。对仲裁决定不服的，还可以向仲裁机构所在地的基层人民法院提起诉讼，以求诉讼最终彻底解决。

本章内容小结

劳动争议是用人单位和劳动者之间关于劳动权利和劳动义务的争执。本章属劳动法律体系中的程序法部分，主要阐述与劳动争议相关的基本理论，包括劳动争议的含义、分类、范围、争议处理机构、原则及程序。同时，还着重对劳动争议基层调解、劳动争议仲裁及劳动诉讼制度作详细介绍。《劳动争议调解仲裁法》是目前解决我国劳动争议的主要法律依据。它完善了我国的劳动争议处理机制，有效地维护了广大劳动者的合法利益。

思考题

1. 什么是劳动争议？有何特征？劳动争议有哪些种类？
2. 劳动争议的解决有哪些途径？
3. 劳动争议的调解、仲裁、诉讼有何区别？
4. 案例分析：

凡某于 2007 年 11 月 8 日应聘到某油厂工作，双方签订了 1 年期的劳动合同，试用期为 1 个月。凡某工作一段时间后，认为油厂工作不适合自己，于 2018 年 5 月 7 日提出书面辞职申请，油厂同意凡某辞职，但提出要收取岗位技术培训费。凡某不同意，认为油厂根本就没有对他进行岗位培训，收取技术培训费没有根据。双方为此发生争议。油厂拒绝为凡某转移档案关系。凡某无奈向劳动争议仲裁委员会申请仲裁，要求裁决用人单位为其办理解除劳动合同的手续。油厂认为凡某违约，要求裁决凡某支付培训费。经调查，凡某进厂后被安排在分离机岗位工作，技术简单，第一天班长说了一下操作规程，第二天凡某便能独立操作，油厂并未出资培训，也没有老师傅传帮带。劳动争议仲裁委员会要求油厂举出以货币出资的证据，油厂称没有。

请根据上述材料，分析以下问题：

（1）劳动争议仲裁委员会应否支持凡某的主张？为什么？

（2）劳动争议仲裁委员会应如何处理此案？

延伸阅读

因非法用工关系发生的争议是否属于劳动争议

我国劳动法规定劳动合同中的用人主体必须是单位，对于自然人之间的雇佣关系只能称之为雇佣合同，适用《民法总则》等民事法律规范，因雇佣关系而发生的争议只能作为一般民事案件，而不能按劳动争议处理。这种区别劳动合同与雇佣合同的立法例称之为"二元立法体制"。

但是，在日常经济生活中，还存在着大量区别于典型的劳动关系和雇佣关系的一种用工形式，即人们常说的"非法用工关系"。如无营业执照但以企业形式进行经营的经济组织以及无从业资质的施工队、包工头等与受雇人员形成的法律关系。对于这些非法用工关系发生的争议是否应界定为劳动争议，在实践中一直存在很大的争议。

一种意见认为，非法用工关系应属于雇佣关系。①法律上的个体经济组织和企业应是经合法工商登记并持有营业执照的民事主体。非法用工主体既然不能构成用人单位，其与所雇人员之间就不能构成事实上的劳动关系。②依据现行法律，无工商登记的个体工商户或企业发生的民事行为应由其出资人直接承担法律责任，即其行为只能视为出资人的行为。由于非法用工主体的出资人一般是自然人，自然人与自然人之间的用工关系当然属于雇佣关系。

另一种意见认为，非法用工关系应属于劳动关系。①无营业执照进行经营的非法用工主体虽然形式上不符合用人单位的条件，但实质上已满足了个体工商户或企业的实体要件，实务中应依据其实质要件判别是否为用人单位。②非法用工主体由于违反工商登记的规定，理应受到行政处罚，但行政违法行为不应影响到其民事行为的效力，两者应区分开来。③劳动者作为非法用工关系中的相对方，并不存在过错，不能因非法用工主体的违法而导致他们不受劳动法的保护。

应该说，由于用工形式上的差异就导致适用不同的法律（劳动法或民法），会产生诸多的不公平，为了给予社会广大劳动者更多的权益保障，有必要在未来劳动立法上对各类用工法律关系加以明确规定。

第十一章

劳动法律责任

学习目标

　　通过本章的学习，全面了解违反劳动法的行为及其相应的处罚；理解劳动法律责任的含义及其构成、劳动法律责任的类型及其责任方式；学会应用相关知识解决现实生活中的实际问题，有效维护劳动关系各方当事人的合法权益。

内容结构图

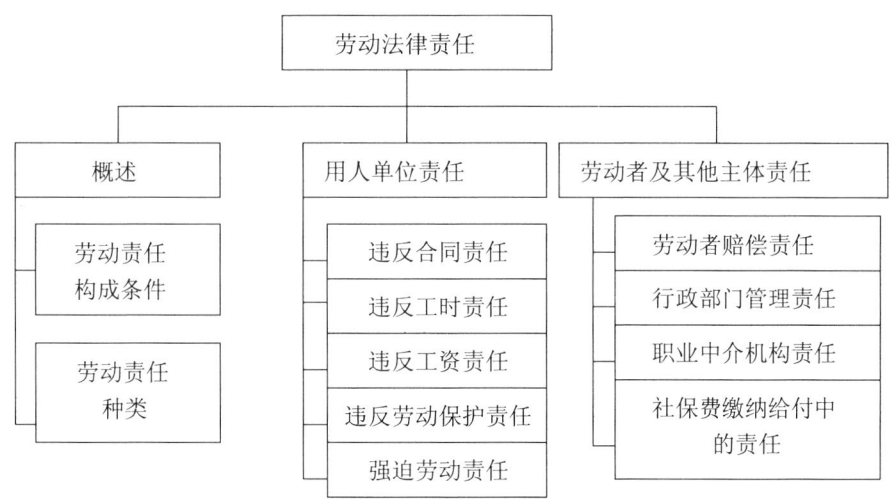

导入案例

　　信某是上海某电子元件制造厂的员工，在该单位工作超过 10 年。2018 年下半年，电子厂的订单明显比上一年同期少了很多。单位启动了裁员计划。由于信某是单位开创伊始就加盟的老员工，因此，他逃过了裁员这一劫。然而，单位领导集合留任的全体员工开会，希望留下来的员工们能和单位一起共渡难关，并宣布，从 2018 年 10 月开始，单位暂时按照每月 1300 元的标准为员工支付工资，等到经济形势有了好转，再按照劳动合同补发工资的差额。信某很不情愿，但出于对工作的需求和对单位的感情，他还是接受了单位的决定和做法。然而，信某还是想知道，单位这样做，是不是符合法律的规定呢？

第一节　劳动法律责任概述

我国《劳动法》《劳动合同法》都设有专章规范劳动法律责任。追究违反劳动法的法律责任，有效地制止来自劳动关系主体——用人单位与劳动者双方以及劳动行政部门和其工作人员违反劳动法的行为，从而为建立和维护社会主义市场经济体制下的劳动制度提供强有力的法律保障，使我国的劳动关系顺利地纳入法制的轨道，以促进社会经济的和谐发展和进步。

一、劳动法律责任的概念及特点

劳动法律责任是指劳动法上的用人单位、劳动者、劳动保障行政机关等各种劳动主体因违反劳动法律、法规而依法应当承担的消极法律后果。劳动法律责任是法律强制力的表现，这种强制力成为权利救济的重要法律依据。劳动法律责任的特点是：

1. 责任主体是违反劳动法的单位和个人。具体包括用人单位、劳动者、劳动力中介及其他中介组织和政府职能部门。政府机关违法的法律后果由该机关中实施违法行为的直接负责的主管人员和其他直接责任人员承担。

2. 责任根据是责任人存在违反劳动法律、法规的具体行为。如劳动者义务的不完全履行，用人单位的工资拖欠，中介组织的非法经营，政府有关职能部门的越权处罚等。违法行为是承担法律责任的根据和核心要素。

3. 责任内容是违法行为人必须向违法行为相对人或国家给付一定财物，履行一定的行为，接受一定的警戒或给付其他利益。

4. 责任形式表现为综合性。即综合了民事、行政和刑事三大责任形式，既能体现责任承担的相对性，又能使各种责任形式有机统一。

[知识链接]

法律责任

法律责任是法理学的基本问题之一，是法律义务履行的保障机制和法律义务违反的矫正机制。法律责任是国家对违反法定义务、超越法定权利界限或滥用权力的违法行为所作的法律上的否定性评价和谴责，是国家强制违法者作出一定行为或禁止其作出一定行为，从而补救受到侵害的合法权益，恢复被破坏的法律关系和法律秩序的手段。其主要功能是预防功能、救济功能和惩罚功能。

法律责任与道德责任的主要区别在于，法律责任的认定和承担均由国家依法授权专门机关依照法定程序进行。

根据责任性质、责任形式的不同，法律责任最基本的分类是违宪责任、民事责任、行政责任和刑事责任。

二、劳动法律责任的构成条件

追究违反劳动法的法律责任，必须具备四个条件：

1. 行为人有责任能力。即行为人具有承担法律责任的行为能力，它通常包含在劳动法主体的法律资格之中，只要是具有劳动法主体资格的单位或个人，就认为具有责任能力。国家劳动行政管理部门及其工作人员作为责任主体，是因他们与劳动关系具有密切性，法律也赋予其从事监督管理的职责，若其违反法定职责，则构成违反劳动法的责任。

2. 行为人实施了违反劳动法的行为。违反劳动法的行为既包括用人单位或劳动者违反《劳动法》或其他单行法规的行为，也包括违反本单位依照劳动法规制定的内部劳动规则、考勤制度、保密制度等合理的规章制度。实施的行为可以是作为也可以是不作为。

3. 责任者的行为具有主观方面的过错。即行为人实施违反劳动法律法规的行为在主观上存在故意或过失的心理状态。因此，除法律另有规定之外，只有行为人主观上有过错，行为人才对其不法行为所造成的损害承担法律责任。无论是故意还是过失，责任人员都应当承担违反法律的责任。不过，对于这两种违反劳动法时主观的心理状态应当在追究法律责任上有轻重的区别。

4. 行为人的行为造成或足以造成一定的社会危害。其危害对象既可能是劳动者或用人单位，也可能是国家、社会或劳动关系当事人以外的特定单位或个人；其危害形式可能表现为一种现实的财产或非财产方面的损失，也可能表现为将来可能遭受一定损失的风险；其危害发生与违反劳动法行为之间存在因果关系。同时，行为人的社会危害必须达到一定的程度，即已具有可制裁性。

追究违反劳动法的法律责任，最重要的是应持以严肃认真、实事求是的态度，对任何构成违反劳动法法律责任的案件，一定要进行认真的调查研究，查清违法行为的性质和原因，根据情节轻重和责任者的认错态度，依法进行处理。

三、劳动法律责任的种类

《劳动法》第十二章对违法主体的违法行为规定了三种法律责任形式：

1. 行政责任。行政责任包括行政处分和行政处罚两种形式。行政处分，亦称行政纪律处分，指上级有关主管部门或企业、事业单位按照行政隶属关系给予违法者的一种制裁措施。行政处分有警告、记过、记大过、降级、降职、撤职、留用察看、开除等形式。行政处罚是指劳动监察部门依法对违反劳动法律、法规和国家劳动政策而尚未构成犯罪行为的劳动关系主体施加的一种制裁措施。行政处罚的形式较多，如责令限期改正、警告、通报批评、责令停止施工（生产）、责令停产整顿、吊销证书或营业执照、给予行政拘留等处罚措施。

2. 民事责任。民事责任是企业、事业、机关的用人单位或职工违反劳动法给国家、集体或劳动关系的当事人另一方造成了一定的经济损失，应由责任人依法承担的财产责任。按照劳动法律、法规的规定，追究违反劳动法的行为人的民事责任，其形式有经济赔偿、经济补偿、罚款、加收滞纳金等处罚措施。此外，政府行政部门还有权申请人民法院依法强制执行冻结、划拨存款，扣留提取劳动收入等。

3. 刑事责任。刑事责任是行为人违反劳动法律规定，造成严重后果，触犯我国刑法，构成犯罪所应承担的法律责任形式。是劳动法法律责任形式中处罚性最严厉的一种。犯罪行为人主要是用人单位及其主要负责人、直接责任人。既有法人犯罪，也有个人犯罪。对刑事责任的追究，在劳动法上与行政责任、民事责任稍有不同，是通过劳动法指引的办法，援引我国刑法的相关总则与分则处罚。违反劳动法律法规的主要犯罪有：重大安全事故罪、违章冒险作业罪、危险物品肇事罪、强迫劳动罪、妨碍执行公务罪、滥用职权罪等。

第二节　用人单位的法律责任

在社会主义市场经济体制下，劳动关系的当事人中，劳动者的合法权益更易于受到侵犯，用人单位出现违反劳动法的行为的比重要大得多。一些用人单位片面追求眼前经济利益，侵害劳动者合法权益的事屡有发生，根本原因是一些用人单位法律观念淡薄。为了防范用人单位侵犯劳动者的合法权益，劳动法对用人单位违反劳动法的法律责任作了比较详细和具体的规定。

一、用人单位违反劳动合同的法律责任

用人单位违反劳动合同责任是用人单位因自己的过错造成劳动合同不能履行或不能完全履行时，按照法律规定或合同约定向劳动者依法承担的一种民事赔偿责任。该赔偿责任的目的在于补救劳动者因用人单位违反劳动合同而造成的损失，同时也给违反劳动合同的用人单位予以制裁，兼有惩罚性与补偿性的特点。

值得注意的是，根据相关劳动法律法规的规定，用人单位违反劳动合同的，除承担违约责任外，还需要承担其他法律责任的，用人单位还应承担其他形式的法律责任。

《劳动合同法》第七章对用人单位违反劳动合同的行为所应承担的法律责任进行了列举式规定，结合《劳动法》的规定，可以将其概括为以下几种情形：

（一）订立无效或部分无效合同的法律责任

因用人单位的过错导致劳动合同被确认无效或部分无效，给劳动者造成损害的，用人单位应当承担赔偿责任。关于赔偿的具体数额，劳动部于1995年5月发布了《违反〈劳动法〉有关劳动合同规定的赔偿办法》，该办法规定了不同情况下的赔偿标准：①造成劳动者工资收入损失的，按劳动者本人应得工资收入支付给劳动者，并加付应得工资收入25%的赔偿费用；②造成劳动者劳动保护待遇损失的，应按国家规定补足劳动者的保护津贴和用品；③造成劳动者工伤、医疗保险待遇损失的，除按国家规定为劳动者提供工伤、医疗待遇外，还应支付劳动者相当于医疗费用25%的赔偿费用；④造成女职工和未成年工身体健康损害的，除按国家规定提供治疗期间的医疗待遇外，还应支付相当于其医疗费用25%的赔偿费用；⑤劳动合同约定的其他赔偿费用。

（二）故意拖延不订立劳动合同的法律责任

用人单位自用工之日起超过1个月但不满1年未与劳动者订立书面劳动合同的，或者用人单位未依法与劳动者订立无固定期限劳动合同的，应当向劳动者支付2倍的月工资。对用人单位实施惩罚性赔偿，一方面是为了惩罚和阻止用人单位的违法行为，另一方面也是为了全面补偿受害人所遭受的物质和精神损失。

[案例]

叶某2015年进入某公司从事文员工作，月均工资2400元，双方签订了2年期限的劳动合同，合同期至2017年6月30日止。合同到期后，双方未续签劳动合同，而叶某也继续留在公司工作。2018年4月16日，叶某离开公司，要求公司补上2017年7月1日以后工作期间的2倍工资差额。公司认为，双方之间有劳动合同且已在2017年6月30日终止，对于后续期间的工作公司没理由支付叶某双倍工资。

分析：本案是一起因未及时续签劳动合同而引发的劳动争议。2017年6月30日合同到期后至2018年4月16日前，叶某仍继续留在公司工作，公司无异议，应当认定为双方之间的劳动关系继续存续，此期间依然需要依法签订劳动合同。公司未及时与叶某续签劳动合同，违反了劳动法关于订立劳动合同的规定，应当向叶某支付 2 倍的月工资。

（三）提供的劳动合同文本未载明法律规定必备条款的法律责任

劳动合同法中明确规定了签订劳动合同的必备条款，主要是考虑到劳动合同与一般的民事合同不同，劳动合同的双方当事人实际地位并不平等，需要法律来对劳动合同的必备条款加以具体规定，以保护劳动者的合法权益。用人单位提供的劳动合同文本未载明劳动合同必备条款或者未将劳动合同文本交付劳动者的，由劳动行政部门责令改正；给劳动者造成损害的，承担赔偿责任。

（四）违法与劳动者约定试用期的法律责任

试用期是用人单位和劳动者之间出于相互了解、选择的目的而约定的考察期。为保护劳动者的权益，劳动合同法根据劳动合同期限、类型的不同对试用期的长短作出了明确规定。用人单位违反劳动合同法的规定与劳动者约定试用期的，由劳动行政部门责令改正；违法约定的试用期已经履行的，由用人单位以劳动者试用期满月工资为标准，按已经履行的超过法定试用期的期间向劳动者支付赔偿金。

（五）违法解除或终止劳动合同的法律责任

用人单位违法解除或终止与劳动者的劳动合同，应当依照《劳动合同法》第 47 条规定的经济补偿标准的 2 倍向劳动者支付赔偿金。提高用人单位的违法成本，能在一定程度上遏制用人单位非法解雇行为，同时也是对用人单位侵犯劳动者权益的行为实施惩罚性赔偿。如果劳动者仍要求继续履行劳动合同，且用人单位同意的，单位可以不向劳动者支付赔偿金。

（六）违法扣押劳动者居民身份证等证件、违法收取财物等的法律责任

用人单位违反劳动法规定，擅自扣押劳动者居民身份证等证件的行为是对劳动者人身利益的严重侵犯。对此，劳动行政部门应当责令限期退还劳动者本人；并依据其他相关法律，给予用人单位警告、罚款、没收违法所得等处罚。

实践中，一些用人单位往往要求劳动者，特别是非本地户口的劳动者提供财物担保才能予以录用。另外，还有些用人单位在劳动者正常离职后，私自扣押劳动者档案或者其他物品，造成劳动者无法正常办理离职等相关手续。为此，法律规定，用人单位违规要求劳动者提供担保或者收取定金、押金或其他财物的，应当由劳动行政部门责令限期将违法收取的财物退还劳动者本人，并按每一名劳动者 500 元以上 2000 元以下的标准处以罚款；对劳动者造成损害的，用人单位应当承担赔偿责任。

二、用人单位违反工时制度的法律责任

《劳动法》第 90 条规定："用人单位违反本法规定，延长劳动者工作时间

的，由劳动行政部门给予警告，责令改正，并可以处以罚款。"劳动者所享有的休息权是宪法赋予的神圣权利。这一规定可以有力地纠正用人单位任意侵犯劳动者休息权的现象，对保障职工享有休息权具有重要意义。

依据国务院颁布的《劳动保障监察条例》的规定，用人单位违反劳动保障法律、法规或者规章延长劳动者工作时间的，由劳动保障行政部门给予警告，责令限期改正，并可以按照受侵害的劳动者每人 100 元以上 500 元以下的标准计算，处以罚款。

三、用人单位违反工资制度的法律责任

《劳动法》及其工资法规规定，工资应当以货币形式按月支付给劳动者本人，不得克扣或者无故拖欠劳动者工资。用人单位违反工资支付的原则，侵害劳动者的合法权益，必须依法承担相应的法律责任。

用人单位违反工资制度的情形有：

1. 克扣工资，即用人单位没有法律上的规定以及劳动合同的约定，而不支付或未足额支付劳动者工资的行为。

2. 无故拖欠工资，即用人单位无正当理由而未按法律的规定或劳动合同的约定故意不支付劳动者工资的行为。

3. 拒付加班加点报酬，即用人单位未按工资标准法的规定支付劳动者超额劳动报酬。

4. 支付工资低于最低工资标准，即用人单位对在法定工作时间内提供正常劳动的劳动者所支付的工资，低于当地政府的最低工资标准。

用人单位因以上情形侵害劳动者合法权益的，由劳动行政部门责令限期支付劳动报酬、加班费，并按未支付工资报酬额的 25% 支付经济补偿金；劳动报酬低于当地最低工资标准的，应当支付其差额部分；逾期不支付的，责令用人单位按应付金额 50% 以上 100% 以下的标准向劳动者加付赔偿金。

四、用人单位违反劳动安全卫生法的责任

用人单位违反劳动安全卫生法的责任是指用人单位违反法律规定，使得劳动者在劳动过程中受到职场危险因素侵害所应承担的法律责任。

我国劳动法律法规明确规定，用人单位必须建立、健全劳动安全卫生制度，严格执行国家劳动安全卫生规程和标准，对劳动者进行安全卫生教育，防止劳动过程中的事故，减少职业危害。这是保护劳动者人身安全，维护劳动者合法权益的重要制度。目前，《职业病防治法》《安全生产法》等有关劳动安全卫生方面的法律法规都对违反劳动安全卫生制度的法律责任作了详细的规定，形成了一个综合性的侵权责任。

用人单位具体违法情形有：①用人单位劳动安全卫生条件不合法；②用人

单位违反建筑工程"三同时"制度；③未对劳动者依法提供符合国家标准或行业标准的劳动防护用品；④未依法设立安全生产管理机构或专职安全管理人员；⑤用人单位违反危险物品的生产、经营、储存、管理规定；⑥用人单位以合同条款形式免除或减轻其对劳动者因生产安全事故伤亡依法应承担的责任；⑦用人单位未对有关责任人及其员工进行安全卫生教育培训的法律责任；⑧用人单位主要负责人违反法定职责。

用人单位的劳动安全设施和劳动卫生条件不符合国家规定或者未向劳动者提供必要的劳动防护用品和劳动保护设施的，由劳动行政部门或者有关部门责令改正，可以处以罚款；情节严重的，提请县级以上人民政府决定责令停产整顿；对事故隐患不采取措施，致使发生重大事故，造成劳动者生命和财产损失的，对责任人员比照《刑法》第 134 条的规定追究刑事责任。

用人单位强令劳动者违章冒险作业，发生重大伤亡事故，造成严重后果的，对责任人员依法追究刑事责任。

五、用人单位违反女职工和未成年工特殊保护法的责任

违反女职工和未成年工特殊劳动保护法规定的法律责任包括：

1. 由劳动行政部门责令用人单位限期改正。

2. 罚款。经责令逾期未改正的，按每侵害一名女职工或未成年工罚款 3000 元以下的标准处罚。

3. 身体损害赔偿。造成女职工或未成年工身体健康损害的，除按国家规定提供治疗期间的医疗待遇外，还应支付相当于其医疗费用 25% 的赔偿费用。

4. 个人责任。对违法侵害女职工和未成年工劳动保护权益的单位负责人和直接责任人员，应根据情节轻重给予行政处分，构成犯罪的，依法追究刑事责任。

六、用人单位强迫劳动的法律责任

我国宪法、法律赋予劳动者享有生命、健康、自由等最基本的权利，具有基本人权的性质。用人单位限制劳动者人身自由、逼迫其劳动、实施人身伤害等都是侵犯劳动者基本人权的违法犯罪行为。劳动法把强迫劳动作为最严重的违法行为明确加以禁止，违反者必须承担严格的法律责任，包括刑事责任。

《劳动法》第 96 条规定："用人单位有下列行为之一，由公安机关对责任人员处以 15 日以下拘留、罚款或者警告；构成犯罪的，对责任人员依法追究刑事责任：①以暴力、威胁或者非法限制人身自由的手段强迫劳动的；②侮辱、体罚、殴打、非法搜查和拘禁劳动者的。"

《劳动合同法》第 88 条规定："用人单位有下列情形之一的，依法给予行政处罚；构成犯罪的，依法追究刑事责任；给劳动者造成损害的，应当承担赔偿责任：①以暴力、威胁或者非法限制人身自由的手段强迫劳动的；②违章指挥或者强令冒险作业危及劳动者人身安全的；③侮辱、体罚、殴打、非法搜查或者拘禁劳动者的；④劳动条件恶劣、环境污染严重，给劳动者身心健康造成严重损害的。"

[案例]

2017 年，李某承包了山东省文登市东泉建材厂，与于某芳共同管理该厂。2018 年 2 月份，该厂招收了一批外来民工。于某芳采用扣押工人身份证及通信工具，延长劳动时间，克扣工资，指使王某亮、张某等人殴打、看管工人等手段，限制工人人身自由，强迫工人进行劳动。6 月 28 日，文登市公安局接到报案后，抓获了于某芳、王某亮、张某等人。案件移交司法机关。

法院经审理认为：于某芳、王某亮、张某强迫职工劳动，其行为已经构成强迫职工劳动罪，依照《刑法》第 244 条之规定，判处于某芳有期徒刑 8 个月，并处罚金人民币 2 万元；判处王某亮、张某拘役 6 个月，各处罚金人民币 1 万元。

第三节 劳动者及其他主体的法律责任

劳动者作为劳动法律关系的当事人之一，其行为当然也应受到《劳动法》的约束。目前，我国尚未建立完善的诚信机制，劳动者违法解除劳动合同的行为、违反劳动合同约定事项的行为也时常发生，影响了用人单位正常的生产经营活动，给用人单位造成了损失。因此，《劳动法》第 102 条规定，劳动者违反劳动法规定解除劳动合同，或者违反劳动合同中约定的保密义务或者竞业限制，给用人单位造成损失的，应当承担赔偿责任。该规定有利于劳动关系的稳定，维护了劳动合同的严肃性。

除此之外，《劳动法》及《劳动合同法》还规定了劳动行政部门及其他主体违反劳动法所应承担的法律责任。

一、劳动者违反劳动合同的法律责任

劳动者在劳动合同中，违反劳动法和劳动合同的约定，依法应当承担赔偿责任。

（一）劳动者赔偿责任的构成要件

1. 存在违法和违约的行为，即劳动者存在违反本法规定解除劳动合同，或者违反劳动合同中约定的保密事项或者竞业限制的行为。

2. 损害事实，即劳动者的违法或者违约行为给用人单位造成损失。

3. 损害事实与违法或者违约行为之间的因果关系，即劳动者违反劳动法规定解除劳动合同，或者违反劳动合同中约定的保密事项或者竞业限制的行为和用人单位的损失之间具有因果关系。

以上三者缺一不可。

（二）劳动者违法违约行为的种类

1. 劳动者违反劳动法规定擅自解除劳动合同的行为。用人单位基于与劳动者签订的劳动合同来确定本单位的劳动者数量、工作安排、计划进度等，劳动者随意解除劳动合同将会影响用人单位正常生产经营活动的进行，给用人单位造成一定程度的经济损失。因此，依照《劳动合同法》第 37 条的规定，劳动者未提前 30 日（试用期内提前 3 日）以书面形式通知用人单位解除劳动合同，给用人单位造成损失，应当对用人单位承担赔偿责任。当然，属于《劳动合同法》第 38 条即时解除合同情形的，劳动者无须预先告知就可随时解除合同。

2. 劳动者违反劳动合同中约定的保密事项或者竞业限制的行为。劳动合同是用人单位和劳动者对双方权利义务的约定，因此，应当充分尊重用人单位和劳动者双方的意思自治。如果用人单位与劳动者在劳动合同中约定保守用人单位商业秘密或者约定竞业限制条款，并就竞业限制的范围、地域、期限作出明确规定的，在劳动者解除或者终止劳动合同后，劳动者应当尊重其约定，如果违反，就应当按照约定向用人单位支付违约金。给用人单位造成损失的，应当对用人单位的实际损失承担赔偿责任。

（三）劳动者承担过错赔偿责任

因劳动者的过错而导致劳动合同无效，给用人单位造成损失的，劳动者应当承担赔偿责任。在对劳动者追究民事赔偿责任时，要贯彻以下原则：①赔偿与教育相结合的原则。在责令有过错的劳动者赔偿经济损失的同时，要注重对其进行思想教育。②合理赔偿原则。所谓合理赔偿，是指在查清案件事实、确认用人单位确实因为劳动者的违法行为而实际存在经济损失的前提下，根据劳动者的过错程度、情节轻重、责任大小、认错态度好坏、实际承受能力等综合认定劳动者实际应承担的赔偿费用，以确保问题得到切实解决。

具体来说，劳动者应赔偿用人单位以下损失：①用人单位招录其所支付的费用；②用人单位为其支付的培训费用，双方另有约定的按约定办理；③劳动合同约定的其他赔偿费用。

[案例]

朱某是 A 制药公司的业务员，手中掌握着大量的公司客户名单。公司为了保护企业的商业秘密，与朱某签订了保密协议。双方约定：朱某在职期间应严格保守公司的客户名单等商业秘密，不得向公司外任何人员泄露，如有违反，将承担违约责任。一年后，因 B 制药公司高薪聘请，朱某从 A 公司辞职后到了 B 公司，并将 A 公司的客户名单作为与 B 公司协商待遇的条件。B 公司从朱某处了解到 A 公司的商业秘密后，即采取了针对性的措施，轻而易举地在市场竞争中占据了有利地位，A 公司的市场份额出现大幅度下降。A 公司得知上述情况后，认为朱某违反了双方约定的保密协议，即诉至劳动争议仲裁委员会，要求朱某承担违约责任。朱某认为自己虽然将有关信息透露给了他人，但市场竞争由多种因素构成，导致 A 公司重大损失的责任不应由自己承担。

分析：本案中，朱某与用人单位签订了保密协议，朱某应当尊重其约定，事后违反约定，并对用人单位造成损失的，就应该对用人单位承担违约责任。

二、劳动行政部门及其他行政主体违反劳动法的责任

近年来发生的诸如"黑砖窑"等违法违纪事件，暴露出行政部门监管不到位的严重问题。尤其是对农村地区的小作坊、小煤矿、小工厂等劳动用工问题疏于管理，基本处于失察和失控的状态。正是这种管理的缺位和一些行政机关工作人员的失职渎职以及个别人的腐败行为，使得一些非法用人单位得以存在，非法用工越演越烈，劳动者的人身权利受到严重的侵犯。因此，应在劳动合同法中明确规定行政机关及其工作人员玩忽职守，不履行法定职责或者违法行使职权所应当承担的法律责任。

劳动行政部门及其他行政主体的违法行为主要表现在：

1. 明确拒绝履行。行政机关及其工作人员明确否认自己对该事项具有管辖权或处理权，明确拒绝采取相应的行政行为。

2. 无正当理由逾期不履行。即行政机关及其工作人员超过法定的期限，没有正当理由仍不履行的。

3. 拖延履行法定职责。即行政机关在合理的履行时限内不予答复或未明确答复。违法行使职权主要包括行政机关工作人员违法行使本人职务范围内的权力，以及超越其职权范围而实施有关行为两种情形。

劳动行政部门和其他有关主管部门及其工作人员有上述违法行为，给劳动者或者用人单位造成损害的，应当承担赔偿责任。尚未构成犯罪的，对直接负责的主管人员及其他直接责任人员应依法给予行政处分，包括警告、记过、记大过、降级、撤职、开除等。构成犯罪的，应追究相关人员的刑事责任。

三、职业中介机构违反禁止性规定的法律责任

职业中介机构是为用人单位招录人员和为劳动者求职提供中介服务和其他相关服务的组织，它在促进就业的过程中发挥着重要的作用。依法规范职业中

介机构的行为，是维护劳动者平等就业权的必然要求。我国《就业促进法》第41条对职业中介机构禁止从事的行为作出了明确规定："职业中介机构不得有下列行为：①提供虚假就业信息；②为无合法证照的用人单位提供职业中介服务；③伪造、涂改、转让职业中介许可证；④扣押劳动者的居民身份证和其他证件，或者向劳动者收取押金；⑤其他违反法律、法规规定的行为。"

相对应地，职业中介机构违反禁止性规定应当承担的法律责任如下：

1. 职业中介机构实施了违反上述第①②③项禁止行为的，由劳动行政部门或者其他主管部门责令改正；有违法所得的，没收违法所得，并处1万元以上5万元以下的罚款；情节严重的，吊销职业中介许可证。

2. 职业中介机构扣押劳动者的居民身份证等证件的，由劳动行政部门责令限期退还劳动者，并依照有关法律规定给予处罚。

3. 职业中介机构向劳动者收取押金的，由劳动行政部门责令限期退还劳动者，并以每人500元以上2000元以下的标准处以罚款。

[案例]

小贾是一名安徽来京的务工人员，他根据火车站散发的小广告找到了一家中介机构求职，这家中介机构当即表示马上为他找到工作。工作人员收取了30元中介费后，把他推荐到一家名为"可心可意"的宾馆当服务员。宾馆要求小贾交培训费完成岗前培训，随后又要他交服装费等，共计缴纳了2000多元后，仍未安排其从事正式的工作。更让小贾气愤的是，这家宾馆没有营业执照，属无照经营。小贾将此事举报至当地劳动行政部门。经调查，该中介机构收取"可心可意"宾馆5000元服务费，已先后介绍包括小贾在内的9人去该宾馆工作。劳动行政部门责令该中介机构立即退还小贾等人的中介费用，没收违法所得5000元，并处以15 000元罚款。

四、社会保险费用缴纳给付中违法主体的法律责任

1. 用人单位未按时足额缴纳社会保险费的，由社会保险费征收机构责令限期缴纳或者补足，并自欠缴之日起，按日加收万分之五的滞纳金；逾期仍不缴纳的，由有关行政部门处欠缴数额1倍以上3倍以下的罚款。

2. 社会保险经办机构以及医疗机构、药品经营单位等社会保险服务机构骗取社会保险基金支出的，由社会保险行政部门责令退回骗取的社会保险金，处骗取金额2倍以上5倍以下的罚款；属于社会保险服务机构的，解除服务协议；直接负责的主管人员和其他直接责任人员有执业资格的，依法吊销其执业资格。

3. 国家工作人员和社会保险基金经办机构的工作人员挪用社会保险基金，

构成犯罪的，依法追究刑事责任，尚未构成犯罪的，对直接责任人员给予行政处分。

引例解析

　　根据《劳动合同法》的规定，用人单位未按照劳动合同的约定或者国家规定及时足额支付劳动者劳动报酬的，由劳动行政部门责令限期支付劳动报酬，逾期不支付的，责令用人单位按应付金额50%以上100%以下的标准向劳动者加付赔偿金。本案中，电子元件制造厂的做法属于克扣工资的行为。信某应当通过法律途径要求用人单位承担相应的责任。

本章内容小结

　　本章对劳动法律责任进行了系统的论述，包括劳动责任的概念、种类及构成要件。劳动法律责任中单位法律责任、劳动者法律责任、劳动行政机关法律责任是本章的重要内容。法律责任是法律强制力的表现，是对实施违法行为的单位或个人给予一定的惩罚，有效维护劳动关系及各方当事人合法权益，促进社会和谐的有力手段。

思考题

　　1. 简述劳动法律责任的构成要件。
　　2. 劳动法律责任的种类有哪些？
　　3. 简述劳动法律责任中有关违约金的规定。
　　4. 案例分析：
　　煤矿决定招收井下作业工人50名，其中有20名尚未与原单位解除劳动合同。用人单位拿出事先印好的劳动合同要求工人签字。合同中的内容包括：①婚丧假期间不支付工资。②每月延长工作时间不得超过40小时。③职工一方要求提前解除合同需60天以前通知用人单位。④职工可以自愿参加失业保险和养老保险。⑤在合同期内工人患矽肺病不得解除劳动合同。⑥连续工作1年以上可以享受年休假。
　　试分析：
　　（1）该煤矿招收工人过程中是否有违反法律的行为？
　　（2）该合同的签订程序是否有违反法律的情况？
　　（3）该劳动合同的内容是否符合法律规定？

延伸阅读

劳动法上的连带责任

我国现行《劳动合同法》确立了三种连带责任，构成规制范围较为全面的劳动法连带责任体系。按连带责任制度的保护对象区分，可以把现行法律制度下的劳动法连带责任分为两类：

一、为保护用人单位权利而设定的连带责任

《劳动合同法》第91条规定："用人单位招用与其他用人单位尚未解除或者终止劳动合同的劳动者，给其他用人单位造成损失的，应当承担连带赔偿责任。"

伴随着市场经济自由竞争的加剧，侵害用工单位利益的用工纠纷愈演愈烈，针对用工单位之间的恶意竞争、"挖墙脚"行为，《劳动合同法》对劳动关系连带责任作出了扩大化的规定，即用人单位招用与其他用人单位尚未解除或者终止劳动合同的劳动者，给其他用人单位造成损失的，应当承担连带赔偿责任。这种连带责任是对给善意用人主体造成损失的行为予以合理规制，体现了劳动立法的公平。

二、为保护劳动者权益而设定的连带责任

在劳动关系中，因劳动者的人身与财产受制于用工方，其多数情况处于弱势地位。在其发生劳动损害维权时，需要面对的是与其自身行为能力与权利义务不对等的法人主体，因而需要在立法上予以更多的保护。《劳动合同法》就是基于此，分别对劳务派遣中被派遣劳动者权益、个人承包经营中被招用劳动者权益设定了相应的连带责任制度。

（一）劳务派遣中的连带责任

《劳动合同法》第92条规定，劳务派遣单位违反本法规定的，由劳动行政部门和其他有关主管部门责令限期改正……给被派遣劳动者造成损害的，劳务派遣单位与用工单位承担连带赔偿责任。

劳务派遣具有高灵活、低成本的特点，现已经成为一种被广为接受的用工方式。但与一般的劳动关系存在劳动者、用人单位两方当事人不同，劳务派遣中法律关系存在派遣单位、用工单位、劳动者三方主体：劳动者与派遣单位是有劳动关系没有劳动，劳动者与用工单位是有劳动没有劳动关系。因此，劳务派遣中常会出现同工不同酬、责任分担不清等侵害劳动者利益的情况。为防止对被派遣劳动者权益造成损害后，劳务派遣单位和用工单位相互推诿，或者劳务派遣单位没有能力承担赔偿责任，《劳动合同法》规定，被派遣劳动者权益受到损害的，劳务派遣单位和用工单位共同承担连带赔偿责任。

（二）个人承包经营中的连带责任

《劳动合同法》第 94 条规定："个人承包经营违反本法规定招用劳动者，给劳动者造成损害的，发包的组织与个人承包经营者承担连带赔偿责任。"

个人承包经营是企业与个人承包经营者通过订立承包合同，将企业的全部或者部分经营管理权交给个人承包者经营的一种用工形式。承包经营期间，因个人承包经营者违反法律规定而对劳动者造成损害的，个人承包经营者应承担赔偿责任。但在实践中大量存在的现象是，个人承包经营者没有能力或者逃避对劳动者进行赔偿。为有效保护劳动者的合法权益，劳动合同法明确规定，个人承包经营者招用劳动者违法经营给劳动者造成损害的，应当由发包的组织与个人承包经营者承担连带赔偿责任。

下篇　社会保障法

　　在我国，社会保障是国家为了保持经济的发展和社会的稳定，在劳动者或社会成员因年老，伤残，疾病，失业而丧失劳动能力或丧失就业机会，或因自然灾害和意外事故等原因面临生活困难时，通过国民收入分配和再分配的形式，提供物质帮助和社会服务，以维持其基本生活需要的制度，主要由社会保险、社会救济、社会福利、社会优抚等构成。

　　社会保障法是调整社会保障关系的法律规范的总称，包括社会保险法、社会救济法、社会福利法和社会优抚法等，也包括其他法律、法规中有关社会保障的规范，还包括具有法律效力的地方性法规和规章。

　　社会保障法在调整社会保障法律关系时应遵循以下基本原则：①生存权保障原则；②普遍性与区别性相结合的原则；③社会保障水平与经济发展相适应的原则；④实行有条件的社会共同责任原则；⑤公平和效率相结合的原则。

模块五　社会保险

　　社会保险是国家通过立法建立的，对劳动者在因年老、患病、失业、生育、伤残、死亡等原因，暂时或永久丧失劳动能力而中断劳动无法获得劳动报酬时，给予物质帮助的一种社会保障制度。它是基于劳动风险的存在而设立的。

　　社会保险法是国家制定的调整社会保险法律关系中权利和义务关系的法律规范，其调整对象是社会保险法律关系，即社会保险当事人之间依法形成的收取和缴纳社会保险费、支付和享受社会保险待遇的权利义务关系。它包括养老保险、工伤保险、医疗保险、失业保险、生育保险五大险种。2010 年 10 月 28 日，第十一届全国人民代表大会常务委员会第十七次会议通过了《中华人民共和国社会保险法》，该法自 2011 年 7 月 1 日起施行，并于 2018 年 12 月 29 日修正。

第十二章

养老保险

学习目标

　　本章主要介绍了养老保险的相关知识。通过学习，让学生了解我国养老保险制度的历史发展，知晓我国多层次的养老保险体系，明确我国现行的养老保险制度。重点是掌握职工基本养老保险制度的主要内容，初步认识建设中的城乡养老保险制度。

内容结构图

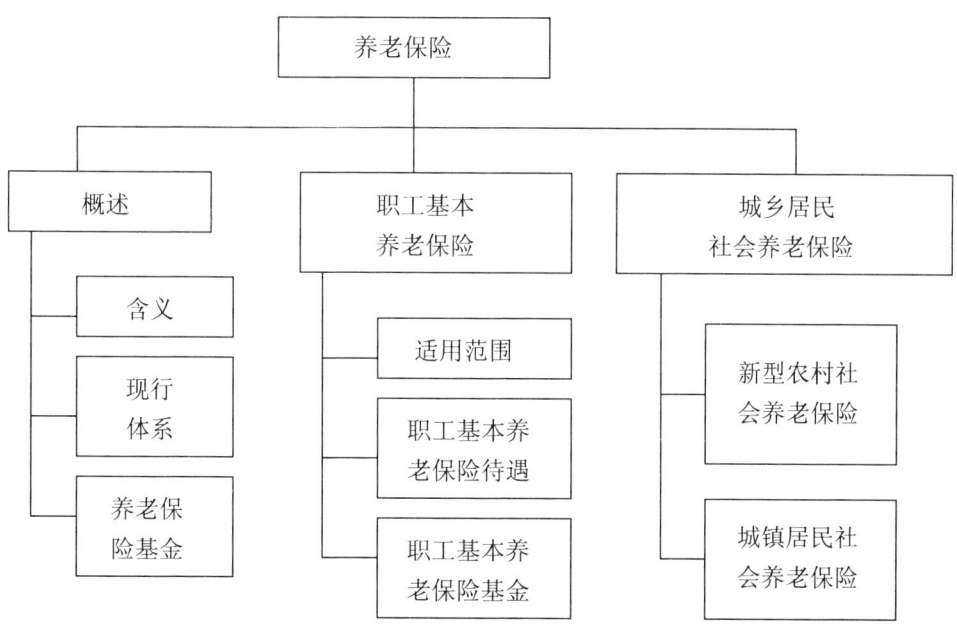

导入案例

陆某是某金融机构职工，2018 年 9 月正式退休并开始领取养老金。两个月后该金融机构下发文件规定："已办退休手续的正式职工在职期间经本人签名发放的贷款，不良贷款超过全部贷款额 30% 的，每月发生活费 480 元，停发养老金和其他一切福利……"陆某认为该文件规定不合理，向该金融机构申诉。

问：单位能扣除职工的养老金并将它用于偿还其发放的不良贷款吗？

第一节　养老保险概述

养老保险（或养老保险制度）是国家和社会根据一定的法律和法规，为保障劳动者在达到国家规定的解除劳动义务的劳动年龄界限，或因年老丧失劳动能力退出劳动岗位后的基本生活而建立的一种社会保险制度。养老保险制度的建立和完善，是人类文明和社会进步的标志和成果。养老保险是基于年老风险的存在而设立的，因此，它的保障对象为全体劳动者，即每个劳动者在年老时都有权利获得他们所需要的生活帮助和补偿。

一、养老保险的特征

养老保险是社会保险体系的重要组成部分，除了具备社会保险强制性、互济性和普遍性等共同特征外，还具有以下主要特征：

1. 参加保险与享受待遇的一致性。其他社会保险项目的参加者不一定都能享受相应的待遇，而养老保险待遇的享受人群是最确定、最普遍、最完整的。因为几乎人人都会进入老年，都需要养老。参加养老保险的特定人群一旦进入老年，都可以享受养老保险待遇。

2. 保障水平的适度性。养老保险的基本功能是保障劳动者在年老时的基本生活，这就决定其保障水平要适度，既不能过低，也不能过高。一般来说，养老保险的整体水平要高于贫困救济线和失业保险金的水平，低于社会平均工资和个人在职时的收入水平。

3. 享受期限的长期性。参加养老保险的人员一旦达到享受待遇的条件或取得享受待遇的资格，就可以长期享受待遇直至死亡。其待遇水平基本稳定，通常是逐步提高的，而不会下降。

4. 保障方式多层次。广义的养老保险，不仅包括国家法定的基本养老保险，还包括用人单位建立的补充养老保险（企业年金）、个人自愿参加的储蓄性养老保险等。建立和完善多层次的养老保险体系，已成为一种国际趋势。

5. 与家庭养老相联系。养老保险的产生和发展，逐步取代了传统家庭养老的部分甚至大部分功能。养老保险保障程度较低时，家庭养老的作用更大一些；养老保险保障程度较高时，家庭养老的作用就相应减弱。但养老保险并不能完全替代家庭养老。几乎所有国家的宪法或法律都规定了公民有赡养老人的义务的原则。因此，养老保险与家庭养老是相互联系、相得益彰的统一体。

二、养老保险的作用

养老保险的首要作用就是要使劳动者老有所养，保证劳动者在被依法解除劳动义务之后，能够获得一定的生活保障，这也是对劳动者生存权进行保障的体现。这样做，解决了劳动者的后顾之忧，有利于激发劳动者的工作积极性，促进劳动生产率的提高。

养老保险具有调节收入分配的作用。劳动者在劳动期间创造了物质财富，应当获得工资等形式的收入，在解除法定劳动义务后也应当获得生活补偿。通过养老保险，可以使劳动者在劳动期间和退休期间的收入达到合理分配。

最后，养老保险具有保障社会安定的作用，劳动者在年老时的生活得到可靠的保障，能够让其安心工作和生活，有利于社会的稳定，促进社会和谐发展。

[案例]

张大爷等 20 余人从 20 世纪 90 年代开始，一直在某镇环卫所从事环卫清洁工作。2000 年该环卫所体制改革，被依法撤销，成立了某保洁有限公司，环卫工作从此走上了市场化运作道路。环卫工人与该保洁有限公司签订了劳动合同，但公司一直未给他们办理养老保险手续。2016 年，多位环卫工人临近退休，因未办理社保手续，退休后将无法领取养老金。为此，张大爷等人罢工抗议。该镇一度垃圾成堆，蚊虫四起。经过当地劳动部门的干预，该镇保洁公司于 2016 年 6 月为单位所有环卫工人办理了社会保险手续，并补缴了之前的社会保险费，使这些员工退休后能够顺利领取养老金。问题解决后，环卫工人复工。

老有所养是劳动者最基本的权益，关乎成千上万个家庭的幸福和社会和谐稳定。全体劳动者都是养老保险的适用对象，用人单位有义务为其依法缴纳养老保险费用。

三、我国养老保险的体系

为了使养老保险既能发挥保障生活和安定社会的作用，又能适应不同经济条件的需要，以利于劳动生产率的提高，我国现行的养老保险由三个部分组成：即基本养老保险、用人单位补充养老保险（年金）、个人储蓄性养老保险，形成了多层次的体系架构。

（一）国家基本养老保险

国家基本养老保险亦称基本养老保险，是按国家统一政策规定强制实施的为保障广大离退休人员基本生活需要的一种养老保险制度。在我国，20 世纪 90 年代之前，企业职工实行的是单一的养老保险制度。1991 年，《国务院关于企业职工养老保险制度改革的决定》明确提出："随着经济的发展，逐步建立起基本养老保险与企业补充养老保险和职工个人储蓄性养老保险相结合的制度。"从此，我国逐步建立起多层次的养老保险体系。在这种多层次养老保险体系中，基本养老保险可称为第一层次，也是最高层次。

国家基本养老保险的特点如下：

1. 适用具有普遍性、持续性和强制性，即对各种用人单位和各种劳动者在任何时候都强制执行。

2. 各种用人单位和各种劳动者在保险费缴纳和保险待遇支付上标准统一。

3. 它所提供的物质帮助一般只限于满足劳动者的基本生活需要。

（二）用人单位补充养老保险

用人单位补充养老保险又称年金，是指用人单位及其职工在依法参加基本养老保险的基础上，自愿建立的补充养老保险制度。根据用人单位性质的不同，可以分为企业年金和职业年金两类，其本质上并没有差别。年金是多层次养老保险体系的组成部分，由国家宏观指导、用人单位内部决策执行。年金与基本养老保险既有区别又有联系。其区别主要体现在两种养老保险的层次和功能上，其联系主要体现在两种养老保险的政策和水平密不可分。

1. 补充养老保险作为一项新制度，其特点是：①立法的半强制性。一方面，国家以立法的形式鼓励有能力的用人单位根据经济效益情况建立补充养老保险；另一方面，用人单位在不具备实施补充养老保险条件时可以不建立此项制度，具有较大的弹性。②实施的灵活性。补充养老保险是随着用人单位经济发展而建立、变化的，可连续可中断，不要求起始一致、始终如一。允许用人单位自主确立分配水平。③基金来源的单一性和分配的直接性。补充养老保险金主要由用人单位负担，有些情况下，也可由劳动者共同负担，但个人缴费部分不占太大比例。补充养老保险金不存在社会统筹问题，没有调剂功能，由用人单位直接发放给劳动者。

2. 适用范围和条件。目前，用人单位补充养老保险的适用范围已经涉及所有用人单位。但是参加企业年金需满足以下条件：①用人单位参加了基本养老保险的社会统筹，并按时足额缴纳养老保险费；②用人单位生产经营情况比较稳定，经济效益较好；③用人单位民主管理基础好。

3. 补充养老保险金的来源和计法。补充养老保险的资金主要由用人单位负担。可以在单位工资储备金中列支；也可以经批准，将不超过本单位工资总额一定比例的部分计入单位补充养老保险成本；还可以将单位基本养老保险缴费中超过职工平均工资 3 倍以上的部分，由社保经办机构返还单位作为补充养老保险资金。在实行单位和个人共同负担的情况下，个人缴费部分不得超过缴费总额的一半，按照个人工资收入的一定比例或者绝对额缴纳。

用人单位补充养老保险一般采用个人账户方式。单位缴费部分按照用人单位制定的单位年金方案中规定的比例计算后计入职工单位年金个人账户；职工个人缴费额计入个人账户；单位年金基金投资运营收益按净收益率计入个人账户。劳动者在达到国家规定的退休年龄时，可以一次或定期从本人年金个人账户中领取年金。

（三）个人储蓄性养老保险

职工个人储蓄性养老保险是我国多层次养老保险体系的一个组成部分，是由职工自愿参加、自愿选择经办机构的一种补充保险形式。

职工个人储蓄性养老保险由社会保险机构经办，并由社会保险主管部门制定具体办法。职工个人根据自己的工资收入情况，按规定缴纳个人储蓄性养老保险费，记入当地社会保险机构在有关银行开设的养老保险个人账户，并应按不低于或高于同期城乡居民储蓄存款利率计息，以提倡和鼓励职工个人参加储蓄性养老保险，所得利息记入个人账户，本息一并归职工个人所有。职工达到法定退休年龄经批准退休后，凭个人账户将储蓄性养老保险金一次总付或分次支付给本人。职工跨地区流动，个人账户的储蓄性养老保险金应随之转移。职工未到退休年龄而死亡，记入个人账户的储蓄性养老保险金应由其指定人或法定继承人继承。

实行职工个人储蓄性养老保险的目的，在于扩大养老保险经费来源，多渠道筹集养老保险基金，减轻国家和企业的负担；有利于消除长期形成的保险费用完全由国家"包下来"的观念，增强职工的自我保障意识和参与社会保险的主动性；同时也能够促进群众对社会保险工作实行广泛的监督。

[背景知识]

我国养老保险制度的发展经历了以下五个阶段：

一、初创期（1951 年~1966 年）

1951 年政务院颁布《劳动保险条例》（已被修改），标志着我国社会化的养老保险制度初步建立。这一时期，国家相继出台多个法规，规范养老保险制度。在全国建立起企业职工和国家机关工作人员参加的统一养老保险制度，由用人单位缴费，全国统筹。

二、停滞期（1966 年~1978 年）

"文化大革命"期间，我国的养老保险体系遭到了严重的破坏。几部法律规范的陆续出台，取消了全国范围内的退休基金，养老保险完全变成了"企业保险"。养老保险制度出现了倒退和瘫痪的状况，一直持续到 1978 年十一届三中全会召开。

三、重建期（1978 年~1989 年）

"文化大革命"后，我国养老保险制度开始了恢复和重建工作。国家恢复了离退休制度，由企事业单位负责本单位职工的退休待遇；重建社会统筹制度，企业、全民所有制单位退休费用要实行社会统筹。

四、改革期（1990 年~2000 年）

1991 年，国务院颁布了《国务院关于企业职工养老保险制度改革的决定》，拉开了我国养老保险制度全面改革的序幕。在这一时期，建立起多层次的养老保险体系，形成新的体系架构；规范养老保险基金的筹集方式；确保基本养老金的发放。

五、完善期（21 世纪最初的 10 年至今）

这一时期进一步完善了我国养老保险的制度、资金筹集以及组织管理。2010 年 10 月 28 日通过的《社会保险法》（2018 年修正），在以往改革经验的基础上，对我国养老保险的制度体系、基本养老保险缴费、基本养老保险待遇及给付条件、城镇居民养老保险、新型农村社会养老保险等内容予以了规定，标志着我国养老保险制度发展到一个新的时期。

四、养老保险基金的负担

养老保险基金的负担，又称为养老保险基金的筹集渠道或来源，即由谁负责养老保险费的缴纳。我国在 1991 年颁布了《国务院关于企业职工养老保险制度改革的决定》，规定养老保险实行国家、企业、个人三方共同负担，个人也要缴纳一定的费用。从此，我国确立了养老保险基金由国家、用人单位和劳动者三方共担的筹措原则，合理地界定了国家、用人单位和劳动者三方的责任界限。

1. 用人单位缴纳养老保险费。在我国现阶段，用人单位缴纳的养老保险费是养老保险基金的最主要来源。用人单位缴纳养老保险费的方式，一般是按单位职工工资总额和当地政府规定的比例在税前提取，由单位开户银行按月代为扣缴。至于提取的比率，则要由社会保险的主管机构经过详细测算后统一确定，报经政府通过立法的程序来实现，这个比率可能在相当长的时间里不变，可能是一年或几年调整一次。

2. 劳动者个人缴纳养老保险费。这也是养老保险基金的重要来源和组成部分。职工个人一般以上 1 年月平均工资作为个人缴纳养老保险费的工资基数（也有按上月工资作为缴费基数的）。职工平均工资等于某一地区一定时期内

（通常为 1 年）全部职工工资总额除以同期内的平均职工人数。月平均工资应按国家统计局规定列入工资总额统计的项目计算，其中包括工资、奖金、津贴、补贴等收入。个体工商户本人、私营企业主等非工薪收入者，可以按当地上一年度职工月平均工资作为缴费的基数。个人缴费不计征个人所得税，由企业在发放工资时代为扣缴，已离退休人员不缴纳养老保险费。

[新闻链接]

2019 年 3 月 26 日召开的国务院常务会议决定，核定调低社保缴费基数。各地由过去依据城镇非私营单位在岗职工平均工资，改为以本省城镇非私营单位和私营单位加权计算的全口径就业人员平均工资，核定缴费基数上下限，使缴费基数降低。个体工商户和灵活就业人员可在本省平均工资 60%～300% 之间自愿选择缴费基数。

3. 国家的财政补贴。国家从财政收入中予以补贴，这是养老保险基金正常运转的可靠保证。《宪法》明确规定，国家依照法律规定实行企业事业的职工和国家机关工作人员的退休制度。退休人员的生活受到国家和社会的保障。这是国家对养老保险承担责任的法律依据，但是在养老保险中，政府财政补贴只是发挥辅助性作用。

我国国家财政承担养老保险基金份额的方式有三种：①让税，即税前提取保险费，养老保险基金增值不征税，退休金超过一定限额不征调节税；②让利，即对存入国家金融机构的养老保险基金给予偏高利率；③补贴，即养老保险基金收不抵支时由财政拨款。

[新闻链接]

尽快实现养老保险全国统筹

在 2019 年 3 月 5 日～15 日召开的十三届全国人大二次会议上，全国人大代表、安徽省总工会巡视员李素萍呼吁："尽快实现养老保险全国统筹，确定全国统一的缴费基数测算标准和费率，实现劳动者社保账号全国联网，促进劳动者合理流动，并加大财政对养老保险基金的支持力度。"

安徽省某地工会在对 20 多家中小民营企业调查后发现，存在参保情况不平衡、民营企业职工参保率总体偏低、社会保险待遇差距较大等问题。

针对这些问题，李素萍代表提出一系列建议。

——定期开展社会保险法贯彻实施情况的执法检查，引导民营企业依法为职工缴纳社保。"目前仍有许多劳动者没有参保或没有按法定标准参保，这种情况需引起重视。"李素萍代表建议通过普查来推动参保覆盖率。

——深化社保改革，尽快实现养老保险全国统筹。据她介绍，安徽省城镇退休职工养老金待遇人均 2400 多元，位列全国第 26 位。她建议在上调养老保险待遇时根据不同地区采取不同的上调幅度，逐渐缩小乃至消除不同地区之间养老保险待遇的差距。

——建立和完善统筹地区社保监督委员会。《社会保险法》规定，工会有权参加社保重大事项的研究，参加社保监督委员会，对与职工社保有关的事项进行监督；统筹地区政府成立由用人单位代表、参保人员代表及工会代表、专家等组成的社保监督委员会。但目前仅有广东、河北等地成立了这一机构。

"建议各地尽快成立社保监督委员会，同时要注意发挥工会组织依法参与对社保等政策的研究制定，以及对职工社保权益事项的监督职责作用。"李素萍委员说。

第二节　职工基本养老保险

《社会保险法》第 10 条规定："职工应当参加基本养老保险，由用人单位和职工共同缴纳基本养老保险费。无雇工的个体工商户、未在用人单位参加基本养老保险的非全日制从业人员以及其他灵活就业人员可以参加基本养老保险，由个人缴纳基本养老保险费。公务员和参照公务员法管理的工作人员养老保险的办法由国务院规定。"由此可见，我国范围内的所有用人单位及其职工都是基本养老保险制度的适用对象，包括企业及其职工、无雇工的个体工商户、未在用人单位参加基本养老保险的非全日制从业人员以及其他灵活就业人员、机关事业单位工作人员。

[知识链接]

在中国境内就业的外国人参加养老保险

《社会保险法》第 97 条规定："外国人在中国境内就业的，参照本法规定参加社会保险。"据此，人社部颁发了《在中国境内就业的外国人参加社会保险暂行办法》。该办法明确规定，在中国境内依法注册或登记的企业、事业单位、社会团体、民办非企业单位、基金会、律师事务所、会计事务所等组织依法招用的外国人，以及与境外雇主订立雇佣合同后，被派遣到在中国境内注册或登记的分支机构、代表机构工作的外国人，应当依法参加职工基本养老保险，由用人单位和本人按照规定缴纳费用。港澳台人员在内地就业的，参照本办法规定参加社会保险。但具有与中国签订社会保险双边或多边协议国家国籍的人员在中国境内就业的，其参加社会保险的办法按照协议规定办理。

参加养老保险的外国人，符合条件的，依法享受养老保险待遇。在达到中国规定的领取养老金年龄前离境的，其个人账户予以保留，再次来中国就业的，缴费年限可以累计计算；经本人书面申请的，社保经办机构也可以将其个人账户储存额一次性支付给本人，并终止其职工基本养老保险关系。外国人死亡的，其个人账户余额可以继承。

一、机关事业单位工作人员养老保险制度改革

（一）改革原因

机关事业单位养老保险制度是我国社会保险制度的重要组成部分。长期以来机关事业单位实行退休金制度，这对于保障退休人员生活、维护社会稳定发挥了重要作用。但随着社会主义市场经济的发展，也存在一些亟待解决的问题。

从制度内部看，主要有两个问题：一是机关事业单位的退休费用由财政或单位承担，单位之间负担畸轻畸重，一些地区和单位，特别是一些基层事业单位因为退休费不堪重负，甚至无法保证及时足额支付。二是机关事业单位工作人员退休费是按"最终工资"的一定比例分档计算的，难以充分体现工作人员整个职业生涯的劳动贡献。

从全社会的角度看，也有两个突出问题：一是由于制度模式不同，机关事业单位与企业之间养老保险关系相互转移接续困难，制约了人力资源合理流动和有效配置。二是机关事业单位与企业之间的退休费（养老金）待遇确定和调整难以统筹协调，同类人员之间的待遇差距拉大，产生不平衡。

为统筹城乡社会保障体系建设，建立更加公平、可持续的养老保险制度，2015年1月14日，国务院以国发〔2015〕2号发布《国务院关于机关事业单位工作人员养老保险制度改革的决定》，对机关事业单位工作人员养老保险制度进行改革。

[背景资料]

机关事业单位工作人员养老保险制度改革探索过程

20世纪90年代以来，一些地区和行业对改革机关事业单位养老保险制度进行了探索，先后有28个省市开展了局部试点，全国约2100万人参加。按照国家统一部署，部分科研院所和经营性文化事业单位相继启动"事业转企业"改革。2008年，国务院决定在5个省市先行开展事业单位养老保险制度改革试点，与

事业单位分类改革配套推进。这些改革，由于没有更高层次的整体设计，政策的统一性、规范性不足，因而并未从总体上、根本上改变现行退休制度，但把改革中的主要矛盾梳理得越来越清晰，也取得了一些局部经验，为全面实施改革奠定了实践基础。

2013 年 3 月以来，人力资源和社会保障部会同发展改革委、财政部、社保基金理事会、全国总工会组成部际研究工作小组，联合开展养老保险顶层设计研究；同时委托国务院发展研究中心、中国社会科学院、中国人民大学、浙江大学和国际劳工组织、世界银行、国际社会保障协会 7 家国内外研究机构开展平行研究；还部署省级有关部门结合实际开展研究，形成了多项研究成果，其中包括机关事业单位养老保险制度改革的初步思路。此外，全国人大、全国政协也分别组织了专门调研。

2014 年，按照党中央部署，制定机关事业单位养老保险制度改革方案被列为全面深化改革的重点任务。人社部会同有关部门对此集中进行了深入研究，总结地方探索和局部试点经验，广泛听取各方面意见，反复测算论证，形成了改革方案。

2014 年 11 月 16 日和 12 月 11 日，国务院常务会议和中央政治局常委会先后审议通过了改革方案。

（二）改革重点

1. 改革的范围。确定为按照《公务员法》管理的单位、参照《公务员法》管理的机关（单位）、事业单位及其编制内的工作人员参加机关事业单位养老保险。这样规定，与现行机关事业单位编制管理和经费保障制度是相适应的。纳入改革范围的单位和人员，实行社会统筹与个人账户相结合的基本养老保险，从而根本上改变了制度模式，从单位保障变为社会保障。

2. 缴费的基数和比例。规定单位及其工作人员都要缴纳养老保险费。单位按工资总额的 16% 缴费；个人按本人缴费工资的 8% 缴费，本人缴费工资高于当地职工平均工资 3 倍的部分不纳入缴费基数，低于平均工资 60% 的以 60% 为基数缴费，即"300% 封顶、60% 托底"。个人缴费全部计入个人账户，统一计息。这与企业职工基本养老保险政策是基本一致的，有利于实现制度之间的衔接。这是养老保障筹资机制的重大变革，从较为单一的由财政供款为主的渠道变为单位和个人缴费、财政承担养老保险基金的兜底责任的多渠道筹资，形成单位、个人、政府共担养老保险的新机制。

3. 基本养老金待遇计发办法。改革后，基本养老金待遇分为两部分：一是基础养老金，以社会平均工资和本人缴费工资的平均值为基数，每缴费 1 年计发 1 个百分点，即缴费年限越长，待遇水平越高。二是个人账户养老金，累计历年个人缴费的本息，除以规定的计发月数。从国务院《关于机关事业单位工作人员养老保险制度改革的决定》附件"个人账户养老金计发月数表"可以看出：同样年龄退休的，计发月数相同，所以缴费越多，待遇水平越高；而同样个人账户积累的，退休越晚，计发月数越少，即除数越小，因而待遇水平越高。这是对退休养老待遇确定机制的重大改革，由原来按"最终工资"的一定比例分档计发退休费，改为主要按照本人历年缴费多少、缴费期长短来计算养老金标准，工作人员的职务、工资变动可以精细计算到每年、甚至每个月，能够充分体现个人全部职业生涯所作贡献。这样规定，也是与企业职工的基本养老金待遇计发办法相一致的，更加公平，也更富有激励性，有利于引导单位为每个职工、每个在职职工为自己将来的养老保障依法履行缴费义务。

4. 改革前后待遇的衔接政策。改革总的原则是"老人老办法、新人新制度、中人逐步过渡"。"老人"是指改革前已退休的人员，他们原待遇维持不变，并参加今后的待遇调整。"新人"是指改革后新参加工作的人员，他们将来退休时，基本养老金为基础养老金与个人账户养老金两部分之和。"中人"是指改革前参加工作、改革后退休的人员，是目前数量最大的群体。对他们"逐步过渡"的政策，主要是两条：一是他们在改革前的没有实行个人缴费的工作年限确定为"视同缴费年限"，将来退休时在发给基础养老金和个人账户养老金的同时，再依据视同缴费年限长短等因素发给过渡性养老金。二是设定一定期限的过渡期，在过渡期内实行养老待遇的新老计发办法对比，"保低限高"，这样，基本可以保证原有的待遇水平不降低。随着"中人"逐渐退休、"新人"越来越多，过渡性的政策安排逐步弱化，新制度逐渐居于主体地位，体现了平稳过渡的改革方针。

5. 基本养老金待遇的调整。改革后，机关事业单位退休人员待遇调整不再与同职级在职职工增长工资直接挂钩，而是与企业退休人员以及城乡老年居民基本养老待遇调整统筹考虑。这也是一个重大变革，有利于避免相互攀比，逐步建立起兼顾各类人员的养老保障待遇调整机制。

6. 严格基金管理和监督。规定具备条件的省（区、市）可以从改革一开始就实行省级统筹；暂不具备条件的，可先实行省级基金调剂制度，并积极创造条件，加快向省级统筹过渡。机关事业单位养老保险基金单独建账，与企业职工基本养老保险基金分别管理使用。基金纳入社会保障基金财政专户，实行收支两条线管理，专款专用，确保安全。

7. 养老保险关系转续。规定参保人在机关事业单位养老保险制度内同一统筹范围内转移，只转养老保险关系，不转统筹基金；在同一制度内跨统筹范围转移，或者在机关事业单位和企业之间转移养老保险关系的，要在转移个人账户累计储存额的同时转移部分统筹基金。无论哪种转移方式，工作人员转移前后的缴费年限（含视同缴费年限）连续计算，以维护其合法权益。这一政策，打通了机关事业单位工作人员横向流动时养老保险关系难以转续衔接的"瓶颈"，有利于促进人力资源的合理流动和优化配置。

8. 建立职业年金。职业年金制度在机关事业单位实施，资金来源分为两部分：单位按工资总额的8%缴费，个人按本人缴费工资的4%缴费，两部分资金构成的职业年金基金都实行个人账户管理。工作人员退休时，依据其职业年金积累情况和相关约定按月享受职业年金待遇。这有利于构建多层次养老保险体系，优化机关事业单位退休人员养老待遇结构。

9. 加强经办服务。机关事业单位养老保险原则上实行属地化管理。各地社会保险经办机构按照国家统一的业务经办流程和信息系统，开展经办管理服务，普遍发放社会保障卡，退休人员基本养老金由社保机构确保按时足额支付，提供方便快捷的服务，从而更好地保障退休人员的基本生活和合法权益。

二、职工基本养老保险待遇的享受条件

在我国，职工享受基本养老保险待遇的条件因职工退出劳动领域的原因而有所不同。

（一）因退休而享受养老保险待遇的条件

退休是劳动者因年老或因工致残完全丧失劳动能力，依照法律退出劳动（工作）岗位养老休息时获得一定物质帮助的制度。它是养老保险的基本形式，其适用范围具有普遍性。

1. 退休的年龄条件。

（1）职员（干部）的退休年龄。①法定退休年龄。男年满60周岁，女年满55周岁。②提前退休年龄。男年满50周岁，女年满45周岁，经医院证明完全丧失工作能力的。此外，近年来各地在进行机构、人事制度改革中，也相继推出优惠政策，允许干部男年满55周岁，女年满50周岁可提前办理退休手续。③延迟退休工龄。如高级专家经批准可延迟退休，但正高职不超过70周岁，副高职不超过65周岁。

（2）工人退休年龄。①法定退休年龄。男年满60周岁，女年满50周岁。②提前退休年龄。从事井下、高温、高空、特别繁重体力劳动或其他有害身体健康工作的，退休年龄男年满55周岁，女年满45周岁。③因病或非因工致残，由医院证明并经劳动鉴定委员会确认完全丧失劳动能力的，退休年龄为男年满50周岁，女年满45周岁。

[热点探析]

延迟退休

延迟退休，也称延迟退休年龄，是指我国结合其他国家退休年龄、综合考虑中国人口结构变化的情况、就业的情况而逐步提高退休年龄或延迟退休的制度。

近期关于是否应当延迟退休的话题在社会上引发了争论热潮。

拥护派认为，延迟退休年龄是大势所趋。论据有二：①中国的退休年龄和其他国家比起来算早的。随着生活水平的进步，人们的寿命不断提高，所以延迟退休年龄是必然趋势，而且在很多岗位上也需要这些有经验的老人继续发光发热。②这样做有助于弥补养老金亏空，缓解养老压力。有专家算过一笔账，退休年龄每延迟一年，我国养老统筹基金可增长 40 亿元、减支 160 亿元，减缓基金缺口约 200 亿元。

反对派认为延迟退休年龄副作用很多。论据有三：①这样做无形中增加了就业压力。②这样对中低收入劳动者不公平。一方面增加了他们的负担；另一方面延迟了领取养老金的时间，对其生活不利。③将可能导致"有命交社保，没命拿社保"情形的出现。

2013 年 6 月，由于就业压力等多重原因，人社部已经搁置延迟退休的计划，仅仅从研究着手，进行学术探讨。2015 年，人社部部长尹蔚民明确表示要在 2017 年推出延迟退休方案并在推出后五年渐进式实施，但是未能成行。2018 年 1 月 9 日，尹蔚民在人民日报发表署名文章时再次提及，针对人口老龄化加速发展的趋势，要适时研究出台渐进式延迟退休年龄等应对措施。然而截至 2019 年 12 月，按时间表应该出台的延迟退休方案仍然未见踪影。

2. 退休工龄条件。根据我国现行有关规定，职工退休一般要求其连续工龄必须满 10 年。特殊情况可不受满 10 年的限制：①国家公务员提前退休其连续工龄必须满 20 年，连续工龄满 30 年要求提前退休的可不受年龄限制。②工人提前退休，需要满足相应的工龄条件，即从事高空和特别繁重体力劳动工作累计满 10 年；从事井下、高温工作累计满 9 年；从事其他有害身体健康工作满 8 年。③因工伤（职业病）致残而完全丧失劳动能力的劳动者，其退休不以连续工龄为条件。④养老保险制度改革后初次就业的劳动者，其退休的连续工龄条件应被累计缴费年限所取代，其缴纳养老保险费的年限须累计满 1 年。

（二）因离休而享受养老保险待遇的条件

离休即离职休养，是国家对一部分老干部规定的养老制度。它是我国独有的一种特殊退休形式。法定的离休条件，除了达到法定退休年龄外，还必须是新中国成立前参加革命工作的老干部。具体界限是：①1949 年 9 月 30 日以前，参加中国共产党领导的革命军队的干部；在解放区参加革命工作并脱产享受供给制和包干制待遇的干部；在敌占区从事革命工作的干部。②1948 年底以前在解放区参加革命工作，并享受当地人民政府制定的薪金制待遇的干部。③在"政协"第一次全国代表大会召开前加入各民主党派，一直拥护中国共产党，坚持革命工作的干部。

（三）因退职而享受养老保险待遇的条件

退职是指劳动者因疾病、伤残完全丧失劳动能力但又不符合退休条件而提前退出劳动岗位进行休养。这是一种准退休状态。

根据相关规定，不具备退休条件，有医院证明，并经劳动鉴定委员会鉴定完全丧失劳动能力的职工，应当退职。我国法定退职条件是：

1. 年老体衰但又未达到退休年龄和工龄，经劳动鉴定委员会鉴定不能从事原职工作，在本单位内部确实没有轻便工作可安排的。

2. 本人自愿退职的。

3. 连续工龄不满 3 年，因病或非因工负伤停止工作时间满 1 年的。

4. 劳动者在录用后 6 个月内，被发现患有严重慢性疾病，不能坚持工作的。

三、职工基本养老保险待遇

（一）内容

职工基本养老保险待遇的内容，一般有养老金、医疗保险待遇、异地安家补助费等项目，但在项目多少和标准高低上，因退休、离休、退职而有所不同。

1. 退休待遇。主要有：①基本养老金。从劳动者退休的第 2 个月起停发工资，根据劳动者退休的原因（正常退休、因患职业病或工伤退休等）和规定的相应标准每月发给养老金。②医疗待遇和死亡待遇与在职职工相同。③其他待遇。异地安家补助费、异地安置车旅费、住房补贴、物价补贴、取暖补贴等，均按规定的标准执行。

2. 离休待遇。实行"基本政治待遇不变，生活待遇略为从优"的原则，其保障水平高于退休待遇。主要内容有：①政治待遇。原则上按同级在职干部的待遇阅读机要文件、听重要报告、参加重要的政治活动和会议。②基本离休费。原工资按 100% 发放，不打折扣。③生活补贴和福利待遇。根据离休干部参加革命工作时期的不同，按其离休时的工资标准每年增发 1~2 个月的生活补贴，其他非生产性福利待遇与同级在职干部相同。④医疗保健待遇。享受公费医疗和定期健康检查，适当组织健康疗养。⑤护理费。离休干部因工作致残、饮食起居需要他人扶助的，可按规定标准发给护理费；由于瘫痪等原因生活长期完全不能自理的，可酌情发给护理费。

3. 退职待遇。退职待遇水平低于退休待遇水平。主要内容有：①退职生活费。由原单位按月发给相当于其本人退职前标准工资一定比例的退职生活费，但数额不得低于国家规定的最低标准。②医疗待遇和死亡待遇与在职职工相同。对于已参加养老保险社会统筹的劳动者，在达到退休年龄后即与用人单位解除劳动关系，用人单位停发工资，由社会保险经办机构根据规定的项目和标准支付养老保险金、医疗保险金等社会保险待遇。

（二）养老保险待遇的支付条件

《社会保险法》第 16 条第 1 款规定："参加基本养老保险的个人，达到法定退休年龄时累计缴费满 15 年的，按月领取基本养老金"。由此可见，我国职工基本养老保险待遇的支付条件有两个：①劳动者达到国家规定的退休年龄并办理相关手续；②基本养老保险费累计缴费年限满 15 年。

缴费年限的长短与养老保险待遇水平的高低有着密切的联系，缴费年限越长，养老保险待遇水平就越高。累计满 15 年的缴费年限为最低缴费年限，即只有达到这一标准，劳动者才能申请养老保险待遇。但在实践中，由于种种原因，往往还存在被保险人的缴费年限累计不足 15 年的情形。对此，我国《社会保险法》第 16 条第 2 款作出如下规定："参加基本养老保险的个人，达到法定退休年龄时累计缴费不足 15 年的，可以缴费至满 15 年，按月领取基本养老金；也可以转入新型农村社会养老保险或者城镇居民社会养老保险，按照国务院规定享受相应的养老保险待遇。"人力资源和社会保障部在此后颁发的《实施〈中华人民共和国社会保险法〉若干规定》第 3 条第 2 款中作了补充说明："参加职工基本养老保险的个人达到法定退休年龄后，累计缴费不足 15 年（含依照第 2 条规定延长缴费）的，且未转入新型农村社会养老保险或者城镇居民社会养老保险的，个人可以书面申请终止职工基本养老保险关系。社会保险经办机构收到申请后，应当书面告知其转入新型农村社会养老保险或者城镇居民社会养老保险的权利以及终止职工基本养老保险关系的后果，经本人书面确认后，终止其职工基本养老保险关系，并将个人账户储存额一次性支付给本人。"

[案例]

杨先生今年已经 55 岁，离退休还有 5 年。但是单位从今年开始才为其缴纳养老保险费。

问：怎么做才能使杨先生在退休后享受到养老保险待遇？

分析：根据法律的规定，职工达到法定退休年龄时，养老保险的缴费年限必须累计满 15 年，才能享受养老保险待遇。缴费不足 15 年的，可以补缴。本案中，杨先生单位即使缴纳养老保险费至其退休年龄，也不足 15 年，尚缺 10 年。杨先生可以用"前延后补"的方法来解决这个问题，即以 55 岁为界，往前补缴 5 年的养老保险，往后延长缴费至 65 岁，这样"前延"加上"后补"共计 15 年，满足养老保险最低缴费年限的规定。如此，杨先生退休后就可以正常享受职工基本养老保险待遇。

四、职工基本养老保险基金

《社会保险法》第 11 条规定："基本养老保险实行社会统筹与个人账户相结合。基本养老保险基金由用人单位和个人缴费以及政府补贴等组成。"据此，我国职工基本养老保险基金采用社会统筹与个人账户相结合的方式，由国家财政补贴、用人单位缴费和劳动者个人缴费三部分构成。

国家财政补贴是指同级政府财政给予职工基本养老保险基金的补贴收入。这部分收入主要体现在两个方面：①职工参加基本养老保险前，视同缴费年限期间应当缴纳的养老保险费用；②基本养老保险基金出现支付不足时，政府给予补贴。

用人单位缴纳的基本养老保险费。用人单位一般按照不超过工资总额的 20% 缴纳基本养老保险费，少数省、自治区、直辖市因离退休人数较多、养老保险负担过重，确需超过工资总额 20% 的，应报人社部、财政部审批。

劳动者个人缴纳的基本养老保险费。参加基本养老保险的职工个人按照本人缴费工资的 8% 缴纳养老保险费，这部分费用全部计入其个人账户。无雇工的个体工商户、未在用人单位参加基本养老保险的非全日制从业人员以及其他灵活就业人员，由个人承担缴费义务，所缴纳费用为当地上年度在岗职工平均工资的 20%，其中 8% 计入个人账户。

国家按照劳动者个人缴费工资的 11% 建立职工基本养老保险的个人账户。个人账户不得提前支取。

[新闻链接]

基本养老保险单位缴费率下调　降费规模最高可达 7000 亿元

2019 年 3 月 5 日，十三届全国人大二次会议在人民大会堂开幕，国务院总理李克强作 2019 年政府工作报告时提出，下调城镇职工基本养老保险单位缴费比例，各地可降至 16%。加快推进养老保险省级统筹改革，继续提高企业职工基本养老保险基金中央调剂比例、划转部分国有资本充实社保基金。

对此，北京化工大学文法学院教授刘昌平在接受《证券日报》记者采访时表示，该项政策非常务实，充分利用社会保障制度的"稳定器"与"减震器"功能，以发挥宏观政策逆周期调节作用，为经济平稳运行创造条件。

苏宁金融研究院宏观经济研究中心主任黄志龙对《证券日报》记者表示，政府工作报告关于社保缴费的一些提法，打消了市场担忧的社保缴费幅度上升的担忧。相反，此次中央提出城镇职工基本养老保险单位缴费比例，各地可降至16%，将进一步减轻所有企业特别是小微企业的社保缴费负担，为企业真正减负。

谈及下调城镇职工基本养老保险单位缴费率的意义，刘昌平认为，一是直接的效应。一方面明显降低企业社保缴费负担，特别是中小企业的缴费负担，增厚广大中小企业的利润率，极大地增强了其生产经营的积极性；另一方面为顺利推进相关养老保险运行机制改革腾出空间，如延长退休年龄、做实社保费基和调整征管机构等。二是间接的效应或者说是更深远的意义。即能有效地促进基本养老保险制度的代际公平性。

第三节　城乡居民社会养老保险

城乡居民社会养老保险是覆盖城镇和农村户籍非从业人员的养老保险制度，这项制度和职工基本养老保险制度共同构成了我国基本养老保险制度体系。目前，分为新型农村社会养老保险制度和城镇居民社会养老保险制度两种。

一、新型农村社会养老保险

新型农村社会养老保险制度，俗称"新农保"，是以保障农村居民年老时的基本生活为目的，建立个人缴费、集体补助、政府补贴相结合的筹资模式，养老保险待遇由社会统筹与个人账户相结合，与家庭养老、土地保障、社会救助等其他社会保障政策措施相配套，由政府组织实施的一项社会养老保险制度。它是我国社会保险体系的重要组成部分。

国务院于2009年9月1日颁布了《国务院关于开展新型农村社会养老保险试点的指导意见》（现已失效），决定从2009年起在全国选择10%的县（市、区、旗）开展新型农村社会养老保险试点，以后逐步扩大试点，全国普遍实施，2020年之前基本实现对农村适龄居民的全覆盖。2010年出台、2018年修正的《社会保险法》第20条第1款也明确规定："国家建立和完善新型农村社会养老保险制度。"

[知识链接]

新农保"新"在何处?

所谓新农保是相对于原先的以民政部《县级农村社会养老保险基本方案（试行）》为基础的农村养老保险制度而言的。老农保主要是农民自己缴费，实际上就是一种自我储蓄的模式。与老农保相比，新农保的"新"主要体现在以下几个方面：一是增加了政府的补贴。新农保实行个人缴费、政府补贴和集体补助三方筹资机制。二是增加了基础养老金。新农保在老农保单一个人账户养老金的基础上增加了社会统筹部分的基础养老金，提高了参保人员的养老金水平。三是建立了养老金水平的正常调整机制，参保人员领取的养老金能够逐年增长。

（一）基本原则

新农保试点的基本原则是"保基本、广覆盖、有弹性、可持续"。①从农村实际出发，低水平起步，筹资标准和待遇标准要与经济发展及各方面承受能力相适应；②个人（家庭）、集体、政府合理分担责任，权利与义务相对应；③政府主导和农民自愿相结合，引导农村居民普遍参保；④中央确定基本原则和主要政策，地方制订具体办法，对参保居民实行属地管理。

（二）参保范围

年满16周岁（不含在校学生）、未参加城镇职工基本养老保险的农村居民，可以在户籍地自愿参加新农保。

（三）基金筹集

新农保基金由个人缴费、集体补助、政府补贴构成。

1. 个人缴费。参加新农保的农村居民应当按规定缴纳养老保险费。缴费标准设为每年100元、200元、300元、400元、500元5个档次，地方可以根据实际情况增设缴费档次。参保人自主选择档次缴费，多缴多得。国家依据农村居民人均纯收入增长等情况适时调整缴费档次。

2. 集体补助。有条件的村集体应当对参保人缴费给予补助，补助标准由村民委员会召开村民会议民主确定。鼓励其他经济组织、社会公益组织、个人为参保人缴费提供资助。

3. 政府补贴。政府对符合领取条件的参保人全额支付新农保基础养老金，其中中央财政对中西部地区按中央确定的基础养老金标准给予全额补助，对东部地区给予50%的补助。地方政府应当对参保人缴费给予补贴，补贴标准不低于每人每年30元；对选择较高档次标准缴费的，可给予适当鼓励，具体标准和办法由省（区、市）人民政府确定。对农村重度残疾人等缴费困难群体，地方政府为其代缴部分或全部最低标准的养老保险费。

（四）建立个人账户

国家为每个新农保参保人建立终身记录的养老保险个人账户。个人缴费，集体补助及其他经济组织、社会公益组织、个人对参保人缴费的资助，地方政府对参保人的缴费补贴，全部记入个人账户。个人账户储存额每年参考中国人民银行公布的金融机构人民币一年期存款利率计息。

（五）养老金待遇

养老金待遇由基础养老金和个人账户养老金组成，支付终身。

中央确定的基础养老金标准为每人每月 55 元。地方政府可以根据实际情况提高基础养老金标准，对于长期缴费的农村居民，可适当加发基础养老金，提高和加发部分的资金由地方政府支出。

个人账户养老金的月计发标准为个人账户全部储存额除以 139（与现行城镇职工基本养老保险个人账户养老金计发系数相同）。参保人死亡，个人账户中的资金余额，除政府补贴外，可以依法继承；政府补贴余额用于继续支付其他参保人的养老金。

国家根据经济发展和物价变动等情况，适时调整全国新农保基础养老金的最低标准。

（六）养老金待遇领取条件

年满 60 周岁、未享受城镇职工基本养老保险待遇的有农村户籍的老年人，可以按月领取养老金。

新农保制度实施时，已年满 60 周岁、未享受城镇职工基本养老保险待遇的，不用缴费，可以按月领取基础养老金，但其符合参保条件的子女应当参保缴费；距领取年龄不足 15 年的，应按年缴费，也允许补缴，累计缴费不少于 15 年；距领取年龄超过 15 年的，应按年缴费，累计缴费不少于 15 年。

[实例说明]

某参加新农保农民 45 周岁。若其个人缴费选择每年缴纳 500 元，政府每年补贴 75 元，缴费 15 年，按当前银行一年定期存款利率 3.5% 计息，到 60 周岁时个人账户累计储存额为 11 095 元。累计储存额除以 139（养老金计发系数），则其每月个人账户养老金为 80 元，再加上基础养老金 110 元（计算时假定 15 年不变，实际上会调整提高），该农民 60 周岁后每月可领取的养老金待遇合计为 190 元。

（七）基金管理和监督

建立健全新农保基金财务会计制度。新农保基金纳入社会保障基金财政专户，实行收支两条线管理，单独记账、核算，按有关规定实现保值增值。试点阶段，新农保基金暂实行县级管理，随着试点扩大和推开，逐步提高管理层次；有条件的地方也可直接实行省级管理。

各级人力资源和社会保障部门要切实履行新农保基金的监管职责，制定完善新农保各项业务管理规章制度，规范业务程序，建立健全内控制度和基金稽核制度，对基金的筹集、上解、划拨、发放进行监控和定期检查，并定期披露新农保基金筹集和支付信息，做到公开透明，加强社会监督。财政、监察、审计部门按各自职责实施监督，严禁挤占挪用，确保基金安全。

（八）制度衔接

原来已开展老农保的地区，要在妥善处理老农保基金债权问题的基础上，做好与新农保的制度衔接。在新农保试点地区，凡已参加了老农保、年满60周岁且已领取老农保养老金的参保人，可直接享受新农保基础养老金；对已参加老农保、未满60周岁且没有领取养老金的参保人，应将老农保个人账户资金并入新农保个人账户，按新农保的缴费标准继续缴费，待符合规定条件时享受相应待遇。

二、城镇居民社会养老保险

城镇居民社会养老保险是指针对未参加其他社会保险制度、未就业的城镇居民所建立的一项新的社会养老保险制度。我国《社会保险法》第22条第1款明确规定："国家建立和完善城镇居民社会养老保险制度。"由此可见，加大这一制度的建设，是我国养老保险制度建设工作的重点。

国务院于2011年6月7日颁布了《国务院关于开展城镇居民社会养老保险试点的指导意见》（现已失效），对从2011年起开展的城镇居民社会养老保险试点工作，作出了原则性规定，指导这一试点工作的开展。

（一）基本原则

城镇居民社会养老保险试点的基本原则是"保基本、广覆盖、有弹性、可持续"。①从城镇居民的实际情况出发，低水平起步，筹资标准和待遇标准要与经济发展及各方面承受能力相适应；②个人（家庭）和政府合理分担责任，权利与义务相对应；③政府主导和居民自愿相结合，引导城镇居民普遍参保；④中央确定基本原则和主要政策，地方制定具体办法，城镇居民社会养老保险实行属地管理。

（二）任务目标

建立个人缴费、政府补贴相结合的城镇居民社会养老保险制度，实行社会统筹和个人账户相结合，与家庭养老、社会救助、社会福利等其他社会保障政策相配套，保障城镇居民老年基本生活。2011 年 7 月 1 日启动试点工作，2012年基本实现城镇居民社会养老保险制度全覆盖。

（三）参保范围

年满 16 周岁（不含在校学生）、不符合职工基本养老保险参保条件的城镇非从业居民，可以在户籍地自愿参加城镇居民社会养老保险。

（四）基金筹集

城镇居民社会养老保险基金主要由个人缴费和政府补贴构成。

1. 个人缴费。参加城镇居民社会养老保险的城镇居民应当按规定缴纳养老保险费。缴费标准设为每年 100 元、200 元、300 元、400 元、500 元、600 元、700 元、800 元、900 元、1000 元 10 个档次，地方人民政府可以根据实际情况增设缴费档次。参保人自主选择档次缴费，多缴多得。国家依据经济发展和城镇居民人均可支配收入增长等情况适时调整缴费档次。

2. 政府补贴。政府对符合待遇领取条件的参保人员全额支付城镇居民社会养老保险基础养老金。其中，中央财政对中西部地区按中央确定的基础养老金标准给予全额补助，对东部地区给予 50% 的补助。地方人民政府应对参保人员缴费给予补贴，补贴标准不低于每人每年 30 元；对选择较高档次标准缴费的，可给予适当鼓励，具体标准和办法由省（区、市）人民政府确定。对城镇重度残疾人等缴费困难群体，地方人民政府为其代缴部分或全部最低标准的养老保险费。

3. 鼓励其他经济组织、社会组织和个人为参保人缴费提供资助。

（五）建立个人账户

国家为每个参保人员建立终身记录的养老保险个人账户。个人缴费、地方人民政府对参保人的缴费补贴及其他来源的缴费资助，全部记入个人账户。个人账户储存额每年参考中国人民银行公布的金融机构人民币一年期存款利率计息。

（六）养老金待遇

养老金待遇由基础养老金和个人账户养老金构成，支付终身。

中央确定的基础养老金标准为每人每月 55 元。地方人民政府可以根据实际情况提高基础养老金标准，对于长期缴费的城镇居民，可适当加发基础养老金，提高和加发部分的资金由地方人民政府支出。

个人账户养老金的月计发标准为个人账户储存额除以 139（与现行职工基本养老保险及新农保个人账户养老金计发系数相同）。参保人员死亡，个人账户中的资金余额，除政府补贴外，可以依法继承；政府补贴余额用于继续支付其他参保人的养老金。

国家根据经济发展和物价变动等情况，适时调整全国城镇居民社会养老保险基础养老金的最低标准。

（七）养老金待遇领取条件

参加城镇居民社会养老保险的城镇居民，年满 60 周岁的，可按月领取养老金。

城镇居民社会养老保险制度实施时，已年满 60 周岁，未享受职工基本养老保险待遇以及国家规定的其他养老待遇的，不用缴费，可按月领取基础养老金；距领取年龄不足 15 年的，应按年缴费，也允许补缴，累计缴费不超过 15 年；距领取年龄超过 15 年的，应按年缴费，累计缴费不少于 15 年。

（八）基金管理和监督

建立健全城镇居民社会养老保险基金财务会计制度。城镇居民社会养老保险基金纳入社会保障基金财政专户，实行收支两条线管理，单独记账、核算，按有关规定实现保值增值。

各级人力资源和社会保障部门要切实履行城镇居民社会养老保险基金的监管职责，制定完善城镇居民社会养老保险各项业务管理规章制度，规范业务程序，建立健全内控制度和基金稽核制度，对基金的筹集、上解、划拨、发放进行监控和定期检查，并定期披露城镇居民社会养老保险基金筹集和支付信息，做到公开透明，加强社会监督。财政、监察、审计部门按各自职责实施监督，严禁挤占挪用，确保基金安全。

建立城镇居民社会养老保险制度是深入贯彻落实科学发展观、加快建设覆盖城乡居民社会保障体系的重大决策，是调整收入分配结构、扩大国内消费需求的重大举措，是统筹城乡发展、推进基本公共服务均等化的重要政策，是实现广大城镇居民老有所养，促进家庭和睦、社会和谐的重大民生工程。城镇居民社会养老保险和新农保在制度设计上有很多共同之处，都是由政府主导建立的社会养老保险制度，实行个人缴费、政府补贴相结合，社会统筹和个人账户相结合。有条件的地方应积极将两项制度合并实施，做好制度衔接。

[实务探讨]

适度提高城乡居民基础养老金标准 保障城乡居民晚年生活基本需求

2009~2018 年期间，国家对城乡居民养老保险基础养老金最低标准提高了 2 次，由 2009 年的 55 元提高至 2018 年 88 元，10 年间共增加了 33 元，城乡居民基本养老保险基础养老金最低标准年均仅增加了 3.3 元，年均增幅为 4.8%，低于 2009~2018 年全国 GDP 平均增长幅度 7.8%。加之，2009~2018 年我国居民消费价格指数（CPI）年均增长幅度为 2.23%，扣除物价上涨因素，城乡居民基本养老保险基础养老金最低标准每年实际增加寥寥无几。

我国城乡居民基础养老金由国家规定最低执行标准，各地在国家规定最低标准的前提下，可结合当地的情况进行调整。由于我国区域经济发展水平和各地财政情况迥异，各地基础养老金标准不仅因地而异，且因时而异（有的地方适时提高基础养老金，有的地方只根据国家要求在规定提高最低标准的年份才调整），各地城乡居民基础养老金最低标准差异很大。

以 2018 年我国各地执行的城乡居民基础养老金执行标准为例，最高的上海每人每月 930 元是最低的黑龙江每人每月 90 元的 10.33 倍，全国平均执行的最低标准为 170.13 元（即 2018 年中国大陆 31 个省、自治区、直辖市已公布的执行最低标准的平均数）。

从地区来看，2018 年东部地区城乡居民基础养老金最低标准的平均值最高，为 271.36 元。中部地区城乡居民基础养老金平均为 101.25 元，标准最低。西部地区城乡居民基础养老金最低标准的平均值居中，为 123.25 元。

此外，由于城乡居民基础养老金提高部分由各地市财政承担，即便是同一省份不同地市的城乡居民养老金标准差异也很大。总体来看，省会、自治区（首府）以及计划单列市、经济发展较好的城市执行标准较高，中小城市、城镇和农村执行标准较低。

与城乡居民基础养老金最低标准（2009~2018 年）仅涨 2 次且年均增长仅 3.3 元相对应的是，退休人员养老金自 2005 年起至今年有望实现"15 连涨"，国家机关、事业单位离退休人员近年来基本是 1~2 年增加一次离、退休费。无论是企业离退休人员的养老金，抑或是机关、事业单位离退休人员离、退休费，这些群体平均每次增加的金额可能接近于当年全国城乡居民基础养老金平均水平。同年龄的人，不同的群体，他们都曾经对社会做出各自的贡献，每月领取的养老金和离、退休费竟相差几十倍之多。据报道，2017 年城镇职工养老金全国平均水平是每月 2876 元，城乡居民养老金全国平均水平是每月 127 元，前者是后者的 22.65 倍；机关、事业单位离退休人员离退休费的月平均水平保守估计也是城乡居民养老金水平的 30 倍以上。

党的十九大报告指出，"中国特色社会主义进入新时代，我国社会主要矛盾已经转化为人民日益增长的美好生活需要和不平衡不充分的发展之间的矛盾。"而不平衡不充分的发展之间的矛盾之一就是居民收入分配的严重不平衡。适度增加城乡居民基础养老金发放标准，逐步减少它与其他群体人员的养老金的差距，这对缩小城乡差距、贫富差距，实现社会公平、精准扶贫都非常有益。可持续的社会养老保障是广大城乡居民美好生活的需要的前提。适度增加城乡居民基础养老金标准，能够满足他们晚年最基本的生活需求，才可谓真正解决了我国城乡居民的养老问题，也是让改革开放的成果惠及普通老百姓的一个重要体现，这种兼顾公平的养老保障是社会主义制度优越性的重要体现，也是兼顾弱势群体的中国特色社会保障体系的重要体现。此外，提高城乡居民基础养老金发放标准，增加财政支出用于改善民生，提高城乡居民的收入待遇，有利于居民消费，有利于拉动经济增长，更有利于社会和谐和公平。从某种意义上来说，这也是政府逐步实行"民生财政"的一项重要举措。

建议国家逐年适度提高全国城乡居民养老金最低标准，中央财政加大对中西部地区城乡居民基础养老金扶持力度，逐步缩小地区间的差距。国家应倡导城乡居民基础养老金发放标准按照年龄段有所区别，对年满65岁的城乡居民应予以适当倾斜。政府每年适度提高城乡居民基础养老金发放标准，让他们每年都有增加的获得感、幸福感，确保他们老有所养，安度晚年。

引例解析

养老金是养老保险待遇中的重要部分，是国家给予离退休人员的一种生活保障，它和工资不是一个概念。根据法律规定，因劳动者本人原因给用人单位造成经济损失的，用人单位可按照劳动合同的约定要求其赔偿经济损失并可从劳动者本人的工资中扣除。养老金并非工资的组成部分，用人单位无权扣除劳动者的养老金。本案中，该金融机构不能扣除陆某的养老金用于偿还其发放的不良贷款。

本章内容小结

养老保险是国家通过立法，保障劳动者因年老而丧失劳动能力时获得物质帮助以保障其基本生活的法律制度。养老保险是社会保险体系中社会性最强、涉及面最广的一项制度，具有重要的意义。我国现阶段的养老保险制度经历了不同的发展过程，正处于改革过程中。现阶段，我国致力于构建国家基本养老保险、企业补充养老保险、个人储蓄性养老保险相结合的多层次养老保险体系；建立和完善包含职工基本养老保险、新型农村社会养老保险和城镇居民社会养老保险在内的国家基本养老保险制度。

思考题

1. 什么是多层次的养老保险体系？
2. 简述职工基本养老保险的适用范围。

3. 案例分析：

陈女士经营一家小型卤味店，平日和其母亲两人打理。因担心年老时的生计问题，陈女士准备为自己购买一份养老保险。但是，有人告知她，因为她是个体户，没有单位，是不能参加职工基本养老保险的。

问：这样的说法正确吗？

延伸阅读

公务员和参公人员养老保险

《社会保险法》第 10 条第 3 款规定："公务员和参照公务员法管理的工作人员养老保险的办法由国务院规定。"这就意味着他们与企业职工等不同，适用着另一套的养老保险制度。目前，我国的公务员和参公人员无需缴纳养老保险费用，在其退休后直接领取数额较高的退休金。

对此，多数人持反对意见，认为这样会直接导致养老金差距过大，违反了公平原则，把不平等合法化。建议废除退休金"双轨制"，全体劳动者参加同样养老保险制度的呼声越来越高。

针对这些反对意见，中央已经在考虑基本养老保险并轨的问题，具体的方案是针对公务员建立双层的养老保障体系，其中第一层纳入基本养老保险，此外则建立公务员年金作为补充养老保险。

第十三章

工伤保险

学习目标

　　本章主要介绍工伤保险的相关知识。通过学习，让学生掌握工伤保险的含义及特点，明确我国工伤保险的范围，了解工伤保险待遇，理解工伤保险制度建立的意义，能够对我国的工伤保险现状和发展有一个新的认识。

内容结构图

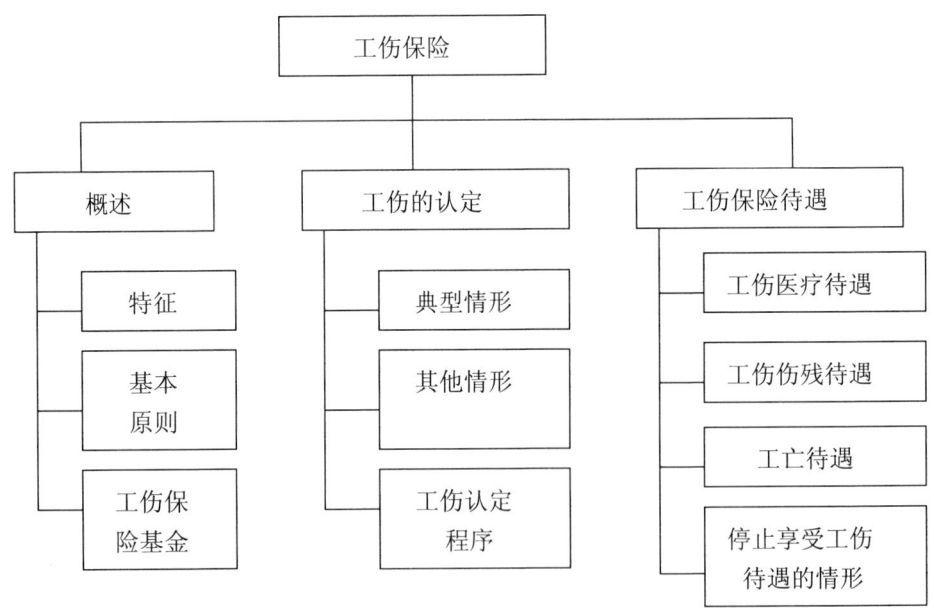

导入案例

2018 年 7 月，某市建筑工程公司高层建筑施工中发生了高空坠落事故，一名员工从 20 余米高处坠落在地，脑浆迸溅而死。该工地施工工人章某闻讯后，赶到事故现场，目睹了事故惨状，精神受到严重刺激，出现精神失常，经住院治疗未能痊愈。章某的亲属随后向当地劳动保障局社会保险处申请要求认定为工伤，享受工伤保险待遇。

问：章某的情况能否认定为工伤？

第一节　工伤保险概述

工伤保险也称职业伤害保险，是指劳动者由于工作原因并在工作过程中遭受意外伤害，或因接触粉尘、放射线、有毒有害物质等职业危害因素引起职业病后，由国家或社会给负伤、致残者以及死亡者生前供养亲属提供必要的物质帮助的一项社会保险制度。工伤保险制度建立的基础是劳动者的生命权和健康权。

工伤保险作为社会保险制度的重要组成部分，是产生较早、发展较为完善的一个险种。劳动者享受工伤保险的权利由宪法和劳动法给予根本保障。《劳动法》第 73 条规定，"劳动者在下列情形下，依法享受社会保险待遇……因工伤残或者患职业病……" 2003 年国务院颁布了《工伤保险条例》，并于 2010 年 12 月进行了修订，为工伤保险提供了更加详尽的法律依据。

一、工伤保险的特征

工伤保险与其他社会保险项目（如养老、失业、医疗保险等）相比较，待遇最优厚、保险内容最完备、保险服务最周到，且易于实现。其特征如下：

1. 工伤保险具有强制性。工伤保险是宪法确立的劳动者的一项基本权利，为保证劳动者这一权利的实现，国家必须通过建立法规强制实施。法规所规定范围内的用人单位及职工，都应该参加工伤保险，缴纳保险费。工伤多属意外事故，其造成的损失往往难以挽回，赋予工伤保险强制性才能真正保护好劳动者的利益。因而，无论劳动关系双方如何约定，或出现任何事由，都不能抗衡工伤保险的强制性特点。

[案例]

郑师傅来自江苏盐城，2017 年 2 月 17 日开始，他到一家建筑工地打工。3月 12 日，郑师傅还在工地干活时，包工头找到他，给他一张"申请"让他签名，郑师傅未看清内容就在纸条上签了名按下手印。3月25日，郑师傅在工地粉刷外墙，不慎从二楼的脚手架上摔落下来，造成右腿骨折。在治疗期间，郑师傅要求包工头垫付1万元治疗费，而对方却拿出那张"申请"说："'在工作时间内发生的意外事故由本人自行负责'，这白纸黑字是你签的名摁的手印，公司不予负责。"郑师傅仔细看过那张"申请"后才明白，自己被骗签订了"生死状"。郑师傅气愤不已向法院寻求帮助。法官当即责令该工地负责人严格按照相关法律规定，负责承担工伤事故职工的医疗费及工资，并承担相应的工伤赔偿。

2. 工伤保险对象的范围是在生产劳动过程中的全体劳动者。工伤保险所保之"险"为职业危险，即在生产劳动过程中可能发生的职业危害。由于职业危害无所不在、无时不在，任何人都不能完全避免职业伤害。因此，工伤保险作为抗御职业危害的保险制度适用于所有职工，任何职工发生工伤事故或遭受职业疾病，都应毫无例外地获得工伤保险待遇。

3. 工伤保险的责任具有赔偿性。工伤即职业伤害所造成的直接后果，即伤害到职工生命健康，并由此造成职工及其家庭成员的精神痛苦和经济损失，也就是劳动者的生命健康权、生存权和劳动权受到影响、损害甚至被剥夺。因此工伤保险是基于对工伤职工的赔偿责任而设立的一种社会保险制度，这一点区别于其他社会保险，它们是基于对职工生活困难的帮助和补偿责任而设立的。

4. 工伤保险具有互济性。国家通过法律、法规强制征收保险费，建立工伤保险基金，以不同行业间分担费用的方式形成共济基金，采取互助互济的办法，分担风险。在工伤待遇分配上，国家责成社会保险经办机构对费用实行再分配，这种基金的分配使用，包括人员之间、地区之间、行业之间的调剂。它减少了部分企业、行业因伤亡事故、职业病而产生的负担，从而缓解了社会矛盾。

5. 工伤保险实行无过错责任原则。劳动者在各种伤害事故中只要属于工伤或视同工伤，都应该按照规定标准对其进行伤害赔偿。无论工伤事故的过错原因在哪一方主体，用人单位均应承担保险责任。

6. 工伤保险中的劳动者不缴纳保险费，全部费用由用人单位负担。即工伤保险的投保人为用人单位。工伤事故属于职业性伤害，是在生产劳动过程中，职工为社会和企业创造物质财富而付出的血的代价，因而工伤保险待遇有明显的"劳动力修复与再生产投入"性质，属于企业生产成本的特殊组成部分。因此，工伤保险费由企业或雇主缴纳，职工个人不缴纳任何费用，这是工伤保险与养老保险、医疗保险、失业保险的区别之处。由于职工在工作中付出了劳动甚至生命，所以企业负担保险费用，社会保险机构负责补偿费用已成为工伤保险的国际惯例。我国的工伤保险无论是由企业直接支付待遇，还是由企业向基金缴费，均由用人单位承担。

7. 工伤保险待遇具有多样性，相对优厚。工伤保险制度不仅要求为受伤劳动者提供及时救治，还要求必须保障受伤劳动者以后的生活。因此，工伤保险待遇不仅包括经济性补偿，还包括医疗救助、职业康复等非经济性补偿；不仅有一次性的，还有定期支付的，如按月支付的伤残津贴等。它与其他险种相比较，形式更加多样化，且标准较高，待遇相对优厚。当然，工伤事故的不同保险待遇也会有所差别。

二、工伤保险法

工伤保险法是指调整工伤保险关系，规范用人单位、劳动者、工伤保险经办机构以及政府行政部门等主体间的权利和义务的法律规范的总称。它是社会保险法的子部门法之一，2010 年修订后的《工伤保险条例》是我国目前最主要的工伤保险法规范。

（一）工伤保险法的适用范围

工伤保险法的适用范围是指其效力范围，即哪些主体应当参加工伤保险。我国《社会保险法》第 33 条规定："职工应当参加工伤保险，由用人单位缴纳工伤保险费，职工不缴纳工伤保险费。"但是，对于这里的"职工"的定义和范围未作出明确规定。修订后的《工伤保险条例》第 2 条规定："中华人民共和国境内的企业、事业单位、社会团体、民办非企业单位、基金会、律师事务所、会计师事务所等组织和有雇工的个体工商户（以下称用人单位）应当依照本条例规定参加工伤保险，为本单位全部职工或者雇工（以下称职工）缴纳工伤保险费。中华人民共和国境内的企业、事业单位、社会团体、民办非企业单位、基金会、律师事务所、会计师事务所等组织的职工和个体工商户的雇工，均有依照本条例的规定享受工伤保险待遇的权利。"该条例进一步明确了工伤保险法的适用范围是全体劳动者，而不论其单位性质等。

（二）工伤保险法的基本原则

根据工伤保险的特征以及我国的现实，我国工伤保险原则如下：

1. 无责任补偿原则。该原则是指劳动者在遭受伤害后，不论是否存在责任主体，也不论责任归结于何种主体，只要符合工伤的构成要件，就可以依法获得工伤保险补偿。应当从两个层面理解这一原则：①"无责任"应当理解为不考虑责任是否存在，都能享受工伤待遇。造成工伤的原因有很多种，可能是人为原因，也可能是自然原因。工伤补偿不以责任的确定为前提，仅仅需要考虑是否符合工伤构成要件。②这种补偿责任存在唯一的例外，即劳动者故意引起自身伤害时，禁止劳动者获得补偿。

[案例]

张琳和马小苏两人同在某机械厂的锻造车间工作。某日上班时,马小苏因疏忽大意,操作机器不当,导致张琳右臂受伤严重。张琳在医院治疗半个月,花去医药费2万余元。出院后按医嘱休养一个月后,才至单位上班。张琳要求机械厂给予其工伤待遇。机械厂认为,伤害是由于马小苏的失误所致,应由马小苏承担所有的赔偿责任,张琳不能享受工伤待遇。

分析:根据工伤保险中的无责任补偿原则,本案中,张琳是在工作中受到的伤害,不用考虑是否存在责任主体,也不论责任归结于何种主体,其依法有权利获得工伤保险补偿,即张琳应当享受工伤保险待遇。

2. 经济损失补偿与事故预防及职业康复相结合的原则。从单纯经济补偿向与事故预防、医疗康复及职业康复相结合的转变,是现代工伤保险的显著标志之一。工伤保险与其他社会保险项目一样,除了被动式的生活保险功能外,还应具有主动式的、积极的功能。这主要表现为,在对负伤、残疾和因工死亡职工提供必要的医疗、生活补贴之外,还应在加强安全生产、预防事故发生、减少职业危害、及时抢救治疗、有效的职业康复等方面发挥积极作用。工伤保险法应当从事前、事中、事后多层面为劳动者提供全面的保障。

3. 有利于劳动者原则。工伤保险在立法时首先应当考虑如何最大限度地维护劳动者的利益,在程序设定等方面应以便于劳动者行使权利、及时获取救济为原则。适用法律的过程中应当依照"就有不就无、就高不就低"的原则进行处理,例如,对于存在争议的确因工作原因引起的伤害案件,只要劳动者不具备法定的排除工伤的情形,均应当认定为工伤。总之,工伤保险的立法和实践都应以侧重保护劳动者的合法利益为原则。

4. 直接经济损失与间接经济损失相区别原则。直接经济损失是指职工发生工伤事故后,个人所受的经济损失,与职工的直接经济收入相关,即职工的工资收入。直接经济收入直接影响本人及其供养直系亲属的生活,也直接影响劳动力的再生产。因此,必须给予及时的较优待的补偿。间接经济损失是指职工直接收入以外的其他经济收入的损失,包括兼职收入、业余劳动收入等。这部分收入不是人人都有,是不固定的额外收入,因此,这一部分收入不列入工伤保险的经济补偿范畴。

三、工伤保险基金

工伤保险基金是指为了建立工伤保险制度,使工伤职工能够得到及时的救助和享受工伤保险待遇而筹集的资金。它是劳动者依法获得工伤待遇的主要经费来源,也是工伤预防、职业康复制度顺利开展的根本物质保障。

（一）工伤保险基金的构成

《工伤保险条例》第7条规定："工伤保险基金由用人单位缴纳的工伤保险费、工伤保险基金的利息和依法纳入工伤保险基金的其他资金构成。"具体来说，主要包括以下几种：①用人单位缴纳的工伤保险费；②工伤保险费滞纳金；③工伤保险基金的利息；④社会捐助；⑤依法纳入工伤保险基金的其他资金。

工伤保险费是工伤保险基金的主要来源。因此，凡是纳入工伤保险范围的用人单位应当按照规定，及时足额缴纳工伤保险费，以保证基金的支付能力，切实保障工伤职工及时获得医疗救治和经济补偿。工伤保险基金按规定存入银行或者购买国债，取得的利息并入工伤保险基金，这是维持基金不贬值的一项重要措施。

（二）工伤保险基金的筹集

各国工伤保险基金的筹集方式并不相同，我国采用的是用人单位负担和政府补贴相结合的模式，即主要由用人单位承担缴费义务，政府在基金不足以支付的情况下承担最终补贴责任。

国家按照"以支定收，收支平衡"的基本原则来征缴工伤保险费，即根据对一定时期内工伤保险基金的支出情况的预测结果，来确定当期所应征收的工伤保险费总额。用人单位依照确定的费率缴纳工伤保险费。我国的工伤保险费率采用行业差别费率与浮动费率相结合的模式，国家根据不同行业的工伤风险程度确定行业的差别费率，并根据工伤保险费使用、工伤发生率等情况在每个行业内确定若干费率档次。

（三）工伤保险基金的管理和支出

根据《工伤保险条例》的规定，工伤保险基金在直辖市和设区的市实行全市统筹，其他地区的统筹层次由省、自治区人民政府确定。工伤保险基金实行专款专用，筹集所得基金存入社会保障基金财政专户，除法定支出项目外，任何单位或者个人不得将工伤保险基金用于投资运营、兴建或者改建办公场所、发放奖金或者挪作其他用途。工伤保险基金支出的具体项目包括：

1. 工伤保险待遇的支付。我国《社会保险法》中有专门条款对工伤保险基金的待遇支付项目作了规定。《工伤保险条例》把这一规定细化到多个具体条款中。这一部分的内容将在第三节作专门介绍，这里不赘述。

2. 劳动能力鉴定费用。劳动者发生工伤后，依据伤害情况，有必要进行劳动能力鉴定，以确定伤病程度，它是劳动者享受工伤待遇的必要环节之一。劳动能力鉴定是由劳动能力鉴定委员会组织有关专家进行的，包括初次鉴定、重新鉴定、复查鉴定三个层次，每个层次都将支付一定的费用。为减轻用人单位以及申请鉴定方的负担，本着工伤保险社会共济的原则，《社会保险法》将劳动能力鉴定费用统一纳入社会保险基金支付。

3. 工伤预防、工伤康复的费用。依据工伤保险法的经济损失补偿与事故预防及职业康复相结合的原则，修订后的《工伤保险条例》将工伤预防的宣传、培训费用新增为工伤保险基金支出项目。此外，该条例明确规定工伤康复是工伤保险待遇的内容之一，所需费用符合规定的，从工伤保险基金中支付。

工伤保险基金应当留有一定比例的储备金，用于统筹地区重大事故的工伤保险待遇支付；储备金不足支付的，由统筹地区的人民政府垫付。储备金占基金总额的具体比例和储备金的使用办法，由各省、自治区、直辖市人民政府规定。

4. 法律法规规定的用于工伤保险的其他费用。随着社会的发展以及社会保险制度的日趋完善，工伤保险的保障范围必将不断扩大，工伤保险基金也将承担起更多的支付职能。

第二节　工伤的认定

一、工伤的概念和构成要件

工伤，即因工负伤，是指劳动者在劳动过程中因执行职务而受到的伤害。工伤包括职业病。我国《社会保险法》第36条第1款规定，"职工因工作原因受到事故伤害或者患职业病，且经工伤认定的，享受工伤保险待遇"。据此可以总结出，工伤的构成要件主要包括以下三个方面：

1. 劳动者与用人单位存在劳动关系。工伤保险基金主要由用人单位为其劳动者缴纳的保费组成，根据权利责任统一的原则，只有与用人单位建立劳动关系的劳动者，才具备申请工伤待遇的资格条件，实习生、雇佣关系中的劳动者等由于没有劳动关系因而不具备工伤认定的资格。当然，是否存在劳动关系不能单纯以是否签订书面劳动合同为唯一标准，而应当从劳动关系的特定属性上作判断。

2. 劳动者遭受人身伤害。所谓人身伤害是指生命权、健康权、身体权受侵害而导致的疾病、伤残或死亡。工伤认定中的人身伤害仅指暂时或长期影响劳动者劳动能力或导致死亡的健康损害，而不包括轻微身体伤害。同时，此处人身伤害不仅包括身体组织器官的缺损、身体机能的失调，而且包括精神上的伤害。

3. 劳动者遭受的人身伤害与其工作之间存在因果关系。即是说，劳动者所受的损害只有与工作之间存在因果关系时才能获得工伤保险待遇。此外，维护国家利益、公共利益是每个公民的职责，职工因此而受到的伤害，也可以认定为工伤。

[知识链接]

工伤和非工伤的界限一般可以从以下几个方面进行区别：①时间界限。即工伤一般只限于工作时间之内发生的意外伤害。②空间界限。工伤一般只限于在生产、工作区域之内所发生的伤害。③职务（工作）界限。工伤一般与执行职务有关，是与本身的工作、职责相关的事项。④主观过错界限。只要是非劳动者本身故意造成的，不论劳动者是否有过错，也不论用人单位是否有过错，都属于工伤。⑤法定界限。通过立法明确规定的特殊情况，即使不符合上述条件也应认为是工伤。如在抢险救灾、见义勇为等活动中发生的伤害，应按工伤对待。

二、典型工伤情形

《工伤保险条例》第 14 条列举了 7 种应当认定为工伤的典型情形：

（一）在工作时间和工作场所内，因工作原因受到事故伤害的

这是较为简单的一种典型工伤情形，但在适用时仍需注意以下两点：

1. 对"工作时间"和"工作场所"作扩大理解。这里说到的"工作时间"不仅指劳动者正常工作的时间，还应当包括加班加点时间、用人单位的原因造成的等待工作任务的时间、外出办公时间等。"工作场所"是指用人单位的办公区域，但并不是局限于劳动者从事本职工作的岗位或车间，还应当有一定的延伸范围。合理判断工作场所的延伸范围，应当考虑是否为正常经营所必需的场所，如单位的食堂、卫生间、浴室、楼梯等，以及受单位指派到用人单位以外的场所从事业务活动的地点都应当视为工作场所。

2. 事故伤害与工作之间存在因果关系。这也是构成工伤的基本要件之一。劳动者所受到的伤害必须是由工作引起的，与其工作有关系。换句话说，是劳动者为了完成好本职工作而受到的伤害。例如，劳动者上班期间如厕摔伤，应当认定为工伤，因为上厕所的行为不能从工作过程中完全摒弃独立出来，都是为了更好地完成工作。而职工利用工作时间去浴室洗澡摔伤，就不能认定为工伤，因为这一伤害和工作无任何联系。

（二）工作时间前后在工作场所内，从事与工作有关的预备性或者收尾性工作受到事故伤害的

劳动过程本身就是关联性的，除了正式的工作之外，还有很多预备、收尾工作需要劳动者去处理。预备性工作是指劳动者在正式工作开始前为了更好地开展工作所从事的准备性工作，如搬运、清洗、准备劳动工具等。收尾性工作

是指劳动者在正式工作结束后所从事的后期整理工作，如整理劳动工具、打扫工作场所等。这些工作虽然不是在实际工作时间内进行的，但是与其从事的正式工作之间有着紧密的联系。因此，劳动者在这些期间内所遭受的伤害，仍然与工作之间存在因果关系，应当认定为工伤。对此期间的保护也会有利于劳动者更好地工作。

[案例]

胡某在某科技公司工作，上班时间为 9 点～18 点，公司的办公室位于某大厦 15 楼。2018 年 5 月 8 日上午 8 时许，胡某在大厦一楼等候电梯时，因人多拥挤而摔伤，经诊断为左手腕关节骨折。事情发生后，胡某多次向单位提出应申请工伤，未允，遂向区劳动和社会保障局提出工伤认定申请。该局审查后认为，胡某是在从事预备性工作时受到的伤害，依法应认定为工伤。公司不服，认为其摔伤的地点不属于工作场所，等电梯的行为也不是从事与工作有关的预备性工作，遂提出诉讼。

法院审理后认为：公司虽然只租赁了大厦的 15 楼，但该大厦的楼道、电梯、卫生设备等公用部位也是公司正常经营所必需的附属部位，区劳保局将该大厦底楼大厅认定为公司办公场所的合理延伸并无不当。胡某等候电梯是为了到达 15 楼办公室，该行为可视为其工作的一种预备状态，故区劳保局认定胡某属于工伤并无不当。据此，法院依法判决维持区劳保局作出的工伤认定结论。

（三）在工作时间和工作场所内，因履行工作职责受到暴力等意外伤害

实际生活中，任何工作部门、工作岗位都是具有一定风险的，劳动者在履行工作职责时，均有可能会遇到暴力等意外伤害，如打击报复、遭遇自然灾害等。造成这些伤害的原因，归根结底与劳动者的工作有关联，所以，应当认定为工伤。

这一工伤情形具体来说包括两层含义：①在工作时间和工作场所内，职工因履行工作职责受到的意外伤害，如地震、厂区失火、车间房屋倒塌以及由于单位其他设施不安全而造成的伤害。②劳动者因履行工作职责，使某些人的不合理的或违法的目的没有达到，这些人出于报复而对该职工进行的暴力人身伤害。

（四）患职业病

在我国，职业病是指企业、事业单位和个体经济组织等用人单位的劳动者在职业活动中，因接触粉尘、放射性物质和其他有毒、有害物质等因素而引起的疾病。这些疾病是劳动者长期接触职业性危害物质导致的，它的产生与劳动者的工作之间存在着因果关系。

并非所有在工作过程中所患疾病都是职业病，只有在法定目录中明列的疾病才能被认可为职业病。职业病的分类和目录是由国务院卫生行政部门会同国务院劳动保障行政部门规定的，目前共有 10 大类 132 种。随着医学的进步及经济的发展，职业病的病种还将继续增加。此外，为体现有利于劳动者的基本原则，我国《职业病防治法》第 46 条规定了职业病的推定情形，即如果没有证据否定职业病危害因素与病人临床表现之间的必然联系的，在排除其他致病因素后，应当诊断为职业病。职业病诊断应当由取得《医疗机构执业许可证》的医疗卫生机构承担，卫生行政部门应当加强对职业病诊断工作的规范管理。

（五）因工外出期间，由于工作原因受到伤害或者发生事故下落不明的

"因公外出"是指职工因为工作需要到本单位以外从事与本职工作有关的工作，常见的如劳动者出差等。分为两种情况：①到本单位以外但还在本地区。②到本地区以外或是境外。无论何种情况，皆是遵照用人单位的命令，与完成工作有关的行为，因此，在此期间受到伤害或者发生事故下落不明的，只要是由于工作原因引起的就应当认定为工伤。例如，销售人员在某城市推销产品时遇车祸受伤，应当认定为工伤。须注意的是，如果劳动者因公外出期间是因为游览观光或走亲访友等与工作无关的活动而遭受意外伤害的，不能认定为工伤。

（六）在上下班途中，受到非本人主要责任的交通事故或者城市轨道交通、客运轮渡、火车事故伤害的

修订后的《工伤保险条例》将原先"劳动者在上下班途中因机动车事故而受到伤害"的情形，改为上下班途中遭受各类交通事故所受伤害均应认定为工伤。这一改动是进步的。现代社会交通发达，导致交通事故发生的致害因素也呈现出多样化，对于同为上下班途中的劳动者，如果只是造成伤害的交通工具不同而导致工伤认定区别对待，显然是不符合社会保险平等保护原则的。综合考虑各种因素，扩大上下班途中的保护范围，更加有利于保护劳动者的利益。

适用该情形认定工伤须注意以下两点：

1. 对"上下班途中"范围的理解。"上下班途中"既包括劳动者正常工作的上下班途中，也包括职工加班加点的上下班途中。本着有利于劳动者利益的原则，我们在实践中不应把"上下班途中"简单地限制在"规定的时间"和"必经路线"上，只要劳动者是在上下班的合理时间内、合理路线上、选择合理的交通手段，都应当属于"上下班途中"。2014 年最高人民法院发布司法解释，对于广受社会关注的上下班途中的工伤认定问题，明确了四种认定情形。《最高人民法院关于审理工伤保险行政案件若干问题的规定》第 6 条规定："对社会保险行政部门认定下列情形为"上下班途中"的，人民法院应予支持：①在合理

时间内往返于工作地与住所地、经常居住地、单位宿舍的合理路线的上下班途中；②在合理时间内往返于工作地与配偶、父母、子女居住地的合理路线的上下班途中；③从事属于日常工作生活所需要的活动，且在合理时间和合理路线的上下班途中；④在合理时间内其他合理路线的上下班途中。"

2. 劳动者对交通事故的发生承担非主要责任。对劳动者上下班途中的保护不是无限制的，《工伤保险条例》规定，劳动者只有受到非本人主要责任的交通事故或者城市轨道交通、客运轮渡、火车事故而遭受伤害，才能认定为工伤。也就是说，如果劳动者对事故的发生负主要责任，则不能认定为工伤。例如，某人上班为赶时间抄近路，翻越铁路被撞伤，不能认定为工伤。如此规定是因为，劳动者负主要责任时通常存在故意或重大过失，未将自身安全置于正确位置，这种心理状态的存在足以切断伤害和工作之间的因果关系，因此不能把这种情况下的劳动者纳入工伤保护范围。

（七）法律、行政法规规定应当认定为工伤的其他情形

随着社会的发展，未来可能会出现许多新的职业伤害情况，因此《工伤保险条例》规定了此条兜底性条款，以便为后续立法确认新的工伤情形预留法律空间。

三、其他工伤认定的规定

（一）视同工伤情形

现实生活中，劳动者受到的某些伤害与其工作之间并不存在直接或间接的联系，但是为了保护特定情况下劳动者的利益，工伤保险法对这类伤害与工作之间的因果关系作了拟制，将它们视同为工伤，从而使这些劳动者能够获得工伤保险保障。《工伤保险条例》第15条规定了视同工伤的三种情形：

1. 在工作时间和工作岗位，突发疾病死亡或者在48小时之内经抢救无效死亡的。劳动者在工作时间内在工作岗位上突发疾病，其成因较为复杂，因此不能简单地归入工伤中。为了平衡劳动关系双方的利益，将突发疾病死亡或者在48小时之内经抢救无效死亡的视同为工伤。

适用这一情形时须注意以下三点：①劳动者是在工作时间或者是在工作岗位上突发疾病。劳动者所患疾病并非慢性病或以往就具有的疾病，其发生具有意外性和突然性。此外，超出时间或岗位范围的疾病不能算作工伤。②须出现劳动者死亡的结果，只是突发疾病而未导致死亡的，按照医疗保险的有关规定处理。③"48小时内"是硬指标。界定48小时，是出于对工伤保险基金的安全保护。因为"视同工伤"原本已经突破了工伤的理论界定，必须对此严格界定，不能随意扩张解释，否则，就可能造成现实操作的混乱，可能随意扩大工伤基金的支付范围，从而损害工伤基金的安全运作，损害更多人的权益。现实中也发

生了大量的案例，都是因为 48 小时的限定而无法认定工伤，因为家属在巨大的悲痛和亲情面前总是难以接受，要求医生延长抢救，从而引发"工伤待遇"和"挽救生命"之间的尴尬局面。

[案例]

冯某某，系海南省海口市琼山中学教师，担任高中部数学课教学和高中班主任。2011 年 11 月 15 日晚，冯某某任教的两个班级进行测验考试。结束后，冯某某回到家中。次日早上 7 点，同校老师在冯某某家中发现其身体状况异常，立刻拨打急救电话，琼山人民医院到场进行抢救，但最终冯某某因抢救无效死亡。2011 年 12 月，琼山中学以冯某某因长期工作劳累过度，在工作时间、工作岗位中突发心肌梗塞死亡为由，向海口市人社局提出申请，要求认定冯某某为工伤死亡。琼山中学数学组证明："2011 年 11 月 15 日晚，从 20 时 30 分至 22 时 30 分进行考试，冯某某老师连夜评完两个班学生的数学试卷，并进行试卷分析，因每周三为我校数学教学研究时间"。

2012 年 5 月，海口市人社局作出《工伤认定决定书》（简称 223 号工伤决定），对冯某某不认定为工伤。其妻俞某某不服，申请复议，海南省人社厅维持 223 号工伤决定。此后多次复议，人社部门均认为不能认定为工伤，理由是：晚上进行考试不是学校安排的活动，学校也没有要求老师当天必须批改完作业或试卷的规定，冯某某发病不是工作时间，也不在工作岗位上，因此不能认定为工伤或视为工伤。

俞某某不服，再次于 2016 年 5 月向海口中院提起行政诉讼。海口中院判决撤销 223-1 号工伤决定，责令海口市人社局重新作出工伤认定。海口市人社局不服，提起上诉。2017 年，海南高院审理后，判决维持原判。对此，海口市人社局不服，向最高人民法院申请再审。近日，最高法裁定驳回海口市人社局的再审申请。

评析：最高法审查认为，无论是经抢救无效死亡，还是未经抢救死亡，视为工伤的关键是在"工作时间和工作岗位"上突发疾病死亡。通常理解，"工作时间和工作岗位"应当是指单位规定的上班时间和上班地点，而职工为了单位利益，在家加班工作期间，也应当属于"工作时间和工作岗位"。

根据工伤保险条例立法目的，在单位规定的工作时间和地点突发疾病死亡视为工伤，为了单位的利益，将工作带回家，占用个人时间继续工作，其间突发疾病死亡，其权利更应当受到保护。

2. 在抢险救灾等维护国家利益、公共利益活动中受到伤害的。劳动者从事维护国家利益、公共利益等活动是基于社会职责和公德，对于由此而遭受到的伤害，法律通过对劳动者补偿的方式，以达到肯定和鼓励这类行为的目的，从而有利于进一步维护国家和公共利益。此外，将这种情形规定为工伤，也是法律公平和正义原则的体现。

3. 职工原在军队服役，因战、因公负伤致残，已取得革命伤残军人证，到用人单位后旧伤复发的。退役军人在复原后进入用人单位工作，无论是否因工作原因导致旧伤复发的，只要取得革命伤残军人证，都应当视同工伤，享受除一次性伤残补助金以外的工伤保险待遇。适用这一情形需强调的是，劳动者复发的旧伤必须是其原服役期间因战、因公导致的伤害，并且因此取得了革命伤残军人证。

（二）不认定为工伤的情形

工伤保险法的无责任补偿原则有一个例外情形，即伤害是由劳动者自己故意造成的，此类情况不能被认定为工伤。据此，《工伤保险条例》第16条规定，劳动者因具有故意犯罪、醉酒或者吸毒的、自残或者自杀三种情形之一的原因，导致本人在工作中伤亡的，不认定为工伤。

[实务探析]

年会现场因尿急翻栏杆摔伤是工伤吗？

林平之（化名）于2016年6月入职北京某科技公司工作。2016年7月1日至2016年7月3日，公司在酒店举行年会活动。2016年7月3日在现场拍摄集体照时，林平之因尿急翻越护栏不慎从观景台坠落。经医院诊断为：林平之距骨骨折、跖跗关节脱位、跟骨骨折、跗骨骨折、腰椎骨折、头皮裂伤、脑外伤后神经反应等。2017年3月8日，林平之申请工伤认定。

人保局经调查后于2017年5月5日作出《工伤决定书》，并于同日送达给公司。公司不服，申请行政复议，复议机关于2017年8月15日作出《复议决定书》，维持上述《工伤决定书》。

公司不服，认为年会现场到酒店厕所走路只需1.4分钟，但林平之选择冒着生命危险翻栏杆解决小便与常理不符，林平之受到的伤害系因其自身原因故意为之，并非工作原因，不构成工伤。公司诉至一审法院，理由如下：

1. 工伤的认定主要考虑如下因素："工作时间""工作地点""工作原因"。其中"工作原因"为判断是否为工伤的核心要素。本案中，林平之虽然是在公司年会期间发生的伤害，但其并非在活动中受伤，其伤害属于因自身原因故意造成的，不属于工伤。

2. 根据《工伤保险条例》第 16 条，员工"自残或者自杀的"，不得认定为工伤。根据，酒店的两份录像资料，可以看出林平之在公司员工拍照时擅自离开，走到观景台处，来回踱步约四分钟之久，待公司其他人离开后，其弯腰跳下观景台，致使受到伤害。并且，林平之多次出现自残、自杀等情形，例如，曾因房产纠纷服安眠药自杀，因伤住院后其跳楼自杀，后因在公司寻衅滋事被公安局带走后在警车上吞戒指自杀。林平之入职公司前也多次出现过以自残骗取工伤保险待遇的情形。以上种种迹象表明林平之本人自残、自杀倾向十分严重。

一审法院：林平之在年会活动合影期间受伤属工作原因，应当认定为工伤。2017 年 12 月 13 日，一审法院作出一审判决认为，本案中，公司组织年会并拍摄集体合影，该行为均是公司组织集体活动的工作范围之内，因此，林平之在合影期间受伤属工作原因。在举证期限内，公司称系林平之个人原因一节并未提供任何证据予以证明，且对林平之系自残或者自杀的情形亦未提供任何有权机构出具的结论性意见，故公司诉称林平之系因个人原因故意造成，不属于工伤的情形，没有事实证据和法律依据，不予采信。

公司仍不服，提起上诉。公司认为，林平之受到伤害时年会已经结束，不属于"工作时间"；林平之并非因工作原因受伤，也并非正常的解决生理需要，其意外的发生属于林平之故意为之，不属于工伤。

二审法院：在公司组织的年会活动中受伤，应认定是在用人单位组织或安排的与工作有关的活动中受到的事故伤害，属工伤。

二审法院认为，《工伤保险条例》第 19 条第 2 款规定，"职工或者其近亲属认为是工伤，用人单位不认为是工伤的，由用人单位承担举证责任"。《工伤认定办法》第 17 条规定，"职工或者其近亲属认为是工伤，用人单位不认为是工伤的，由该用人单位承担举证责任，用人单位拒不举证的，社会保险行政部门可以根据受伤害职工提供的证据或者调查取得的证据，依法作出工伤认定决定"。《最高人民法院关于审理工伤保险行政案件若干问题的规定》第 1 条规定，"人民法院审理工伤认定行政案件，在认定是否存在《工伤保险条例》第 14 条第 6 项"本人主要责任"、第 16 条第 2 项"醉酒或者吸毒"和第 16 条第 3 项"自残或者自杀"等情形时，应当以有权机构出具的事故责任认定书、结论性意见和人民法院生效裁判等法律文书为依据，但有相反证据足以推翻事故责任认定书和结论性意见的除外"。

本案中，林平之作为公司职工，在公司组织的年会活动中受伤，应该认定是在用人单位组织或安排的与工作有关的活动中受到的事故伤害，应当视为因工作原因受到伤害。

公司认为林平之受伤系其个人故意作为，但在举证期限内，公司不能提供证据予以证明；对于公司认为林平之系自残或者自杀的情形，公司亦不能提供有权机构出具的结论性意见予以证明，不予采信。二审法院判决如下：驳回上诉，维持一审判决。

四、工伤认定的程序

工伤的认定必须依照法定程序进行。《工伤保险条例》第 17 条规定："职工发生事故伤害或者按照职业病防治法规定被诊断、鉴定为职业病，所在单位应当自事故伤害发生之日或者被诊断、鉴定为职业病之日起 30 日内，向统筹地区劳动保障行政部门提出工伤认定申请。遇有特殊情况，经报劳动保障行政部门同意，申请时限可以适当延长。用人单位未按前款规定提出工伤认定申请的，工伤职工或者其直系亲属、工会组织在事故伤害发生之日或者被诊断、鉴定为职业病之日起 1 年内，可以直接向用人单位所在地统筹地区劳动保障行政部门提出工伤认定申请……在此期间发生符合本条例规定的工伤待遇等有关费用由该用人单位负担。"

统筹地区劳动保障行政部门负责工伤认定，按照规定应当由省级劳动保障行政部门进行工伤认定的事项，根据属地原则由用人单位所在地的设区的市级劳动保障行政部门办理。提出工伤认定申请应当提交下列材料：①工伤认定申请表。该表应当包括事故发生的时间、地点、原因以及职工伤害程度等基本情况。②与用人单位存在劳动关系（包括事实劳动关系）的证明材料。③医疗诊断证明或者职业病诊断证明书（或者职业病诊断鉴定书）。

工伤认定申请人提供材料不完整的，劳动保障行政部门应当一次性书面告知工伤认定申请人需要补正的全部材料。申请人按照书面告知要求补正材料后，劳动保障行政部门应当受理。

劳动保障行政部门受理工伤认定申请后，根据审核需要可以对事故伤害进行调查核实，用人单位、职工、工会组织、医疗机构以及有关部门应当予以协助。职业病诊断和诊断争议的鉴定，依照职业病防治法的有关规定执行。对依法取得职业病诊断证明书或者职业病诊断鉴定书的，劳动保障行政部门不再进行调查核实。

社会保险行政部门应当自受理工伤认定申请之日起 60 日内作出工伤认定的决定，并书面通知申请工伤认定的职工或者其近亲属和该职工所在单位。社会保险行政部门对受理的事实清楚、权利义务明确的工伤认定申请，应当在 15 日内作出工伤认定的决定。作出工伤认定决定需要以司法机关或者有关行政主管部门的结论为依据的，在司法机关或者有关行政主管部门尚未作出结论期间，作出工伤认定决定的时限中止。

第三节　工伤保险待遇

工伤保险待遇是指职工因工发生暂时或永久人身健康或生命损害的一种补救和补偿，其作用是使伤残者的医疗、生活有保障，使工亡者的遗属的基本生活得到保障。它关系到劳动者的切身利益，历来为各国法律和国际公约所重视。由于工伤保险兼有经济赔偿和物质帮助性质，因而伤害程度应当是据以确定工伤保险待遇内容和标准的主要因素，职工伤残的程度不同，其享受工伤保险待遇的项目和标准也不一样。

一、工伤保险待遇的种类

根据《工伤保险条例》的规定，工伤保险待遇主要包括工伤医疗待遇、工伤伤残待遇和工亡待遇三大类。

（一）工伤医疗待遇

劳动者因工作遭受事故伤害或者患职业病后接受治疗期间可以享受工伤医疗待遇。除了初次治疗外，工伤劳动者因工伤复发需要治疗的，应由协议医疗机构提出意见，工伤劳动者据此可以享受《工伤保险条例》规定的工伤医疗期间的所有待遇。

1. 医疗待遇。劳动者治疗工伤应当在签订服务协议的医疗机构就医，情况紧急时可以先到就近的医疗机构急救。治疗工伤所需费用符合工伤保险诊疗项目目录、工伤保险药品目录、工伤保险住院服务标准的，从工伤保险基金中支付；工伤保险诊疗项目目录、工伤保险药品目录、工伤保险住院服务标准，由国务院劳动保障行政部门会同国务院卫生行政部门、药品监督管理部门等部门规定；职工住院治疗工伤的伙食补助费，以及经医疗机构出具证明，报经办机构同意，工伤职工到统筹地区以外就医所需的交通、食宿费用从工伤保险基金支付，基金支付的具体标准由统筹地区人民政府规定；工伤职工因日常生活或者就业需要，经劳动能力鉴定委员会确认，可以安装假肢、矫形器、假眼、假牙和配置轮椅等辅助器具，所需费用按照国家规定的标准从工伤保险基金中支付。

但是，工伤劳动者治疗非工伤引发的疾病，不享受工伤医疗待遇，按照基本医疗保险办法处理。

2. 工资和福利待遇。劳动者因工作遭受事故伤害或者患职业病需要暂停工作接受工伤医疗的，在停工留薪期内，原工资福利待遇不变，由所在单位按月支付，停工留薪期一般不超过 12 个月。伤情严重或者情况特殊，经设区的市级劳动能力鉴定委员会确认，可以适当延长，但延长不得超过 12 个月。这里的

"工资福利"不仅包括劳动者原先应当领取的工资津贴等，还要包括受伤前应享有的由用人单位提供的各种补贴和集体福利，如节假日补助、集体商业保险、住房津贴等。

3. 其他待遇。生活不能自理的工伤职工在停工留薪期需要护理的，由所在单位负责。法律没有对停工留薪期间的护理标准作出明确的规定，劳动者可以通过与用人单位协商的方式来确定生活护理费的给付标准和方式。为工伤职工提供停工留薪期间的生活护理待遇是用人单位的法定义务。

工伤补偿、预防和工伤康复相结合是工伤保险的基本原则之一。根据这一原则，《工伤保险条例》规定，工伤职工到签订服务协议的医疗机构进行工伤康复的费用，符合规定的，从工伤保险基金中支付。这是工伤劳动者享受工伤康复待遇的体现。

（二）工伤伤残待遇

劳动者遭受工伤停工留薪期满经劳动能力鉴定委员会评定伤残等级后，停发原工资福利待遇，开始享受工伤伤残待遇。根据医疗终结时的器官损伤、功能障碍及其对医疗与护理的依赖程度，并适当考虑伤残所引起的社会心理因素影响，对伤残程度划分为 10 个等级。伤残等级不同其保险待遇也有所差别。具体规定如下：

1. 劳动者因工致残被鉴定为一级至四级伤残的，视为完全丧失劳动能力，保留与用人单位的劳动关系，退出工作岗位，享受以下待遇：

（1）一次性伤残补助金。该费用由工伤保险基金按伤残等级支付，标准如下：一级伤残为 27 个月的本人工资，二级伤残为 25 个月的本人工资，三级伤残为 23 个月的本人工资，四级伤残为 21 个月的本人工资。

（2）伤残津贴。伤残津贴从工伤保险基金中按月支付，标准如下：一级伤残为本人工资的 90%，二级伤残为本人工资的 85%，三级伤残为本人工资的 80%，四级伤残为本人工资的 75%。伤残津贴实际金额低于当地最低工资标准的，由工伤保险基金补足差额。

（3）工伤劳动者达到退休年龄并办理退休手续后，停发伤残津贴，享受基本养老保险待遇。基本养老保险待遇低于伤残津贴的，由工伤保险基金补足差额。须强调的是，如果劳动者达到退休年龄但尚未符合领取基本养老金条件的，如缴费年限不满 15 年，则仍应继续向其发放伤残津贴。

（4）用人单位和伤残劳动者应当以伤残津贴为基数，继续缴纳基本医疗保险费。

2. 劳动者因工致残被鉴定为五级、六级伤残的，视为大部分丧失劳动能力，应保留与用人单位的劳动关系，由用人单位安排适当工作，并享受以下待遇：

（1）一次性伤残补助金。该费用由工伤保险基金按伤残等级支付，标准如下：五级伤残为 18 个月的本人工资，六级伤残为 16 个月的本人工资。

（2）伤残津贴。用人单位难以安排伤残劳动者工作的，由用人单位按月发给伤残津贴，标准如下：五级伤残为本人工资的 70%，六级伤残为本人工资的 60%，并由用人单位按照规定为其缴纳应缴纳的各项社会保险费。伤残津贴实际金额低于当地最低工资标准的，由用人单位补足差额。

（3）一次性工伤医疗补助金和伤残就业补助金。经工伤劳动者本人提出，该劳动者可以与用人单位解除或者终止劳动关系，由工伤保险基金支付一次性工伤医疗补助金，由用人单位支付一次性伤残就业补助金。具体标准由省、自治区、直辖市人民政府规定。

3. 劳动者因工致残被鉴定为七级至十级伤残的，视为部分丧失劳动能力，继续履行劳动合同，享受以下待遇：

（1）一次性伤残补助金。该费用由工伤保险基金按伤残等级支付，标准如下：七级伤残为 13 个月的本人工资，八级伤残为 11 个月的本人工资，九级伤残为 9 个月的本人工资，十级伤残为 7 个月的本人工资。

（2）一次性工伤医疗补助金和伤残就业补助金。劳动、聘用合同期满终止，或者劳动者本人提出解除劳动、聘用合同的，由工伤保险基金支付一次性工伤医疗补助金，由用人单位支付一次性伤残就业补助金。具体标准由省、自治区、直辖市人民政府规定。

[案例]

李某为某锻造厂职工，曾在 2016 年 8 月 5 日工作时左手小指受伤，经当地劳动能力鉴定委员会鉴定为十级伤残。2019 年 6 月因其找到了新的工作，遂提出与汽车制造厂解除劳动合同，并要求该厂支付其一次性伤残就业补助金。汽车制造厂认为，贾某已有了新的工作，没有资格再享受伤残就业补助金，故拒绝支付。该厂的做法是否正确？

分析：根据我国《工伤保险条例》的规定，劳动者因工致残被鉴定为七级至十级伤残的，若职工提出解除劳动合同，则由用人单位支付一次性伤残就业补助金，作为对职工就业能力的补偿。这是法律的强制性规定，用人单位无权根据职工的受伤程度或就业状况而有所选择。本案中，贾某已被鉴定为十级伤残，现提出解除合同，不论其是否再就业，汽车制造厂都应当依法向其支付一次性伤残就业补助金。因此，本案中该厂的做法是不正确的。

　　伤残劳动者除享受以上基本待遇外，经劳动能力鉴定委员会确认需要生活护理的，由工伤保险经办机构从工伤保险基金中按月支付生活护理费。生活护理费按照生活完全不能自理、生活大部分不能自理或者生活部分不能自理 3 个不同等级支付，其标准分别为统筹地区上年度职工月平均工资的 50%、40% 或者 30%。

　　（三）工亡待遇

　　劳动者因工死亡，或者伤残职工在停工留薪期内因工伤导致死亡的，其近亲属按照下列规定从工伤保险基金中领取丧葬补助金、供养亲属抚恤金和一次性工亡补助金：

　　1. 丧葬补助金。主要用于死亡劳动者丧葬费用的支出，由死者的近亲属领取，标准为 6 个月的统筹地区上年度职工月平均工资。

　　2. 供养亲属抚恤金。即按照劳动者本人工资的一定比例发给由因工死亡职工生前提供主要生活来源、无劳动能力的亲属。供养亲属的范围包括该职工的配偶、子女、父母、祖父母、外祖父母、孙子女、外孙子女、兄弟姐妹。抚恤金标准为：配偶每月 40%，其他亲属每人每月 30%，孤寡老人或者孤儿每人每月在上述标准的基础上增加 10%。核定的各供养亲属的抚恤金之和不应高于因工死亡职工生前的工资。

　　3. 工亡补助金。劳动者因工死亡，其直系亲属可以从工伤保险基金中领取一次性工亡补助金，标准为上一年度全国城镇居民人均可支配收入的 20 倍。上一年度全国城镇居民人均可支配收入以国家统计局公布的数据为准。

　　一级至四级伤残职工在停工留薪期满后死亡的，其近亲属只可以获得丧葬补助金和供养亲属抚恤金，不能领取一次性工亡补助金。

　　[背景资料]

　　我国原先的《工伤保险条例》规定，一次性工亡补助金的标准为 48 个月至 60 个月的统筹地区上年度职工月平均工资，具体标准由统筹地区的人民政府根据当地经济、社会发展状况规定，报省、自治区、直辖市人民政府备案。而 2011 年实施的新《工伤保险条例》对这一条规定作了较大的修改。比较新旧法条可以发现，新法一方面将一次性工亡补助金的计算基数作了调整，由统筹地区上年度职工月平均工资改为上一年度全国城镇居民人均可支配收入，另一方面大幅度地提高了计算倍数，由原来的 4 年~5 年（48 个月~60 个月）跃升为 20 年，由此较大程度地提高了工亡补助金的支付标准，加大了对工亡劳动者近亲属的补偿力度。此外，这一条规定的修改，实现了在全国范围统一工亡补助金待遇的支付标准，充分体现了平等保护的原则，真正做到"同人同命"。

（四）其他规定

1. 职工因工外出期间发生事故或者在抢险救灾中下落不明的，从事故发生当月起3个月内照发工资，从第4个月起停发工资，由工伤保险基金向其供养亲属按月支付供养亲属抚恤金。生活有困难的，可以预支一次性工亡补助金的50%。职工被人民法院宣告死亡的，其近亲属可以按规定享受工亡待遇。

2. 用人单位分立、合并、转让的，承继单位应当承担原用人单位的工伤保险责任；原用人单位已经参加工伤保险的，承继单位应当到当地经办机构办理工伤保险变更登记。用人单位实行承包经营的，工伤保险责任由职工劳动关系所在单位承担。职工被借调期间受到工伤事故伤害的，由原用人单位承担工伤保险责任，但原用人单位与借调单位可以约定补偿办法。企业破产的，在破产清算时依法拨付应当由单位支付的工伤保险待遇费用。

3. 职工被派遣出境工作，依据前往国家或者地区的法律应当参加当地工伤保险的，参加当地工伤保险，其国内工伤保险关系中止；不能参加当地工伤保险的，其国内工伤保险关系不中止。

二、工伤保险待遇的支付

（一）具体项目

根据我国《社会保险法》的规定，因工伤发生的下列费用，按照国家规定从工伤保险基金中支付：

1. 治疗工伤的医疗费用和康复费用。
2. 住院伙食补助费。
3. 到统筹地区以外就医的交通食宿费。
4. 安装配置伤残辅助器具所需费用。
5. 生活不能自理的，经劳动能力鉴定委员会确认的生活护理费。
6. 一次性伤残补助金和一至四级伤残职工按月领取的伤残津贴。
7. 终止或者解除劳动合同时，应当享受的一次性医疗补助金。
8. 因工死亡的，其遗属领取的丧葬补助金、供养亲属抚恤金和因工死亡补助金。
9. 劳动能力鉴定费。

因工伤发生的下列费用，按照国家规定由用人单位支付：

1. 治疗工伤期间的工资福利。
2. 五级、六级伤残职工按月领取的伤残津贴。
3. 终止或者解除劳动合同时，应当享受的一次性伤残就业补助金。

（二）特别规定

职工所在用人单位未依法缴纳工伤保险费，发生工伤事故的，由用人单位支付工伤保险待遇。用人单位不支付的，从工伤保险基金中先行支付，再由用人单位偿还。用人单位不偿还的，社会保险经办机构可以依法追偿。

由于第三人的原因造成工伤，第三人不支付工伤医疗费用或者无法确定第三人的，由工伤保险基金先行支付。工伤保险基金先行支付后，有权向第三人追偿。

三、停止享受工伤保险待遇的情形

根据我国《工伤保险条例》的规定，享受工伤保险待遇需符合一定的条件。当工伤劳动者或者其近亲属不具备或丧失这些条件时，则不应继续享受工伤保险待遇。具体情形如下：

1. 丧失享受待遇条件的。工伤劳动者一旦恢复劳动能力或者生活能够自理，则停止享受工伤保险待遇。工亡劳动者供养的近亲属如果不再具备前述享受抚恤金条件的，如工亡劳动者的子女已就业的，则不得继续享受供养亲属抚恤金。

2. 拒不接受劳动能力鉴定的。劳动能力鉴定是享受工伤保险待遇的必经程序和主要依据。如果劳动者无正当理由拒绝接受劳动能力鉴定的，则难以确定其工伤程度，也就难以确定其所应享受的工伤保险待遇。

3. 拒绝治疗的。工伤劳动者拒绝治疗，一方面会因为没有接受相应治疗而无法享受工伤医疗待遇，另一方面由于拒绝治疗可能引起伤情恶化，进而导致劳动能力进一步损害。造成这些结果是由于劳动者主观上的故意或重大过失，因而切断了所受伤害与工作之间的因果关系，这样的伤害也就不属于工伤保险的保障范围，当然不能再享受工伤保险待遇。

引例解析

所谓工伤是指劳动者在劳动过程中因执行职务而受到的伤害，该伤害应与工作有关。本案中，高空坠落事故是他人发生工伤伤害，与章某本身工作并无关联，结果并未对其直接产生伤害。章某的精神失常，主要原因是自身心理脆弱，受事故惨状的间接刺激诱发而导致的，不符合工伤认定的情形，不能认定为工伤。

本章内容小结

作为社会保险重要险种之一的工伤保险，是对劳动者生命权和健康权的保障，它是所有险种中待遇最优惠、服务最周到且唯一具有赔偿性质的社会保险。工伤保险制度的核心是对于工伤的认定，除了典型的工伤情形外，我国法律规范中还列出了视同工伤的情形。工伤保险基金的建立和工伤待遇的支付，关系着劳动者的切身利益，修订后的《工伤保险条例》对此作出了新的规定，更加符合我国经济和社会发展的现状。

思考题

1. 工伤保险的作用是什么？
2. 工伤保险待遇的种类有哪些？
3. 案例分析：

案例一：李女士于 2017 年 5 月 15 日被某公司派至江苏化工农药集团苏州长青化工厂工作。2017 年 7 月 7 日上午，李女士在工作期间与同事卫某发生矛盾，当天下午，李、卫二人在工厂浴室相遇，李女士在浴室时将卫某打了一顿，致使卫不能正常上班。7 月 8 日下午，卫的男友张某来到李女士的工作处，用事先准备好的菜刀将李的右手臂砍伤，经苏州市公安局法医鉴定为轻伤。张某伤人后逃逸。李女士后向市社保局申请工伤认定。

案例二：2018 年 8 月 31 日晚 12 时，江苏省太仓市某电器公司职工崔先生与黄某同时上夜班，从事吸尘器铁管打磨工作。次日晨 6 时许，崔先生在未经领导同意的情况下，擅自调换了打磨的铁管规格。黄某见崔先生暗中偷工自然不愿意，便让崔先生继续打磨大铁管，但崔先生认为黄某没有资格管自己，对黄某的要求不予理睬，双方因此发生矛盾。最后，黄某首先动手朝崔先生脸部打了一拳，致崔先生倒地。崔先生起来后，双方扭打，黄某又将崔先生打倒在地，并用脚踢。崔先生被打后感到左腰部疼痛，当日，医院诊断为脾脏破裂，并实施脾脏摘除手术。后崔先生向太仓市劳动和社会保障局申请工伤认定。

试分析以上两例案件的差异与处理结果。

延伸阅读

劳动能力鉴定

劳动者发生工伤，经治疗伤情相对稳定后残疾、影响劳动能力的，应当进行劳动能力鉴定。劳动能力鉴定是指劳动功能障碍程度和生活自理障碍程度的等级鉴定。劳动功能障碍分为十个伤残等级，最重的为一级，最轻的为十级。生活自理障碍分为三个等级：生活完全不能自理、生活大部分不能自理和生活部分不能自理。

劳动能力鉴定标准由国务院劳动保障行政部门会同国务院卫生行政部门等部门制定。劳动能力鉴定由劳动能力鉴定委员会负责执行。省、自治区、直辖市劳动能力鉴定委员会和设区的市级劳动能力鉴定委员会分别由省、自治区、直辖市和设区的市级劳动保障行政部门、人事行政部门、卫生行政部门、工会组织、经办机构代表以及用人单位代表组成。

劳动能力鉴定由用人单位、工伤职工或者其直系亲属向设区的市级劳动能力鉴定委员会提出申请，并提供工伤认定决定和职工工伤医疗的有关资料。申请鉴定的单位或者个人对设区的市级劳动能力鉴定委员会作出的鉴定结论不服的，可以在收到该鉴定结论之日起15日内向省、自治区、直辖市劳动能力鉴定委员会提出再次鉴定申请。省、自治区、直辖市劳动能力鉴定委员会作出的劳动能力鉴定结论为最终结论。自劳动能力鉴定结论作出之日起1年后，工伤职工或者其直系亲属、所在单位或者经办机构认为伤残情况发生变化的，可以申请劳动能力复查鉴定。

第十四章

其他社会保险

学习目标

　　本章主要介绍了医疗保险、失业保险和生育保险三类保险制度的相关知识。通过学习，让学生掌握三类险种各自的适用范围、享受保险待遇的条件、保险基金的建立等，了解三类险种的改革方向和目标，从而对我国社会保险制度有全面的认识和理解。

内容结构图

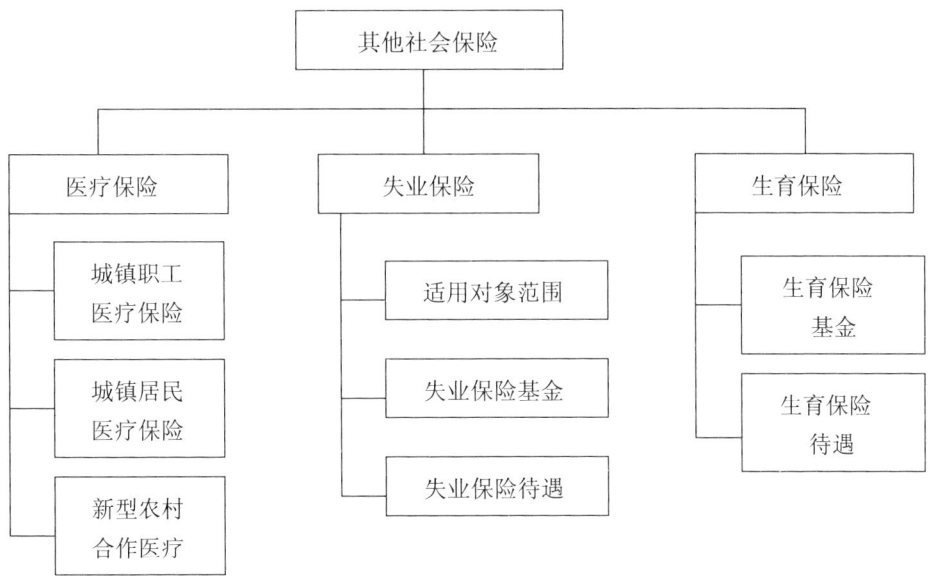

导入案例

2015 年 3 月的一天，某高校劳资处收到了劳动保障部门的失业保险催缴通知单。通知单中核定了该高校 2012 年以来的失业保险金和滞纳金总额。劳资处处长觉得不服，马上打电话到劳动保障部门称其学校是事业单位，不存在失业人员，怎么还要缴失业保险。

问：该高校的说法正确吗？

第一节　医疗保险

医疗保险是一个比较宽泛的概念，既包括由政府提供的社会医疗保险，也包括由市场提供的商业医疗保险。本书所称的医疗保险专指社会医疗保险，即国家和社会根据一定的法律法规，为向保障范围内的劳动者提供患病时基本医疗需求保障而建立的社会保险制度。

医疗保险是社会保险的重要组成部分。劳动者在其一生中不可避免地会发生疾病或遇到伤害，必然地会存在医疗服务和费用支出问题。建立医疗保险制度就是为了实行社会共担风险，通过社会调剂，保证劳动者在遇到疾病或受伤害时得到基本医疗。医疗保险是一种筹资方式，是保证劳动者享受基本医疗服务的一种机制。发展医疗保险的根本目的是满足劳动者的医疗服务需要，提高劳动者的健康水平，促进经济和社会发展。

一、我国医疗保险制度的历史沿革

我国医疗保险制度是在 20 世纪 50 年代初建立的，一直实行公费医疗保障制度。1956 年，一届全国人大三次会议通过了《高级农业生产合作社示范章程》，对合作社的社员因公负伤或因公致病的医疗给予了明确规定。不久，全国普遍出现了以集体经济为基础，集体与个人相结合，具有互助互济性质的农村合作医疗。至此，我国以公费医疗、劳保医疗、农村合作医疗为主要内容的医疗保险制度基本形成。这一制度对保护职工身体健康、促进社会经济的发展发挥了重要作用。

但是，随着国家经济体制改革的深化，原有的制度已难以适应现行体制的要求，存在的缺陷和矛盾日益突出，主要的问题有：保障范围较窄，社会化程度低，抗风险能力不强；缺乏合理的医疗经费筹措机制和稳定的医疗费用来源；医疗经费由国家和企业包揽，缺乏有效的制约机制，造成严重的浪费；农村医疗保险制度出现严重倒退，使农村居民看病难的问题日益严重，因病致贫、因病返贫的现象十分突出。

自 20 世纪 80 年代以来，我国开始对医疗保险制度进行改革。1988 年国家医疗制度改革研讨小组在广泛调查研究和论证的基础上起草了《职工医疗保险制度改革设想（草案）》，提出的改革方向是：逐步建立起适合我国国情，费用由国家、单位、个人合理负担，社会化程度较高的多形式、多层次的职工医疗保险制度。1994 年 4 月，经国务院批准，国家体改委、财政部、劳动部、卫生部印发了《关于职工医疗制度改革的试点意见》，提出职工医疗保障制度改革的目标是：建立统筹医疗基金与个人医疗账户相结合的社会保险制度，并使之逐步覆盖城镇所有劳动者。1998 年 12 月，国务院发布了《国务院关于建立城镇职工基本医疗保险制度的决定》（以下简称《决定》），决定在全国范围内进行城镇职工医疗保险制度改革。

2003 年 1 月，国务院转发了卫生部、财政部、农业部《关于建立新型农村合作医疗制度的意见》，明确提出要逐步在全国建立新型农村合作医疗制度。新型农村合作医疗试点工作在一定程度上缓解了农民"因病致贫、因病返贫"问题，到 2010 年新型农村合作医疗的覆盖面达到了农村的 80% 以上。

2007 年 7 月，国务院召开了部署我国城镇居民基本医疗保险试点工作会议，我国 79 个城市作为试点启动城镇居民基本医疗保险工作。2010 年该项工作在全国全面推开，并逐步覆盖全体城镇非从业居民。

二、城镇职工基本医疗保险制度

国务院在 1998 年底颁布了《国务院关于建立城镇职工基本医疗保险制度的决定》，明确指出了医疗保险制度改革的主要任务是建立城镇职工基本医疗保险制度，即适应社会主义市场经济体制，根据财政、企业和个人的承受能力，建立保障职工基本医疗需求的社会医疗保险制度。

（一）建立城镇职工基本医疗保险制度的必要性和基本原则

我国原有的机关事业单位公费医疗制度和国有企业劳保医疗制度是 20 世纪 50 年代初期建立的。它对于保障职工身体健康、维护社会稳定有着重要作用。但是随着社会经济的发展，这种制度的缺陷也日益暴露出来，一些深层次的矛盾越来越突出。主要是：缺乏合理稳定的筹资机制，国家和用人单位包揽过多，医疗费增长过快，各级财政和企事业单位负担沉重；公费医疗管理不善，对医、患、管、药诸多方面没有制约，漏洞多，浪费严重，覆盖面低，社会共济功能差，一部分职工基本医疗得不到应有的保障，而一部分人又存在着超前消费现象。因此，国务院决定进行城镇职工基本医疗保险制度改革，目的是要根本改变计划经济体制下形成的由国家和单位包揽下来的公费及劳保医疗制度，建立适应市场经济体制要求的、用人单位和职工个人共同负担的医疗保险制度。

建立城镇职工基本医疗保险制度应当遵循以下四项原则：①基本医疗保险

的水平要与社会主义初级阶段生产力发展水平相适应；②城镇所有用人单位及其职工都要参加基本医疗保险，实行属地管理；③基本医疗保险费由用人单位和职工双方共同负担；④基本医疗保险基金实行社会统筹和个人账户相结合。

（二）覆盖范围

《社会保险法》出台之前，我国城镇职工基本医疗保险制度的覆盖范围为城镇所有用人单位，企业（国有企业、集体企业、外商投资企业、私营企业等）、机关、事业单位、社会团体、民办非企业单位及其职工，都要参加基本医疗保险。乡镇企业及其职工、城镇个体经济组织业主及其从业人员是否参加基本医疗保险，由各省、自治区、直辖市人民政府决定。

2011年实施的《社会保险法》扩大了城镇职工基本医疗保险的覆盖范围，其第23条规定："职工应当参加职工基本医疗保险，由用人单位和职工按照国家规定共同缴纳基本医疗保险费。无雇工的个体工商户、未在用人单位参加职工基本医疗保险的非全日制从业人员以及其他灵活就业人员可以参加职工基本医疗保险，由个人按照国家规定缴纳基本医疗保险费。"该规定不再对职工的性质进行区分，无论其是否具有城镇户籍，只要其与用人单位之间具有稳定的劳动关系，均应参加到职工基本医疗保险中来。此外，还对无雇工的个体工商户、未在用人单位参加职工基本医疗保险的非全日制从业人员以及其他灵活就业人员作了专门规定，规定他们可以自愿参加职工基本医疗保险。

（三）医疗保险基金的筹集

医疗保险基金实行社会统筹，统筹范围原则上以地级以上行政区（包括地、市、州、盟）为统筹单位，也可以县（市）为统筹单位，北京、天津、上海3个直辖市原则上在全市范围内实行统筹（以下简称统筹地区）。所有用人单位及其职工都要按照属地管理原则参加所在统筹地区的基本医疗保险，执行统一政策，实行基本医疗保险基金的统一筹集、使用和管理。铁路、电力、远洋运输等跨地区、生产流动性较大的企业及其职工，可以相对集中的方式异地参加统筹地区的基本医疗保险。此外，为了不降低一些特定行业职工现有的医疗消费水平，在参加基本医疗保险的基础上，作为过渡措施，允许建立企业补充医疗保险。

医疗保险费由用人单位和职工共同缴纳。用人单位缴费率应控制在职工工资总额的6%左右，职工缴费率一般为本人工资收入的2%。随着经济发展，用人单位和职工缴费率可作相应调整。基本医疗保险基金由统筹基金和个人账户构成。职工个人缴纳的基本医疗保险费，全部计入个人账户。用人单位缴纳的基本医疗保险费分为两部分，一部分用于建立统筹基金，一部分划入个人账户。个人跨统筹地区就业的，其基本医疗保险关系随本人转移，缴费年限累计计算。

（四）医疗保险待遇及基金的支付

城镇职工享受医疗保险待遇，除完全丧失劳动能力以外，只限于规定的医疗期内，此医疗期即职工因患病或非因工受伤停止工作治疗休息且不得辞退的期限，期限的长度根据职工本人连续工作时间和在本单位工作时间分档次确定，最短不可少于 3 个月，最长一般不超过 24 个月。难以治愈的疾病，经批准可适当延长医疗期，但最多不超过 6 个月。医疗期内，职工享受相当于其本人工资一定比例的疾病津贴，即病假工资。

享受医疗保险的职工，一般应根据社会保险经办机构和用人单位签订的医疗服务合同，在确定的若干个定点医疗机构中选择就医。

符合基本医疗保险药品目录、诊疗项目、医疗服务设施标准以及急诊、抢救的医疗费用，按照国家规定从基本医疗保险基金中支付。参保人员医疗费用中应当由基本医疗保险基金支付的部分，由社会保险经办机构与医疗机构、药品经营单位直接结算。

下列医疗费用不纳入基本医疗保险基金支付范围：①应当从工伤保险基金中支付的；②应当由第三人负担的；③应当由公共卫生负担的；④在境外就医的。

医疗费用依法应当由第三人负担，第三人不支付或者无法确定第三人的，由基本医疗保险基金先行支付。基本医疗保险基金先行支付后，有权向第三人追偿。

［案例］

林某大学毕业后到一国有公司工作，参加了城镇职工基本医疗保险。林某在公司工作 3 年后因病住院治疗。住院期间，公司以已为其按时足额缴纳了医疗保险费为理由，停发了林某的工资，要求林某到医疗保险经办机构申请有关的医疗待遇。3 个月后，公司决定发给尚在住院的林某相当于 4 个月的经济补偿金并立即解除劳动关系。林某向劳动争议仲裁机构提出申请，请求仲裁机构责令公司补发住院期间的病假工资、撤销解除劳动关系的决定。

问：林某的请求能否得到支持？

分析：根据规定，劳动者从基本医疗保险基金中享受的待遇只能是报销的医疗费用，包括药品费用，诊疗项目费用，医疗服务设施费用，以及急诊、抢救的医疗费用等，不能申请病假工资及治疗期间其他生活方面的补助。职工疾病或非因工负伤停止工作连续医疗期间在 6 个月以内的，企业应该向其支付病假工资；医疗期限超过 6 个月时，病假工资停发，改由企业按月付给疾病或非因工负伤救济费。本案中，林某尚在医疗期内，公司的做法违反了法律规定，应裁决公司补发林某住院期间的病假工资，并立即撤销解除劳动关系的决定。

三、城乡居民基本医疗保险制度

（一）城镇居民基本医疗保险制度

城镇居民医疗保险是以没有参加城镇职工医疗保险的城镇未成年人和没有工作的居民为主要参保对象而建立的一种医疗保险制度。它是继城镇职工基本医疗保险制度和新型农村合作医疗制度推行后，党中央、国务院进一步解决广大人民群众医疗保障问题，不断完善医疗保障制度的又一重大举措。

1. 参保范围。城镇居民基本医疗保险工作坚持低水平起步原则。从我国经济社会发展水平和现实国情出发，根据各方承受能力合理确定筹资水平、保障标准，重点保障城镇非从业居民的住院和门诊大病医疗需求，同时鼓励有条件的地区逐步试行门诊医疗费用统筹。随着经济社会的发展逐步提高保障水平，扩大制度的受益面。不属于城镇职工基本医疗保险制度覆盖范围的中小学阶段的学生（包括职业高中、中专、技校学生）、少年儿童和其他非从业城镇居民都可自愿参加城镇居民基本医疗保险。

2. 缴费和补助。城镇居民基本医疗保险以家庭缴费为主，政府给予适当补助。参保居民按规定缴纳基本医疗保险费，享受相应的医疗保险待遇，有条件的用人单位可以对职工家属参保缴费给予补助。政府承担财政补助的责任，国家对个人缴费和单位补助资金制定税收鼓励政策。

3. 医疗保险基金。城镇居民基本医疗保险只建立统筹基金，不建立个人账户。医保统筹基金纳入社会保障基金财政专户统一管理，单独列账。该基金重点用于参保居民的住院和门诊大病医疗支出，有条件的地区可以逐步试行门诊医疗费用统筹。城镇居民基本医疗保险基金只能用于支付规定范围内的医疗费用，其他费用可以通过补充医疗保险、商业健康保险、医疗救助和社会慈善捐助等方式解决。

[拓展知识]

大学生医保

根据 2007 年 7 月《国务院关于开展城镇居民基本医疗保险试点的指导意见》的有关精神，为进一步做好大学生医疗保障工作，国务院决定将大学生纳入城镇居民基本医疗保险试点范围。以自愿为原则，对参保大学生实行属地管理。

1. 参保范围。各类全日制普通高等学校（包括民办高校）、科研院所中接受普通高等学历教育的全日制本专科生、全日制研究生。

2. 保障方式。大学生住院和门诊大病医疗，按照属地原则通过参加学校所在地城镇居民基本医疗保险解决，大学生按照当地规定缴费并享受相应待遇，待遇水平不低于当地城镇居民。同时，按照现有规定继续做好大学生日常医疗工作，方便其及时就医。

3. 资金筹措。大学生参加城镇居民基本医疗保险的个人缴费标准和政府补助标准，按照当地中小学生参加城镇居民基本医疗保险相应的标准执行。个人缴费原则上由大学生本人和家庭负担，有条件的高校可对其缴费给予补助。大学生参保所需政府补助资金，按照高校隶属关系，由同级财政负责安排。中央财政对地方所属高校学生按照城镇居民基本医疗保险补助办法给予补助。大学生日常医疗所需资金，继续按照高校隶属关系，由同级财政予以补助。

各地要采取措施，对家庭经济困难大学生个人应缴纳的基本医疗保险费及按规定应由其个人承担的医疗费用，通过医疗救助制度、家庭经济困难学生资助体系和社会慈善捐助等多种途径给予资助，切实减轻家庭经济困难学生的医疗费用负担。

（二）新型农村合作医疗制度

新型农村合作医疗，简称"新农合"，是由政府组织、引导、支持，农民自愿参加，个人、集体和政府多方筹资，以大病统筹为主的农民医疗互助共济制度。新农合是由我国农民自己创造的互助共济的医疗保障制度，在保障农民获得基本卫生服务、缓解农民因病致贫和因病返贫方面发挥了重要的作用。

1. 建立"新农合"制度的必要性。改革开放以来，农村的医疗卫生条件确实有了极大的改善。但是，由于多数地方农村医疗保障制度不健全，医疗费用完全靠个人支付，农民负担较重。据调查，在农村，疾病是导致贫困的重要原因，贫困又使疾病难以医治。目前所言"看病难""看病贵"，主要是指农民对医疗费用的承担能力问题。由于多数地区农村经济发展水平还不高，还不具备把农民医疗保障纳入社会医疗保险制度的条件，政府或集体经济也没有能力把农民医疗保障包起来，目前广大农民的医疗保障问题只能通过农民互助共济的方式来解决。

"三农"问题是关系党和国家全局的根本问题。不解决好农民的医疗保障问题，就无法实现全面建设小康社会的目标，也谈不上现代化社会的完全建立。2002 年 10 月，《中共中央、国务院关于进一步加强农村卫生工作的决定》明确指出：要"逐步建立以大病统筹为主的新型农村合作医疗制度"。

建立新型农村合作医疗制度，有利于从制度上为农民提供基本医疗保障，减轻农民医疗费用负担，缓解农村因病致贫和看病难问题，促进广大农民致富奔小康；有利于引导农民进行合理的健康投资，提高农民的身体素质水平，合理利用农村卫生资源，促进农村卫生事业发展；是执政为民，稳定农村、关心农民的民心工程，是实践"三个代表"重要思想的体现，是政府的责任；有利于促进城乡协调发展，是农村的一项基础性工作，也是全面建设小康社会的必然要求。

2. 覆盖范围。凡是具有农业户籍的所有农村居民均可以户为单位参加新型农村合作医疗，包括外出务工、经商人员及在当地各企业务工的人员，各县、乡镇各机关、事业单位中的临时工和民办教师中的农业户籍人员。

3. 资金筹集。该制度采取个人缴费、集体扶持和政府资助的方式筹集资金。2019 年起，农民每人每年自愿交费增加到 220 元，国家、省、市、县四级财政给予参加合作医疗的农民一定标准的补助，全部存入合作医疗基金专户，形成以县（或市）为单位的统筹基金，专用于参加者住院医药费补助、门诊医药费补助和大病救助。农村重度残疾人、农村低保户、五保户、农村独女户以及双女户、农村建档立卡户，这五类人个人不用缴纳新农合费用，同等享受保险待遇。

4. 报销范围。新农合报销范围，大致包括门诊补偿、住院补偿以及大病补偿三部分。参加人员在统筹期内因病在定点医院住院诊治所产生的药费、检查费、化验费、手术费、治疗费、护理费等符合城镇职工医疗保险报销范围的部分（即有效医药费用）都在报销范围之内。

需要说明的是，以下情况不列入新型农村合作医疗报销范围：①非区内定点医院门诊医疗费用（特殊病种门诊治疗费用除外）、未按规定就医、自购药品所产生的费用；②计划生育措施所需的费用，违反计划生育政策的医疗费用；③镶牙、口腔正畸、验光配镜、助听器、人工器官、美容治疗、整容和矫形手术、康复性医疗（如气功、按摩、推拿、理疗、磁疗等）以及各类陪客费、就诊交通费、出诊费、住院期间的其他杂费等费用；④存在第三方责任的，发生人身伤害产生的医药费依法由第三责任方承担，如交通事故、医疗事故、工伤等；⑤因自杀、自残、服毒、吸毒、打架斗殴等违法行为以及其家属的故意行为造成伤害所产生的医药费；⑥出国或在港、澳、台地区期间发生的医疗费用；⑦城镇职工医疗保险制度规定不予报销的药品和项目；⑧区医管会确定的其他不予报销的费用。

因为受到地区的限制，即时结算的政策并不能很好的实施，一直以来无法实现新农合的异地报销。2019 年起我国对新农合制度作出重大调整，将其纳入城镇居民医保范畴，两者统一称为城乡居民医保，之前的合作医疗本将被取消，取而代之的是全国统一的社保卡。2019 年后将会实现异地直接结算的功能，让参加新农合的农民工可以享受更便捷的医疗服务。

[实务探析]

新农合在农村遇冷，这三个问题才是根源所在

说到新农合，相信农民朋友是再熟悉不过的了，这项政策的出台，主要就是为了帮助农民解决看病难和看病贵的问题。农民参与了新农合之后，生病的医药费可以享受一定比例的报销，减轻一部分经济负担。这看起来是非常不错的一项政策，只不过这项政策并不是免费的，农民每一年都需要交纳一定金额的新农合费用，否则无法参与。可是最近的这些年，新农合在农村遇冷，导致这种现象的原因很多，并不只是农民的问题，以下这三个问题才是根源所在：

1. 新农合的使用范围太小。虽然现在农村发展得不错，可是经济条件相对于城市来说还是有很大的差距，不少农民患一些小病，往往都只是在村里的诊所或者是药店买药，根本就不会到医院去看病，毕竟医院的花费还是很多的。小诊所虽然比大医院的医药费少很多，但是一年到头也需要花不少钱，因为小诊所不在新农合的报销范围之内，农民在小诊所看病，不管花多少钱都只能自己掏腰包。而农民如果想去大医院看病，不住院的话也不能报销，可以说限制性很强，农民觉得这样很不公平。

2. 新农合的报销范围有限制。虽然说新农合可以帮助农民报销医疗费用，可是他的报销范围却存在着限制，农民必须要到指定的医院就医才能享受新农合的福利，而且还必须得住院才行。新农合虽然有一定的报销比例，但是这个比例却不是针对所花费的医疗费用，因为有不少的费用都不在报销的范围之内，如某些特殊药物的费用，各项管理的费用，床铺费等。这些费用加起来其实也是有不少钱的，但是一分钱都不能报销，农民只能自己掏腰包。

3. 新农合报销流程繁琐。虽然农民可以用新农合来报销一部分医疗费用，但是报销的流程却是非常复杂的，特别是异地报销。虽然在异地看病也可以用新农合，可是异地报销的手续却非常麻烦，农民看完了病之后，想要顺利把钱给报出来，往往需要两地跑，办理各种手续，这期间需要花费不少的时间和金钱，农民觉得这样做得不偿失。

第二节 失业保险

失业保险是指国家通过立法强制实行的，由社会集中建立基金，对因失业

而暂时中断生活来源的劳动者提供物质帮助的制度。这里所称的失业，仅指并非出于劳动者自愿的失业，而不包括自愿失业。它是社会保障体系的重要组成部分，也是社会保险的主要项目之一。

一、失业保险的特点

1. 普遍性。它主要是为了保障有工资收入的劳动者失业后的基本生活而建立的，其覆盖范围包括劳动力队伍中的大部分成员。因此，在确定适用范围时，参保单位应不分部门和行业，不分所有制性质，其职工应不分用工形式，不分家居城镇、农村，解除或终止劳动关系后，只要本人符合条件，都有享受失业保险待遇的权利。

2. 强制性。它是通过国家制定法律、法规来强制实施的。按照规定，在失业保险制度覆盖范围内的单位及其职工必须参加失业保险并履行缴费义务。根据有关规定，不履行缴费义务的单位和个人都应当承担相应的法律责任。

3. 互济性。失业保险基金主要来源于社会筹集，由单位、个人和国家三方共同负担，缴费比例、缴费方式相对稳定，筹集的失业保险费，不分来源渠道，不分缴费单位的性质，全部并入失业保险基金，在统筹地区内统一调度使用，以发挥互济功能。

在我国，失业保险是一项新的社会保险制度。1986年，国务院颁布了《国营企业职工待业保险暂行规定》（现已失效），明确规定对国营企业职工实行职工待业保险制度，首次将失业保险纳入我国社会保险制度的框架内。1993年，国务院制定了《国有企业职工待业保险规定》（现已失效）。1995年《劳动法》（已被修改）实施，第一次用"失业"代替待业，并将失业保险作为社会保险的一种。1999年1月国务院又正式颁布《失业保险条例》，进一步完善了失业保险制度。建立至今，失业保险制度发挥了多方面的积极作用。

[理论探讨]

造成失业的原因

从我国目前的情况看，造成失业的原因主要有以下几个方面：

1. 劳动力供大于求。一方面，我国是世界第一人口大国，特别是八十年代以来，我国进入劳动年龄人口的高峰期，劳动年龄人口占总人口的比重明显上升。另一方面，我国又是一个发展中国家，经济发展水平相对较低，其他经济资源相对短缺，制约了劳动力资源的开发利用。另外，随着企业事业单位改革的不断深化，历史上形成的富余人员问题要逐步得到解决，多年来积淀的大量冗员进入社会竞争就业岗位将成为必然趋势。可以说，劳动力供大于求的矛盾将在相当长的时期存在。

2. 经济结构重大调整。我国正在对经济结构进行重大调整，与之相适应，劳动力结构必然要进行相应调整，不可避免地会造成部分人员失业，这种结构性失业的状况增加了失业压力。

3. 科技进步和劳动生产率不断提高。一些领域特别是第一、第二产业的传统部门，不仅不能扩大就业容量，反而会减少用人，分流部分劳动力，致使失业人员数量增加。

4. 劳动者素质亟待提高。由于许多失业人员技能单一，职业技术水平不高，难以适应用人单位的需要，加上择业观念陈旧，不能依靠自身的努力开辟就业门路，加大了实现再就业的难度。

5. 我国现行的社会保障制度不完善、覆盖面窄，市场就业机制尚未完全建立，对劳动力流动和合理配置也有着明显的制约作用。

二、失业保险的对象和范围

（一）失业保险的对象

失业保险是针对受失业风险、暂时丧失工资收入的失业者设计的，因此，失业者就是失业保险的对象。但是并非所有失业者都能获得失业保险权利，其必须要符合一定的资格条件。主要有：

1. 失业者必须符合劳动年龄条件，即必须是处于法定最低劳动年龄与退休年龄之间的劳动者才有可能享受失业保险。失业保险不包括未达到法律规定最低劳动年龄和超过法定退休年龄的人。

2. 失业者须是非自愿失业。法律要求享受失业保险待遇者必须是非因本人意愿中断就业的，即失业并非是出于劳动者个人意愿而是由于客观原因导致劳动者暂时失去劳动机会。根据我国法律的规定，非因本人意愿中断就业主要包括以下情形：①终止劳动合同的；②被用人单位解除劳动合同的；③被用人单位开除、除名和辞退的；④因用人单位以暴力、威胁或者非法限制人身自由的手段强迫劳动，与用人单位解除劳动合同的；⑤因用人单位未按照劳动合同约定支付劳动报酬或者提供劳动条件，与用人单位解除劳动合同的；⑥法律法规另有规定的。

［案例］

李某 2016 年 9 月大学毕业后到某单位工作，签订劳动合同，进单位时即参加了失业保险，并且一直按时交纳失业保险费。2019 年 5 月李某觉得工作太辛苦而主动辞职，离开了单位在家休息。

问：李某能否享受失业保险待遇？

分析：根据我国法律的规定，失业人员享受失业保险待遇需满足多项条件，其中之一为失业者须是非自愿失业。本案中，李某怕吃苦而主动辞职，是因其本人原因而中断就业的，不属于非自愿失业。因此，李某不能享受失业保险待遇。

3. 失业者必须满足一定的合格期条件。为了贯彻社会保险权利和义务对等原则，失业保险规定失业前必须达到一定的就业年限（连续工龄满 1 年以上），缴足一定期限（1 年）的失业保险费。

4. 失业者已办理失业登记并有求职的要求。国家通过失业登记来确认失业人员的失业状态，并由相应机构据此为登记失业人员安排职业培训和职业介绍。失业人员只有办理失业登记，接受相关的培训和指导，才能证明其主观上有再就业的意愿，客观上在积极寻求就业，有求职的要求。

5. 失业者领取失业保险金期限未满。为了促进失业者再就业，国家规定了连续领取失业保险金的最长期限，期满者一般不再发给失业救济金。根据《失业保险条例》的规定，失业人员失业前所在单位和本人按照规定累计缴费时间满 1 年不足 5 年的，领取失业保险金的期限最长为 12 个月；累计缴费时间满 5 年不足 10 年的，领取失业保险金的期限最长为 18 个月；累计缴费时间 10 年以上的，领取失业保险金的期限最长为 24 个月。重新就业后再次失业的，缴费时间重新计算，领取失业保险金的期限可以与前次失业应领取而尚未领取的失业保险金的期限合并计算，但是最长不得超过 24 个月。

（二）我国失业保险的覆盖范围

《失业保险条例》已将失业保险的覆盖范围从原来的国有企业及其职工、企业化管理的事业单位及其职工扩大到城镇各类企业、事业单位及其职工，同时还规定社会团体及其专职人员、民办非企业单位及其职工、有雇工的城镇个体工商户及其雇工也要依法参加失业保险。

2011 年实施的《社会保险法》第 44 条规定："职工应当参加失业保险，由用人单位和职工按照国家规定共同缴纳失业保险费。"据此规定，失业保险的覆盖范围已扩大到了所有的职工。

除此之外，目前一些省份已把毕业后未找到工作的大学生纳入到了失业保险的范围内。

[背景资料]

大学生失业保险

2006 年中央 14 部委联合发出的《关于切实做好 2006 年普通高等学校毕业生就业工作的通知》（以下简称《通知》）中要求，从 2006 年 9 月 1 日起，仍未就业的应届大学毕业生可到户籍所在地劳动保障部门办理失业登记。

2010 年全国政协委员、安徽省教育厅副厅长李和平建议，要切实把国家促进高校毕业生就业的政策落实到位，并为大学毕业生建立失业保险制度，将大学生纳入失业保障管理体系，采取财政拨款方式，在大学生进校时，政府帮助大学生购买失业保险，交纳失业保障金，毕业后不能就业的大学生，可进行失业登记，享受失业保险待遇。

除此之外，目前我国已把毕业后未找到工作的大学生纳入到了失业保险的范围内，多省市已建立了大学生失业补助金制度，应届毕业生未就业的，可领取一定金额的失业补助金。

[案例]

李某原是一家企业的工人，因过失伤害被判了一年有期徒刑，工厂解除了与李某的劳动合同。出狱后李某一直没有工作，生活困难。入狱前李某在单位交了多年的失业保险费，他要求领取失业保险金，被以其为刑满释放人员为由拒绝。

请问：李某还能申领失业保险金吗？

分析：就社会保险权利而言，李某工作期间缴纳了失业保险费，履行了相关的社会保险义务，应当享有相应的权利。劳动和社会保障部办公厅 2000 年 9 月发布了《关于对刑满释放或者解除劳动教养人员能否享受失业保险待遇问题的复函》规定："在职人员因被判刑收监执行或者被劳动教养，而被用人单位解除劳动合同的，可以在其刑满、假释、劳动教养期满或解除劳动教养后，申请领取失业保险金。失业保险金自办理失业登记之日起计算。"因此，本案中李某可以申领失业保险金。

三、失业保险基金

我国失业保险制度建立以来，一直实行基金制，在基金来源上采取用人单位缴费、劳动者个人缴费和财政补贴相结合的方式。具体由以下几部分构成：

1. 用人单位和职工缴纳的失业保险费。失业保险费是失业保险基金主要的资金来源。城镇企业事业单位按照本单位工资总额的 2% 缴纳失业保险费，职工按照本人工资的 1% 缴纳失业保险费。用人单位招用的农民合同制工人本人不缴纳失业保险费。省、自治区、直辖市人民政府根据本行政区域失业人员数量和失业保险基金数额，报经国务院批准，可以适当调整本行政区域失业保险费费率。城镇企事业单位及其职工应当及时、足额缴纳失业保险费，以保证基金的支付能力，切实保障失业人员基本生活和促进再就业所需资金支出。

2. 失业保险基金的利息。即指将失业保险基金存入银行或按照国家规定购买国家债券所得的利息收入。为了保证失业保险基金保值增值，筹集的基金必须存入财政部门在国有商业银行开设的社会保障基金财政专户，并可以利用失业保险基金按照国家规定购买国债。这些基金将分别按照银行同期存款利率和国债利息计息，利息并入失业保险基金。

3. 政府财政补贴。发展失业保险事业是国家的一项重要职责，一方面政府要组织好失业保险费的征缴和管理工作，另一方面在失业保险费不能满足需要时，也有责任通过财政补贴的形式保证基金支出的需要。政府财政补贴主要表现在两方面：①社会保险经办机构所需的费用；②统筹地区的失业保险基金不敷使用时，由当地财政提供的用于补贴失业保险基金的资金。

4. 依法纳入失业保险基金的其他资金。即指在上述资金之外依法应当纳入失业保险基金的资金。《社会保险法》第 86 条规定："用人单位未按时足额缴纳社会保险费的，由社会保险费征收机构责令限期缴纳或者补足，并自欠缴之日起，按日加收万分之五的滞纳金；逾期仍不缴纳的，由有关行政部门处欠缴数额 1 倍以上 3 倍以下的罚款。"其中，缴费单位未按规定缴纳和代扣代缴失业保险费所加收的滞纳金并入失业保险基金，罚款不计入基金。

四、失业保险待遇

失业保险待遇的内容以其目的为标准可分为以下两类：

（一）以保障失业者基本生活为目的的项目

1. 失业保险金。即失业保险基金支付的主要用于失业人员生活开支的津贴。它是失业待遇中最为重要的内容，失业人员只有在领取失业保险金期间才能享受到其他各项待遇。《社会保险法》第 47 条规定："失业保险金的标准，由省、自治区、直辖市人民政府确定，不得低于城市居民最低生活保障标准。"失业保险金的高低原则上应与参保单位和被保险人缴费的高低、缴费期限的长短具有密切联系，缴费时间越长、缴费越多，相应可领取的失业保险金就越高。失业保险金自办理失业登记之日起计算，由社会保险经办机构按月支付。

2. 医疗保险费。根据社会保险法的规定，失业人员在领取失业保险金期间，参加职工基本医疗保险，享受基本医疗保险待遇。失业人员应当缴纳的基本医疗保险费从失业保险基金中支付，个人不缴纳基本医疗保险费。

3. 丧葬补助金和抚恤金。失业人员在领取失业保险金期间死亡的，参照当地对在职职工死亡的规定，其家属可持失业人员死亡证明、领取人身份证明、与失业人员关系证明，向经办机构领取一次性丧葬补助金和供养配偶、直系亲属抚恤金。这些资金从失业保险基金中支付。失业人员当月未领取的失业保险金可由其家属一并领取。

失业人员死亡同时符合领取基本养老保险丧葬补助金、工伤保险丧葬补助金和失业保险丧葬补助金条件的，其遗属只能选择领取其中的一项。

（二）以帮助失业者重新就业为目的的再就业服务项目

失业人员在领取失业保险金期间应当积极求职。失业人员求职时可以享受就业服务减免费用等优惠政策。人社部颁布的《实施〈中华人民共和国社会保险法〉若干规定》第 15 条明确规定："失业人员在领取失业保险金期间，应积极求职，接受职业介绍和职业培训。失业人员接受职业介绍、职业培训的补贴由失业保险基金按照规定支付。"

失业人员在领取失业保险金期间有下列情形之一的，停止领取失业保险金，并同时停止享受其他失业保险待遇：①重新就业的；②应征服兵役的；③移居境外的；④享受基本养老保险待遇的；⑤无正当理由，拒不接受当地人民政府指定部门或者机构介绍的适当工作或者提供的培训的。

第三节　生育保险

生育保险，是指国家针对女性生育行为的生理特点，通过社会保险立法，为怀孕和分娩的女职工及时提供物质帮助和产假，以保障受保母子的基本生活，保持、恢复或增进生育女职工的身体健康及工作能力的一项社会保险制度。实行生育社会保险制度是保证人类繁衍发展，不断提高人类自身素质的需要。

一、生育保险概述

（一）生育保险的特点

在社会保险体系中，生育保险就其基金规模而言是一个"小"险，就支付期限而言是一项"短"险，但它所具有的扩大再生产性能，在社会保险体系中却具有唯一性。生育保险具有以下特点：

1. 待遇享受人群相对比较窄。之前我国法律规定，生育保险只适用于女职工。2010 年颁布的《社会保险法》（已被修正）规定职工应当参加生育保险。该规定虽然突破了女职工的范围，但享受生育保险的对象还是以城镇企业及其职工，特别是育龄女职工为主。

2. 提供的医疗保健以预防保健为主，必要的短期医疗为辅。这是因为孕产女职工通常是健康人，其孕产过程通常也由一系列正常的生理变化构成，孕产期的医疗保健主要是对这些生理机能变化进行观察，提供保护，预防发生不测。这与医疗保险提供病理医疗有很大的区别。

3. 以符合国家计划生育为享有保险待遇的资格条件。即生育女职工享有生育保险待遇的前提条件是必须按国家有关计划生育规定生育或符合计划生育要求流产。

4. 生育保险实行"产前与产后都应享受的原则"。女职工在分娩前一段时间由于行动不便，已经不能工作或不宜工作，在分娩以后又需要一段时间恢复健康和照顾婴儿，因此，生育保险待遇的享受期限在产前和产后都应持续一段时间。

（二）生育保险的作用

生育保险是确保劳动力再生产和人口再生产正常运行的重要手段。建立生育保险具有以下重要作用：

1. 保证生育女职工自身劳动力再生产的正常进行。生育行为是一种具有生命风险的人口再生产行为，女职工在完成这一生产的过程中，一方面要付出巨大的脑力和体力损耗，另一方面在生育及产前产后一段时间里，由于暂时不能正常从事现岗工作而可能导致工资收入中断，给孕产期间维持基本生活带来困难。生育保险则对她们怀孕、分娩和产后机体康复全过程提供多种物质帮助，预防并消除这一生产过程中可能出现的生命风险和各种异常现象，从而保证她们能够平安度过产期，迅速恢复体能，重返工作岗位。

2. 保证社会劳动力扩大再生产的正常进行。女职工因其自身生理特点而承担着人类自身再生产的任务。如果女职工在孕产期间不能得到足够的保健和相应的生活保障，就会因生活困难而被迫降低必要的保健与营养水准，从而对胎儿的正常发育和出生带来影响。生育保险通过向生育女职工提供预防保健和医疗，就可以在保护她们身体健康的同时也保护了下一代，使其得到正常的孕育、出生和哺育，以确保新生婴儿具有健康的体魄和正常智力。

3. 有力调控人口增量规模。适度的生育规模是控制人口增量的决定性条件，也是两种社会再生产协调发展的必要条件。在我国，实行计划生育，控制人口数量，提高人口素质是一项基本国策。生育保险可以通过调节保险待遇支付量，使人口出生规模按政府的期望保持在"适度"数量上，促进计划生育和优生优育这一基本国策的落实。

4. 分散生育行为给女职工职业生涯带来的风险，均衡用人单位生育费用负担。生育保险既可通过立法强制用人单位保留女职工的就业岗位，又可通过社会统筹使用人单位之间的生育费用负担均衡化，从而消除用人单位与生育女职工在经济利益上的对立，维护她们的合法权益，使她们不致因生育而失业。

（三）我国生育保险制度的现状

目前我国生育保险制度实行两种制度并存的形式：

1. 由女职工所在单位负担生育女职工的产假工资和生育医疗费。女职工怀孕期间的检查费、接生费、手术费、住院费和药费由所在单位负担。产假期间工资照发。

2. 生育社会保险。即用人单位参加生育保险社会统筹，单位缴纳生育保险费，职工个人不缴费。参保单位女职工生育或流产后，其生育津贴和生育医疗费由生育保险基金支付。生育医疗费包括女职工生育或流产的检查费、接生费、手术费、住院费和药费（超出规定的医疗服务费和药费由职工个人负担），以及女职工生育出院后，因生育引起疾病的医疗费。

二、生育保险基金

生育保险费用实行社会统筹。生育保险根据"以支定收，收支基本平衡"的原则筹集资金，建立生育保险基金，用于支付生育保险待遇等。

生育保险基金由社会保险经办机构按照规定收缴、支付和管理，主要由以下三部分组成：

1. 用人单位缴纳的生育保险费。生育保险费由用人单位按月缴纳，职工个人不缴费。单位按照其工资总额的一定比例向社会保险经办机构缴纳生育保险费，生育保险费的提取比例由当地人民政府根据计划内生育人数和生育津贴、生育医疗费等项费用确定，并可以根据费用支出情况适时调整，但最高不得超过工资总额的1%。生育保险费是生育保险基金的主要资金来源。

2. 生育保险基金的利息收入。

3. 其他依法应当纳入生育保险基金的费用。

[案例]

刘先生今年45岁，孩子20岁，最近在一家出租车公司当上了司机，单位要他每月交35元购买生育保险。

问：这种情况合理吗？

分析：根据社会保险法的规定，生育保险的参保对象为城镇职工，包括男职工。生育保险基金实行社会统筹，由单位缴纳生育保险费，个人不需支付保费。因此，刘先生单位的做法是不正确的。

三、生育保险待遇

（一）享受生育保险待遇的条件

我国生育保险制度的实施对象是城镇企业及其职工，享受生育保险待遇的女职工必须与企业建立劳动关系，并由所在企业为其缴纳生育保险费，同时，必须是达到法定结婚年龄、正式登记结婚并符合国家计划生育政策的人员。

（二）生育保险待遇的具体项目

1. 产假。即指国家法律、法规规定，给予职工在生育过程中休息的期限。具体指为女职工在分娩前和分娩后的一定时间内所享有的假期。《劳动法》规定，女职工生育享受不少于 90 天的产假。《女职工劳动保护特别规定》将产假标准从原先的 90 天提升为 14 周，共计 98 天。很多地区还采取了对晚婚、晚育的职工给予奖励政策，假期延长到 180 天。"全面二孩"政策落地后，全国有 25 省份陆续将产假延长至 128 天至 158 天，广东、甘肃、黑龙江、海南及河南产假接近半年，西藏甚至可休 1 年。

此外，在我国部分地区还规定了 3~30 天不等的带薪"父育假"，即给予父亲在母亲产假期间的育儿假。目前，这一规定多为各地对晚育者的一种奖励措施，属于计划生育政策的内容，尚不能视为我国生育保险待遇。

2. 生育津贴。这是指对女职工因生育或流产暂时离开工作岗位而中断工资收入时，按照生育保险的法律、法规给予定期支付现金的一项生育保险待遇。我国的生育津贴原称为产假工资，为了与国际通用术语衔接，1994 年改称生育津贴。其适用范围、享有津贴的资格条件以及津贴支付期限，均与改革后的产假制度相一致。《社会保险法》第 56 条规定，职工有下列情形之一的，可以按照国家规定享受生育津贴：①女职工生育享受产假；②享受计划生育手术休假；③法律、法规规定的其他情形。生育津贴按照职工所在用人单位上年度职工月平均工资计发。

3. 生育医疗费用。参保人员应当享受生育医疗服务，即由医院、专业医生或合格的助产士向其提供的妊娠、分娩和产后的医疗照顾以及必需的住院治疗。该项服务产生的费用即为生育医疗费用，包括下列各项：①生育的医疗费用；②计划生育的医疗费用；③法律、法规规定的其他项目费用，主要包括检查费、接生费、手术费、住院费和药品费等。这些费用由生育保险基金支出，超出规定的医疗服务费和药品费（含自费药品和营养品）由职工个人负担。根据《社会保险法》的规定，参加生育保险的职工的未就业配偶可以享受生育医疗费用待遇，所需资金从生育保险基金中支付。

4. 生育期间特殊劳动保护。这是为解决女职工孕期由于生理变化而在工作中可能遇到的特殊困难，保证女职工的基本收入和母子生命安全而制定的一项特殊政策，包括收入保护和健康保护两个方面。收入保护是国家通过立法保护女职工在怀孕期间的基本工资不降低；健康保护主要是从劳动强度、工作时间等方面对孕期女职工予以照顾的措施。

[案例]

某制药厂女职工岳某，于 2012 年参加工作，并与该厂签订 10 年的劳动合同。2018 年 5 月岳某生小孩，并按照厂里规定休产假 4 个月。当她上班时，原来的岗位已经被别人顶替，本部门领导不予安排工作。岳某认为，单位现在不安排工作，自己无法上班，就等于终止了劳动合同。她多次找有关领导要求上班，但是，厂里一直没有安排她的工作。岳某在万般无奈的情况下，于 2018 年 12 月向劳动争议仲裁委员会提出劳动争议仲裁申请。

分析：根据法律规定，企业不得在女职工休产假期间解除劳动合同，或以其他方式不安排女职工工作。女职工生育期间的权利受国家保护，任何单位不得以休产假为由，解除女职工的劳动合同。本案中，该厂虽然没有解除与岳某的劳动合同，但是不安排工作，不保障女职工的基本待遇，其性质和解除劳动合同是一致的。因此，应裁定撤销企业不安排岳某工作的决定，并恢复岳某的工作。

（三）生育保险待遇的支付

生育保险待遇中的非现金支付项目，如产假、劳动保护等，由女职工所在单位按国家政策执行。女职工的生育医疗费用和生育津贴等由社会保险经办机构从生育保险基金中支付，其中生育津贴由生育保险经办机构按月发放。

[知识链接]

"五险"变"四险"?

2019 年 3 月 6 日，国务院办公厅发布《关于全面推进生育保险和职工基本医疗保险合并实施的意见》明确生育保险基金并入职工基本医疗保险基金。很多人认为"五险"变成了"四险"，是不是以后生孩子不能报销了？

其实这是一种误读。与职工基本医疗保险合并，并不是说生育保险取消了，只是改变了一个基金（经办）的渠道，但没有改变参保人的范围，没有改变设定的生育保险保障项目和支付水平，生育保险个人不缴费，由单位来缴费，这个政策也同样保留。

对于两项保险合并实施，国务院提了四个"统一"和一个"不变"：

统一参保登记。参加职工基本医疗保险的在职职工同步参加生育保险。

统一基金征缴和管理。生育保险基金并入职工基本医疗保险基金，统一征缴，统筹层次一致。

统一医疗服务管理。两项保险合并实施后实行统一定点医疗服务管理。

统一经办和信息服务。要统一经办管理，规范经办流程。

确保职工生育期间的生育保险待遇不变。

生育保险待遇包括《社会保险法》规定的生育医疗费用和生育津贴，所需资金从职工基本医疗保险基金中支付。

由此可见，该项政策的出台带来了利好。

引例解析

失业保险具有普遍性，是对因失业而暂时中断生活来源的劳动者提供物质帮助的制度，其覆盖范围已经扩大到所有的职工。城镇各用人单位均应当参加失业保险，且无论是否存在失业人员都必须按时总额缴纳失业保险费。因此，引例中该高校的说法是不正确的。

本章内容小结

医疗、失业、生育保险和养老、工伤保险一起构成了我国社会保险体系。医疗保险是国家和社会根据一定的法律法规，为向保障范围内的劳动者提供患病时基本医疗需求保障而建立的社会保险制度。目前我国的医疗保险制度正处于不断改革时期，现行的体系包括城镇职工基本医疗保险、城镇居民基本医疗保险和新农合三种制度。失业保险是指国家通过立法强制实行的，由社会集中建立基金，对因失业而暂时中断生活来源的劳动者提供物质帮助的制度。失业保险保障的是非自愿性失业，享受失业保险待遇有着期限上的限制。生育保险是国家通过社会保险立法，为怀孕和分娩的女职工及时提供物质帮助和产假，以保障受保母子的基本生活，保持、恢复或增进生育女职工的身体健康及工作能力的一项社会保险制度。我国现行生育保险中并存着两种制度，其处于发展和完善的过程中。

思考题

1. 简述我国现行的医疗保险制度。
2. 享受失业保险待遇的条件有哪些？
3. 我国生育保险待遇有哪些具体项目？
4. 案例分析：

某市的一家企业招用了几十名农民合同制工人，今年8月，其中5名农民合同制工人合同到期后没有与该企业续订劳动合同，处于失业状态。当他们到社会保险经办机构申请领取失业保险待遇时，被告知他们原来所在的企业没有将支付给他们的工资计入缴纳失业保险费的基数，即并未为其缴纳失业保险费，因此，他们无资格申请领取失业保险待遇。5 人找到原企业要求补缴保险费，但企业说，他们是农民合同制工人，不属于失业保险的适用对象，企业无须为其缴费。

请问：企业的做法正确吗？

外籍人员在华就业的社会保险

为了维护在中国境内就业的外国人依法参加社会保险和享受社会保险待遇的合法权益，加强社会保险管理，根据《社会保险法》，人力资源和社会保障部 2011 年制定了《在中国境内就业的外国人参加社会保险暂行办法》。该办法规定：

在中国境内就业的外国人，是指依法获得《外国人就业证》《外国专家证》《外国常驻记者证》等就业证件和外国人居留证件，以及持有《外国人永久居留证》，在中国境内合法就业的非中国国籍的人员。

在中国境内依法注册或者登记的企业、事业单位、社会团体、民办非企业单位、基金会、律师事务所、会计师事务所等组织（以下称用人单位）依法招用的外国人，应当依法参加职工基本养老保险、职工基本医疗保险、工伤保险、失业保险和生育保险，由用人单位和本人按照规定缴纳社会保险费。

与境外雇主订立雇用合同后，被派遣到在中国境内注册或者登记的分支机构、代表机构（以下称境内工作单位）工作的外国人，应当依法参加职工基本养老保险、职工基本医疗保险、工伤保险、失业保险和生育保险，由境内工作单位和本人按照规定缴纳社会保险费。

参加社会保险的外国人，符合条件的，依法享受社会保险待遇。在达到规定的领取养老金年龄前离境的，其社会保险个人账户予以保留，再次来中国就业的，缴费年限累计计算；经本人书面申请终止社会保险关系的，也可以将其社会保险个人账户储存额一次性支付给本人。外国人死亡的，其社会保险个人账户余额可以依法继承。

具有与中国签订社会保险双边或者多边协议国家国籍的人员在中国境内就业的，其参加社会保险的办法按照协议规定办理。

社会保险经办机构应当根据《外国人社会保障号码编制规则》，为外国人建立社会保障号码，并发放中华人民共和国社会保障卡。

模块六　其他社会保障制度

第十五章

社会救助

学习目标

本章介绍了我国社会救助制度的相关知识，重点阐述居民最低生活保障、自然灾害救助、专项救助、临时救助等内容。通过学习，让学生了解社会救助制度的目的是扶贫济困，保障困难群体的最低生活需求，理解社会救助立法的紧迫性，掌握一些社会救助项目的具体规定。

内容结构图

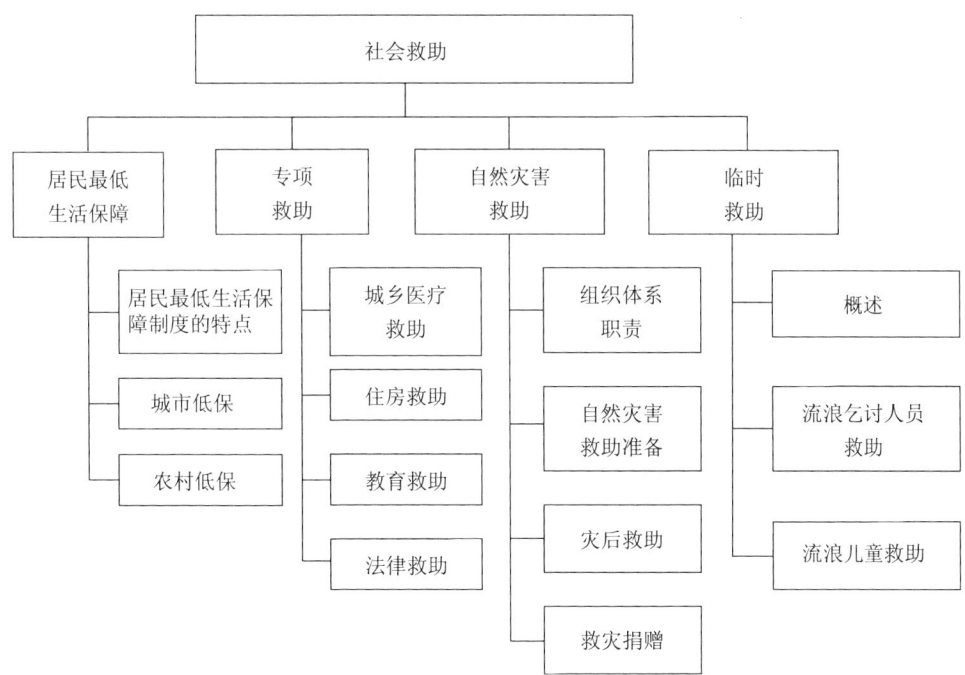

2018 年某日凌晨 1 时许，谢某驾驶出租车超速行驶，将坐卧在道路上的一人碾压致死后驶离现场。经公安部门鉴定，死者年龄 30~40 岁，系一"无名氏"流浪汉。随后，交警部门在事发地点和晚报上登载"认尸启事"，因无人认领，尸体被火化。不久，肇事者谢某被抓捕。

问：流浪汉车祸身亡，谁来维权？

社会救助，又称为社会救济，是指国家和社会依照政策和法律的规定，向那些因各种（自然、社会、个人）原因导致基本物质生活陷入困境、自己无力维持最低生活水平的人，提供各种形式援助的一种社会保障制度。社会救助的任务就是对因各种原因陷入生存困境的社会成员，给予款物救济的扶助，是一种无偿的、水平较低的社会保障。社会救助的资金来源于国家财政和地方财政，列入国家总预算支出，社会成员无须缴纳费用，符合条件者即可获得社会救助。社会救助的给付被视为"国家的责任"和"贫穷的救助"。

国务院民政部门主管全国的社会救助工作，财政、教育、卫生、住房和城乡建设等部门在各自职责范围内管理相应的社会救助工作。县级以上地方各级人民政府有关部门在各自职责范围内管理本行政区域的社会救助工作。

第一节　居民最低生活保障

居民最低生活保障是国家对于家庭人均收入水平低于当地政府公告的最低生活标准的公民，按照法定程序和标准提供现金或实物救助，以保证该公民基本生活所需的社会救助制度。该制度被喻为维护社会稳定、保障人民基本生活的最后一道"防护网"。

一、居民最低生活保障制度的特点

1. 获取最低生活保障是公民的基本权利。生存权是公民享有的最基本的权利，保障公民的生存权是国家和社会的职责和义务。获取最低生活保障能够维持公民的最低生活需要，正是公民生存权的体现，是基本权利。

2. 保障的普遍性。未被其他保障制度所覆盖或者保障不足的公民，无论年龄、民族、学历、社会经历有何不同，只要其家庭人均收入水平低于当地最低标准，均可领取足以维持基本生活的补助。

3. 提供的仅是最低保障。人们对于生活的需求是多种多样的，居民最低生活保障制度仅仅是为满足公民最低生活需求提供资金和实物，让其能够生存下去。它的责任只是使受助者的生活水平相当于或者略高于最低生活需求。

4. 具有临时性。为了避免公民因此制度产生依赖心理而产生不劳而获的思想，这种救助不是永久无限制的。对于享受最低生活保障的公民或家庭，如果收入有所增加，超过了规定的救济标准，则不再给予此项救助。

二、城市居民最低生活保障

城市居民最低生活保障，简称城市低保，是指国家对城市中的贫困居民，按照最低生活保障线标准给予基本生活保障，以保证城市居民的生活困难能够得到及时解决的制度。这一制度在化解社会矛盾、维护社会稳定、促进社会公平、保证经济体制改革的顺利进行、推动国民经济的快速发展方面发挥着重要的作用。

（一）城市居民最低生活保障的基本内容

1. 救助对象。该制度的救助对象是城市有常住户口的居民，包括所有家庭人均收入低于当地"最低生活保障线"的居民。主要是以下三类人员：

（1）无生活来源、无劳动能力、无法定赡养人或抚养人的居民。

（2）领取失业救济金期间或失业救济期满仍未重新就业，家庭人均收入低于最低生活保障标准的居民。

（3）在职人员和下岗人员在领取工资、基本生活费后以及退休人员领取退休金后，其家庭人均收入仍低于最低生活保障标准的居民。

对于上述三类人员，视其具体情况，有的给予长期救济，以保障其生活；有的则给予短期救济，以帮助他们渡过难关，恢复正常生活。

［案例］

某县居民老王一家3口人都是城镇户口。老王原先在一家工地当瓦工，月收入1700元。2013年1月因患病住院治疗失去了工作，并欠下了外债3万余元。老王的妻子，一边在医院照顾他，一边打散工挣点钱，月收入约为500元。老王的儿子今年19岁，在外地上大学。当地最低生活标准为260元。

分析：本案中，老王因病失业无收入来源，并因此造成了家庭困难。目前，该家庭只有其妻子月收入500元，人均月收入不足170元，明显低于当地最低生活标准。因此，老王一家3口人均符合申领城市低保的条件，都是城市低保制度的救助对象，应当享受最低生活保障救助。

2. 救助标准。城市低保制度涉及救助标准问题，即"最低生活保障线"问题。我国目前的"最低生活保障线"是由各地人民政府按照当地维持城市居民基本生活所必需的衣、食、住费用，并适当考虑水电燃煤（气）费用以及未成年人的义务教育费用自行确定。制定"最低生活保障线"应以"绝对贫困"为主，适当兼顾"相对贫困"。当然，城市低保标准不是固定不变的，应当随着生活必需品的价格变化和人民生活水平的提高适时调整，这样才能真正保证救助对象的基本生活。

3. 资金来源。城市低保所需的资金，由地方人民政府列入财政预算，纳入社会救助专项资金支出项目，专项管理、专款专用。每年年底前，由各级民政部门提出下一年的用款计划，经同级财政部门审核后列入预算。国家鼓励社会组织和个人为城市居民最低生活保障提供捐赠、资助；所提供的捐赠、资助，全部纳入当地城市居民最低生活保障资金。

4. 救助方式和程序。城市居民最低生活保障待遇一般由管理审批机关以货币形式按月发放，必要时也可给付实物。特殊情形下可实行临时救济。也有个别地方采取的是现金和实物相结合的方式。

城市贫困居民申请享受最低生活保障待遇，须由户主向户籍所在地的街道办事处或者镇人民政府提出书面申请，并出具有关证明材料，填写《城市居民最低生活保障待遇审批表》，由其所在地的街道办事处或者镇人民政府初审，并将有关材料和初审意见报送县级人民政府民政部门审批。对经批准享受城市居民最低生活保障待遇的城市居民，由管理审批机关采取适当形式以户为单位予以公布，接受群众监督。

(二) 城市最低生活保障的规范管理

2002 年，民政部门不断提高城市低保工作规范管理的制度化程度，建立健全"政府统一领导，民政部门主管，有关部门协作，街居具体操作，社会广泛参与"的低保管理体制和运行机制。

目前，城市最低生活保障制度的规范管理主要集中在以下环节：①科学制定城市居民最低生活保障标准。②严格审核城市居民最低生活保障的申请。③切实保障城市居民最低生活保障的资金供给。④严格监管城市居民最低生活保障的资金使用。⑤建立健全城市居民最低生活保障的信息系统。运用科技手段加强低保工作的管理，不断提高管理水平，促进低保工作由传统落后的管理向科学化、规范化管理转变。

[参考范文]

城市居民最低生活保障申请书

_____ (社区) 居委会：

我叫_____，家住_____ (社区) _____幢____室，现年__

__岁，全家____口人，家庭年收入_____元。

家庭贫困原因：_____

_____

_____

根据我家目前贫困状况，特向社区居委会提出加入低保（或低保边缘）申请，本人同意街道（开发区）及救助机构对本人及家庭的收入和实际生活水平进行调查核实。

申请人：

年　　月　　日

三、农村居民最低生活保障

农村最低生活保障是国家和社会为保障收入难以维持最基本生活的农村贫困人口而建立的一种社会救助制度。建立该项制度能及时有效地保障农民群众的基本生活权益，促进农村社会经济稳定协调发展，是能否尽快建立与完善农村保障制度的关键。

（一）农村居民最低生活保障的基本内容

1. 救助对象。农村最低生活保障对象是家庭年人均纯收入低于当地最低生活保障标准的农村居民，主要是病残、年老体弱、丧失劳动能力以及生存条件恶劣等原因造成生活常年困难的农村居民。

2. 救助标准。农村最低生活保障标准由县级以上地方人民政府按照能够维持当地农村居民全年基本生活所必需的吃饭、穿衣、用水、用电等费用确定，并报上一级地方人民政府备案后公布执行。农村最低生活保障标准要随着当地生活必需品价格变化和人民生活水平提高适时进行调整。

3. 资金来源。农村最低生活保障资金的筹集以地方为主，地方各级人民政府要将农村最低生活保障资金列入财政预算，省级人民政府要加大投入。地方各级人民政府民政部门要根据保障对象人数等提出资金需求，经同级财政部门审核后列入预算。中央财政对财政困难地区给予适当补助。地方各级人民政府及其相关部门要统筹考虑农村各项社会救助制度，合理安排农村最低生活保障资金，提高资金使用效益。同时，鼓励和引导社会力量为农村最低生活保障提供捐赠和资助。农村最低生活保障资金实行专项管理、专账核算、专款专用，严禁挤占挪用。

4. 救助程序。

（1）申请、审核和审批。申请农村最低生活保障，一般由户主本人向户籍所在地的乡（镇）人民政府提出申请；村民委员会受乡（镇）人民政府委托，也可受理申请。受乡（镇）人民政府委托，在村党组织的领导下，村民委员会对申请人开展家庭经济状况调查、组织村民会议或村民代表会议民主评议后提出初步意见，报乡（镇）人民政府；乡（镇）人民政府审核后，报县级人民政府民政部门审批。乡（镇）人民政府和县级人民政府民政部门要核查申请人的家庭收入，了解其家庭财产、劳动力状况和实际生活水平，并结合村民民主评议，提出审核、审批意见。

（2）民主公示。村民委员会、乡（镇）人民政府以及县级人民政府民政部门要及时向社会公布有关信息，接受群众监督。对公示没有异议的，要按程序及时落实申请人的最低生活保障待遇；对公示有异议的，要进行调查核实，认真处理。

（3）资金发放。最低生活保障金原则上按照申请人家庭年人均纯收入与保障标准的差额发放，也可以在核查申请人家庭收入的基础上，按照其家庭的困难程度和类别，分档发放。

（二）农村居民最低生活保障的规范管理

农村居民最低生活保障实行动态化管理。乡（镇）人民政府和县级人民政府民政部门要采取多种形式，定期或不定期调查了解农村困难群众的生活状况，及时将符合条件的困难群众纳入保障范围，并根据其家庭经济状况的变化，及时按程序办理停发、减发或增发最低生活保障金的手续。保障对象和补助水平变动情况都要及时向社会公示。

地方各级人民政府要高度重视，将农村居民最低生活保障工作纳入政府工作的重要议事日程，加强领导，抓好落实。具体来说要做好以下几点：

1. 精心设计制度方案，周密组织实施。

2. 加大政策宣传力度，做好宣传普及工作，使农村最低生活保障政策进村入户、家喻户晓。

3. 加强各部门的协调与配合。

4. 加强监督检查，县级以上地方人民政府及其相关部门要定期组织检查或抽查，对违法违纪行为及时纠正处理，对工作成绩突出的予以表彰，并定期向上一级人民政府及其相关部门报告工作进展情况。各省、自治区、直辖市人民政府要于每年年底前，将农村最低生活保障制度实施情况报告国务院。

[新闻资料]

多地城乡低保标准并轨

2018 年 7 月 1 日，北京、南京等地实现城乡低保标准的统一。其中，北京城乡低保标准统一调整至每人每月 710 元，南京城乡低保统一提高到每人每月 700 元。

此前，上海城乡低保标准从 4 月 1 日起实现一体化，统一调整为每人每月 790 元，其中城镇低保标准提高 11.27%（之前为每人每月 710 元），农村低保标准提高 27.42%（之前为每人每月 620 元）。

同时，一些地区正在酝酿实现城乡低保标准的统一。其中，长沙市于 2015 年 7 月 1 日开始试行《长沙市居民最低生活保障试点试行办法》，试点区的城乡低保标准统一为 450 元/月；广州市民政局近日向社会公开征求意见，拟将全市城乡低保统一提高到每人每月 650 元。

十八届三中全会提出要"推进城乡最低生活保障制度统筹发展"，在舆论看来，多地实现城乡低保标准的统一，是社会救助实现城乡统筹的具体体现，有助于打破城乡二元壁垒，保障民生底线公平，让更多困难群众享受到经济发展的成果。

第二节　专项救助

专项救助是为了解决困难群体在医疗、教育、住房等方面的特殊困难、满足其专门需要的救助制度。《中华人民共和国社会救助法（征求意见稿）》专章列出了对这一救助制度的规定。该意见稿第 16 条规定："对共同生活的家庭成员人均收入低于当地居民最低生活保障标准 2 倍且家庭财产状况符合所在省、自治区、直辖市人民政府有关规定的家庭，由县级以上地方人民政府有关主管部门根据需要给予教育、医疗、住房等专项救助。"

一、城乡医疗救助

城乡医疗救助是指通过政府拨款和社会捐助等多渠道筹资建立基金，对城乡困难群众给予医疗费用补助或资助的救助制度。

民政部、卫生部、财政部在 2003 年制定了《关于实施农村医疗救助的意见》（简称《农村医疗救助意见》，现已失效），民政部、卫生部、原劳动保障部、财政部等四部委在 2005 年又制定了《关于建立城市医疗救助制度试点工作意见》（简称《城市医疗救助意见》，现已失效）。我国目前的城乡医疗救助体系主要是围绕这两个部门规章来构建的。

（一）基本原则

建立城市医疗救助制度要本着以下基本原则：

1. 实事求是，因地制宜。从实际出发，医疗救助水平既要与当地经济社会发展水平和财政支付能力相适应，又要尽量帮助城市贫困群众解决最基本的医疗服务问题。

2. 先行试点，稳步推进。通过试点总结经验，不断完善，稳步发展。随着城市经济社会的发展和居民收入的增加，逐步完善城市医疗救助制度。

3. 多方筹资，多种方式，量力而行。通过发动社会力量资助、城市医疗救助基金给予适当补助、医疗机构自愿减免有关费用等多种形式对救助对象给予医疗救助。实施医疗救助既要量力而行，又要尽力而为。

建立农村医疗救助制度，要从当地实际出发，医疗救助水平要与当地经济社会发展水平和财政支付能力相适应，确保这项制度平稳运行。农村医疗救助从贫困农民中最困难的人员和最急需的医疗支出中开始实施，并随着经济的发展逐步完善农村医疗救助制度。

（二）救助对象和救助办法

城市医疗救助的对象主要是城市居民最低生活保障对象中未参加城镇职工基本医疗保险的人员、已参加城镇职工基本医疗保险但个人负担仍然较重的人员和其他特殊困难群众。给予救助对象医疗费用补助是主要的救助办法。《城市医疗救助意见》（现已失效）规定："对救助对象在扣除各项医疗保险可支付部分、单位应报销部分及社会互助帮困等后，个人负担超过一定金额的医疗费用或特殊病种医疗费用给予一定比例或一定数量的补助。具体补助标准由地方政府民政部门会同卫生、劳动保障、财政等部门制订。对于特别困难的人员，可适当提高补助标准。"

农村医疗救助的对象为农村五保户、农村贫困户家庭成员以及地方政府规定的其他符合条件的农村贫困农民。救助办法除提供一定医疗补助外，还有资助等方式。具体包括：

1. 开展新型农村合作医疗的地区，资助医疗救助对象缴纳个人应负担的全部或部分资金，参加当地合作医疗，享受合作医疗待遇。因患大病经合作医疗补助后个人负担医疗费用过高，影响家庭基本生活的，再给予适当的医疗救助。

2. 尚未开展新型农村合作医疗的地区，对因患大病个人负担费用难以承担，影响家庭基本生活的，给予适当医疗救助。

3. 国家规定的特种传染病救治费用，按有关规定给予补助。

[热点探析]

"大病"范围之限

医疗救助的办法中多次提到"患大病"，这就存在一个大病病种界定的问题。哪些疾病属于"大病"范围呢？法规对此未作明确规定。现行的做法通常为，各省、市根据当地具体情况，自行界定出本行政区域内大病的范围。这些限定病种一般为恶性肿瘤、尿毒症、器官置换等危及人的生命且后续治疗花费巨大的疾病，但是在具体内容上的规定各不相同。超过限定病种的疾病往往不能享受医疗救助待遇。

这样一种限定病种的救助模式，必然会导致不同行政区域的居民被救助的范围不同，在享受社会医疗救助的待遇方面有所区别。重庆市率先在全国打破这种病种的限制，救助对象只要持有效的低保证、五保证等证件，在定点医院就诊，一经诊断需住院治疗的，就能享受救助待遇。这一改革的目的是让群众真正能看得起病，这样才更加符合社会救助的目的和宗旨，更能体现社会救助的意义。应当在全国推广取消大病病种限制。

二、住房救助

住房救助主要是指对城乡特殊困难居民和因灾倒房户在住房修缮、重建和租房方面给予现金与物质补助的制度。住房救助要采取政府救助与社会帮扶相结合的原则。

（一）城市住房救助

城市的住房救助主要是推行廉租住房制度。2003年12月，建设部、财政部、民政部、国土资源部、国家税务总局联合下发《城镇最低收入家庭廉租住房管理办法》（现已失效）第4条规定："符合市、县人民政府规定的住房困难的低收入家庭，可以申请城镇最低收入家庭廉租住房。"所谓低收入家庭，是指家庭成员人均收入和家庭财产状况符合当地人民政府规定的低收入标准的城市居民家庭。救助对象可享受廉租房的面积应当以满足基本住房需要为原则，根据当地家庭平均住房水平、财政承受能力以及低收入家庭人口数量、结构等因素，以户为单位确定。原则上不超过当地人均住房面积的60%。

廉租房的救助方式是以发放租赁住房补贴为主，实物配租、租金核减为辅。租赁住房补贴是指市、县人民政府向符合条件的申请对象发放补贴，由其到市场上租赁住房。实物配租是指市、县人民政府向符合条件的申请对象直接提供住房，并按照廉租住房租金标准收取租金。租金核减是指产权单位按照当地市、县人民政府的规定，在一定时期内对现已承租公有住房的城镇最低收入家庭给予租金减免。

享受廉租房住房保障的最低收入家庭应当按年度向房地产行政主管部门如实申报家庭收入、人口、住房变动情况，房地产部门应当每年会同民政等部门对以上情况进行复核，并根据结果对救助对象的资格、方式、额度进行及时调整。

（二）农村住房救助

农村住房救助主要是资助农村特殊困难农民搬迁、修缮和新建住房，资助因灾倒房户恢复重建。

该制度的救助对象为农村特困户、分散供养的五保户、无劳动能力的残疾户、特困优抚对象、因受自然灾害影响或其他不可抗力导致房屋倒塌或损坏的住房贫困户。

农村住房救助的方式具有多样化的特点。根据救助对象的实际住房状况、意愿以及村镇建设规划等，政府可以采取新建、改建、扩建、修缮、置换、租用等方式实施救助；可以采取收购可居住的闲置房用于危旧房置换；也可以通过租金补助的方式，由救助对象就地租用闲置房。除此之外，政府还会提供一系列的优惠政策，并鼓励社会共同帮扶救助对象。

三、教育救助

教育救助是指国家、社会团体和个人为保障适龄人口获得接受教育的机会，从物质和资金上对贫困地区和贫困学生在不同阶段提供援助的制度。

《社会救助法（征求意见稿）》第18条规定："符合专项救助标准的家庭子女，在义务教育阶段，县级以上地方人民政府应当免费提供教科书，补助寄宿生生活费；在中等、高等教育阶段，按照国家有关规定提供助学金等救助，有关教育机构可以酌情减免学费。"教育救助被明确纳入社会专项救助的范围。这一制度虽是社会救助中发展较晚的项目，但具有非常重要的意义。该制度补充了我国教育投资的不足，是解决贫困代际转移问题的有效手段，是促进教育公平和建立和谐社会不可或缺的条件。

现阶段我国教育救助的对象主要是以下四类：①持有农村"五保"供养证的未成年人；②属于城市"三无"对象，即无劳动能力、无生活来源、无法定扶养义务人或虽有法定扶养义务人但扶养义务人无扶养能力的未成年人；③持有城乡居民最低生活保障证和农村特困户救助证家庭的未成年子女；④当地政府规定的其他需要教育救助的对象。

教育救助的方式主要有两种：①减免收费，即对救助对象应缴纳的学杂费、书本费、住宿费等各种费用采取少收或不收的方式。②资金救助，即以现金的方式救助贫困学生，主要有生活补助金、国家奖学金、助学金等。

学校及其他教育机构应当配合政府做好教育救助工作。

四、法律救助

法律救助是指国家在司法制度运行的各个环节和层次上，对因经济困难及其他因素而难以通过通常意义上的法律救济手段保障自身基本社会权利的社会弱者，给予减免收费，提供法律帮助的一项社会救助制度。这一制度的建立为公民提供了平等的司法保障，有利于实现法律面前人人平等的宪法原则，有利于司法公正的实现。

我国的法律救助有两种不同形式：

（一）法律援助

法律援助是在国家设立的法律援助机构的组织、指导和统一协调下，律师、公证员、基层法律工作者等法律服务人员，为经济困难或特殊案件的当事人给予减、免收费，提供法律帮助，以保障实现其合法权益，完善国家司法公正机制，健全人权及社会保障机制的一项制度。

法律援助的对象是经济困难或者特殊案件的当事人。援助的内容包括请求国家赔偿、请求给予社会保险待遇或者最低生活保障待遇、抚恤金或救济金、赡养费或抚养费、支付劳动报酬、主张因见义勇为行为产生的民事权益等六类案件的代理以及符合条件的刑事辩护。

法律援助机构统称"法律援助中心"，是负责组织、指导、协调、监督及实施本地区法律援助工作的机构，省、市及各区、县均应设立法律援助机构。暂未设立法律援助中心的区、县，由各区、县司法局指定职能部门代行法律援助中心的职责。

公民申请代理、刑事辩护的法律援助应当提交下列证件、证明材料：身份证或者其他有效的身份证明，代理申请人还应当提交有代理权的证明；经济困难的证明；与所申请法律援助事项有关的案件材料。申请应当采用书面形式，填写申请表；以书面形式提出申请确有困难的，可以口头申请，由法律援助机构工作人员或者代为转交申请的有关机构工作人员作书面记录。

法律援助机构收到法律援助申请后，应当进行审查。对符合法律援助条件的，法律援助机构应当及时决定提供法律援助；对不符合法律援助条件的，应当书面告知申请人理由。

［案例］

2001年9月14日，年仅6岁的薛某某因患"急性髓细胞白血病"而先后到江苏省苏北人民医院、苏州大学附属儿童医院、苏州大学附属第一医院进行治疗。出院后不久，被查出感染了丙型肝炎。重病之后，已经难以承受丙肝治疗费用之重的薛某某一家，也无能力再去聘请律师维权。2003 年 3 月 26 日，受扬州市法律援助中心指派，江苏维世德律师事务所扬州分所丁某律师担任薛某某的诉讼代理人，为其提供法律援助。在历时两年的审理过程中，援助律师以深厚的法律知识及独到的诉讼代理技巧，出色地完成了案件的代理工作。2005 年 1 月，江苏省红十字中心血站赔偿薛某某人民币 17 385.88 元，此后实际发生的合理费用可另行起诉主张。

（二）司法救助

司法救助，也称为诉讼救助，狭义上指人民法院对于交纳诉讼费用确有困难的当事人，根据其申请予以缓交、减交或者免交诉讼费用的制度。广义上来看，司法救助还包括法律规定的对于贫困被告人指定免费辩护人，为贫困受害人提供免费法律服务等。

在司法实践中，救助的范围有扩大的趋势。不仅是法院，很多地区的人民检察院也探索建立刑事案件被害人救助制度，对于生活贫困达到救助条件的被害人进行国家救助。

第三节　自然灾害救助

我国是一个自然灾害频发的国家。高频率、广分布的自然灾害给人民群众的生产生活带来巨大的损害，严重妨碍了国民经济的快速发展。只有依靠有效的灾害救助保障制度，对灾区群众和集体无力解决的困难给予必要的帮助，才能使灾区群众尽快恢复正常的生活，减少灾害造成的破坏后果。

自然灾害救助是指国家对因遭遇各种自然灾害及其他特定灾害事件而陷入生活困难的公民给予一定的现金、实物或服务援助，以帮助其度过特殊困难时期的一种社会救助制度。2010 年 9 月施行、2019 年修正的《自然灾害救助条例》构建了我国自然灾害救助制度的基本框架，明确了我国的自然灾害救助工作应当遵循以人为本、政府主导、分级管理、社会互助、灾民自救的基本原则。

一、自然灾害救助组织体系及职责

我国的自然灾害救助工作实行各级人民政府行政领导负责制。各级人民政府对基本生活因自然灾害受到影响的人员提供资金、物资、服务等方面的救助，保障其吃、穿、住、医等基本需求。

国家减灾委员会负责组织、领导全国的自然灾害救助工作，协调开展重大自然灾害救助活动。国务院民政部门负责全国的自然灾害救助工作，承担国家减灾委员会的具体工作。国务院有关部门按照各自职责做好全国自然灾害救助相关工作。

县级以上地方人民政府或者人民政府的自然灾害救助应急综合协调机构，组织、协调本行政区域的自然灾害救助工作。县级以上地方人民政府民政部门负责本行政区域的自然灾害救助工作。县级以上地方人民政府有关部门按照各自职责做好本行政区域的自然灾害救助工作。

村民委员会、居民委员会以及红十字会、慈善会和公募基金会等社会组织，依法协助人民政府开展自然灾害救助工作。

二、自然灾害救助准备

（一）救灾资金和物资的准备

1. 救灾资金准备。按照救灾工作分级负责、救灾资金分级负担、以地方为主的原则，建立和完善中央和地方救灾资金分担机制，做好救灾资金预算工作，督促地方政府加大救灾资金投入力度。

中央财政每年在综合考虑有关部门灾情预测和上年度实际支出等因素的基础上，合理安排中央自然灾害生活补助资金，专项用于帮助解决遭受特别重大、重大自然灾害地区受灾群众的基本生活困难。县级以上人民政府应当将自然灾害救助工作纳入国民经济和社会发展规划，建立健全与自然灾害救助需求相适应的资金、物资保障机制，将自然灾害救助资金和自然灾害救助工作经费纳入财政预算。

中央和地方政府应当根据社会经济发展水平、自然灾害生活救助成本及地方救灾资金安排等因素适时调整自然灾害救助政策和相关补助标准。各级财政在年初编制预算时，应当根据常年灾情和救灾资金需求编制相应的自然灾害生活救助预算，执行中根据灾情进行调整。救灾预算资金不足时，中央和地方各级财政通过使用预备费保障受灾群众生活救助需要。

2. 物资准备。国家建立自然灾害救助物资储备制度，由国务院民政部门分别会同国务院财政部门、发展改革部门制定全国自然灾害救助物资储备规划和储备库规划，并组织实施。设区的市级以上人民政府和自然灾害多发、易发地区的县级人民政府应当根据自然灾害的特点、居民人口数量和分布等情况，按照布局合理、规模适度的原则，设立自然灾害救助物资储备库。

（二）制定自然灾害救助应急预案

县级以上地方人民政府及其有关部门应当根据有关法律、法规、规章，上级人民政府及其有关部门的应急预案以及本行政区域的自然灾害风险调查情况，制定相应的自然灾害救助应急预案。自然灾害救助应急预案应当包括下列内容：①自然灾害救助应急组织指挥体系及其职责；②自然灾害救助应急队伍；③自然灾害救助应急资金、物资、设备；④自然灾害的预警预报和灾情信息的报告、处理；⑤自然灾害救助应急响应的等级和相应措施；⑥灾后应急救助和居民住房恢复重建措施。

（三）救灾装备和设施准备

中央各有关部门应配备救灾管理工作必需的设备和装备。

开展国家应急广播相关技术、标准研究，建立国家应急广播体系，提供灾情预警预报和减灾救灾信息的全面立体覆盖。加快国家突发公共事件预警信息发布系统的建设，及时向公众发布自然灾害预警。

县级以上人民政府应当建立健全自然灾害救助应急指挥技术支撑系统，并为自然灾害救助工作提供必要的交通、通信等设备。

县级以上地方人民政府应当根据当地居民人口数量和分布状况等情况，利用公园、广场、体育场馆等公共设施，统筹规划设立应急避难场所，并设置明显标志。

三、灾后救助

（一）灾后应急救助

自然灾害发生后，各级人民政府应当迅速开展积极的救助工作，包括紧急疏散、转移、抢救和安置受灾人员，为受灾群众提供食品、饮水、医疗、衣被、临时住所、日常生活用具等应急救助。受灾地区人民政府应当在确保安全的前提下，采取就地安置与异地安置、政府安置与自行安置相结合的方式，对受灾人员进行过渡性安置。就地安置应当选择在交通便利、便于恢复生产和生活的地点，并避开可能发生次生自然灾害的区域，尽量不占用或者少占用耕地。动用储备物资应尽早发放给受灾群众，确保生活基本需要。自然灾害发生后居民卫生服务需求急剧增加，政府要组织医疗队尽快进入灾害现场实施早期救治，做好卫生防疫工作，防止灾区疫情的发生。

（二）灾后重建

受灾地区人民政府应当鼓励并组织受灾群众自救互救，恢复重建。

自然灾害危险消除后，受灾地区人民政府应当统筹研究制订居民住房恢复重建规划和优惠政策，组织重建或者修缮因灾损毁的居民住房，对恢复重建确有困难的家庭予以重点帮扶。居民住房恢复重建应当因地制宜、经济实用，确保房屋建设质量符合防灾减灾要求。受灾地区人民政府民政等部门应当向经审核确认的居民住房恢复重建补助对象发放补助资金和物资，住房城乡建设等部门应当为受灾人员重建或者修缮因灾损毁的居民住房提供必要的技术支持。

（三）灾后生活救助

自然灾害发生后的当年冬季、次年春季，受灾地区人民政府应当为生活困难的受灾人员提供基本生活救助。受灾地区县级人民政府民政部门应当在每年

10月底前统计、评估本行政区域受灾人员当年冬季、次年春季的基本生活困难和需求，核实救助对象，编制工作台账，制定救助工作方案，经本级人民政府批准后组织实施，并报上一级人民政府民政部门备案。

（四）灾后心理救助

自然灾害事故，不仅损害公民的财产和家园，还会对人们的心理造成损害。在以往发生的多次灾害中，幸存下来的人或者经历了灾害情形的人群中，患上心理疾病的人不在少数。对灾区群众及时进行心理疏导、心理干预，必要时对特殊群体进行心理治疗，让其正常生活，是灾后救助工作不可或缺的组成部分。心理救助是一项持续性工作，需要专业的心理工作者主动去实施。

四、救灾捐赠及捐赠款物的管理

（一）救灾捐赠

救灾捐赠，就其现代的意义而言，是指有组织、有管理、有发动的以救灾（有时包括扶贫）为目的而开展的社会公益和慈善活动。一般是在发生较重大的突发性自然灾害后，由政府和社会团体等机构有组织地向国内外各界募集资金和物资，帮助灾区和灾民解决因灾害造成的困难。募集对象包括国际组织、友好国家和地区的政府、外国民间团体、企业及个人，海外华侨组织及个人、港澳台同胞，国内社会各界机关、团体、企事业单位、军队、学校和个人等。

作为一项社会公益性活动的救灾捐赠，其运作动机、方式和目的都与灾害救济有关，具有区别于一般的社会捐赠等社会公益事业的特点：

1. 救灾捐赠一般没有长期具体的计划，而是受突发事件的制约，其结果也难以预测。救灾捐赠的直接目的是对每次受灾的重灾民进行有效的救济，其服务对象往往是特定范围内的某些灾民群体，在救灾捐赠中灾民受到的救济也是一次性的，具有救急的作用。

2. 救灾捐赠依靠整个社会，任何单位和个人都是潜在的捐赠者。救灾捐赠的运作必须是社会性和群体性的，体现了整个社会对所发生的灾害人人关心、人人有责。救灾捐赠是自发的社会行为和有组织的机构管理相结合的，它既依赖于现代社会人们群体纽带作用的加强，又进一步增强人的社会性和群体化程度。

3. 救灾捐赠只具有社会效益。救灾捐赠行为完全是出于捐赠单位或个人的自愿，而且是无偿的，它只产生社会效益。无论是捐赠者还是管理者都不在其中追求任何直接的经济效益。但捐赠者有指明捐赠对象、了解救济过程和效果的权利；管理机构应当对捐赠者和灾民负责；灾民无须事先履行任何义务就享有无条件接受救济的权利。

（二）捐赠款物的管理

救灾捐赠受赠人应当对救灾捐赠款指定账户、专项管理，对救灾捐赠物资建立分类登记表册。具有救灾宗旨的公益性民间组织应当按照当地政府提供的灾区需求，提出分配、使用救灾捐赠款物的方案，报同级人民政府民政部门备案，接受监督。

通过救灾捐赠活动募集到的款物，首先用于满足灾区和灾民的紧急需要，包括解决灾民的食品、饮水、医疗防疫、临时住所、衣被等；其次用于安置灾民和帮助灾区恢复重建，包括帮助灾民修复重建住房、灾区敬老院、福利院、中小学校、医疗诊所，修建灾民新村，改善灾区饮水条件，提供基本的生产资料；最后用于帮助灾区恢复交通、通讯等基础设施。

自然灾害救助款物的管理机关和有关社会组织，要主动公开捐赠款物的相关情况；灾区村民、居民委员会要主动公布救助对象及其接受救助款物的数额和使用情况。捐赠款物的使用管理，应当做到透明、公开，接受公众的监督。

[案例]

汶川地震发生后，时任河南省安阳县工商业联合会主席的余某某负责组织、管理抗震救灾捐款事宜。余某某利用其职务上的便利，擅自将4.15万元抗震救灾款用于购买其妹余某红积压的服装当作救灾物资。在未经招标程序的情况下，又委托其弟余某军购买价值12.3万元的食品。在购物过程中，余某军采取虚报支出的手段，贪污救灾款7900余元。余某某还擅自决定用救灾款购买1.5万元的棉被、9万余元的饼干，与积压的服装等物品一并捐往灾区。

余某某的行为是个别领导干部滥用职权、以权谋私行为在抗震救灾捐赠款物管理使用中的表现。2008年6月20日，余某某因涉嫌挪用抗震救灾款被安阳市北关区人民检察院批准逮捕，她的妹妹和弟弟也于同日被捕。

第四节　临时救助

临时救助是指国家对在日常生活中由于各种特殊原因造成基本生活出现临时困难的家庭和个人，给予非定期、非定量生活救助的制度，主要表现为提供资金、物资、服务等临时性救助方式。

新中国成立后就建立了临时救助制度，它是我国传统救助制度之一，长期以来，该制度在保障城乡困难群众的基本生活，缓解他们的特殊困难方面发挥了重要作用。但由于缺乏对这一制度的专项立法，其意义和作用得不到完全的体现。《社会救助法（征求意见稿）》专章规定了临时救助制度，将会为这一制度的建立和发展提供法律依据。

一、临时救助制度概述

虽然目前国务院和各部委没有针对临时救助制度出台整体调整性的行政法

规和规章，但是不少省市近几年均自行制定了适用于本地区的临时救助的地方性法规和规章，为该项制度的进一步发展奠定了基础。

（一）救助对象

临时救助制度主要是为困难家庭提供临时性生活救助，其对象主要包括：

1. 在最低生活保障和其他专项社会救助制度覆盖范围之外，由于特殊原因造成基本生活出现暂时困难的低收入家庭，重点是低保边缘家庭。这里说到的低保边缘家庭是指那些家庭人均纯收入略高于最低生活保障线，但遭遇生活困境的家庭。对于这样家庭的界定，部分省市根据本区域的具体情况出台了自己的标准。

[资料链接]

《安徽工会困难职工档案管理实施办法》

......

第五条　困难职工档案按照困难程度分为全总级、省总级和市总级（县、区总工会级和基层工会级，由所在市总工会确定）三级档案。按照分级管理原则，符合全总建档标准的上报进入全总困难职工帮扶系统，符合省总建档标准的上报到省总困难职工帮扶系统，依此类推。困难职工家庭的困难标准衡量如下：

（一）全总级档案。具备下列条件之一的困难职工家庭，应当建立全总级档案。

1. 低保户。家庭人均可支配月收入（详见附件有关说明，注一）低于（≤）当地最低生活保障标准（注二），经政府救助后仍生活困难的职工家庭。

2. 低保边缘户。连续6个月以上家庭实际人均可支配月收入低于当地最低生活保障标准，未经政府救助，生活特别困难的职工家庭；家庭人均可支配月收入在当地最低生活保障标准1.5倍（含）以下，且满足（家庭可支配收入－由于患病、子女上学、残疾、单亲及其他特殊原因造成支出的费用）÷家庭总人口≤当地低保标准的职工家庭。

......

2. 虽然已纳入最低生活保障和其他专项社会救助制度覆盖范围，但由于特殊原因仍导致基本生活暂时出现较大困难的家庭。临时救助属于社会救助中的补充项目，对于那些实施了最低生活保障救助仍然未能解决现有生活困难的特殊家庭，政府可以向其提供资金、服务等临时性救助，帮助他们渡过难关。

3. 当地政府认定的其他特殊困难人员。除了家庭之外，遭遇生活困难的社会成员也是临时救助对象，如流浪人员、突患重病的个人等。这一兜底性规定，既把社会中因特殊原因处于生活困境的人员纳入了救助范围，又能够根据各地不同情况区别对待。

（二）救助方式和救助标准

各地应当根据临时救助的非定期、非定量特征，针对困难家庭的特殊情况和维持当前基本生活的需要，结合本地实际，依照规范的程序合理确定救助方式、救助标准。

对于临时救助的方式，地方各级政府有很大的自由裁量权。可以是为救助对象提供现金补助，如一次性生活补助金、子女寄宿补助金等；也可以是提供实物救助，如发放粮油、棉被等；还可以是提供相应的服务救助，如安排护理人员、给予就业指导等。

对于临时救助的救助标准，国家没有统一的规定，通常是由地方政府根据当地经济发展水平和财政状况，以及救助内容、救助对象的困难程度等因素确定，并随着经济的发展和生活水平的提高适时调整。

（三）资金来源

目前我国临时救助的资金是以地方政府投入为主，社会捐助等方式为辅。各级政府每年要将临时救助资金列入预算中，以便开展工作。少量的救助资金来源于社会的捐赠和城乡低保年度资金。有些省市将地方留用的福利彩票公益金中的一部分用于当地临时救助，以弥补救助资金的不足。

二、流浪乞讨人员救助

流浪乞讨人员救助是我国较早确立的临时救助制度，包括对流浪乞讨人员的收容、遣送、积极保护等。2003年国务院颁布了《城市生活无着的流浪乞讨人员救助管理办法》，民政部随后出台了《城市生活无着的流浪乞讨人员救助管理办法实施细则》，这些彰显出了国家和政府在对人权的尊重和保障方面所做的努力。

县级以上城市人民政府应当根据需要设立流浪乞讨人员救助站，由其为流浪乞讨人员提供救助。民政部门负责流浪乞讨人员的救助工作，并对救助站进行指导、监督。

（一）救助原则

1. 自愿受助原则。即求助者向管理站自愿求助，经询问符合救助对象的范围，救助管理应给予救助。受助人在救助过程中可以放弃救助，在告知救助站后自愿离站，救助管理站不得限制。未成年人及其他无民事行为能力人和限制民事行为能力人离开救助站，须经救助站同意。受助人员擅自离开救助站的，视同放弃救助，救助站应当终止救助。

[案例]

2012年3月2日，一位刚生完孩子无法确认身份的流浪女性，被送至银川市救助站。救助站安排其单人居住并专门为其供应"月子饭"，还邀请银川市妇女儿童援助中心的专家对她进行心理疏导。但该女子始终出言谨慎，刻意隐瞒真实身份。救助站至公安部门及其产子的医院进行调查，也未能获得身份信息。直至3月30日，该女子第三次向救助站提出了要求自愿放弃救助的请求。根据有完全民事行为能力的受助者，救助站不得限制其离站的规定，该站无奈同意其离站，终止了救助。

2. 无偿救助原则。政府为流浪乞讨人员提供的救助是无偿的，即救助站不得向受助者及其家属和单位收取费用，也不得组织受助人从事生产劳动以自挣生活费及返家所需费用。

3. 临时性救助原则。政府对流浪乞讨人员的救助是一项临时救助措施，主要是解决求助者临时的生活困难，并使其返回家庭或所在单位。救助站不是"福利院"，其对受助人员的救助期限一般不超过10天。救助站已经实施救助或者救助期满，受助人员应当离开救助站，不能滞留，对无正当理由不愿离站的受助人员，救助站应当终止救助。

（二）救助范围

并非所有在城市流浪乞讨的人员都能纳入救助范围。不可否认社会中存在着带有特定目的的"职业化"乞讨人员，他们把乞讨作为创收的手段，这样的群体当然不能成为救助的对象。根据相关规定，救助的对象必须同时满足以下条件：自身无力解决食宿；无亲友投靠；不享受城市最低生活保障或者农村五保供养；正在城市流浪乞讨度日的人员。

（三）救助内容

救助站应当根据受助人员的需要提供下列救助：

1. 提供符合食品卫生要求的食物，且能够满足受助人员的基本生活需要。

2. 提供符合基本条件的住处。应当能够满足受助人员的安全需要，要按性别分室住宿，女性受助人员应当由女性工作人员管理。

3. 对在站内突发急病的，及时送往医院救治。

4. 帮助与其亲属或者所在单位联系。

5. 对没有交通费返回其住所地或者所在单位的，由救助站发给乘车（船）凭证，铁道、公路、水运等运输单位验证后准予搭乘相应的公共交通工具。

民政部门负有积极救助流浪乞讨人员的职责，既包括生活上的救助保障，也应当包括心理上的疏导、抚慰，以及其他保护流浪乞讨人员利益的行为。

三、流浪儿童的救助

流浪儿童是指年龄在 18 周岁以下离开家庭，脱离监护人的保护，流浪街头连续超过 24 小时，基本生活失去保障的未成年人。及时有效救助和保护流浪儿童是各级政府的重要职责，是维护未成年人合法权益的重要内容，是预防未成年人违法犯罪的重要举措，是加强和创新社会管理的重要方面，是社会文明进步的重要体现。2011 年国务院专门出台了《国务院办公厅关于加强和改进流浪未成年人救助保护工作的意见》，体现了国家对此项工作的重视。

（一）基本原则

1. 坚持未成年人权益保护优先的原则。把未成年人权益保护和健康成长作为首要任务，加强对家庭监护的指导和监督，及时救助流浪未成年人，严厉打击胁迫、诱骗、利用未成年人乞讨等违法犯罪行为，切实保障未成年人的生存权、发展权、参与权、受保护权。

2. 坚持救助保护和教育矫治并重的原则。积极主动救助流浪未成年人，保障其生活、维护其权益；同时加强流浪未成年人思想、道德、文化和法制教育，强化心理疏导和行为矫治，帮助其顺利回归家庭。

3. 坚持源头预防和综合治理的原则。综合运用经济、行政、司法等手段，落实义务教育、社会保障和扶贫开发等政策，强化家庭、学校、社会的共同责任，不断净化社会环境，防止未成年人外出流浪。

4. 坚持政府主导和社会参与的原则。落实政府责任，加大政府投入，加强各方协作，充分发挥基层组织的作用，调动社会各方面参与流浪未成年人救助保护的积极性，形成救助保护工作的合力。

（二）政策措施

1. 实行更加积极主动的救助保护。公安机关发现流浪乞讨的未成年人，应当护送到救助保护机构接受救助。民政部门要积极开展主动救助，引导护送流浪未成年人到救助保护机构接受救助。城管部门发现流浪未成年人，应当告知并协助公安或民政部门将其护送到救助保护机构接受救助。对突发急病的流浪未成年人，公安机关和民政、城管部门应当直接护送到定点医院进行救治。充分发挥村（居）民委员会等基层组织的作用，组织和动员居民提供线索，劝告、引导流浪未成年人向公安机关、救助保护机构求助或及时向公安机关报警。

2. 加大打击拐卖未成年人犯罪的力度。公安机关要严厉打击拐卖未成年人犯罪，对来历不明的流浪乞讨和被强迫从事违法犯罪活动的未成年人，一律主动检查，及时发现、解救失踪被拐未成年人；加强接处警工作，凡接到涉及未成年人失踪被拐报警的案件，公安机关要立即出警处置；建立跨部门、跨警种、跨地区打击拐卖犯罪的工作机制，民政等有关部门要协助公安机关做好被拐未成年人的调查取证和解救工作。

3. 帮助流浪未成年人及时回归家庭。救助保护机构和公安机关要综合运用各种方式，及时查找流浪未成年人的父母或其他监护人。对查找到父母或其他监护人的流浪未成年人，救助保护机构要及时安排接送返乡。对暂时查找不到父母或其他监护人的流浪未成年人，要通过救助保护机构照料、社会福利机构代养、家庭寄养等多种方式予以妥善照顾。

4. 做好流浪未成年人的教育矫治。救助保护机构要依法承担流浪未成年人的临时监护责任，为其提供文化和法制教育、心理辅导、行为矫治、技能培训等救助保护服务。对流浪残疾未成年人，卫生、残联等部门要指导救助保护机构对其进行心理疏导、康复训练等。

5. 强化流浪未成年人源头预防和治理。预防未成年人流浪是家庭、学校、政府和社会的共同责任，做好源头预防是解决未成年人流浪问题的治本之策。地方各级政府应当高度重视流浪儿童的救助工作。建立起由政府分管领导牵头的流浪儿童救助保护工作机制，要建立和完善工作责任追究机制，对工作不力、未成年人流浪现象严重的地区，追究该地区相关领导和人员的责任。

[案例]

2012 年 11 月 16 日，5 名男孩被发现死于贵州省毕节市七星关区街头垃圾箱内。经当地公安部门调查，5 名男孩是因在垃圾箱内生火取暖导致一氧化碳中毒而死亡。5 名男孩均为七星关区海子街镇在校学生。有目击者称，5 名孩子事发前曾在垃圾箱附近流浪多日。显然，悲剧表明 5 个孩子没有获得应有的救助。

事情发生后，毕节市委、市政府对在此事件中负有领导和管理责任的有关部门和人员进行了严肃处理：对分管民政工作的副区长唐兴全、分管教育工作的副区长高守军停职检查，同时接受组织调查；免去张羿区教育局党组书记职务，免去焦中华区民政局党组书记职务，免去穆元兴海子街镇党委副书记职务，依法提请免去三人相应的教育局局长、民政局局长、海子街镇镇长职务；依法提请免去刘洪玺海子街镇副镇长职务；责成海子街镇党委免去吴康琴海子街镇中心校校长职务，免去周旺擦枪岩村干沟小学校长职务。

引例解析

根据我国《城市生活无着的流浪乞讨人员救助管理办法》的规定，对流浪乞讨人员的救助是一项临时性社会救助措施。民政部门对流浪乞讨人员负有救助的职责，该职责既包含对流浪乞讨人员的生活保障施救义务，也包含在他们遭受人身侵害后的法律援助，乃至特定情形下的代位损害求偿权。本案中，民政局可以以社会救助承担者的身份，作为特殊情形下民事赔偿请求权主体，代"无名氏"流浪汉的法定权利人主张民事赔偿权，使受害人的合法权益得以实现。

社会救助制度作为社会保障的一个重要组成部分，在我国的起步并不算晚，但由于种种原因尚属于发展阶段，尤其是缺乏有力的专门性立法依据，影响了该制度作用的发挥和意义的体现。2008年《中华人民共和国社会救助法（征求意见稿）》的出台，使专项立法有望成为现实。该意见稿把社会救助分为居民生活最低保障、专项救助、自然灾害救助和临时救助四个项目。每个项目的救助对象、救助方式等均有不同，但是它们的最终目的都是为因各种原因导致生活困难、无力维持最低生活水平的家庭和个人，提供援助，保障他们的基本权利。

本章内容小结

1. 怎样理解社会救助制度？
2. 简述我国农村最低生活保障制度的内容。
3. 试论实施灾后心理救助的重要性和必要性。
4. 你认为我国在临时救助制度的实施方面存在哪些问题？应当如何解决？

延伸阅读

农村"五保"供养制度

对农村"三无"人员实行五保供养，是我国农村有中国特色的基本社会救助制度。"五保"供养是指为农村缺乏劳动力、生活没有依靠的老年人、残疾人、未成年人提供生活帮助和照顾的制度，它是我国农村自新中国成立以来坚持至今且较为规范化的救助制度。

"五保"供养的对象为老年、残疾或者未满16周岁的农村村民，无劳动能力、无生活来源又无法定赡养、抚养、扶养义务人，或者其法定赡养、抚养、扶养义务人无赡养、抚养、扶养能力的农村村民。所谓五保，就是对五保对象在五个方面予以保障。具体规定为：①供给粮油和燃料；②供给服装、被褥等用品和零用钱；③提供符合基本条件的住房；④及时治疗疾病，对生活不能自理者有人照料；⑤妥善办理丧葬事宜。对象是未成年人的，还应当保障他们依法接受义务教育。农村五保供养标准不得低于当地村民的平均生活水平，并根据当地村民平均生活水平适时调整、提高。

农村五保供养对象可以在当地的农村五保供养服务机构集中供养，也可以在家分散供养。农村五保供养对象可以自行选择供养形式。符合条件的村民应当由本人向村民委员会提出"五保"供养申请；因年幼或者智力残疾无法表达意愿的，由村民小组或者其他村民代为提出申请。经评议、审核、公示无异议后，方可享受农村五保供养待遇。

农村五保供养资金，在地方人民政府财政预算中安排。有农村集体经营等收入的地方，可以从农村集体经营等收入中安排资金，用于补助和改善农村五保供养对象的生活。中央财政对财政困难地区的农村五保供养，在资金上给予适当补助。农村五保供养资金，应当专款专用，任何组织或者个人不得贪污、挪用、截留或者私分。

第十六章

社会福利

学习目标

　　本章主要介绍我国社会福利制度的相关知识，重点阐述社会福利的三个项目：公共福利，与职业相关的职业福利和仅限于特殊群体享受的专项福利。通过学习，学生应当掌握这些福利项目的内容和形式，理解社会福利制度的目的在于提高社会成员的生活质量，改善弱势群体的生存质量。

内容结构图

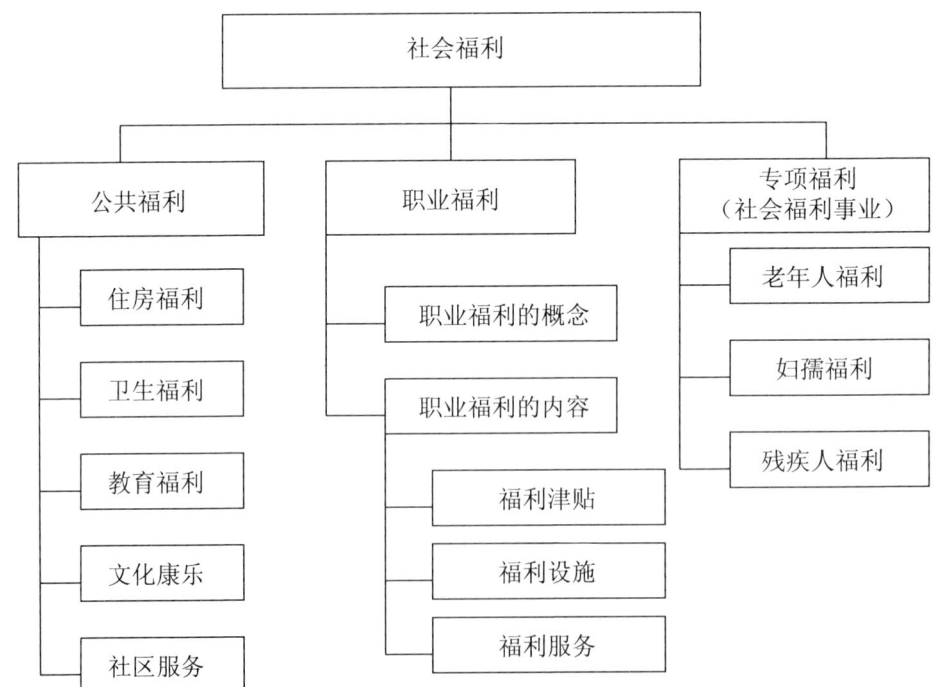

导入案例

2003 年 9 月 12 日，家住山东临沂的盲人陈某某和妻子乘坐火车到达北京站，准备乘坐地铁。因为陈某某有盲人残疾人证（可以免费乘车），所以，他的妻子只买了一张地铁票。检票时，陈某某出示了残疾人证，但检票员认为持残疾人证无效，必须有盲人乘车证才能免费乘车。急于办事的陈某某夫妇只好再买一张地铁票。11 月 1 日，陈某某在北京东直门地铁站再次经历了同样的遭遇。办完事后，陈某某觉得自己的福利权受到侵犯，决定起诉北京地铁公司，讨回应该得到的权益。2013 年 12 月 12 日，西城区人民法院一审判决被告北京市地铁运营有限责任公司返还原告地铁票款 13 元，并补偿原告交通费 840 元，住宿费 334 元，合计 1187 元，被告承担本案全部诉讼费用 100 元。

第一节 公共福利

公共福利是社会福利的重要项目，它是指国家和社会为满足全体社会成员的物质及精神生活基本需要而兴办的公益性设施和提供的相关服务。公共福利的内容十分广泛，涉及人民生活的诸多方面，主要包括住房、卫生、教育、文体、社区服务等方面。

一、住房福利

住房是人最基本的生活条件和要求，社会保障以满足社会成员的基本生活需要为宗旨，因此，住房福利必然成为社会福利的一种，且属于公共福利。住房福利是国家对公民住房权的保障。

（一）住房福利的形式

1. 政府以直接或间接支付等多种形式提供住房补贴。这些补贴包括：①需求方面的补贴，含收入和房租补贴；②供给方面的补贴，即通过土地成本、建设成本以及对建筑企业的税收优惠等形式实行补贴；③住房金融补贴，包括利率、税收、增值与折旧的特殊处理等。

2. 国家作出政策性规定，要求住房建设机构必须划出一定数量的住房以低于市场价格售给低收入家庭，或者政府直接兴建经济房屋（也称作廉价房屋或福利房屋）定向出售或者出租给低收入家庭。如目前我国推行的经济适用房、廉租房项目。

（二）住房福利的内容

1. 取消福利分房制度，实行住房福利的货币化。各单位不再建房、买房、分房，而是将原来用于建房、购房的资金转化为住房补贴，一次性或分次发给职工，而职工则通过市场来解决自己的住房问题。

2. 实行住房公积金制度。住房公积金制度按照"个人存储、单位资助"的办法交纳，并实行专款专用，当职工个人的住房公积金不足以支付购房等费用时，可申请公积金贷款。

3. 政府提供经济适用房。为了保证中低收入的家庭也能有住房，在计划、规划、拆迁、税费等方面采取优惠政策，尽量降低房价，向低收入家庭提供经济适用房。

4. 政府提供廉租房。对于无力购买房屋的低收入家庭，政府会提供租金很低的廉租房以保证这部分人群有房居住，不断改善其居住环境。

[案例]

2015 年 12 月，保障性住房管理单位与原告刘某签订了《廉租住房租赁合同》，约定将廉租房小区房屋出租给原告。根据相关规定以及合同约定，如原告擅自转租、转借或有其他情形，廉租住房管理机构则有权解除合同，收回房屋。2017 年，管理单位发现原告擅自转租其廉租住房遂制止，但原告仍再次转租，其行为严重违反有关廉租住房保障办法的规定以及《廉租住房租赁合同》的约定，管理单位于 2018 年 1 月作出决定解除合同，收回房屋。原告认为保障房管理单位的决定违法，遂提起诉讼。

廉租住房制度是国家为改善民生、解决低收入家庭住房困难的重大举措，在目前的廉租住房规模尚不能完全满足全部低收入家庭住房需求的情况下，在许多低收入家庭只能获得廉租住房租金补贴的情况下，原告取得实物配租的廉租住房是十分幸运的，理应珍惜来之不易的廉租住房。廉租住房管理机构应当严格执行保障性住房规定、督促廉租户严格履行廉租住房租赁合同约定，有责任对违反保障性住房规定和合同约定的行为及时查处，维护绝大多数低收入家庭的合法权益，以便保障真正具有住房需求的低收入家庭的权益。

人民法院审理后认为：原告擅自转租房屋的事实成立，保障房管理单位的决定符合有关规定，判决驳回原告的诉讼请求。

二、卫生福利

卫生福利是国家和社会为保护和促进社会成员健康而提供基本卫生保健的一种公共福利。基本卫生保健是社会福利的重要内容，卫生保健不仅包括了医疗，还包括了饮食、防病等涉及人的健康方面的内容。社会保障制度使人们得到医疗及基本卫生保健的权利，实现"人人健康"。卫生部门为此负有责任，社会福利机构在这方面也发挥着重要的作用。

社会福利机构对卫生保健的参与分为直接参与和间接参与两种方式。直接参与是指社会福利机构本身拥有必要的卫生保健设施并向社会成员提供服务；间接参与是指社会福利机构通过向受益人和医疗卫生机构支付经费，间接地承担为社会成员提供卫生保健的责任。不管采用哪种形式，社会福利机构都应当执行国家卫生保健制度并与卫生部门协调实施，尤其在设备的购置和资源的运用上，必须避免重复、重叠和争夺资源的现象。

我国的卫生福利主要表现为建立完善的公共卫生服务体系。

1. 明确基本公共卫生服务项目，并逐步增加服务内容。

2. 建立健全疾病预防控制、健康教育、妇幼保健、精神卫生、应急救治、采供血、卫生监督和计划生育等专业公共卫生服务功能网络，完善以基层医疗卫生服务网络为基础的医疗服务体系的公共卫生服务功能。

3. 完善重大疾病防控体系和突发公共卫生事件应急机制，加强对传染病、慢性病、职业病等疾病的监测与预防控制，加强城乡急救体系建设。

三、教育福利

教育福利是国家对公民受教育权的一种保障。教育本身就具有福利性，特别是基础义务教育更是一种"国民福利"。教育从来就是国家办的事业，国家有义务为学龄儿童提供受教育的一切便利条件，保障每一位儿童拥有平等的受教育的机会。为了保障社会成员不分民族、性别都有接受义务教育的权利，国家采取了一系列政策措施，这些政策与社会福利机构的关系较为密切，社会福利机构在这些方面可以发挥积极的作用。

1. 公立学校对特殊困难家庭的子女、孤儿、无收养家庭的弃儿等给予减免学杂费和代支书本费的帮助。由社会福利机构集中收养的孤儿、弃儿，其教育费用由社会福利机构直接向学校支付。对其中成绩特别优异者，给予照顾和资助不限于基础教育阶段，有需要的可延续到高等教育阶段，以体现受教育机会的平等。

2. 国家在中等以上学校设立助学金和助学贷款，资助困难家庭的子女完成学业。助学金是无偿提供的，困难家庭子女向学校申请获得，用以解决在校期间学习、生活上的基本开支。助学贷款是一种无息或低息的有偿资金，困难家庭的学生可申请贷款以支付学习费用，学成工作取得收入后一次或分次偿还，或由用人单位偿还。

3. 社会单位、热心人士以及慈善机构捐助设立的教育基金。用以资助困难学生和奖励成绩特别优异的学生。

4. 社会单位以及慈善机构直接出资办学，如各类私立学校和企业单位举办的学校对学费给予优惠减免。社会保障机构也可直接办学，如为残疾人设立特殊教育学校、为失业人员设立职业培训机构等。义务教育是我国教育福利的主体。包括社会福利机构在内的社会组织，应当积极参与到办教育中来，让所有的社会成员都能得到平等的受教育的机会，以保障社会成员的发展权利。具体措施有：加大教育福利政策的宣传工作，让群众了解和知晓这项社会福利；真正落实好九年制义务教育，加大高中教育、高等教育福利的建设，力争在我国尽快实现基础教育向免费教育的转变。

四、文化康乐福利

文化康乐福利是指由国家和社会为满足人们的精神需要而兴办的具有福利性质的文体活动设施和相应的服务，包括公园、图书馆、博物馆、群众艺术馆、文化康乐中心等场馆以及群众性体育运动设施等。例如，城市公园是人们休息娱乐的场所，对城市中生活的人们来说是必需的，因此只能由政府兴办并作为福利设施供人们享用。文化康乐福利是对公民文化权利的保障。

五、社区服务

社区服务是为满足社会成员多种需求，在政府的倡导和组织下，以社区组织为依托所开展的具有社会福利性的居民服务。从工作性质上看，它是一种公益事业，属于福利服务，但又不是传统的小福利，而是内容更丰富、对象更广泛、形式更多样的福利服务。

社区服务的目的是解决社区内工业、服务业、公用事业不能涉及，但又是社区居民日常生活所需的属于公共福利性质的服务项目。其服务内容首先是对有困难的老年人、残疾人、优抚对象等社会特殊群体的服务；其次是为社区全体成员维持正常的生产生活并使社区居民生活质量有所提高的服务。具体表现在：

1. 为老年人提供的福利服务。

（1）老年人包户服务。由居委会和参加服务的单位和个人签订包户协议，确定服务人员、服务项目、服务时间和服务要求，为其提供养老服务。这是目前各城市基层社区开展得最早、最广泛的老年人服务项目。

（2）为老年人提供的收养和寄托服务。由街道和居委会兴办的老年公寓和托老所承担。收养对象首先是社救孤老（三无对象），近年来也包括不少退休孤老、身边无子女和有其他困难的老人。

（3）老年人文化生活服务。为了使老年人在离、退休之后能建立新的社会圈子，满足精神上的需求，各城市基层社区纷纷兴建老年人活动中心、老年茶社、老人之家等。

（4）老年人庇护服务。由老年人社会保护组织依据法律法规为那些人身和基本生活权利受到严重侵害的老年人所提供的紧急庇护和收养、法律咨询、家庭纠纷调解和生活安全服务。

（5）老年人生活综合服务。包括老年人生活服务和老年人婚姻介绍。这是为满足老年人某些特殊生活需要而设立的服务项目，有些街道把这种服务项目安排在老年人活动中心里。

2. 为残疾人和精神病患者提供的福利服务。

（1）残疾人康复服务。一般由基层社区举办的残疾人康复中心承担。城市基层社区开展残疾人康复活动，标志着由过去的医院或疗养院办康复事业向社会办康复事业转变，目的是把散居在街道的残疾人的康复工作落实，使他们能得到就地治疗。

（2）精神病人康复服务。一般由社区举办的精神病人工疗站承担。工疗站的规模一般较小，有的是作为车间附设在福利厂中的，具体的做法是把社区内的精神病患者收管起来，让他们参加一些简单的劳动，同时辅以康复治疗。

（3）残疾儿童寄托服务。一般由社区举办的伤残儿童寄托站、弱智儿童启智班来承担。

3. 城市社区的心理咨询和家庭辅导服务。这些服务主要包括为学习困难的儿童提供家庭辅导、成人心理咨询等。

4. 便民利民服务。为了方便居民生活，解决居民在衣食住行以及学习、娱乐等方面的困难，社区提供便民利民服务设施，如小型缝纫和服装加工、小卖部、理发店、卫生和清扫服务、家政服务等，使居民能够安居乐业，更好地投身于各自的本职工作。

第二节　职业福利

一、职业福利的概念

职业福利，又称为集体福利，是指行业和单位为满足职工物质文化生活需要，保证职工一定生活质量而给职工提供的工资以外的津贴、设施和服务的社会福利项目。例如，铁路系统曾经给系统内的职工及直系亲属实行过免票制度；煤矿等矿产行业给予井下工人的井下补贴。

职业福利的设立，首先，是考虑工作条件艰苦、危险或对身体健康有影响，会给职工生活带来困难；其次，是为增强本行业、本单位的凝聚力，稳定职工队伍，鼓励职工安心做好本职工作；最后，是为了扩大本行业、本单位的社会影响，提高社会声望，吸引人才，以便在竞争中取得优势地位。当然，在同一行业或同一单位中，职工所享受的福利待遇并不是完全相同的，会根据岗位的不同、工龄长短、贡献大小等有所区别。

我国的职业福利具有以下特征：

1. 福利对象的特定性。职业福利是以劳动者为对象，用于满足劳动者在劳动过程和日常生活中的共同需要，解决劳动者的特殊生活困难。因此，其对象只限定于特定用人单位的劳动者。

2. 资金主要来源于用人单位。即主要由用人单位负担本单位职业福利的相关费用，国家和政府一般不投入资金。

二、职业福利的内容

（一）福利津贴

福利津贴一般以现金形式提供，是职工工资收入以外的收入。职工福利津贴在职业福利中占有重要的地位，特别是在现阶段职工的工资还较低的情况下，就更加具有现实意义。职业福利津贴是为解决职工某些特殊需要而建立的，它可以增加职工收入，减轻职工的生活负担，保持或提高职工的实际生活水平。

津贴的形式主要是对职工发放现金补贴。包括职工生活困难补助、职工探亲假期间的工资补贴和往返路费报销、职工冬季取暖补贴、职工上下班交通补贴等。此外，还有水电补贴、卫生费、洗理费、书报费等福利津贴。

（二）福利设施

职工通过劳动获得劳动报酬后，在消费过程中，有一些生活上的实际困难是个人难以解决的，特别是在工资水平较低，家务劳动没有充分实现社会化的情况下，就需要由所在单位建立集体的职工生活福利设施，以帮助职工解决生活上遇到的困难。

1. 职工集体生活福利设施。为方便和丰富职工的物质生活，建立职工食堂、幼儿园、托儿所、浴室、理发室、女工卫生室、缝纫室等，这些设施为职工提供着各类生活福利服务。

2. 职工文化娱乐福利设施。为满足职工精神生活的需要，兴建职工俱乐部、图书阅览室、文化宫、运动场、游泳池等，供职工开展各种文化娱乐活动。

这些设施一般都面向单位全体职工开放，其使用与消费具有集体性，所以也称集体福利设施。

（三）福利服务

职业福利服务的内容相当广泛，包括与上述各项设施相关的各项服务，也包括诸如接送职工上下班、接送职工子弟上学、提供健康检查等特别服务。

[新闻链接]

近几年，有些单位和企业把员工的福利直接取消了。原因是，单位和企业的领导把员工的福利与反腐倡廉混为一谈。单位和企业领导担心违反政策，干脆多一事不如少一事，直接把员工的一切福利取消了。其实，职工福利和腐败完全是两码事，这是那些企业和单位领导对反腐倡廉的误读。

12 月 27 日全国总工会在北京召开的 2019 年工会两节送温暖新闻发布会上，全国总工会权益保障巡视员栾樾作出了重要表示：希望单位和企业能给职工适当地发些福利，企业和单位按照规定给职工发适当的福利，不但赢得广大职工的欢迎，而且深受广大职工的好评。

在会上栾樾还特别强调，在给职工福利发放上，事业、机关、企业特别要注意这两点：

第一，资金来源要正当。要用单位的福利费，或者工会经费开支。千万不要挪用公款、工作经费，设立账外账、小金库，用这些钱发放福利，绝不允许。

第二，要注意发放形式。绝不能发放高档奢侈商品，包括购物卡，代金券。

栾樾还介绍，从 2019 年元旦开始到 2019 年春节结束，这段时间全国总工会还将开展两节送温暖活动，将组成 21 路慰问团。由全国总工会带队 31 个省，自治区，直辖市和新疆生产建设兵团深入一线走访慰问。这将有效推动职工得到正常的福利保障。

各单位和企业领导应该有担当精神，再也不要把职工的福利和反腐倡廉拉到一块儿，进而取消职工的一切福利。在合法、合情、合理的前提下，为职工发放更好的福利待遇，对单位、企业和职工都有很好的作用。良好的福利待遇，能够为企业吸引人才，提升职工工作的积极性。

第三节　社会福利事业

社会福利事业，又称为专项福利，是指由国家、集体和社会兴办的各种社会福利事业单位和场所，即国家、集体或个人为收养社会上丧失劳动能力、无依无靠、无法定义务抚养人的孤老残幼和家庭无力照管的老人、孤残儿童、精神病人而举办的社会福利服务机构。社会福利事业与社会保险、社会救济所给予的资金保障相比更具体、更实际，是人们看得见、摸得着、体验得到的实实在在的福利，它主要包括老年人福利、儿童福利、妇女福利和残疾人福利等。

一、老年人福利

老年人福利，是指国家和社会为了发扬敬老爱老美德，安定老人生活，维护老人健康，充实老人精神文化生活而采取的政策措施、提供的设施和服务。老年人福利是养老保险的延续和提高，在保障老人基本物质生活需要，解决好"养"的基础上，进一步满足老年人精神文化生活的需要，努力实现"老有所养、老有所医、老有所为、老有所乐"。1996 年 8 月 29 日,我国通过了《老年人权益保障法》,并于 2009 年、2012 年、2015 年、2018 年进行了修正。该法在第三章以"社会保障"专章对老年人的社会福利问题作了原则性的规定。许多地区还制定了老年人保护条例,使老年人福利的法制建设走上正轨。

老年人福利的内容主要包括:

(一) 老年福利津贴

老年福利津贴是一种普遍的养老金计划(或称福利养老金计划),这些计划为所有超过规定年龄的社会成员提供养老金,不管他们的收入、就业状况或经济来源如何。这种养老金的发放,使养老金成为公民的一种平等权利。普遍提供的老年福利津贴视为老年收入保障的一种新的形式,并且是在其他形式综合运用的基础上实行的新形式。当然,这只有在经济条件许可的前提下才能实施。

(二) 社会养老

社会养老就是由国家和社会承担养老的主要责任,为老年人提供生活保障以及必要的福利设施和服务。国家正在逐步构建起以"家庭为基础、社区为依托、养老服务机构为补充"的社会化养老服务体系,大力拓展多种养老模式,将传统的家庭养老与社会养老相互结合、相互补充,以满足老人的全面需要。

这一体系的建设和完善离不开老年服务机构的兴建。国家鼓励、扶持社会组织或者个人兴办老年福利院、敬老院、老年公寓、老年文化体育活动场所和老年医疗康复中心等设施。地方各级人民政府有义务逐步增加对老年福利事业的投入。国家积极发展社区服务,未来可在每个社区建立托老所。

[背景资料]

中国机构养老的现状——"进不去,住不起"

我国 60 岁及以上老年人口已占总人口的 13.26%,并在以每年 3% 的速度增长。中国的养老现状令人担忧。

公办养老院——进不去

"去公办养老院得排队,床位太紧张,一排就排到年后去了。"78 岁老人刘某庆感叹道。少则一年半载,多则三年五年甚至更长,这样的等候让很多老年人望而却步。床位紧张是公办养老院难以解决问题的第一个原因,其服务质量也是个大问题。

民办养老院——住不起

民办养老院体制更加灵活,激励制度更加明确,不像公办养老院吃大锅饭,不计较投入产出,在服务和基础设施上更具优势。但是民办养老机构却有个致命的问题——花费昂贵。一些民办养老院只接收有自理能力的老年人，这也让老年人的选择受限。

当然，社会养老并未否认家庭养老模式存在的必要性，从某种意义上说，家庭养老不可缺少。众所周知，家庭养老除了经济上的赡养外还包括生活上的照顾和情感上的交流，子女在这些方面的作为所产生的效果，是其他任何组织和个人无法替代的。

（三）老年人保健

国家和社会有责任为老年人提供健康照顾，增强其活动能力和生活质量，使老年人健康长寿。国家应当建立多种形式的医疗保险制度，保障老年人的基本医疗需要。

老年人保健是一个系统的工程，涉及多个方面的内容，主要有：

1. 采取切实可行的政策措施，预防各种可能出现的老年疾病。

2. 建立以医疗机构为基础和以社区为依托的医疗保健组织，配备必要的设备，并相互协作支持，为老年人提供医疗服务。如开设专门的老年医院，建立社区老年人保健中心等。

3. 配备足够的医疗服务队伍，由经过专业训练的、具有老年学方面知识的专业人员组成。

4. 改善老年人的生活环境，提供足够的营养。

5. 公平地分配老年急性病和慢性病护理资金，使慢性病及时得到护理，并重视康复治疗。

6. 建立适合老年人活动的体育设施，组织符合老年人身心特点的群众性的老年体育活动，增强老年人的体质。

7. 指导关于老年人的家庭护理和保健。

8. 满足老年人物质和精神需要，包括感情和社会交往的需要，保持老年人身心健康等。

（四）教育和文体福利

老年人享有继续受教育的权利。国家发展老年教育，鼓励社会办好各类老年学校，并做好宣传工作。各级人民政府对老年教育应当加强领导，统一规划。

国家和社会积极采取措施，开展适合老年人的群众性文化、体育、娱乐活动，丰富老年人的精神文化生活。

二、妇孺福利

妇孺福利，是国家和社会为保障妇女、未成年人的特殊需要和特殊利益而提供的照顾和福利服务，是社会福利项目之一。妇孺福利包括妇女福利和未成年人福利两个方面。妇孺福利是根据妇女、未成年人的生理、心理特点以及可能受到的歧视和侵害而设立的，对于保障和满足妇女、未成年人的特殊利益需要具有重要的意义。

（一）妇女福利

由于妇女在生理、心理上有与男子不同的特点，需要特殊的照顾和保护。我国宪法、婚姻法、劳动法、行政法、民法和刑法等许多法律文件中都设有专门的条款，来保护妇女的合法权益，打击侵犯妇女权利的各种违法犯罪行为。

妇女福利的内容主要包括：

1. 以生育津贴为主的特殊津贴与照顾。即保护妇女劳动者在产前产后的全部假期内，产妇本人及婴儿得到支持和照顾。许多国家的劳工立法，规定雇主支付产假工资，如果对妇女没有这种足够的保护，便由社会保障机构提供。绝大多数国家给予妇女的特殊福利津贴，重点围绕生育提供。除了生育津贴外，有些国家还提供其他项目的福利津贴。

2. 妇女劳保福利。指在劳动过程中对妇女的安全健康规定的特殊保护措施，如禁止安排妇女从事井下采掘等笨重体力劳动和接触特别有害妇女生理机能的有毒有害物质的工作等。女职工劳动保护是保障妇女合法权益，照顾妇女身心特殊需要的重要方面，是为了保护社会生产力，保护妇女及下一代身体健康所采取的必要措施。

3. 为妇女提供的福利设施和福利服务。这些设施和服务涉及妇女生活、保健等多个方面，如妇幼保健院、妇产医院、妇女活动中心、咨询服务中心、健美中心等。一些妇女较多的企事业单位还设置妇女冲洗设备，提供给妇女在"三期"使用。

（二）未成年人福利

未成年人是指未满 18 周岁的公民。未成年人是社会的弱者，他们对自身的保护能力和对社会的适应能力还未形成，具有心理、生理上的依赖性，国家和社会应对其多加关心和帮助。发展未成年人福利事业是国家义不容辞的责任。未成年人福利的目的主要在于保护未成年人的身心健康，保障未成年人的合法权益，促进未成年人健康发展。我国在《宪法》《刑法》《义务教育法》以及《未成年人保护法》中对未成年人的家庭保护、学校保护、社会保护、司法保护和法律责任等都作了明确的规定。

未成年人福利的内容主要包括：

1. 未成年人的医疗保健设施和服务。卫生部门对儿童实行预防接种制度，积极防治儿童常见病、多发病，加强对传染病防治工作的监督管理和对托儿所、幼儿园卫生保健的业务指导。国家还兴办专为儿童医疗保健的儿童医院，或者在全科医院中设立儿科，开展儿童保健工作，使儿童健康成长。

2. 儿童的活动场所和条件。国家和社会建立和普及托儿所、幼儿园、少年宫等儿童活动、学习场所。鼓励社会团体、企事业单位和其他社会组织、公民个人，开展多种形式的有利于未成年人健康成长的社会活动。

3. 普及义务教育，保障每一位学龄儿童受到教育的机会。我国实行九年制义务教育，凡年满6周岁的儿童均应就近接受义务教育，条件不具备的农村地区，可以延迟到7周岁上学。国家对接受义务教育的学生免收学费，对家庭经济困难的学生酌情减免杂费。

4. 未成年人的日常生活保障。父母或其他监护人应当履行对未成年人的监护和抚养义务，不得虐待、遗弃未成年人；不得歧视女性未成年人或者有残疾的未成年人；禁止溺婴、弃婴。孤儿、弃儿和伤残儿童由国家养育。这部分未成年人的日常生活保障主要通过家庭领养、代养、收养和兴办儿童福利机构集中养育来实现。

[案例]

2013年6月21日，南京市江宁区一小区内发现两名幼龄女童（3岁和1岁）死于家中，据警方初步调查结果，疑似为饿死。据当时报道，两名女童的父亲因收留吸毒人员被抓正在服刑，爷爷奶奶已经去世，母亲有吸毒史，在女童死亡的现场并没有找到孩子的母亲。当日下午，犯罪嫌疑人女童母亲乐某被抓获归案，她因涉嫌故意杀人，被警方刑事拘留。

分析：这桩被最高人民法院定性为"家庭悲剧"的案件引发了舆论的轩然大波，在质疑政府部门和有关机构不作为的同时，也有专家呼吁："由全国人大来尽快制定儿童福利法，面对三亿多儿童以及每年发生的儿童悲剧案件，立法机关要担负起责任；各级政府和司法机关要善意执行当前有关儿童保护的法律制度，要尽快建立起对家庭监护的有效监督、干预制度和国家监护制度，以避免类似孩子死伤悲剧案件的发生。"

三、残疾人福利

残疾人福利，是国家和社会在保障残疾人基本物质生活需要的基础上，为残疾人在生活、工作、教育、医疗和康复等方面提供的设施、条件和服务。残疾人福利，是社会福利的一个重要项目。

通过立法手段来保护残疾人的利益，并给予其尽可能多的照顾是现代社会应该做到的。我国目前也已颁布了多部与残疾人福利有关的法律，如《残疾人保障法》和《残疾人教育条例》等，对残疾人福利作出了更为具体和详细的规定。

残疾人福利的内容主要包括：

1. 残疾人就业的福利。国家保障残疾人劳动的权利。为此，国家采取职业扶助，保障残疾人受雇并保证残疾人的薪资待遇。达到法定劳动年龄、具有劳动要求和一定劳动能力的残疾人可获得劳动岗位并取得合法收入。我国的残疾人就业，实行集中与分散相结合的方针，采取优惠政策和扶持保护措施，通过多渠道、多层次、多种形式，使残疾人劳动就业逐步普及、稳定、合理。主要有以下两种方式：

（1）社会吸收。这是指在职能机构的引导扶持下，通过劳动力市场由企业解决残疾人就业问题，以及由残疾人自己解决工作的出路。

（2）福利企业。即社会福利机构兴办的集中安排残疾人就业的企业。它具有区别于一般企业的特点：社会效益和经济效益并重、人员结构的特殊性、残疾人工作的适应性以及政策的倾斜性。

2. 残疾人的教育。国家保障残疾人受教育的权利。普通教育机构对具有接受普通教育能力的残疾人，不得拒绝其入学。特殊教育学校也应让残疾人掌握一定的文化科学知识、生活和职业劳动技能，使其具有一定的生存能力。

3. 残疾人康复。康复也称健康重建，是指人们因疾病或某些事故致残后，通过自身的努力和外力的辅助，在精神上、身体上、生活上、经济上、社会上以至劳动能力上得到最大程度的恢复。国家和社会采取措施，帮助残疾人恢复或者补偿功能，增强其参与社会活动的能力。康复工作是一项综合性工作，涉及面广，包括了心理康复、体疗、假肢与矫形器的装配、职业康复、精神病人的治疗康复等。

4. 举办精神病人福利院。精神病人福利院是接收和治疗精神病人的福利事业单位，由卫生、民政、公安三个部门分别举办，承担不同对象的收治任务。其中民政部门的任务是收养城镇中无依无靠、无生活来源、无法定义务抚养人的精神病人，同时也收养自费的家庭无力看管的精神病人。

5. 扶残助残活动。公共服务机构应当为残疾人提供照顾和优待。例如，盲道的设计；残疾人在搭乘国内公共交通工具时应给予一定的照顾和方便，甚至享受减费或免费的服务等。

引例解析

根据《残疾人保障法》的规定以及北京市有关盲人免费乘车的部门规章，陈某某属盲残疾人，并持有中华人民共和国残疾人证，依法享有免费乘坐地铁的权利，并可有一名陪同人员享有同等权利。地铁公司应从加大保护残疾人合法权益、给予外地盲人与本市盲人同等待遇的角度出发，给陈某某以免费乘坐地铁的权利。该案为我国首例以"侵犯残疾人社会福利权"为案由提起诉讼的案件，以原告陈某某的胜诉告终。

本章内容小结

社会福利作为社会保障的重要组成部分，是国家对国民收入进行再分配的一种形式，它使社会成员除劳动收入以外，可以均等地获得国家提供的各种福利设施和服务，它是全体社会成员共享社会成果的一种国家政策。社会福利既包括以全体公民为对象的公益性事业，如教育、科技、卫生、体育等事业，称为公共福利；也包括由国家举办的以某一特定群体为对象的专门性福利事业，如为残疾人举办的福利企业、为孤儿举办的孤儿院等，称为专项福利，也称为社会福利事业；还包括职工所在单位通过举办集体福利，如发放实物、补贴等措施改善本单位职工的物质文化生活等，称为职业福利。社会福利制度的内容是非常广泛的。

思考题

1. 如何理解社会福利？它具有哪些基本特征？
2. 我国社会福利制度包括几个方面的内容？
3. 如何看待社区服务？

延伸阅读

民生建设的中国梦：中国特色福利社会

习近平总书记在党的第十八届中央政治局常委首次中外记者见面会上说："我们的人民热爱生活，期盼有更好的教育、更稳定的工作、更满意的收入、更可靠的社会保障、更高水平的医疗卫生服务、更舒适的居住条件、更优美的环境，期盼着孩子们能成长得更好、工作得更好、生活得更好。人民对美好生活的向往，就是我们的奋斗目标。"这就是对民生建设的中国梦的概括，这里说的每一句话都是人民的福利。

人们往往把福利理解成"免费""白给"，并简单地认为"福利社会"理所当然地就应该是最多的享乐。实际上，福利总要有个来源，总要有人缴费，那谁来缴费？政府、财政本身并不产生福利。所以，福利提供方式必然多样化，有免费、有减费、有缴费。在普遍福利时代，是以权利与义务相统一为原则，人人（有劳动能力者）创造福利，人人（包括无劳动能力者）享受福利。归根结底，任何福利都是由劳动创造的。

　　将"福利社会"与"高福利"等同起来，更是一种误解。其实，提出建设福利社会是主张政府与社会和个人合理分担福利责任，这恰恰是为了防止不切实际地抬高福利。福利水平是与经济发展相适应的，超出经济承受能力追求高福利水平，是不合理的。

　　一个福利模式，要能够健康地、持续地运行，发挥预想的作用，就必须考虑社情、人情的基本特点，应该是最适合它所面对的人群的特点的模式。所谓"适合"，表现为四个方面：一是适度性，主要是要与经济发展水平协调，否则难以持续；二是适应性，主要是要适应市场化和城市化的社会情势；三是适用性，主要是适合人的生活方式、生活态度；四是适当性，即适合人伦、人情，具有道德上的正当性。

　　社会福利发展的一般规律表明，从传统农业社会的"补缺型"福利转变为现代工业社会的"制度型"福利是必然趋势。没有任何人、任何理论能够证明，中国富裕起来后，中国人不能进入福利社会。恰恰相反，在明确的福利社会目标的指引下，有效扭转经济与社会的失衡、不断缩小贫富差距、显著增强国内消费能力、实现对内和对外的经济平衡，必将使得中国迈着自己的脚步步入中国特色的福利社会。

第十七章

社会优抚

学习目标

　　本章主要介绍了我国社会优抚制度的相关知识，结合 2019 年修改后的《军人抚恤优待条例》，阐述了社会优抚的三个内容：死亡抚恤、残疾抚恤和社会优待。通过学习，让学生掌握死亡抚恤的不同情况，残疾等级的评定，以及优抚对象所能享受的优厚待遇等，让学生理解国家建立优抚制度的目的和意义。

内容结构图

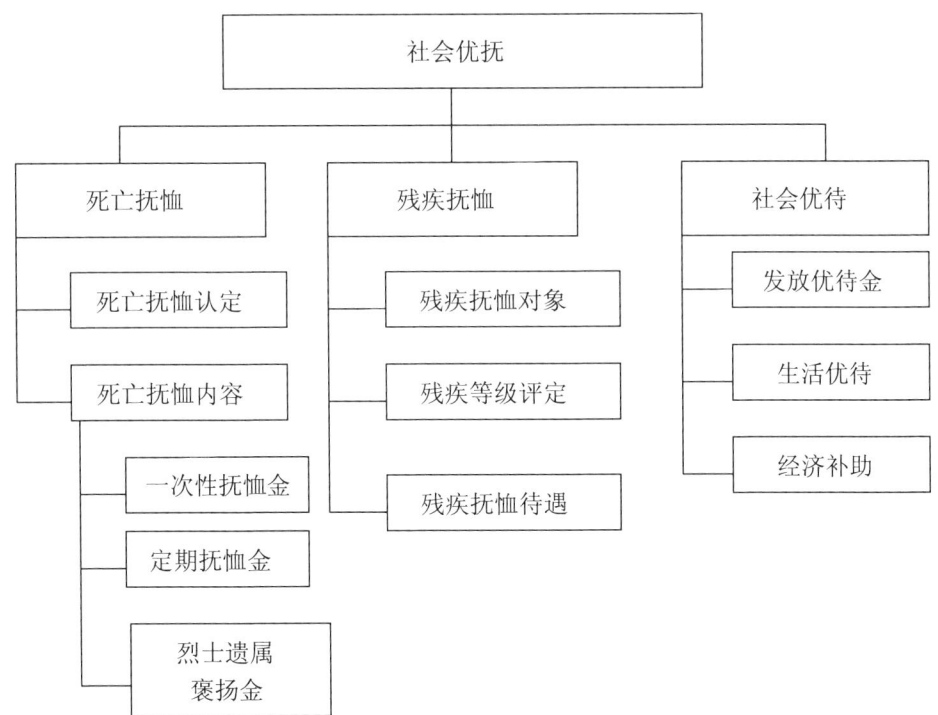

导入案例

蔡某，河南省洛阳市人，2013 年入伍，后转为志愿兵。在一次执行任务过程中负伤致残，具有《中华人民共和国残疾军人证》。2018 年 2 月，蔡某想去北京旅游。

问：蔡某可以享受到哪些待遇？

社会优抚是我国社会保障制度的重要组成部分，它是针对军人及其家属所建立的社会保障制度，是指国家和社会对军人及其家属所提供的各种优待、抚恤、养老、就业安置等待遇和服务的保障制度。建立社会优抚制度的目的，是维护军人（包括烈士及退役、病故军人）的合法权益，保障军人及其家属的基本生活，落实国家对军人的抚恤和优待政策，并使其得到社会的尊重。

根据我国《军人抚恤优待条例》，中国人民解放军现役军人、服现役或者退出现役的残疾军人以及复员军人、退伍军人、烈士遗属、因公牺牲军人遗属、病故军人遗属、现役军人家属统称为优抚对象，按规定享受抚恤优待。我国优抚体制中的重点保障对象包括："三属"（指烈士遗属、因公牺牲军人遗属、病故军人遗属）、"三红"（指在乡退伍红军老战士、西路红军老战士和红军失散人员）、残疾军人、复员军人（指 1954 年 10 月 31 日之前入伍，后经批准从部队复员的人员）和带病回乡退伍军人（指在服现役期间患病，尚未达到评定残疾等级条件并有军队医院证明，从部队退伍的人员）。

第一节　死亡抚恤

死亡抚恤是国家对革命烈士家属、因公牺牲和病故军人家属发给一定数额的费用，给予生活帮助的制度。

一、死亡性质的认定

死亡性质主要依据死亡时的情节及有关规定，由相应机关审批认定。在 1980 年《革命烈士褒扬条例》（现已失效）公布前，死亡性质分为牺牲和病故两类。为进一步强化烈士称号的严肃性，使死亡性质划分更为规范、合理，现将死亡性质分为烈士、因公牺牲和病故三种。

（一）烈士

烈士是指在革命斗争、保卫祖国和社会主义现代化建设事业中壮烈牺牲的我国人民和人民解放军指战员。2019 年修改后的《军人抚恤优待条例》，对烈士的范围和认定作了新的界定。现役军人死亡，符合下列情形之一的，批准为烈士：①对敌作战死亡，或者对敌作战负伤在医疗终结前因伤死亡的；②因执行任务遭敌人或者犯罪分子杀害，或者被俘、被捕后不屈遭敌人杀害或者被折磨致死的；③为抢救和保护国家财产、人民生命财产或者执行反恐怖任务和处置突发事件死亡的；④因执行军事演习、战备航行飞行、空降和导弹发射训练、试航试飞任务以及参加武器装备科研试验死亡的；⑤在执行外交任务或者国家派遣的对外援助、维持国际和平任务中牺牲的；⑥其他死难情节特别突出，堪为楷模的。现役军人在执行对敌作战、边海防执勤或者抢险救灾任务中失踪，经法定程序宣告死亡的，按照烈士对待。批准烈士，属于因战死亡的，由军队团级以上单位政治机关批准；属于非因战死亡的，由军队军级以上单位政治机关批准；属于第6项规定情形的，由中国人民解放军总政治部批准。

（二）因公牺牲

因公牺牲是指因执行公务献身，其死难情节符合规定条件的人民解放军指战员、国家机关工作人员和人民警察等。现役军人死亡，符合下列情形之一的，确认为因公牺牲：①在执行任务中或者在上下班途中，由于意外事件死亡的；②被认定为因战、因公致残后因旧伤复发死亡的；③因患职业病死亡的；④在执行任务中或者在工作岗位上因病猝然死亡，或者因医疗事故死亡的；⑤其他因公死亡的。现役军人在执行对敌作战、边海防执勤或者抢险救灾以外的其他任务中失踪，经法定程序宣告死亡的，按照因公牺牲对待。现役军人因公牺牲，由军队团级以上单位政治机关确认；属于本条第一款第五项规定情形的，由军队军级以上单位政治机关确认。

（三）病故

病故即因病死亡者。现役军人在服现役期间因病死亡，或因人民内部矛盾问题自杀身亡，或非因执行任务遭意外事故死亡，以及在乡特等、一等革命伤残军人因病死亡，都按病故军人对待。现役军人病故，由军队团级以上单位政治机关确认。

[案例]

张某某，某部队志愿兵，在炊事班任炊事员。2018年7月的一天早上，张某某按照班长的指令，去城郊批发市场采购菜品，返回途中遇车祸身亡。张的家属认为，张某某是在执行任务的过程中牺牲的，部队应当追认其为"革命烈士"。部队未采纳家属的意见。

分析：本案中张某某是在执行任务时因意外死亡的，不符合《军人抚恤优待条例》第8条对于"烈士"的规定，不能被追认为"烈士"，依据法律，张某某的死亡应当认定为因公牺牲。

二、死亡抚恤的内容

（一）一次性抚恤金

一次性抚恤金是国家按规定一次性发给烈士、因公牺牲军人和病故军人遗属的抚恤金。

现役军人死亡，根据其死亡性质和死亡时的月工资标准，由县级人民政府民政部门发给其遗属一次性抚恤金，标准是：烈士和因公牺牲的，为上一年度全国城镇居民人均可支配收入的 20 倍加本人 40 个月的工资；病故的，为上一年度全国城镇居民人均可支配收入的 2 倍加本人 40 个月的工资。月工资或者津贴低于排职少尉军官工资标准的，按照排职少尉军官工资标准计算。

获得荣誉称号或者立功的烈士、因公牺牲军人、病故军人，其遗属在应当享受的一次性抚恤金的基础上，由县级人民政府民政部门按照下列比例增发一次性抚恤金：①获得中央军事委员会授予荣誉称号的，增发 35%；②获得军队军区级单位授予荣誉称号的，增发 30%；③立一等功的，增发 25%；④立二等功的，增发 15%；⑤立三等功的，增发 5%。多次获得荣誉称号或者立功的烈士、因公牺牲军人、病故军人，其遗属由县级人民政府民政部门按照其中最高等级奖励的增发比例，增发一次性抚恤金。对生前作出特殊贡献的烈士、因公牺牲军人、病故军人，除按照本条例规定发给其遗属一次性抚恤金外，军队可以按照有关规定发给其遗属一次性特别抚恤金。

一次性抚恤金发给烈士、因公牺牲军人、病故军人的父母（抚养人）、配偶、子女；没有父母（抚养人）、配偶、子女的，发给未满 18 周岁的兄弟姐妹和已满 18 周岁但无生活费来源且由该军人生前供养的兄弟姐妹。

（二）定期抚恤金

定期抚恤金是国家对符合规定条件的革命烈士家属、因公牺牲军人家属、病故军人家属按一定标准发给的抚恤金，又称为"遗属定期抚恤金"或"长期抚恤金"。

对符合下列条件之一的烈士遗属、因公牺牲军人遗属、病故军人遗属，发给定期抚恤金：①父母（抚养人）、配偶无劳动能力、无生活费来源，或者收入水平低于当地居民平均生活水平的；②子女未满 18 周岁或者已满 18 周岁但因上学或者残疾无生活费来源的；③兄弟姐妹未满 18 周岁或者已满 18 周岁但因上学无生活费来源且由该军人生前供养的。对符合享受定期抚恤金条件的遗属，由县级人民政府民政部门发给《定期抚恤金领取证》。

定期抚恤金标准应当参照全国城乡居民家庭人均收入水平确定。定期抚恤金的标准及其调整办法，由国务院民政部门会同国务院财政部门规定。

县级以上地方人民政府对依靠定期抚恤金生活仍有困难的烈士遗属、因公牺牲军人遗属、病故军人遗属，可以增发抚恤金或者采取其他方式予以补助，保障其生活不低于当地的平均生活水平。享受定期抚恤金的烈士遗属、因公牺牲军人遗属、病故军人遗属死亡的，增发6个月其原享受的定期抚恤金，作为丧葬补助费，同时注销其领取定期抚恤金的证件。

（三）烈士遗属烈士褒扬金

现役军人死亡被批准为烈士的，国家发给烈士遗属烈士褒扬金，这一制度是2011年8月1日起施行的《烈士褒扬条例》（已被修订）新增的制度。

烈士褒扬金标准为烈士牺牲时上一年度全国城镇居民人均可支配收入的30倍。战时，参战牺牲的烈士褒扬金标准可以适当提高。烈士褒扬金由颁发烈士证书的县级人民政府民政部门发给烈士的父母或者抚养人、配偶、子女；没有父母或者抚养人、配偶、子女的，发给烈士未满18周岁的兄弟姐妹和已满18周岁但无生活来源且由烈士生前供养的兄弟姐妹。

第二节 残疾抚恤

残疾抚恤是国家为保障因战致残、因公致残、因病致残军人的基本生活而实行的优抚制度。

1988年国务院颁布的《军人抚恤优待条例》（现已失效）中，专设"伤残抚恤"一章，为伤残抚恤制度确立了规范。2004年，在广泛征求包括广大残疾军人在内的各方面意见后，国务院发布重新修订的《军人抚恤优待条例》（已被修订），将"伤残军人"改为"残疾军人"，并将"伤残抚恤"改为"残疾抚恤"。

一、残疾抚恤的对象

我国残疾抚恤的对象包括因战致残军人、因公致残军人和因病致残军人三种。

1. 因战致残军人，即指对敌作战负伤致残，经医疗终结，符合评残条件的军人。其范围包括：①对敌作战中负伤致残的；②临战前在战区执行潜伏、侦察（包括巡逻、执行后勤保障）等任务，遭敌人武器或其他意外伤致残的；③平时在边境线执行潜伏、侦察、巡逻、后勤保障等任务，遭敌人武器伤或误伤致残的；④对敌斗争中被俘不屈负伤致残的；⑤为抢救和保护国家财产、人民生命财产或者参加处置突发事件残疾的；⑥其他因战致残的；等等。

2. 因公致残军人，即指在执行公务中致残，经医疗终结，符合评残条件的军人。其范围包括：①在执行任务中或上下班途中，由于意外事件残疾的；②在执行任务中被犯罪分子伤害致残的；③在维护社会治安，抢救、保护人民生命、财产和集体财产，被犯罪分子致伤或遭意外致残的；④被认定为因战、因公致残康复后因旧伤复发残疾的；⑤因患职业病致残的；⑥在执行任务中或者在工作岗位上因病残疾，或者因医疗事故致残的；⑦其他因公残疾的。

3. 因病致残军人，即指患职业病以外的疾病，且不处于执行任务或工作期间，经医疗基本终结，符合评残条件的军人。因病致残的范围仅限于在服役期间患病致残的义务兵和初级士官。

[案例]

2015 年 12 月，山东青年王某东应征入伍，两年后转为志愿兵，并被任命为一级士官。2018 年 4 月始，战友们发现王某东经常精神恍惚，间断性手脚发麻发抖，有时还会出现幻听的现象，在当地基层医院未能检出疾病。这些症状直接影响了王某东的工作和训练。2018 年 7 月，不得已从部队退伍。返乡后王某东的病情日趋严重，生活不能完全自理。2018 年底，在家人的陪同下来到济南求诊。医院组织专家检查会诊后确诊其患上了精神病，病史约一年。2019 年 1 月，王某东的家属向山东省民政部门提交了评残申请，但被告知，其所患的精神病不属于因病致残的范围，且是在退役后被检查出来的，不符合评残的条件。

问：民政部门的回复是否正确？

分析：《军人抚恤优待条例》明确规定，义务兵和初级士官，因患职业病以外的疾病残疾的，属于因病致残。这一规定并未把精神疾病排除在外。本案中，王某东虽在退役后被确诊为精神病，但病史约为一年，可以认定服役期间已经患病，完全符合因病致残的评定条件。民政部门的回复是不正确的。

二、残疾军人的残疾等级评定

（一）残疾等级

现役军人因战、因公致残，医疗终结后符合评定残疾等级条件的，应当评定残疾等级。义务兵和初级士官因病致残符合评定残疾等级条件，本人（精神病患者由其利害关系人）提出申请的，也应当评定残疾等级。

残疾等级根据劳动功能障碍程度和生活自理障碍程度，由重到轻分为一级至十级：器官缺失或功能完全丧失，其他器官不能代偿，存在特殊医疗依赖和完全护理依赖的，为一级；器官严重缺损或畸形，有严重功能障碍或并发症，存在特殊医疗依赖和大部分护理依赖的，为二级；存在特殊医疗依赖和部分护理依赖的，为三级；存在特殊医疗依赖和小部分护理依赖的，为四级；器官大部缺损或明显畸形，有较重功能障碍或并发症，存在一般医疗依赖的，为五级；有中度功能障碍或并发症，存在一般医疗依赖的，为六级；有轻度功能障碍或并发症，存在一般医疗依赖的，为七级；器官部分缺损，形态明显异常，有轻度功能障碍，存在一般医疗依赖的，为八级；器官部分缺损，形态明显异常，有轻度功能障碍的，为九级；器官部分缺损，形态异常，有轻度功能障碍的，为十级。

因战、因公致残，残疾等级被评定为一级至十级的，享受抚恤；因病致残，残疾等级被评定为一级至六级的，享受抚恤。

（二）残疾等级的评定权限

义务兵和初级士官的残疾，由军队军级以上单位卫生部门认定和评定；现役军官、文职干部和中级以上士官的残疾，由军队军区级以上单位卫生部门认定和评定；退出现役的军人和移交政府安置的军队离休、退休干部需要认定残疾性质和评定残疾等级的，由省级人民政府民政部门认定和评定。评定残疾等级，应当依据医疗卫生专家小组出具的残疾等级医学鉴定意见。残疾军人由认定残疾性质和评定残疾等级的机关发给《中华人民共和国残疾军人证》。

现役军人因战、因公致残，未及时评定残疾等级，退出现役后或者医疗终结满 3 年后，本人（精神病患者由其利害关系人）申请补办评定残疾等级，有档案记载或者有原始医疗证明的，可以评定残疾等级。

现役军人被评定残疾等级后，在服现役期间或者退出现役后残疾情况发生严重恶化，原定残疾等级与残疾情况明显不符，本人（精神病患者由其利害关系人）申请调整残疾等级的，可以重新评定残疾等级。

三、残疾抚恤的待遇

（一）残疾抚恤金

退出现役的残疾军人，按照残疾等级享受残疾抚恤金。残疾抚恤金由县级人民政府民政部门发给。因工作需要继续服现役的残疾军人，经军队军级以上单位批准，由所在部队按照规定发给残疾抚恤金。

残疾军人的抚恤金标准应当参照全国职工平均工资水平确定。残疾抚恤金的标准以及一级至十级残疾军人享受残疾抚恤金的具体办法，由国务院民政部门会同国务院财政部门规定。

县级以上地方人民政府对依靠残疾抚恤金生活仍有困难的残疾军人，可以增发残疾抚恤金或者采取其他方式予以补助，保障其生活不低于当地的平均生活水平。

（二）残疾军人死亡待遇

退出现役的因战、因公致残的残疾军人因旧伤复发死亡的，由县级人民政府民政部门按照因公牺牲军人的抚恤金标准发给其遗属一次性抚恤金，其遗属享受因公牺牲军人遗属抚恤待遇。

退出现役的因战、因公、因病致残的残疾军人因病死亡的，对其遗属增发12个月的残疾抚恤金，作为丧葬补助费。其中，因战、因公致残的一级至四级残疾军人因病死亡的，其遗属享受病故军人遗属抚恤待遇。

（三）残疾军人的供养和护理

退出现役的一级至四级残疾军人，由国家供养终身。其中，对需要长年医疗或者独身一人不便分散安置的，经省级人民政府民政部门批准，可以集中供养。

对分散安置的一级至四级残疾军人发给护理费，护理费的标准为：①因战、因公一级和二级残疾的，为当地职工月平均工资的50%；②因战、因公二级和四级残疾的，为当地职工月平均工资的40%；③因病一级至四级残疾的，为当地职工月平均工资的30%。退出现役的残疾军人的护理费，由县级以上地方人民政府民政部门发给；未退出现役的残疾军人的护理费，经军队军级以上单位批准，由所在部队发给。

残疾军人需要配制假肢、代步三轮车等辅助器械，正在服现役的，由军队军级以上单位负责解决；退出现役的，由省级人民政府民政部门负责解决。

第三节　社会优待

社会优待是国家、社会、群众对中国人民解放军现役军人、服现役或者退出现役的残疾军人以及复员军人、退伍军人、烈士遗属、因公牺牲军人的遗属、病故军人遗属、现役军人家属等优抚对象给予帮助和照顾的制度，是社会优抚制度的一项重要内容。主要包括以下内容：

一、发放优待金

义务兵服现役期间，不分城乡入伍，其家庭由当地人民政府发给优待金或者给予其他优待，优待标准不低于当地平均生活水平。此外，烈属、伤残军人、生活困难的在乡复员军人和带病回乡的退伍军人在享受国家抚恤补助的基础上，其生活水平尚未达到当地一般群众水平的，可享受优待金。

优待金的来源：①财政拨款；②军属所在地单位或军人参军前所在单位承担；③通过社会统筹方式解决。优待金标准的确定：①要与当地经济条件和群众生活水平相适应；②要保障优抚对象相当或略高于当地一般群众的生活水平；③要考虑优待金筹集的可行性。目前，对服现役的义务兵家属的优待范围、优待金和统筹办法等，是由省、自治区、直辖市的人民政府根据本地区的实际情况制定的。当前，全国农村主要采取以乡镇为单位的筹集办法，由乡民政、乡财政共同负责。有的地方在此基础上进一步扩大到了县级统筹。

优待金的发放时间一般在年底。具体的发放方法是义务兵家属持优待证到乡民政助理处或街道办事处的民政科领取。有的地方为了使优待金发挥更大的效益，在自愿的基础上建立了优待金储金会，将优待金储蓄起来，待义务兵退伍后一次性发放。

[拓展知识]

大学生入伍优惠政策

优先政策：大学生参军入伍享受优先报名应征、优先体检政审、优先审批定兵、优先安排使用的政策。

国家资助学费：国家对应征入伍义务兵、直招士官的大学生实行学费补偿和国家助学贷款代偿的优惠政策，补偿（代偿）的金额本专科每人每年不超过8000元。

提干或选取士官：符合条件的大学毕业生士兵在部队可以提干或优先选取士官。

报考军校：大专毕业生士兵可参加全军统一组织本科层次考试，被录取后到有关军队院校培训，毕业后担任军官或士官。

专项硕士研究生招生计划：每年安排一定数量专项计划，专门面向退役大学生士兵招生，录取分数线比同学校同专业普通学生低50~100分。

免试入读硕士研究生：高校在制定本校推免生办法时，将本校应届本科毕业生入伍服兵役情况纳入遴选指标体系。其中在部队荣立二等功及以上的免试（指初试）入读硕士研究生。

考试升学加分：大学毕业生义务兵退役后3年内参加硕士研究生考试初试总分加10分，同等条件下优先录取。

专升本招生计划单列：退役大学生士兵参加省专升本考试，实行计划单列、单独划线，录取比例在现行30%的基础上适度扩大。

优待政策：义务兵服现役期间，部队每月发放津贴，其中入伍第一年发放1000元，第二年增加100元。政府每年发放优待金，基本标准就是按照不低于该县上年度城镇居民人均可支配收入的40%发放，本科毕业生增发30%，专科毕业生增发20%。进疆、进藏兵优待金按照普通地区兵员优待标准的2~3倍发放。

安置政策：地方政府每年组织针对退役大学生专项招聘活动，政法干警招录拿出20%左右的计划，同等条件下优先录用公务员、"村官"和社区工作人员，服役期间视为工作经历，退役后 1 年内同当年应届毕业生一样推荐就业，服役上士期满的由政府安排工作。

二、社会生活中的优待

根据《宪法》《烈士褒扬条例》和《军人抚恤优待条例》的规定，优抚对象除享受人民群众提供的物质优待外，还在社会生活的其他方面得到了广泛的关怀和照顾。

1. 烈士家属优待。在享受国家定期抚恤的基础上，仍可享受优待金；如其不享受公费医疗待遇，因病治疗无力支付医药费，由当地卫生部门酌情减免；烈士子女、兄弟姐妹自愿参军并符合条件的，在征兵期间可优先批准入伍；烈士子女报考普通高中、中等职业学校、高等学校，在与其他考生同等条件下优先录取；烈士子女考入公立学校（包括小学、中学、中专、技校和大专院校等）的，免交学杂费，优先享受助学金、学生贷款；入幼儿园、托儿所的，应优先接收。

2. 因公牺牲、病故军人家属优待。在享受国家定期抚恤的基础上，仍可享受优待金；对不享受公费医疗待遇，因病治疗无力支付医药费的，由当地卫生部门酌情减免；因公牺牲、病故军人子女、兄弟姐妹自愿参军并符合条件的，在征兵期间可优先批准入伍。

3. 残疾军人优待。残疾军人报考中等学校、高等学校时，录取的文化和身体条件可适当放宽。残疾军人还在医疗、生活福利、配备假肢、乘坐交通工具等方面享受优待。例如，领取伤残保健金的伤残军人，享受其所在单位的医疗待遇；残疾军人凭《中华人民共和国残疾军人证》优先购票乘坐境内运行的火车、轮船、长途公共汽车以及民航班机并享受减收正常票价 50% 的优待；免费乘坐市内公共汽车、电车和轨道交通工具；参观游览公园、博物馆、名胜古迹享受优待等。

4. 在乡复员军人和部分带病回乡退伍军人的优待。除按国家规定享受定期定量补助外，还可享受群众优待。在乡退伍老红军和红军西路军老战士享受公费医疗待遇；在乡退伍老红军本人病故后，其配偶生活困难的，可享受定期定量补助。带病回乡的复员退伍军人，不享受公费医疗待遇的，因病治疗无力支付医药费的，由当地卫生部门酌情给予减免。

5. 义务兵、现役军人的优待。义务兵从部队发出的平信免费邮递；义务兵入伍前是国家机关、社会团体、企业事业单位职工（含合同制人员）的，退出现役后，允许复工复职，并享受不低于本单位同岗位（工种）、同工龄职工的各项待遇，服现役期间，其家属继续享受该单位职工家属的有关福利待遇；义务兵入伍前的承包地（山、林）等，应当保留，服现役期间，除依照国家有关规定和承包合同的约定缴纳有关税费外，免除其他负担。

现役军人凭有效证件优先购票乘坐境内运行的火车、轮船、长途公共汽车以及民航班机；乘坐市内公共汽车、电车和轨道交通工具享受优待；参观游览公园、博物馆、名胜古迹享受优待，具体办法由公园、博物馆、名胜古迹管理单位所在地的县级以上地方人民政府规定。

义务兵和初级士官退出现役后，报考国家公务员、高等学校和中等职业学校，在与其他考生同等条件下优先录取。

6. 家属随军优待。经军队师（旅）级以上单位政治机关批准随军的现役军官家属、文职干部家属、士官家属，由驻军所在地的公安机关办理落户手续。随军前是国家机关、社会团体、企业事业单位职工的，驻军所在地人民政府人力资源社会保障部门应当接收和妥善安置；随军前没有工作单位的，驻军所在地人民政府应当根据本人的实际情况作出相应安置；对自谋职业的，按照国家有关规定减免有关费用。

驻边疆国境的县（市）、沙漠区、国家确定的边远地区中的三类地区和军队确定的特、一、二类岛屿部队的现役军官、文职干部、士官，其符合随军条件无法随军的家属，所在地人民政府应当妥善安置，保障其生活不低于当地的平均生活水平。

此外，对优抚对象的优待还包括合理安排优抚对象的生产活动，特别是对其中的老弱病残者，要根据他们的身体状况、生活条件进行适当的照顾。在社会救助方面，优抚对象在同等条件下享有社会救济、经济补助、贷款和获得群众帮助等方面的优先权。

[案例]

小郑原是市国有企业职工，2014 年为响应政府的号召，应征入伍。2016 年底，他从部队退伍回到家乡。2017 年 1 月小郑来到当地民政部门报到，并要求回到原单位恢复原先的工作。但随后得到单位的答复却是：因其入伍期间与社会脱节，业务知识已经陈旧，不再适合原先的工作，且单位效益下滑，没有能力接收新员工，因此不能回到原企业工作。该企业的做法是否正确？

分析：《军人抚恤优待条例》规定，义务兵入伍前是国家机关、社会团体、企业事业单位职工（含合同制人员）的，退出现役后，允许复工复职，并享受不低于本单位同岗位（工种）、同工龄职工的各项待遇。原先单位不能以任何理由拒绝退役军人复工复职。因此，本案中企业的做法是错误的，小郑退伍后可以回到原单位工作。

三、经济补助

对优抚对象实行经济补助，是国家保障优抚对象生活的又一项重要方式。我国的经济补助是定期定量进行的，即由国家拨出专项经费，按照不同的对象和条件，定期向优抚对象发给一定限额的生活补助费。

享受经济补助的对象主要有以下几类：①在乡退伍红军老战士。确定其身份的条件有三个：一是在 1937 年 7 月 6 日以前入伍参加中国工农红军（包括抗日联军和中国共产党领导的脱产游击队）的；二是有退伍手续或确切证明的；三是没有投敌叛变行为，回到地方以后继续保持革命传统的。凡符合上述条件，本人申请，经审核批准后，可被确定为在乡退伍红军老战士身份。②红军失散人员。即 1937 年 7 月 6 日以前正式参加中国工农红军，因伤、病、战斗失利或组织动员分散隐蔽离队失散，并在离队后表现较好的人员；因被俘、被捕离队失散，但未发现其投敌叛变或离队后被迫担任一般伪职，对革命没有造成危害的，也可按红军失散人员对待。③在乡西路军红军老战士。凡经当地政府确认为西路军流落人员的，在没有发现重大政治历史问题的情况下，一般应予承认，并统一称为西路军红军老战士。④在乡复员军人和带病回乡退伍军人。凡 1954 年 10 月 31 日试行义务兵役制前，自愿参加中国共产党领导的人民军队，持有复员、退伍军人证件或组织批准复员回乡的人员称为在乡复员军人。对居住在城市无工作的复员军人也按在乡复员军人对待。带病回乡退伍军人，是指 1954 年 10 月 31 日试行义务兵役制以后参加中国人民解放军，持有退伍或复员军人证件和部队带病回乡证明的人员。

引例解析

根据《军人抚恤优待条例》的规定，蔡某往返北京的车票可以优先购买，并享受半价优待；可以免费乘坐市内交通工具；参观游览公园、博物馆、名胜古迹可以享受各旅游景点的优待价格。

本章内容小结

社会优抚制度是随军队的产生和发展而建立起来的，是对军人及其家属建立的社会保障制度，包括死亡抚恤、残疾抚恤和社会优待。死亡抚恤是国家对革命烈士家属、因公牺牲和病故军人家属发给一定数额的费用，给予生活帮助的制度。死亡性质不同，所享受的抚恤待遇也不相同。残疾抚恤是国家为保障因战致残、因公致残、因病致残军人的基本生活而实行的优抚制度。残疾军人依据残疾等级享受不同的抚恤待遇。社会优待是国家、社会、群众对中国人民解放军现役军人、服现役或者退出现役的残疾军人以及复员军人、退伍军人、烈士遗属、因公牺牲军人的遗属、病故军人遗属、现役军人家属等优抚对象给予帮助和照顾的制度，主要包括优待金的发放、生活优待和经济救助三项内容。

思考题

1. 什么是社会优抚？
2. 简述我国的死亡抚恤制度。
3. 案例分析：

赵三为某村农民。2011年12月，赵三的儿子应征入伍。赵三逢人就说自己是军属，可以享受到社会抚恤。

问：赵三是否为社会抚恤的对象？

4. 实务训练：

李某为某部队现役军人，2012年11月，部队批准其回家探亲。请列出李某回家探亲可以享受到的优待。

延伸阅读

优抚对象抚恤金标准（2019年）

从2019年8月1日起，伤残人员（残疾军人、伤残人民警察、伤残国家机关工作人员、伤残民兵民工）残疾抚恤金标准、"三属"（烈士遗属、因公牺牲军人遗属、病故军人遗属）定期抚恤金标准、"三红"（在乡退伍红军老战士、在乡西路军红军老战士、红军失散人员）生活补助标准，在现行基础上提高10%，在乡老复员军人生活补助标准在现行基础上每人每月提高200元，烈士老年子女生活补助标准由现行每人每月440元提高至490元，以上提标经费由中央财政承担。

带病回乡退伍军人生活补助标准由现行每人每月550元提高至600元、参战参试退役军人生活补助标准由现行每人每月600元提高至650元，农村籍老义务兵每服一年义务兵役每月增加补助5元，达到每月40元。以上提标经费由中央财政和地方财政按比例承担。

提标后，一级因战、因公、因病残疾军人抚恤金标准分别为每人每年88150元、85370元、82570元，分别比2018年提高了8010元、7760元、7510元。

烈属、因公牺牲军人遗属、病故军人遗属定期抚恤金标准分别提高到每人每年27980元、24040元和22610元。在乡退伍红军老战士、在乡西路军红军老战士和红军失散人员生活补助标准，分别提高到每人每年61130元、61130元和

27580 元。

据了解，这是继去年 8 月 1 日提高部分退役军人和其他优抚对象等人员抚恤补助标准后，再次加大在乡老复员军人生活补助等提标力度，充分体现了党和政府对退役军人和其他优抚对象，特别是对国家作出过突出贡献的老复员军人的关心和关爱。

这是自改革开放以来，国家第 26 次提高残疾军人残疾抚恤金标准，第 29 次提高"三属"定期抚恤金标准和"三红"生活补助标准。预计 2020 年残疾军人优抚金还会继续上涨。

参考文献

一、参考书目

1. 中国法制出版社编著:《劳动法新解读》,中国法制出版社 2010 年版。

2. 郭捷主编:《劳动法》,北京大学出版社 2011 年版。

3. 王全兴:《劳动法》,法律出版社 2008 年版。

4. 剧宇宏编著:《劳动法概论》,上海交通大学出版社 2012 年版。

5. 《中华人民共和国劳动合同法》起草小组编:《中华人民共和国劳动合同法〈理解与适用〉》,法律出版社 2013 年版。

6. 樊启荣主编:《劳动与社会保障法》,华中师范大学出版社 2011 年版。

7. 孙洁主编:《社会保险法讲座》,中国法制出版社 2011 年版。

8. 杨燕绥主编:《社会保险法精释》,法律出版社 2011 年版。

9. 北京市劳动和社会保障法学会编:《劳动法与社会保险法前沿问题研究》,法律出版社 2011 年版。

10. 黎建飞主编:《社会保障法》,中国人民大学出版社 2011 年版。

11. 林嘉主编:《社会保障法学》,北京大学出版社 2012 年版。

12. 林嘉主编:《劳动和社会保障法》,中国人民大学出版社 2016 年版。

二、法律法规

1. 《中华人民共和国劳动法》(1994 年 7 月 5 日发布、2009 年 8 月 27 日修正、2018 年 12 月 29 日修正)

2. 《关于贯彻执行〈中华人民共和国劳动法〉若干问题的意见》(1995 年 8 月 4 日发布)

3. 《中华人民共和国劳动合同法》(2007 年 6 月 29 日公布,2012 年 12 月 28 日修正)

4. 《中华人民共和国劳动合同法实施条例》(2008 年 9 月 18 日发布)

5. 《中华人民共和国劳动争议调解仲裁法》(2007 年 12 月 29 日发布)

6. 《中华人民共和国就业促进法》(2007 年 8 月 30 日发布、2015 年 4 月 24 日修正)

7. 《中华人民共和国工会法》(1992 年 4 月 3 日公布、2001 年 10 月 27 日修正、

2009 年 8 月 27 日修正）

8. 《中华人民共和国社会保险法》（2010 年 10 月 28 日发布、2018 年 12 月 29 日修正）

9. 《中华人民共和国安全生产法》（2002 年 6 月 29 日发布、2009 年 8 月 27 日修正、2014 年 8 月 31 日修正）

10. 《中华人民共和国职业病防治法》（2001 年 10 月 27 日公布、2011 年 12 月 31 日修正、2016 年 7 月 2 日修正、2017 年 11 月 4 日修正、2018 年 12 月 29 日修正）

11. 《中华人民共和国残疾人保障法》（1990 年 12 月 28 日公布、2008 年 4 月 24 日修正、2018 年 10 月 26 日修正）

12. 《职工带薪年休假条例》（2007 年 12 月 14 日发布）

13. 《女职工劳动保护特别规定》（2012 年 4 月 28 日发布）

14. 《企业劳动争议协商调解规定》（2011 年 11 月 30 日发布）

15. 《工伤保险条例》（2003 年 4 月 27 日公布、2010 年 12 月 20 日修订）

16. 《最低工资规定》（2004 年 1 月 20 日发布）

17. 《失业保险条例》（1999 年 1 月 22 日发布）

18. 《中华人民共和国社会救助法（征求意见稿）》（2008 年 8 月 15 日公布）

19. 《军人抚恤优待条例》（2004 年 8 月 1 日公布、2011 年 7 月 29 日修订、2019 年 3 月 2 日修正）

20. 《烈士褒扬条例》（2011 年 7 月 26 日发布、2019 年 3 月 2 日修订、2019 年 8 月 1 日修订）